主　编◎齐鹏飞
副主编◎王大广 张晓萌

中国共产党
创办新型高等教育的历史、理论与实践

中国人民大学出版社
·北京·

编　委　会

红色基因·薪火相传

党建领航·凝心聚力

立德树人·思政育人

治学报国·独树一帜

不忘初心·砥砺前行

红色基因·薪火相传

★★★★★

始终奋进在时代前列

(1937-2017)

在 2017—2018 学年开学典礼上，全场师生共同唱响《陕北公学校歌》

（中国人民大学图片与视频中心袁源供图）

北方大学同学在上课

（中国人民大学档案馆供图）

陕北公学学院学员行军的情景

（中国人民大学档案馆供图）

2017 年中国人民大学迎来建校 80 周年

（中国人民大学图片与视频中心袁源供图）

中国共产党创办和领导新型高等教育的历史经验

靳　诺

教育是千秋基业，是万世伟业，始终承载着国家富强、民族振兴、人民幸福的历史重任。高等教育承担着培养高级专门人才、发展科学技术文化、促进社会主义现代化建设的重大任务，是实现中华民族伟大复兴中国梦的重要力量。中国共产党独立创办和坚强领导的新型高等教育，历经革命时期的探索前行、建设时期的初步繁荣和改革时期的跨越发展，目前已构建起了规模宏大、体系完备、功能先进、影响深远的人才培养、科学研究、社会服务和文化传承体系，为我们党团结带领全国各族人民不断取得革命、建设、改革的重大胜利做出了重要贡献。认真回顾和深入总结 80 年来中国共产党创办和领导新型高等教育的历程和经验，对于在新的历史条件下更好地发展中国特色社会主义高等教育事业具有重大意义。

一、高度重视高等教育事业，把创办和发展新型高等教育作为党和国家的一项战略任务

中华民族历来重视教育，始终把教育作为治国安邦的大事。这是中华民族繁衍发展、中华文明绵延不绝的一个重要原因。“育才造士，为国之本。”办好高等教育，事关国家发展，事关民族未来。在带领中国人民进行革命、建设、改革的长期历史实践中，中国共产党始终把高等教育事业摆在优先发展的战略地位。早在革命战争年代，我们党就探索创办了陕北公学、鲁迅艺术学院、中国女子大

学、延安自然科学院、中国医科大学、延安大学、延安民族学院等一批高校，积累了兴办高等教育的宝贵经验，也培养了数万堪称“革命的先锋队”的优秀人才。新中国成立伊始，我们党召开了第一次全国高等教育会议，初步探索建立新的高等教育制度和模式，接管和改造旧大学，创办和兴建社会主义新型大学。中国人民大学、哈尔滨工业大学等一批新型正规大学应运而生，初步形成了服务于社会主义经济社会发展的高等教育体系。改革开放以来，我们党坚持把教育摆在优先发展的战略地位，全面进行高等教育体制改革和教学改革，实施科教兴国战略和人才强国战略，施行“211 工程”“985 工程”以及“优势学科创新平台”和“特色重点学科项目”等重点建设，一批重点高校和重点学科建设取得重大进展，中国高等教育实现了跨越式发展，高等教育规模跃居世界第一，形成了适应国民经济建设和社会发展需要的多种层次、多种形式、学科门类基本齐全的高等教育体系。党的十八大以来，以习近平同志为核心的党中央高度重视高等教育事业的发展，提出高等教育发展水平是一个国家发展水平和发展潜力的重要标志，为实现我国从高等教育大国到高等教育强国的历史性跨越，作出了建设世界一流大学和一流学科等重大战略决策，努力使中国特色社会主义高等教育成为世界高等教育改革发展的参与者和推动者。

二、坚持党的领导和社会主义办学方向，走中国特色社会主义高等教育发展道路

高等教育事业是党和国家事业的重要组成部分，党的领导是办好中国特色社会主义事业的保证，也是办好高等教育的保证。社会主义是我国高等教育的最根本的性质。发展新型高等教育，创办中国特色社会主义大学，提高人民群众思想道德素质和科学文化素质，一直是中国共产党孜孜以求的奋斗目标之一。早在革命时期，毛泽东为中国人民抗日军政大学制定的“坚定正确的政治方向，艰苦朴素的工作作风，灵活机动的战略战术”① 的教育方针就为根据地高等教育事业发展提供了科学指南，陕北公学更是开创性地实行了党团领导下的校长负责制。新

① 毛泽东．毛泽东著作选读［M］．甲种本．北京：人民出版社，1965：116.

中国成立后，我们党在完成对旧式高等教育的成功接管和改造后，实现了对高等教育工作的全面统一领导。1950年创建的以马克思列宁主义为教学指导思想的中国人民大学为新中国的社会主义高等教育事业树立了榜样。1961年颁布的《教育部直属高等学校暂行工作条例（草案）》（称为高校六十条）明确指出高校实行“党委领导下的以校长为首的校务委员会负责制”，党委是学校工作的领导核心，对学校实行统一领导。党的十一届三中全会后，我们党确定了普通高校全面实行党委领导下的校长负责制，提出按照社会主义政治家、教育家目标要求选好配强高等学校领导班子特别是党委书记和校长，加强和改进高校思想政治工作，这为新时期高校坚持社会主义办学方向提供了重要保证。党的十八大以来，习近平总书记多次强调，我国独特的历史、独特的文化、独特的国情，决定了我国必须走自己的高等教育发展道路，扎实办好中国特色社会主义高校。办好我国高等教育，必须坚持党的领导，牢牢掌握党对高校工作的领导权，使高校成为坚持党的领导的坚强阵地；办好我们的高校，必须坚持以马克思主义为指导，全面贯彻党的教育方针，保证高校始终成为培养社会主义事业建设者和接班人的坚强阵地。

三、坚持高等教育事业与时代同发展、与人民齐奋进，为革命、建设、改革各个历史时期的中心工作服务

高等教育是推动国家富强、民族振兴、人民幸福的重要力量。强大的高等教育与强大的经济社会发展实力互生共长，一个现代化的国家必然有一个现代化的高等教育体系为其提供人力、智力和知识资源的支撑。中国共产党遵循教育规律、扎根中国大地创办和领导的高等教育是同我们民族和国家需要解决的时代问题相适应、同我们人民正在进行的奋斗相结合的新型高等教育，为救国、兴国、强国做出了重大贡献。在新民主主义革命时期，我们党制定了教育为革命战争服务、与生产劳动相结合、与劳动群众相联系的教育总方针。根据地和解放区的新型高等教育有力地配合了抗日战争和解放战争，积极地推动了新民主主义政治、经济和文化建设，充分显示了人民属性高等教育的巨大效应。新中国成立后，面对百废待兴、百业待举的困难局面，为适应国民经济大规模建设、人民生活水平

大幅度提高的需要，我们党提出高等教育必须为无产阶级服务、必须同生产劳动相结合的方针，必须密切地配合国家经济、政治、文化、国防建设的需要。新型高等教育为新中国建设培养和输送了一大批骨干力量，据统计，中国科学家和技术人员的数量从1949年的5万增加到1966年的250万。党的十一届三中全会后，我们党站在时代要求、国家发展、人民期待的高度，明确了高等教育在社会主义现代化建设全局中的战略地位和作用，提出了“教育要面向现代化，面向世界，面向未来”的方针，先后作出了办人民满意高等教育和建设人力资源强国、高等教育强国的重大部署，高等教育从精英阶段迈入了大众化阶段。党的十八大以来，习近平总书记明确提出，我国高等教育发展方向要同我国发展的现实目标和未来方向紧密联系在一起，高等教育要为人民服务、为中国共产党治国理政服务、为巩固和发展中国特色社会主义制度服务、为改革开放和社会主义现代化建设服务。

四、坚持把立德树人作为根本任务，培养德智体美全面发展的社会主义事业建设者和接班人

高等教育是培养人、塑造人、发展人的大事业，高校的立身之本在于立德树人，高校的中心工作在于人才培养。中国教育素有立德树人的传统，注重对人的思想、品德的教化。《大学》开宗明义就说：“大学之道，在明明德，在亲民，在止于至善。”中国共产党在创办和领导高等教育的历程中，既认真汲取优秀传统文化中的德育思想，又着力加强思想政治工作，始终坚持把立德树人作为根本任务，把培养德智体美全面发展的社会主义事业建设者和接班人作为根本目标，为党和国家事业培养造就了数以千万计的高素质劳动者、专门人才和拔尖创新人才。早在革命战争年代，毛泽东就已将德育置于青年培养的首位。1937年他为陕北公学的题词中指出：“要造就一大批人，这些人是革命的先锋队。这些人具有政治远见。这些人充满着斗争精神和牺牲精神。这些人是胸怀坦白的，忠诚的，积极的，与正直的。这些人不谋私利，唯一的为着民族与社会的解放。这些人不怕困难，在困难面前总是坚定的，勇敢向前的。这些人不是狂妄分子，也不

是风头主义者，而是脚踏实地富于实际精神的人们。”[①] 在社会主义建设时期，毛泽东提出：“我们的教育方针，应该使受教育者在德育、智育、体育几方面都得到发展，成为有社会主义觉悟的有文化的劳动者。”[②] 改革开放后，我们党从培养社会主义一代“四有”新人的战略高度，重申了德育居首位的教育理念，坚持以理想信念教育为核心、以爱国主义教育为重点、以思想道德建设为基础、以大学生全面发展为目标，坚持专与红、德育与智育辩证统一。党的十八大以来，习近平总书记明确指出，我国高等教育肩负着培养德智体美全面发展的社会主义事业建设者和接班人的重大任务，必须坚持正确政治方向，坚持把立德树人作为中心环节，把思想政治工作贯穿教育教学全过程，实现全程育人、全方位育人。

五、坚持尊师重教，培养造就一支师德高尚、业务精湛、结构合理、充满活力的高素质专业化教师队伍

教育大计，教师为本。教师重要，就在于教师的工作是塑造灵魂、塑造生命、塑造人的工作。中华民族自古以来就有尊师重教、崇智尚学的优良传统。中国共产党在创办和领导高等教育的历程中，尊重教师、尊重人才，坚持把教师队伍建设作为最重要的基础工作来抓，充分信任、紧密依靠广大教师，大力培养造就了一支师德高尚、业务精湛、结构合理、充满活力的高素质专业化教师队伍。在早期探索创办高等教育时，我们党就高度重视教师对中国革命的重要意义。毛泽东在《大量吸收知识分子》《整顿党的作风》等文章中都强调了知识分子作为教育者对于中国革命和建设的重要性，指出：“我们尊重知识分子是完全应该的，没有革命知识分子，革命就不会胜利。”[③] 新中国成立后，我们党对教师的地位作用及其队伍建设非常重视，制定了正确的知识分子政策和周密的教师培养方略。既大力培养自己的教师队伍，又团结、教育、改造旧知识分子为社会主义革命和建设服务，对于新型高等教育的发展起到了积极的历史作用。改革开放后，

---

① 中共中央文献研究室．毛泽东年谱：1893—1949：中卷［M］．修订本．北京：中央文献出版社，2013：34.

② 毛泽东．毛泽东著作选读［M］．甲种本．北京：人民出版社，1965：348.

③ 同②168.

我们党在科技教育战线拨乱反正，积极落实党的知识分子政策，加快建设高素质专业化教师队伍。邓小平曾说：“一个学校能不能为社会主义建设培养合格的人才，培养德智体全面发展、有社会主义觉悟的有文化的劳动者，关键在教师。”①他号召全社会尊重知识、尊重教师，努力增加教育经费，提高教师能力素养，解决教师待遇问题。党的十八大以来，习近平总书记多次谈及尊师重教问题，指出教师是人类灵魂的工程师，承担着神圣使命，要引导广大高校教师以德立身、以德立学、以德施教，争做有理想信念、道德情操、扎实学识和仁爱之心的好老师，坚持教书和育人、言传和身教、潜心问道和关注社会、学术自由和学术规范相统一，努力成为先进思想文化的传播者、党执政的坚定支持者，更好地担起学生健康成长指导者和引路人的责任，努力成为能够肩负建设教育强国历史重任的高素质、专业化教师。

六、坚持哲学社会科学和自然科学并重，发挥高校在构建中国特色哲学社会科学学科体系、教材体系、学术体系和话语体系中的重要作用

哲学社会科学和自然科学共同构成人类完整的知识体系，在认识和改造世界的过程中，哲学社会科学与自然科学同样重要。一个国家的发展水平，既取决于自然科学发展水平，也取决于哲学社会科学发展水平。高校是繁荣和发展哲学社会科学和自然科学的主力军。中国共产党在创办和领导新型高等教育的历程中，始终坚持哲学社会科学和自然科学并重发展的战略，特别重视高校在构建中国特色哲学社会科学学科体系、学术体系、教材体系和话语体系中的重要作用。毛泽东十分重视哲学社会科学，他认为马克思主义的哲学社会科学是教育人民、打击敌人、推动革命和建设事业的工具或武器。《实践论》《矛盾论》等经典著作就是以毛泽东在抗日军政大学的授课演说内容为基础整理的。新中国成立之初，毛泽东就曾明确提出，要建立由马克思主义者领导的哲学社会科学研究机构。被誉为“我国人文社会科学高等教育领域的一面旗帜”的中国人民大学就是在此历史际遇中兴办的。邓小平在改革开放初期就敏锐地把握住了哲学社会科学的功能和价

① 邓小平．邓小平文选：第2卷［M］．北京：人民出版社，1994：108.

值，提出“科学当然包括社会科学”“社会科学也很重要”，并通过对哲学社会科学高等教育领域工作的具体指导，使高校哲学社会科学迎来了繁荣发展的春天。党的十八大以来，以习近平同志为核心的党中央高度重视哲学社会科学的繁荣发展，指出，在坚持和发展中国特色社会主义的过程中，哲学社会科学具有不可替代的重要地位。高校要发挥学科齐全、人才密集的优势，在构建体现中国特色、中国风格、中国气派的中国特色哲学社会科学学科体系、教材体系、学术体系、话语体系等方面当好生力军。

（作者系中国人民大学党委书记、教授；原刊载于理论网2017年9月28日）

马克思主义是中国特色社会主义高校的鲜亮底色

靳　诺

马克思主义是我们立党立国的根本指导思想，也是我国高校的鲜亮底色。中国共产党创办高等教育的成功历史经验证明，高校的创办、发展、改革和创新都离不开马克思主义的指导。办好中国特色社会主义大学，必须高举马克思主义旗帜，全面贯彻党的教育方针，使高校成为巩固马克思主义指导地位的坚强阵地。

一、办好中国特色社会主义大学必须坚持以马克思主义为指导

在中国共产党创办新型高等教育实践中，党始终牢牢把握高校正确的办学方向，掌握高校思想政治工作主导权，确保马克思主义在高校意识形态领域的主导地位，用科学理论武装人，用正确思想引导人，保证高校始终成为培养中国特色社会主义事业建设者和接班人的坚强阵地。

首先，以马克思主义为指导是中国共产党创办新型高等教育实践经验的科学总结。

中国共产党领导下的高等教育是新型高等教育，不论是在民主革命年代和战争年代，还是在社会主义建设和改革开放新时期，马克思主义的研究与传播都在高等教育的办学中处于十分重要的地位。

中国共产党成立初期，一个重要的使命就是在高校知识分子、青年学生中传播马克思主义。抗日战争时期，为了培养中国革命所需要的领导干部、军政干部、高级指挥人才，中国共产党开始在延安创办中国现代意义上的高等教育，成

立了抗日军政大学、陕北公学、延安女子学院、鲁迅艺术学院等一批新型大学。这些大学特别注重以马克思主义为指导，用马克思主义理论武装师生头脑，激发青年学生和进步知识分子参与革命的热情，推动知识分子与工农群众结合，为新中国成立之后高等教育模式的探索提供了可借鉴的有益经验。

新中国建设初期，高等教育面临的一个重要任务就是接管、恢复、调整旧式高校，创建新型高等学校。在学习苏联经验的过程中，党中央决定创办一批新式重点大学，中国人民大学成为典范。作为我们党亲手创办的第一所新型正规大学，中国人民大学是新中国高等教育的红色源头。中国人民大学的前身是1937年诞生于抗日战争烽火中的陕北公学，以及后来的华北联合大学和华北大学。新中国成立后，中央决定以华北大学为基础，创建一所新型大学，即中国人民大学。在1950年10月3日的开学典礼上，吴玉章校长明确指出，中国人民大学学生应该成为用马列主义、毛泽东思想武装起来的、掌握最新科学成就的专家。中国人民大学是将马克思主义与现代高等教育成功结合的第一所新型正规大学，为探索如何坚持马克思主义在新中国高等教育的指导地位积累了宝贵经验。

改革开放以来，国际国内环境发生了巨大变化，高校思想建设也面临新的挑战。为牢牢把握高校意识形态工作领导权，中国共产党十分重视马克思主义理论课程在高校的开展，马克思主义思想在高等院校得到更加科学的贯彻和落实。同时，高校思想政治工作队伍建设得到持续加强，大学生的思想政治觉悟和马克思主义理论水平得到提升，这些举措从根本上保证了党的教育方针在高等院校贯彻实施。

其次，以马克思主义为指导是坚持社会主义办学方向的客观要求。

“大学之道，在明明德”。大学既是传授知识的场所，也是塑造和培养学生价值观的熔炉，青年的价值取向决定了未来社会的价值取向。对于青年大学生的价值观教育，决定了国家和民族的未来。高校是意识形态工作的前沿阵地，肩负着学习研究宣传马克思主义、培养中国特色社会主义事业合格建设者和可靠接班人的重大任务。能否坚持马克思主义指导地位，事关高校的正确办学方向，事关立德树人的根本任务，具有很强的政治性、战略性、全局性。

我们必须在办学方向的问题上站稳立场，巩固马克思主义在高校意识形态领域的指导地位。这就需要我们不断加强和改进高校思想政治工作，着重加强马克思主义中国化最新成果教育，让青年学生真正搞清楚什么是马克思主义，如何用科学的

态度去对待马克思主义，自觉抵制错误价值观念的消极影响，真正掌握马克思主义理论的精髓，自觉用马克思主义的立场、观点和方法去认识世界、解释世界，进而改造世界，最终成长为中国特色社会主义事业的合格建设者和可靠接班人。

最后，以马克思主义为指导是实现“双一流”建设目标的内在需要。

马克思主义是科学的世界观和方法论，扎根中国大地办高等教育、办世界一流大学，要求我们必须重视用马克思主义指导高校改革发展和学科建设。高校运用马克思主义立场、观点、方法去辨明研究方向、掌握科学思维、得出合乎规律的认识，是开展具体科学研究的客观要求。在马克思主义指导下，各种学术思想和学术流派切磋交流，既有利于一流人才的培养、一流学科的建设，也有利于一流大学的创新发展。

以马克思主义为指导、扎根中国大地办高等教育同吸收借鉴国外有益经验是辩证统一的。我们要吸收世界一切优秀的人类文明成果，站在时代的高度，用远大的历史眼光，批判地吸收借鉴外国高等教育的有益经验。同时，还要认识到我国高校不仅具有一般大学的共性，还具有中国社会主义大学的特性。它应当扎根于中国大地，从中国的实际出发，继承中国教育的优良传统，适应中国社会的需要。所以，在借鉴国外一流大学发展经验特别是其哲学社会科学发展经验的过程中，必须根据中国特色社会主义事业的需要加以分辨和取舍，使之同当代中国的实际相结合，同社会主义大学的发展需要相结合，这样才能培育出具有中国特色的世界一流大学和一流学科。

二、坚持马克思主义在高校的指导地位必须强化问题意识

当前，国际国内形势正面临深刻转型，社会思潮和意识形态领域情况复杂。高校是意识形态工作的前沿阵地，肩负着培养中国特色社会主义合格建设者和可靠接班人的重大使命，能不能培养造就大批优秀的青年人才，是评判我们的大学办得是不是成功的根本标准。面对新时期的新挑战，高校意识形态领域还面临一系列有待加强和改进的方面。因此，自觉站在党和国家战略和全局的高度，巩固马克思主义在高校的指导地位，落实立德树人根本任务更加具有现实重要性和紧迫性。

首先，关注马克思主义指导思想所面临的各种社会思潮挑战。

放眼世界，全球战略格局和治理体系正在经历深刻变革，国际力量的较量角逐更加纵深，以价值观引领为核心的软实力竞争愈加激烈，思想文化领域斗争更加深刻复杂。审视国内，我国当前正处于改革攻坚期和社会转型期，社会改革和发展创新的程度持续推进，经济结构调整和利益分配格局调整不断深化，触及了一些深层次的社会问题。在这样的社会背景下，各种社会思潮为获得话语权和影响力交锋竞争，其中不乏一些思潮将矛头指向马克思主义在意识形态领域的指导地位，提出“马克思主义过时论”“马克思主义无用论”“意识形态淡化论”，甚至是“指导思想多元化”等错误观点，试图否定马克思主义的科学性和时代性，反对马克思主义的政治立场和指导地位。还有一些思潮错误地解读马克思主义，教条地运用马克思主义，质疑改革开放和中国特色社会主义理论与实践，试图以此来消解马克思主义的实践性和真理性。这些错误思潮在社会上产生了一定不良影响，造成了人们思想上的困惑与忧虑。

其次，防止马克思主义在高校意识形态领域被边缘化、空泛化、标签化。

马克思主义是我们党和国家的指导思想，也应在高校意识形态工作中处于指导地位。近年来，特别是党的十八大以来，马克思主义在高校意识形态领域的指导地位得到了巩固和加强。但也要看到，当前在高校马克思主义研究、宣传方面还存在一些亟待解决的问题。比如，有的人对马克思主义重视不够、理解不深，对坚持马克思主义信心不足，甚至遮遮掩掩，有意无意地将马克思主义边缘化。有的人对马克思主义不求甚解、浅尝辄止，缺乏严谨认真、扎实投入的态度和作风，在研究和宣传马克思主义方面存在空洞泛化的倾向。还有的人拘泥于经典作家在特定历史文化条件下提出的观点，用个别语句剪裁现实生活，没有反映出马克思主义理论体系博大精深的丰富内涵和与时俱进的理论品格。

三、努力把高校建设成为学习研究、宣传马克思主义的坚强阵地

长期以来，高校在学习研究宣传马克思主义、培养马克思主义理论人才方面发挥了重要作用，为推进马克思主义中国化、时代化、大众化做出了重要贡献。

习近平总书记在全国高校思想政治工作会议上强调：办好我们的高校，必须

坚持以马克思主义为指导，全面贯彻党的教育方针。要坚持不懈传播马克思主义科学理论，抓好马克思主义理论教育，为学生一生成长奠定科学的思想基础。

我们要把坚持和巩固马克思主义作为一项长期重要任务来抓，努力把高校建设成为学习研究、宣传马克思主义的坚强阵地。

首先，要在“真学”上持续下功夫。

真学是基础，只有学得全面、彻底、透彻，才能去领会、坚持和运用。高校有着学习研究、宣传马克思主义的光荣传统和人才优势，应该在学习传播马克思主义方面走在前列。高校党委首先要起表率作用，充分发挥好党委理论学习中心组的作用，把对马克思主义的学习制度化、系统化，定期开展对马克思主义基础理论和创新理论的学习，不断提升马克思主义理论水平，进而影响和带动全校各级党组织持续深入地学好马克思主义。在学习方法上，要在校园内倡导深入扎实的学风，不能只是浮光掠影、浅尝辄止地学，而是要舍得下笨功夫、苦功夫，从马克思主义经典著作出发，精读马克思主义原著，深刻理解马克思主义的深刻内涵，掌握马克思主义的科学性和真理性。在学习内容上，要抓住马克思主义中国化最新成果这个重点，扎实推进习近平总书记系列重要讲话精神和治国理政新理念新思想新战略的学习，做好马克思主义中国化最新成果进教材、进课堂、进头脑各项工作，用中央最新精神武装师生头脑。

其次，要在“真懂”上持续下功夫。

“不深思则不能造于道，不深思而得者，其得易失。”只有真正懂得马克思主义的精髓要义，才能不迟疑、不犹豫，也才能真正把马克思主义内化于心、外化于行。

这就需要我们必须以整体的眼光、发展的观点、辩证的态度学习研究和宣传马克思主义。要紧扣教育根本任务，全面深入推进马克思主义教育教学，推动马克思主义理论从学科体系转化为讲授体系，使广大师生深刻理解马克思主义基本原理和理论体系的科学性。要把马克思主义的立场、观点和方法贯穿到高校思想政治工作的各个环节和各个方面，使广大师生充分了解马克思主义理论发展史和马克思主义中国化最新理论成果之间的一脉相承关系，深刻理解马克思主义与时俱进的理论品格。要通过联系世界社会主义发展史来认清非马克思主义特别是反马克思主义思潮的本质，通过对比厘清马克思主义理论的内在逻辑，理解马克思主义的科学性和真理性，引领广大师生在纷繁复杂的思潮中辨清方向。

再次，要在“真信”上持续下功夫。

我们对马克思主义的信仰，应建立在对马克思主义理论体系内在逻辑性的深刻把握之上。这就要求我们必须在深刻认识马克思主义的科学性和真理性上持续用力，通过深入探讨马克思主义为何能够比以往任何理论学说都更深刻地揭示人类社会、自然界和思维世界的普遍规律，为何能够对世界历史产生前所未有的巨大影响，使广大师生从理论本质和科学逻辑上掌握马克思主义。还要牢记实践出真知的道理，要正确把握马克思主义的发展性和实践性，通过深入实践、深入基层来认识中国基本国情，感知火热的现实生活，感悟中国特色社会主义事业伟大成就的来之不易，深刻理解马克思主义中国化的历史进程与辉煌成就，帮助师生树立坚定的道路自信、理论自信、制度自信、文化自信。

最后，要在“真用”上持续下功夫。

无论是“真学”、“真懂”还是“真信”，最终的着眼点都是“真用”。马克思主义是认识世界的工具，更是改造世界的工具。我们只有把马克思主义运用到实践之中，才能真正发挥马克思主义的价值。在高等院校的办学实践中，要运用好马克思主义，首要的就是提高政治站位，牢固树立“四个意识”，始终与以习近平同志为核心的党中央保持高度一致，不折不扣地把习近平总书记系列重要讲话精神和治国理政新理念新思想新战略贯彻落实到治校理教过程中。

高校的立身之本在于立德树人，运用马克思主义指导实践，必须抓住人才培养这个中心环节，进一步加强和改进高校思想政治工作，强化马克思主义在哲学社会科学各个学科建设中的统领作用，认真践行好社会主义核心价值观，营造积极和谐的校园氛围，帮助青年学子树立正确的世界观、人生观、价值观。同时，高等院校还承担着服务社会的重要职能，应该在运用马克思主义指导社会实践方面贡献应有的智慧和力量，要着力打造新型马克思主义理论高端智库，积极探讨和回答中国改革开放和社会主义现代化建设中全局性、前瞻性、战略性重大理论和实践问题。

（作者系中国人民大学党委书记、教授；原刊载于《中国社会科学报》2017年9月26日）

传承红色基因　增强教育自信
向着“双一流”建设宏伟目标阔步迈进

刘　伟

古人说：“落其实者思其树，饮其流者怀其源。”习近平总书记在 2016 年底全国高校思想政治工作会议上的讲话中指出，梳理中国近现代高等教育发展的历程，能清楚地看到两大脉络，一脉是以北洋大学堂、京师大学堂、南洋大学堂为代表的近代高等教育，一脉是以抗日军政大学、陕北公学、延安女子学院、鲁迅艺术学院等为代表的红色高等教育。这两大脉络都为民族独立解放和国家繁荣富强做出了巨大贡献，都对新中国高等教育体系的形成产生了巨大影响。回顾和梳理我们党领导创办新型高等教育的光辉历史和成功经验，目的就是不忘初心，继承和弘扬优良传统，更好地扎根中国大地办大学，努力在新的历史起点上建设中国特色世界一流大学。

以中国人民大学前身陕北公学为代表的具有红色基因的高等教育，为建设中国特色高等教育事业做出了具有特殊意义的探索。自 1937 年陕北公学创立到今天，中国人民大学已经走过了 80 年的历程。80 年来，在中国共产党的领导下，她扎根中国大地，走出了一条独具特色的发展之路，对以下三大命题做出了深刻的历史回应：一是中国共产党独立创办的具有红色基因的高校能不能建成中国特色世界一流的大学；二是在中国这样一个经济相对落后的发展中国家能不能建成中国特色世界一流的大学；三是以人文社会科学为主的高校能不能建成中国特色世界一流的大学。这三大命题更是有待在新的历史时期的“双一流”建设伟大实践中，不断深入地加以创造性探索。对此，我们必须树立更加坚定的自信。

第一，树立在党的领导下创建中国特色、世界一流大学的自信。

以陕北公学等为代表的我们党独立创办的高等教育院校的成长发展历史表明，我们党不仅能够创办出色的大学，而且党的领导是我们创办“双一流”的根本保证。1937年在国共合作的前提下，中共中央以边区政府的名义向南京国民政府申请“在延安地区创办一所大学”。但是，国民党政府以“陕北已有抗日军政大学，无须再成立高校”为由拒绝了这一要求。为此，中共中央决定独立自主创办一所大学，并将原定校名“陕北大学”改定为“陕北公学”。陕北公学、华北联合大学、华北大学等高校的发展壮大均离不开中国共产党的领导。毛泽东同志曾指示要全力支持陕北公学建设，并先后9次到陕北公学演讲。为了保证陕北公学的师资，中共中央从国统区抽调一大批知名学者、文化名人来校任教。在创建不到半年的时间内，陕北公学就成为当时中国西北人才荟萃的地方。

自陕北公学创建起，中国共产党领导的新型高等教育就一直坚持扎根中国大地，同时向正规大学和先进大学行列迈进。陕北公学创建的初衷就是建立一所既不同于抗日军政大学，也不同于中央党校的大学。在1937年面向全国发布的《陕北公学招生简章》中，学校拟设社会学、师范专修、医学、国防工程、日本研究5个系。尽管由于抗战的需要，中共中央决定转变办学方针，陕北公学校务委员会也决定将自身改为培养干部的短期培训班性质的学校，但从其下设的机构、开设的课程和承担的功能来看，陕北公学具有国民教育的基本性质。因此，到1939年初陕北公学总校与分校合并时，她已经具备了现代意义上大学的雏形。到华北联合大学时期，学校的学科设置与现代大学已基本相同，被爱国民主人士李公朴誉为是在敌后办起的第一所高等学府，是历史上从来没有过的，是英雄的事业，是“插在敌人心脏上的一把剑”。

一路走来，发展至今，中国人民大学已经在众多学科，特别是在人文社会科学的众多领域中走在前列。中国共产党的领导是我们创办世界一流大学和世界一流学科的教育自信的基础所在。本来中华民族是根本不缺乏文化自信、教育自信的，在明中期前，中国是世界上经济最先进、文化最繁荣的社会。近代以来，从15世纪文艺复兴起，经16世纪宗教革命、17世纪科学革命、18世纪启蒙运动等，直到18世纪中后期爆发产业革命和资本主义革命，西方文明迅速发展起来。而同期的中国则仍处在传统的自然经济和没落的封建时代，这种巨大的历史反差

及由此而来的全面失败，使中国失去了长期的文化自信，包括教育自信，放弃了曾引以为傲的传统教育方式和理念，全面按照近现代西方分科教育的模式，开启了中国近现代高等教育。虽然仍有民族精英并未丧失自信，但也缺乏有效的凝聚。而正是在马克思主义的指导下，中国共产党领导中国人民获得了民族的解放和独立，特别是改革开放以来取得的现代化建设的伟大成就，为重拾民族自信创造了可能，也为建设中国特色世界一流大学树立了自信。

从陕北公学到今天，中国人民大学80年的历程深刻表明：中国共产党领导的高等教育事业同党的各项事业一样，什么时候党的领导坚强有力，什么时候中国的高等教育事业发展就比较顺利；什么时候党的领导被削弱，我们的高等教育事业就会发展缓慢。因此中国特色世界一流大学的建成，与中国共产党的坚强领导是分不开的。

第二，创造在发展中国家建设中国特色世界一流大学的历史。

目前居于世界前列的大学大多分布在发达国家和地区，能否在中国这样一个经济相对不够发达的发展中国家建成世界一流大学，成为中国共产党领导中国高等教育、创建世界一流大学的一个重要命题。

一方面，事实上在社会文明的进程中，需要教育包括高等教育发展具有超前性，即社会经济发展意义上的人力资本投入增长速度与经济增长之间需要长期保持一定的超前系数，所以需要教育，特别是高等教育具有超越现实社会经济发展阶段的态势，而这种态势的树立，除在物质条件上努力创造外，更为重要的是民族精神的凝聚。中国共产党自独立探索创办新型高等教育起，就具有坚定的传统文化自觉和民族教育自信。陕北公学、华北联合大学、华北大学等红色基因大学都勇于肩负起民族文化复兴的重任，传承民族精神。如在校风上强调忠诚、团结、刻苦、坚定、朴实、虚心等；在学校精神上坚持“学用一致”“实事求是”“艰苦奋斗”，这些都是以马克思主义为指导对中华民族优秀文化和精神品质加以继承的体现。最为典型的是，《华北联合大学》章程明确强调“为保卫中华民族几千年的文化而斗争，是华北联合大学要努力完成的任务”，突出地体现了民族文化自觉。

另一方面，面对当代中国现代化事业的发展，重要的问题在于，教育特别是高等教育能不能有力满足国家发展需要。不同于以往，特别是不同于积贫积弱的旧中国，如今在相当大的程度上可以说，不是中国的发展事实阻碍了中国高等教育冲击世界先进水平的进程，而是中国高等教育仍难以满足中国发展的历史要求。特别是在改革开放的新时代，中国朝着现代化目标努力奋进的伟大实践，为牢固树立教育自信、文化自信创造了深厚的基础。中华民族距离实现现代化的宏伟目标从来没有像今天这样近，这一历史事实使得中国创建中国特色世界一流大学的目标越来越可能实现。

因此，就更加迫切要求明确中国特色世界一流的重要标准在于扎根中国大地，推动祖国的现代化事业发展。自陕公以来到中国人民大学，最具特色的恰是这种家国情怀，当年国统区有人质疑陕公学生的质量，因为他们没有参加统一考试入学，不符合标准。毛泽东说，这些青年能从西安走到延安，经600里冒着枪林弹雨和死亡的威胁，还有什么考试比这个考试更严格？所以毛泽东有一句名言："中国不会亡，因为有陕公！"这种传统是我们在中国共产党领导下创办世界最优秀的大学，培养民族最优秀的人才的最宝贵也最不可或缺的精神支柱。

第三，开拓以人文社会科学为主的高校创建中国特色世界一流大学的探索。

大学是一种独特的教育机构，相互间既有着共同特征，又植根于各自所处的文化传统中，打上不同民族文化的鲜明烙印，以人文社会科学为主的大学尤其如此。的确，世界一流大学多为综合型大学，以某类学科为主的学校能否建成世界一流大学？特别是人文社会科学能否建成世界一流？这就更需要把学科特色置于民族特色与世界规范的统一中。习近平总书记强调，建设具有中国特色世界一流的社会主义大学必须扎根中国大地，这为以人文社会科学为主的高校建成世界一流大学指明了方向。

中国共产党领导下的伟大革命和建设实践，为中国人文社会科学建成世界一流学科提供了丰富的素材。中国作为努力实现现代化进程中的发展中国家，面临一系列崭新的发展命题，马克思说："问题就是时代的口号，是它表现自己精神状态的最实际的呼声。"① 习近平总书记指出，坚持问题导向是马克思主义的鲜

① 中共中央马克思恩格斯列宁斯大林著作编译局．马克思恩格斯全集：第40卷［M］．北京：人民出版社，1982：289－290．

明特点。问题是创新的起点，也是创新的动力源。中国在中国共产党的领导下，经历了最为广泛而深刻的社会变革，也正在进行着人类历史上最为宏大而独特的实践创新，给理论创新、学术繁荣提供了强大动力和广阔空间。中国社会发展及所提出的一系列命题为人文社会科学发展、为以人文社会科学为主体的高校建设创造了空前的机会，我们应当珍惜。中国的人文社会科学只有以我国实际为研究起点，从改革发展的实践中挖掘新材料、发现新问题、提出新观点、构建新理论，才能真正具有强大的生命力、影响力，也才会得到世界的认可。

邓小平提出，“科学当然包括社会科学”①。同时，人文社会科学又区别于自然科学，具有特定的社会阶级立场和意识形态的价值指向，作为历史的社会的科学，具有传统与现代、民族与世界、内容和话语等一系列相互统一的特殊性。人文社会科学是推动历史发展和社会进步的重要力量，同时也是改造人类自身的重要工具，人类要认识社会首先必须树立正确的世界观、方法论，人文社会科学关乎人的价值观形成，关乎社会的人文情怀。习近平总书记指出，哲学社会科学的“发展水平反映了一个民族的思维能力、精神品格、文明素质”，“一个没有发达的自然科学的国家不可能走在世界前列，一个没有繁荣的哲学社会科学的国家也不可能走在世界前列”②。我国有独特的历史、独特的文化、独特的国情，决定了我国的人文社会科学具有自身的学科优势和特点。一切应以发现中国的问题、解决中国的问题为首要，以中国的发展、中国在世界文明进程中的进步，证明并赢得世界对中国进而对中国人文社会科学发展和高等教育事业发展的尊重。

从1937年到2017年，从延安到正定再到北京，从陕北公学到华北联合大学再到华北大学，中国人民大学在抗日战争的烽火中孕育，在新中国的建设中成长，在“文革”的岁月中磨砺，在改革开放的大潮中新生，在新世纪的征程中腾飞。八十年的历程，是中国革命、建设、改革历史进程的一个缩影，更是我们党创办新型高等教育的历史缩影。

正是因为有着鲜明的红色基因，我们始终有着扎根中国大地办大学的独特

---

① 邓小平．邓小平文选：第2卷［M］．北京：人民出版社，1994：48.

② 习近平．在哲学社会科学工作座谈会上的讲话［M］．北京：人民出版社，2016：2.

历史优势，有着强烈的创建中国特色世界一流大学的办学自信。我们将以庆祝建校80周年为契机，以学习贯彻十九大精神为动力，在以习近平同志为核心的党中央正确领导下，与各兄弟高校一起，不忘初心、继续前进，牢牢把握立德树人中心任务，扎实推进“双一流”建设，书写出无愧于历史和时代的辉煌篇章。

（作者系中国人民大学校长、教授；原刊载于《中国高教研究》2017年第11期）

探索中国人文社会科学高等教育发展之路

刘　伟

哲学社会科学是人们认识世界、改造世界的重要工具，是推动历史发展和社会进步的重要力量，关系到一个国家和民族的思想创造、文化繁荣和文明进步。高校是从事哲学社会科学研究和教育的重镇，也是从事国家哲学社会科学工作的五路大军之一，承担着哲学社会科学思想创造、教育传承和文化传播的重要职责。中国人民大学是一所以人文社会科学为主的综合性研究型全国重点大学，其前身是 1937 年诞生于抗日战争烽火中的陕北公学，以及后来的华北联合大学和华北大学。学校始终把人文社会科学作为立校之本、强校之基，长期坚持为繁荣发展哲学社会科学鼓与呼，促进和营造重视哲学社会科学的社会氛围，并逐步探索出一条中国人文社会科学高等教育繁荣发展之路。

一、坚持社会主义办学方向，勇做学习、宣传与研究马克思主义理论的排头兵

坚持以马克思主义为指导，是当代中国哲学社会科学区别于其他国家和地区哲学社会科学的根本标志。如果离开了马克思主义的指导，中国特色哲学社会科学就会迷失方向、丢掉灵魂。高校是研究宣传马克思主义的重要阵地，也是培养马克思主义理论人才的重要基地。中国人民大学是国内外公认的马克思主义理论教育、研究和传播的重要基地。80 年来学校始终坚持马克思主义的指导地位不动摇，始终坚持马克思主义的与时俱进，为马克思主义在中国的传播和发展做出了许多开创性、奠基性的历史贡献。

陕北公学坚持“三分军事，七分政治”的原则，着力培养系统掌握马克思主

义理论并且能够运用于中国革命实践的政治干部。建校初期，主要开设“马列主义”“辩证唯物主义”“中国革命运动史”“中国问题”等课程，后来随着学习程度的提高，又增设了“世界革命史”“科学社会主义”“马列主义经典作家原著选读”等课程。许多高级班的学员，如胡乔木、田家英、廖盖隆、胡华等后来成为党的著名理论家。1950年中国人民大学命名组建后，学校在国内最早设立了各种层次的马克思主义理论专业。我国高校马克思主义理论的许多学科、专业、教材都肇始于中国人民大学，然后走向全国。《辩证唯物主义原理》《历史唯物主义原理》《中国革命史讲义》等教材不仅用作本校学生用书，而且受到全国高等学校师生和广大读者的热烈欢迎，大都发行数百万册甚至上千万册，哺育了共和国几代马克思主义理论教学科研人才，在全国产生了深远的影响。1950年到1965年的15年间，中国人民大学为全国高校培养了绝大多数政治理论课师资，在传播马克思主义基本原理和基础知识方面，充分发挥了“工作母机”的作用。自2004年中央实施“马克思主义理论研究和建设工程”以来，中国人民大学共有54位专家入选中央“马克思主义理论研究和建设工程”课题组首席专家或主要成员，入选人数位居全国高校首位。

二、深入研究回答重大理论和现实问题，勇做党和国家决策服务的思想库

实践是哲学社会科学创新的源泉，理论必须回答和解释当今社会经济发展所提出的各种问题，才能得到广大人民群众的信服，才能推动社会经济发展，才有强大的生命力，才能有所作为、有所建树，彰显出强大的生命力和影响力。80年来，中国人民大学积极发挥“思想库”“智囊团”的作用，为国家经济建设和社会发展提供强大的理论保证和有力的智力支持。

1939年1月，在中共中央的关心下，陕北公学成立了中国问题研究室，由著名的历史学家何干之主持。陕北公学中国问题研究室重点研究中国革命的基本问题、中国革命运动史、中国农村基本问题、中国革命统一战线及策略等重大理论与现实问题，为毛泽东撰写著名的《中国革命和中国共产党》一文提供了大量原始素材。中国人民大学命名组建后，始终坚持弘扬理论联系实际的学风。学校

成立之初，设立了8个系：经济系、经济计划系、财政信用借贷系、贸易系、合作社系、工厂管理系、法律系与外交系。这些都是新中国建设所急需的专业。1963年，中共中央召开“如何加强研究外国工作问题”的座谈会，决定委托中国人民大学成立苏联东欧研究所。该所成立后，为当时国际斗争形势与我国外交工作总体布局调整提供了大量决策咨询。改革开放以来，中国人民大学一直倡导师生弘扬理论联系实际的学风。党的十六大以来，中国人民大学先后有11位教师受邀为中共中央政治局集体学习做辅导报告。从2002年开始，中国人民大学编写的《中国人文社会科学发展研究报告》《中国经济发展研究报告》《中国社会发展研究报告》，发布的“中国人民大学中国宏观经济预测”“中国创新指数”“中国发展指数”三大指数，已成为具有广泛社会影响的学术品牌。

三、扎根中国大地办学，勇做新中国人文社会科学学科体系的奠基者

人文社会科学学科体系是由具体学科专业所组成的有机系统，构成了一定科学领域知识的总体框架，集中体现了一个国家人文社会科学学术发展的系统性、专业性、科学性。中国人民大学以哲学社会科学领域的优势和特色著称，在新中国人文社会科学高等教育领域多个学科的专业设置与建设、课程建设、教材建设、师资培养等方面做出了奠基性、开创性的贡献，发挥了先导和示范作用。

解放战争时期，华北大学不仅仅是中国共产党创办的最高学府，还是当时全国人文社会科学才俊云集之地。华北大学成立了8个专门研究室：中国历史研究室，历史学家范文澜兼任主任；哲学研究室，哲学家艾思奇兼任主任；中国语文研究室，语言文字学家吴玉章兼任主任；国际法研究室，法学家何思敬任主任；外语研究室，主要从事翻译工作；政治研究室，政治学家钱俊瑞兼任主任；教育研究室，教育学家张宗麟任主任；文艺研究室，文学家艾青任主任。正可谓是名家云集、大师荟萃，是新中国人文社会科学高等教育发展的雏形。1956年3月9日，中共中央宣传部就中国人民大学的发展方向问题向党中央请示，意见是：中国人民大学今后发展成为一所专门培养马列主义师资和社会科学理论干部的大学较为适宜；建议中国人民大学在现有财政经济各系的基础上成立经济学院，由国

家计划委员会和高等教育部共同负责办理。毛泽东同志批示："照此办理"；邓小平同志批示："我觉得这样规划人民大学的发展方向是适当的"①。这一重要指示明确地规划了中国人民大学的学科特色与发展方向。我国现有的经济、管理、法律、新闻、党史、外交、政治等学科或专业，不少都是发源于中国人民大学。改革开放后，中国人民大学还率先建立了信息管理系、劳动人事学院、知识产权中心等适应新时代需要的院系或者中心，大力发展管理科学、信息科学和环境科学等新兴交叉学科，在全国也都起到了一定的先导或者示范作用。

四、展现海纳百川、兼容并蓄的气度，勇做加强中外人文学术文化交流的桥头堡

世界所有国家哲学社会科学取得的积极成果，是中国特色哲学社会科学的有益滋养。中国人民大学发轫于延安的黄土高坡，长期接受革命传统的熏陶，有浓郁的乡土味，但同时具有海纳百川、兼容并蓄的气度，积极吸收借鉴国外优秀文化成果，成为加强中外人文学术文化交流的桥头堡。

新中国成立之初，百废待兴。为了迅速建立一个独立完整的国民经济体系，向苏联学习，培养大批建国干部成为创办中国人民大学的重要任务之一。1949年12月16日，中华人民共和国政务院通过的《关于成立中国人民大学的决定》中就特别指出："创办人民大学的任务，是接受苏联的先进经验，有计划、有步骤地培养新中国的各种建设干部。"② 苏联专家帮助中国人民大学建立了诸如教研室、"习明纳尔"、口试、四级计分制等苏联模式的教学制度，并且指导中国师生开展科学研究，为促进新中国人文社会科学高等教育的现代化做出了巨大贡献。改革开放后，学校以开放的胸怀和世界的视野，再次将眼光转向国外，率先翻译和引进了一大批西方经济学、管理学教材和著作，成为学习借鉴国外优秀文化成果的排头兵。中国第一部西方哲学家全集中译本《亚里士多德全集》、第一套全国通用《西方经济学》教材、中美第一个西方经济学交流培训项目、中欧人

① 中国人民大学校史研究丛书编委会．中国人民大学纪事：上卷［M］．北京：中国人民大学出版社，2007：140-141.

② 中共中央文献研究室．建国以来重要文献选编：第1册［M］．北京：中国文献出版社，1992：87.

文社会科学高等教育领域第一个重大合作项目等等，都是由人民大学率先承担和完成的。近年来，中国人民大学大力实施提升国际性战略，举办的21世纪世界百所著名大学法学院院长论坛、世界汉学大会、中欧合作论坛、亚太国际教育协会年会等学术会议，产生了广泛的国际影响。

八十载砥砺奋进，中国人民大学正在充分发挥人文社会科学齐全的学科优势，全面推进人才培养体系改革、思想库建设、国际影响力提升、大学形象建设和美丽校园建设“五大战略”，为把学校建成“人民满意、世界一流”大学、探索中国人文社会科学高等教育的繁荣发展之路而努力奋斗。

（作者系中国人民大学校长、教授；原刊载于《光明日报》2017年6月6日）

抗战时期中国共产党创办新型高等教育的特点探析

——以陕北公学—华北联大与西南联大的比较为视角

吴付来

习近平总书记在全国高校思想政治工作会议上的重要讲话梳理了中国近现代高等教育发展的两个源头，一是受列强坚船利炮和科技发展冲击而建立的北洋大学堂、京师大学堂、南洋大学堂等一批新式教育机构；一是中国共产党在革命战争年代创办的抗日军政大学、陕北公学、延安女子学院、鲁迅艺术学院等一批高校。这两大源流，伴随中国革命、建设和改革进程的不断推进，逐步汇聚发展成今天的两千多所高等院校，在提高人民教育水平、培养高素质人才、促进经济社会发展、繁荣发展哲学社会科学、提高国家科技创新能力等方面发挥着重要作用，为党和国家事业发展做出了巨大贡献。

长期以来，教育史学界高度重视对我国近现代高等教育发展的历史考察，产生了一系列重要学术成果。但值得注意的是，在目前的研究中，对中国共产党创办新型高等教育的办学特点和历史贡献等关注不够，与其在我国近现代高等教育发展中的地位不相匹配，尤其是对我国近现代高等教育两大源流的研究呈现出“厚此薄彼”的失衡状况。这一状况在对同处革命战争时期的陕北公学—华北联合大学（以下简称“陕北公学—华北联大”）与西南联合大学（以下简称“西南联大”）的研究中有集中体现。笔者认为，只有正确认识以陕北公学—华北联大为代表的中国共产党创办的新型高等教育的特点与贡献，才能客观总结我国近现代高等教育的发展经验，准确把握中国特色社会主义高等教育的发展规律。

一、始终坚持以“抗日救亡”为中心的办学使命

1937年7月“七七事变”爆发，国土沦陷、民族危亡，全国各地爱国青年纷纷奔向延安，寻找抗日救亡的正确道路。为加快培养抗战急需人才，中共中央以边区政府名义向南京国民政府申请“在延安地区创办一所大学”。这一申请被拒绝后，中共中央决定仿照大革命时期在上海开办“中国公学”的经验与方式，将原定校名“陕北大学”改为“陕北公学”。在11月1日举行的陕北公学开学典礼上，毛泽东为师生讲授了题为《目前的时局》（后定名为《目前的时局和方针》）的“入学第一课”，并明确指出陕北公学“要造就大批的民族革命干部”①。这从根本上回答了中国共产党创办陕北公学的目的，正如毛泽东1938年3月在《援助陕北公学》宣传册上的题词：“陕北公学是属于中华民族的，因为他为着抗日救亡而设”②。

以“抗日救亡”为中心的办学使命同样体现在华北联大时期。1939年6月，中共中央决定由陕北公学、延安鲁迅艺术学院等联合成立华北联大。经历了9年“敌人‘扫荡’我转移、放下背包就学习”的艰辛时光，这支“最活跃的革命力量”为晋察冀解放区建设作出了积极贡献，被称为“插在敌人心脏上的一把剑”。毛泽东在华北联大创办之初到学校作报告，向师生送了“三样法宝”，即“统一战线、游击战争、革命中心的团结”③，并号召师生“深入敌后、动员群众，坚持抗战到底”④。由此，华北联大根据中共中央的指示精神将办学任务归纳为“为抗日战争服务，为坚持抗战、坚持持久战、争取抗日战争最后胜利服务；培养坚持抗战、坚持团结、坚持进步的各种干部，培养革命人才”，并在《华北联大章程》中明确将“为抗日战争服务的一支文化纵队和推进华北抗战的一个有力杠杆”作为办学宗旨。

---

① 中共中央文献研究室．毛泽东文集：第2卷［M］．北京：人民出版社，1993：63.

② 成仿吾．战火中的大学：从陕北公学到人民大学的回顾［M］．北京：人民出版社，2014：99.

③ 中共中央文献研究室．毛泽东年谱：1893—1949：中卷［M］．修订本．北京：中央文献出版社，2013：132.

④ 同②108.

与此相对应，同样诞生于抗日烽火中的西南联大，虽然先后有800多名师生投笔从戎，投身抗日救亡运动，但对学校的首要办学任务而言，为民族保留高等教育火种的教育属性更为鲜明。西南联大校务委员会主席梅贻琦曾强调："凡一大学之使命有二：一是学生之训练，二是学术之研究"①，"治学育才"始终是西南联大的第一要务。笔者认为，从高等教育的延续发展角度来看，西南联大恪守人才培养与学术研究的教育本职，在抗日烽火中保存了我国重要科研力量，培养了大量人才，做出了重要贡献。但正如习近平总书记在全国高校思想政治工作会议上指出的，"高等教育是一种社会存在"，不同的社会发展阶段决定了不同的教育目的。陕北公学—华北联大以"抗日救亡"为中心的办学使命在民族危亡的关键时刻树立了一面民族精神的旗帜，这在当时的历史条件下，无疑具有超越教育本身的时代价值。

二、有力践行"为人民服务"的办学理念

中国共产党创办的陕北公学—华北联大，"来自人民、服务人民"的"人民属性"是其长期办学过程中始终坚持的办学理念。一方面，学生来自最广泛的人民群众。"白手起家"的陕北公学—华北联大，在报考资格上没有对学历、文化水平等作出硬性规定，而是从革命的需要出发，强调只要有志于抗日救国、年满十八岁、身体健康、无不良嗜好，不分性别、出身、职业、党派、信仰均可报考。陕北公学首期学员来自全国二十五个省和北京、上海、天津、南京等城市，从南洋等地归国的爱国华侨青年也纷纷报考陕北公学。另一方面，办学经费来自社会各界最广泛的支持。《援助陕北公学》的宣传册一经出版就引起了巨大反响，来自全国各地以及泰国、菲律宾、新加坡等地的信件、电报、汇款、图书资料涌向延安。此外，教育过程也与人民生活紧密结合。比如陕北公学师生积极投入边区的生产工作，参与救灾垦荒，在改善群众生活条件的同时为抗战提供物资保障；筹建"陕公流动剧团"，用陕北方言编排《亡国恨》《放下你的鞭子》等街头剧，要求"流动到工农群众中去"，和工农群众同吃同住同劳动；成立"人民抗

---

① 刘述礼，黄延复．梅贻琦教育论著选［M］. 北京：人民教育出版社，1993：79.

日剧社总社”，结合工农群众斗争实践开展文艺创作并开赴前线开展巡演，这些文艺作品成了烽火硝烟年代的精神支柱。“来自人民、服务人民”的办学理念，最为关键的是通过思想政治教育帮助广大学员树立“为人民服务”的价值观，正如毛泽东在给陕北公学的题词中所说：“这些人充满着斗争精神和牺牲精神。这些人是胸怀坦白的，忠诚的，积极的，与正直的。这些人不谋私利，唯一的为着民族与社会的解放。这些人不怕困难，在困难面前总是坚定的，勇敢向前的。”①从学校办学理念向学生人生价值观的转化，奠定了陕北公学—华北联大的师生校友矢志不渝为民族解放与人民幸福生活而奋斗的精神底色。

与此相对应，西南联大由于办学基础好，三所顶尖名校以及海内外的大师名师汇聚昆明。据统计，1941 年时西南联大 179 名教授和副教授中，156 人有留学经历；五大学院的院长均为留美博士；26 个系的系主任，除中国文学系外，皆为留学归来的教授。同时，西南联大的生源质量也相对较高，早期以北大、清华、南开的肄业生为主，后期因为报考人数众多也一直保持了较高的招生质量。较高的师生素质既为西南联大的人才培养奠定了良好基础，也在某种程度上带来了“精英化”的现象，与当时中国普通工农群众拉开了距离。

笔者认为，在此方面，始终坚持“来自人民、服务人民”办学理念的陕北公学—华北联大，从师生来源、办学基础、教育过程等各方面都牢牢扎根于人民群众，“人民属性”的办学理念更加鲜明。实际上，这既是一种贴合所在地区实际和时局形势的办学策略，更是一种中国共产党人践行“为人民服务”根本宗旨的深刻体现。

三、全面贯彻“理论联系实际”的教学原则

与“抗日救亡”办学使命相呼应，陕北公学从创办之初就确立了四项基本教学原则——“理论联系实际、教学内容少而精、教与学相一致、计划和灵活相结合”，以便学员能在较短时间内树立革命的人生观，成为具有一定政治觉悟、初

① 中共中央文献研究室．毛泽东年谱：1893—1949：中卷［M］．修订本．北京：人民出版社，2013：34.

步掌握抗战理论、了解基本军事知识、能够独立做群众工作的抗战干部。这些教学原则还充分体现在以“革命的政治教育、民众运动和政府工作教育、军事教育、劳动教育”为主导的四类教育内容上。

陕北公学在政治教育方面，开设“抗日统一战线”“中国革命运动史”“马列主义”“中国问题”等课程，教学内容紧紧围绕抗日战争的基本理论、政策和方法等；在民众运动和政府工作教育方面，开设“民众运动的理论和经验”“建立敌后抗日根据地政权的理论与政策”等课程，组织学员走出学校直接到地方政府、民众组织中参与工作，在“民众运动演习”和“统一战线演习”中提高实践能力；在军事教育方面，开设“游击战争与军事知识”“步兵战术”等主要课程，由经历过长征、长期领导游击战争的军队干部指导学员的军事理论、军事训练和军事生活管理，并提出“战斗地学习、战斗地生活”等口号，使学员通过比较完整的军事教育与训练成为群众口中的“文八路”；在劳动教育方面，组织学员挖窑洞、建校舍、筑讲台，通过劳动学习生产知识，培养与劳动人民的深厚感情，帮助学员尽早适应敌后农村环境，坚定走工农结合的道路。华北联大时期，“理论联系实际”的教学方法得到了一以贯之的继承。为了使教学内容与现实斗争更加紧密地联系起来，教员经常在授课之余带着学生到晋察冀边区参与实际工作，如直接参与民主选举工作，实地调查日寇“扫荡”政策对边区的破坏，实地了解边区的“三三制”政权对团结广大爱国民主人士共同抗日的重大意义等。

与此相对应，被称为“学术重镇”“人才摇篮”的西南联大，承续了国立北京大学、国立清华大学、私立南开大学三所顶尖大学的教学队伍、设备资料。虽然在“南渡内迁”的过程中有所损耗，但西南联大内辖5个学院、26个学系、2个专修科、1个先修班的教学规模，仍基本保留了现代高等教育的完整形态。办学过程中，“强调独立思考”“注重学生实践动手能力”等较为先进的教育理念为其人才培养做出了贡献。但笔者认为，由于办学环境的差异，相比陕北公学—华北联大“体验式”的实践教学，西南联大始终以校园为主体，实践能力的培养大多局限在实验室中，人文社会科学学科开展田野调查、社会调研的条件比较有限。而在此方面，陕北公学—华北联大始终与根据地建设、抗日民族统一战线等中国革命的现实主题紧紧相连，坚持扎根中国大地、围绕中国问题、寻找中国出路，教学的主场不仅在学员们自己亲手修建的校舍中，更广泛分布在陕甘宁边区

和晋察冀边区的抗敌一线，这为贯彻“理论联系实际”的教学原则提供了土壤，从而形成了陕北公学—华北联大在教学方法方面的鲜明特色。

四、明确树立“造就革命的先锋队”的培养目标

毛泽东曾在1937年陕北公学开学典礼前夕题词：“要造就一大批人，这些人是革命的先锋队。这些人具有政治远见。这些人充满着斗争精神和牺牲精神……中国要有一大群这样的先锋分子，中国革命的任务就能够顺利的解决。”① 诞生于抗日烽火、民族危亡之际的陕北公学—华北联大，始终按照这一目标培养了大批忠于党和人民的革命干部，向战争前线和建设一线输送了大批新生力量。1937年至1939年，陕北公学共培养了6 000多名抗日干部，吸收3 000多人入党。陕北公学的毕业生响应学校提出的号召——“到抗战前线去！到民众中去！到困难的地方去!”，有的前往敌后根据地，有的潜伏在国统区或敌占区，还有一部分留在边区工作。尤其是陕北公学“11队”以后的毕业生，80%以上被派往前线工作，为中国革命的胜利奉献了自己的青春甚至生命。而作为培养晋察冀边区抗战干部的最高学府，华北联大共培养学员80多个队（班）、8 000多人，连同短期培训总数超万人。这些毕业生成为抗日战争、解放战争乃至新中国成立后各个领域、各条战线的佼佼者。

陕北公学—华北联大时期还汇聚和培育了一批教育家和知名学者，如“延安五老”之一、中国人民大学创始校长吴玉章，“长征路上唯一的大学教授”、中国人民大学老校长成仿吾，被毛主席称为“全国第一流的法律学家”的何思敬，著名文艺理论家和文学翻译家周扬，著名哲学家艾思奇，著名历史学家范文澜、尚钺、尹达，著名党史学家何干之、胡华、廖盖隆，著名艺术家吕骥、丁玲、贺绿汀、乔羽、李焕之，等等。此外，还有一大批革命骨干成长为新中国成立后的高级领导干部，如中央书记处书记、上海市委书记芮杏文，最高人民检察院检察长刘复之，司法部部长邹瑜等，为新中国的建设和发展做出了卓越的贡献。

① 中共中央文献研究室．毛泽东年谱：1893—1949：中卷［M］．修订本．北京：人民出版社，2013：34.

与此相对应，西南联大1937年至1946年先后培养了4 000多名毕业生，其中以西南联大学籍毕业的本科生近2 500名、专科生约200名，以北大、清华、南开三校学籍毕业的本科生1 280名、研究生74名，是当时中国毕业生最多的高校。在西南联大的师生校友中，先后有173人当选为“两院”院士，在诸多领域均取得了丰硕成果。笔者认为，毫无疑问，西南联大的人才培养成果是新中国近现代高等教育发展进程中一枚亮眼的明珠，但以造就“革命的先锋队”为培养目标的陕北公学—华北联大，为抗战胜利和新中国建设与发展所做出的卓越贡献也应得到充分重视和肯定。正是这两种具有差异性的办学特点与历史价值，才发展形成中国近现代高等教育发展的不同渊源，并共同汇聚成今天中国两千多所高等院校。

习近平总书记在全国高校思想政治工作会议上明确指出，我国有独特的历史、独特的文化、独特的国情，决定了我国必须走自己的高等教育发展道路。我国高等教育发展方向要同我国发展的现实目标和未来方向紧密联系在一起，坚持为人民服务，为中国共产党治国理政服务，为巩固和发展中国特色社会主义制度服务，为改革开放和社会主义现代化建设服务。只有从办学使命、教学原则、办学理念、培养目标等全方位认识以陕北公学—华北联大为代表的中国共产党创办高等教育的特色实践，才能深刻理解中国特色社会主义高等教育“四个服务”的伟大使命，从而将扎根中国大地办教育的坚定自信转化为建设“双一流”大学的强大动力。

（作者系中国人民大学党委副书记、纪委书记、教授；原刊载于《中国高等教育》2017年第19期）

人民大学是我灵魂的归处

——吴晓球访谈

阳晓霞

2017年10月3日，中国人民大学迎来80周年校庆，这是吴晓球陪母校度过的第34个生日。

“如果说中国人民大学是一片汪洋大海，那我就是大海里的一条鱼，而且是一条快乐的鱼。但这条鱼只能放到人民大学的海洋里，不然它很快就会死掉。”吴晓球，这位在我国金融学科特别是证券和资本市场研究领域具有重要影响力的金融学家，数十年的研精覃思，并未消磨掉他身上浓浓的“浪漫主义”气息。

34载春秋，吴晓球执着于人大，执着于金融研究，不离不弃。从学生到教授，从金融与证券研究所所长到人民大学副校长，他从未离开过这所大学。他对本刊记者说：“我的DNA天生与人民大学匹配，换到其他任何一所大学、任何一个工作岗位，我都会水土不服。”

“人民大学是一所非常包容的学校。”正是这片包容的土地，滋润培育了一代又一代的金融学人。

在吴晓球心中，人民大学是中国最好的大学，它有一个非常好的传统，就是让年轻学者脱颖而出，就是五湖四海式的包容，英雄不问出处。

吴晓球1983年考取人民大学计划统计系国民经济计划专业研究生，1990年博士毕业即被破格晋升为副教授，1993年再次破格晋升为教授。那年人民大学一共破格晋升了5位年轻的教授，吴晓球年纪最轻，时年34岁。

事实上，在20世纪八九十年代的人民大学，人文社科领域特别是经济学科涌现了近百位著名学者，可谓星光璀璨。“能在那个年代得到前辈的赏识，备感荣幸。我特别感谢我的前辈老师们对我的提携与认可，感谢人民大学包容的学术氛围。”吴晓球说。

有容乃大的校园氛围，让一大批有才华、有理想、科研比较突出的年轻人迅速地成长起来，吴晓球是其中的重要代表。

“不一于汝，则二于物。”这是对吴晓球学术精神的最好形容。

采访中，吴晓球自称并不是一个知识渊博的人，但是非常专一，不会随波逐流，不会随着社会热点的变化改变自己研究的方向。“1994年之前主要研究宏观经济学。1994年之后，我90%的时间都在研究资本市场，10%的时间在研究互联网金融。”

“咬定青山不放松，任尔东西南北风。”正是这份“守一”与执着，成就了他在资本市场研究领域不可动摇的学术地位，使他成为经济学界在资本市场研究领域最有影响力的专家之一。

他提出的现代金融体系中资本市场核心地位的思想即资本市场核心论、国际金融中心飘移论、股权分置改革理论以及中国金融结构变动趋势分析等，奠定了中国资本市场理论的基本框架，树立了中国资本市场中的若干基本理念，开创了这一研究领域的新篇章。

吴晓球相信市场的力量。在2000年前后，他写了一本书——《市场主导型的金融体系：中国的战略选择》，讲的是未来中国金融一定会形成以资本市场为基础的金融架构和模式，整个金融资源以市场为主要配置力量。记者问起，中国金融一直到现在都是银行业主导型，为何他能得出这样的结论？吴晓球回答说，目前的状态只是暂时的，未来银行业必须适应整个金融结构的变化。当时还没有意识到科技对金融有如此深刻的影响。中国金融结构的变化，必须考虑科技的力量。

在业内，吴晓球被公认为为我国资本市场推进股权分置改革提供了理论设计，并是政策制定的重要参与者。对此，吴晓球说，股权分置的存在会断送中国的资本市场。只要存在股权分置，中国资本市场就不可能成为国际金融中心。只有推动股权分置改革，中国资本市场才会有希望。他当时用一系列研究，从理论上阐释了股权分置的危害。这一研究对监管部门推动改革产生了重要影响。

吴晓球说，他的研究没有功利目的，不为领导批示而做，只为研究问题、说

明问题、解决问题。显而易见，他通过一系列从学术出发的研究，找出中国资本市场发展的症结问题作为切入点，为政府宏观决策部门的政策制定提供了重要的理论依据，有效地发挥了经济理论研究对实际社会生活的指导作用。他对资本市场与实体经济的关系、中国金融的战略模式、创业板成长与风险、互联网金融和银证合作模式等等都进行过深入研究，其理论成果都对市场实践产生了影响，也构建起了中国资本市场的基本理论框架。

吴晓球是一位勤奋的学者，发表了大量论文和著作。在人民大学金融与证券研究所资料室，整间房的柜子里都摆满了他的学术论文、著作和原稿。“我的每一篇论文都是独立思考后形成的，绝对没有任何照搬或抄袭，绝不掠美学生的成果。”在研究所的办公室，记者发现他桌上摆着一摞厚厚的手写稿，正是近期发表的《中国金融监管改革的逻辑与选择》一文的原手稿，洋洋洒洒的 5 万多字全部手写，多达 100 多页稿纸，让记者很是震惊。他告诉记者，他的每一篇学术论文都是自己一个字一个字写出来的，从思路提纲开始，需要经过三次修改、四道工序，最终才能变成论文。端正的学术作风背后，是学术大家的严谨、扎实与认真，这让记者的敬佩之情油然而生。

吴晓球直言，当下，很多学者的研究只停留在表面，甚至人云亦云，背后并没有系统的思考。当与他们同台讨论时，他会直言不讳地问对方，你的观点背后有什么理论支持？推出这个结论的逻辑又是什么？很多讲者都答不上来。

“做学术研究特别需要逻辑思维。”在吴晓球看来，仅凭坐在书房里思考并不能找到所有答案。为了把中国资本市场研究透彻，他曾把证监会所有的法律法规都翻阅一遍，包括发行、上市、退市、并购重组、信息披露等等，甚至去了解美国 1933 年以来证券法修改的整个过程。“只有全面地了解这些信息，你才可能找到资本市场发展的逻辑线索，知道真正的问题症结所在。不然，你跟普通股民的水平没有差别。”

对于中国金融领域的研究，学术逻辑同样重要。

“中国金融在经过 30 多年改革开放后，达到了足够大的规模，而且市场化、证券化、国际化、信息化发展都非常迅速。中国金融的基础结构正在悄然地发生变化，风险也发生了接近基因式的变异，这意味着金融监管架构要做出相应的调整与改革。”吴晓球认为，无论是推动金融监管改革，还是推动中国金融结构的变革，都要深刻地了解现代金融的发展方向、未来趋势以及特殊性。如果缺乏对金融规律性的把握，缺乏对金融结构变动趋势的理解，就很容易把代表未来方向的新事物，看成扰乱或者破坏现行金融秩序的行为。另外，“每个人的角度不同，他对未来的理解也不同。”

“全国金融工作会议在这个时候召开非常重要。”吴晓球告诉记者，2017年7月召开的全国金融工作会议，实际上要告诫大家几点：一是金融不能脱离实体经济，实体经济是金融的基石，服务于实体经济是金融的天职，不要去搞那种金融的游戏。二是金融安全的重要性。防范系统性金融风险，实际上是一个战略性任务。成立国务院金融稳定发展委员会，是对金融监管架构的重要修补。但这并不意味着中国金融监管发生了体系性变革，因为监管架构没有变，但这样的修补非常重要，它的主要出发点是防止系统性风险出现，维护国家金融安全。三是必须推动中国的金融改革和开放。不是说关起门来停止改革创新，就能控制风险，保证金融安全。中国金融业实际上是在对外开放、深化改革中不断改善结构与功能，从而发挥防范风险的作用。

“现在有很多人，把金融服务实体经济简单理解成为任何情况下都要为企业提供融资，这是一种误读。”吴晓球说，为实体经济提供融资服务是金融的天职，但并不意味着只要你是企业，只要你需要钱，银行就必须提供。金融是基于创新为企业提供更高质量的服务，它的资金应流向那些具有竞争力、代表未来趋势、能够推动中国产业升级的企业和行业，而不是那些落后产能，甚至僵尸企业。

吴晓球说，金融有三大核心功能：一是融资功能，为社会提供间接融资或直接融资；二是财富管理功能；三是支付清算功能。当前科技对金融的渗透与改变，比科技对其他任何领域的影响都要大。科技的介入使金融的支付功能发生变化，出现“脱媒”现象，它不需要依靠物理介质，便可以直接进行第三方支付。这种变革是革命性的，对传统的支付结算体系，提出了严峻的挑战。

“要深入理解中国金融结构变革的趋势，要深入理解科技对中国金融的深度影响，这种影响将会使中国金融进入一个超越全球金融的快速道。”吴晓球说，今天中国金融在全球起到引领作用，最让人自豪的是互联网金融中的第三方支付。它使中国社会出现了突飞猛进的发展，没有第三方支付创新，何来的共享经济、电子商务、网上购物？它推动了整个中国经济结构的变革，这就是金融的

价值。

“中国金融改革必须站在未来发展的趋势这一边。”吴晓球说，中国金融要想“弯道超车”，在全球起到引领作用，依靠传统金融很难做到，但科技金融可能会是一个突破口。

“中国金融新业态的出现，互联网金融包括第三方支付能如此快速地发展，得益于中国宽容的监管环境。这种独特的监管理念，与中国改革开放的思想一脉相承。”对于中国金融监管，吴晓球给予了高度评价。

“创新在前，监管在后。要允许先试先行，试完之后发现问题再去规范。”他认为，中国能在并不太长的时间里推动市场经济发展，取得瞩目成绩，与我们的改革哲学有很大关系。改革来自市场主体、来自基层、来自问题导向。

那么，如何取得第三方支付创新与监管之间的平衡呢？吴晓球做了一个形象的概括：脱离监管的创新像是疯长的野草，阻止或扼杀创新的监管是腐朽的力量。这就是监管与创新的关系。

“监管要对症下药。正如，我们不能拿治疗普通感冒的药，去治疗类似于感冒的 H7N9 禽流感一样，我们需要建立与互联网金融业态相匹配的监管体系。”吴晓球说，应在实践基础上，总结新金融业态的风险特点，制定与传统金融相区别的监管架构和监管政策。

吴晓球表示，一些互联网企业开展的互联网金融业务美誉度并不高的原因，是某些从业者对互联网金融本质缺乏深度的理解，认为这是实现暴利的工具。事实上，它的本质是普惠性金融，面对的是小客户、小企业，以及中低收入阶层，根本发不了财。我们必须本着某种做公益性的事业的态度去做互联网金融。“金融的改革都是要基于消费者、老百姓的利益考虑，不能基于传统的利益团体去考虑。”吴晓球说。

“中国人民大学的毕业生有着天生的家国情怀，这份情怀的基因来自毛泽东说的那句话：中国不会亡，因为有陕公！这是那个救亡图存的时代，党对人民大学前身陕北公学的一种高度评价，也是我们最重要的精神遗产。过去，陕公的责任是救亡；现在，人大的责任是建设国家。”作为人民大学金融学科新一代主要学术带头人，吴晓球希望能将人民大学的优良传统传承下去，形成一个有人民大学特点、有中国特色的金融学派，为推动中国金融改革发展作出自身贡献。

谈到学术前辈，吴晓球话语中充满了敬佩之情。“人民大学金融研究有过辉煌的历史，其中做出奠基性贡献的当属黄达老校长，他是我们新中国金融学科的奠基人，他的研究开创了那个时代的辉煌与顶峰。我们年轻时，从黄达老师的教材与著作中吸取了非常前沿的学术思想与研究方法。”

如今，在人民大学23个学院中，财政金融学院是几大“王牌学院”之一，金融学科又是人民大学最有优势的学科之一，师资力量雄厚，也被寄予厚望。吴晓球介绍，目前包括财政金融学院在内，人民大学有五个学院、研究院超过110人的金融研究团队，涉及金融的几乎所有学科领域。

“一代人有一代人的使命。”吴晓球认为，黄达那一代金融学者的使命是去构造一个与社会主义经济相匹配的金融体系、金融分析框架。如今，在大国金融的时代背景下，市场化、科技化的金融变迁环境，要求金融学人做到三点：一是了解全球金融理论的发展方向，把握全球金融理论发展的动态；二是深刻了解中国金融变革的趋势、面临的问题，以及未来发展的目标；三是深入理解科技对金融DNA的影响，改进研究方法，扩大研究视野。“这不是一个人的力量能完成的，需要集体的力量、集体的讨论、集体的启发。”

除了前沿的学术思想理论，新一代金融学人必须传承前辈的学术品格与作风。

“我们这一代人的重要特点，就是团队合作。”吴晓球介绍说，他所领导的一个学术团队有七八个教授、十几个副教授。其中有长江学者特聘教授。“我经常会把大家聚集在一起，通过发问讨论的形式，集思广益，碰撞思想火花，最终提炼出一个个成型的学术成果。”吴晓球说，“我的学术成果里，有他们的影子。争鸣是学术繁荣的前提。如果没有不同的声音，学术不可能繁荣。”

包容反映的是一种学者的自信、谦卑与风度。

作为资本市场研究领域影响力最大的学者之一，吴晓球喜欢听取不同的意见。他认为，理论的进步一定是在前面的基础上进行新的拓展与解释，这种拓展难免和此前的理论不一致。如果观点相同，就没有意义，只是在炒剩饭而已。“我讨厌炒剩饭，如果有学者已经说清楚了的问题，我一般不会再去研究它。”

对人民大学的金融学科前景，吴晓球说：“我希望人民大学金融学科能够立足于本国实践，立足于中国金融改革的发展目标，同时充分吸收国际上金融理论

发展的成就。我们不闭门造车，我们不排斥新事物，我们一定要最广泛地吸收最先进的研究成果和方法，当然我们也绝不照搬照抄。”他说，这样的结合，正是对黄达等前辈提出来的“古今中外，含英咀华”学术精神的最好传承与弘扬。

优秀的合作团队，传承着人民大学的兼容并包的优良传统。一代代学人，不贪求功利，不标新立异，不推崇个人，而是为了金融学科的发展，为推动中国金融改革发展辛勤耕耘，这种氛围在人民大学蔚然成风。这也让在此耕耘三十多年的吴晓球极为欣慰。

在 2017 年中国人民大学财政金融学院毕业典礼上，吴晓球发表了热情洋溢而令人深思的致辞，他说，不论身处顺境逆境，心中的灯塔不可灭。这在师生中产生了巨大共鸣。采访尾声，记者问吴晓球指引他心中的灯塔是什么，他不假思索地回答：“我心中的灯塔就是，乐观透亮，拥抱未来。”

（被采访者系中国人民大学副校长、教授；原刊载于《中国金融家》2017 年第 9 期）

探索马克思主义中国化的办学之路

——以中国人民大学八十年办学实践为例

王大广

2017年10月3日，我们党创办的第一所新型正规大学——中国人民大学迎来了建校八十周年纪念日。习近平总书记代表党中央亲自致信祝贺，中共中央政治局委员、国务院副总理刘延东出席庆祝大会宣读贺信并致辞。总书记在贺信中高度评价了人民大学的办学历史和办学成就，特别指出："建校以来，中国人民大学始终坚持党的领导，坚持马克思主义指导地位，坚持为党和人民事业服务，形成了鲜明办学特色，在我国人文社会科学领域独树一帜，为我国革命、建设、改革事业培养输送了一批又一批优秀人才。"① 习近平总书记的贺信，是在党的十九大即将召开的重要时刻发出的，这充分体现了党中央对这所著名高等学府的关心关爱和高度重视，以及对中国人民大学八十年办学成就的高度肯定。

梳理中国近现代高等教育发展的历程，能清楚地看到两大脉络：一脉是以北洋大学堂、京师大学堂、南洋大学堂为代表的近代高等教育，她们是在西方列强坚船利炮入侵和影响下诞生的；另一脉则是以抗日军政大学、陕北公学、延安女子学院、鲁迅艺术学院等为代表的红色高等教育，这些是中国共产党在挽救民族危亡的历史关头领导和创立的。在我们党创办的诸多红色高等教育机构中，有一所大学对新中国高等教育体系、对当代中国大学制度和办学理念影响最大。这所大学就是中国人民大学，她以始终扎根中国大地办学的独特身姿，以始终坚持马

---

① 习近平．习近平致中国人民大学建校80周年的贺信［N］．人民日报，2017-10-04（1）.

克思主义中国化办学方向的鲜明特色，在中国二千多所高等院校中显得格外地卓尔不群。

一、源起：为了挽救民族危亡

马克思主义中国化的初衷，不是出于理论本身的需要，而是出于实践的需要，出于解决中国革命面临的紧迫问题的需要。中国人民大学与中国近现代诞生的其他大学相比有一个很大的不同，那就是她从诞生开始，就始终围绕着解决中国社会最紧迫的现实问题进行办学实践，始终自觉践行着马克思主义中国化的办学要求，这是这所具有鲜明红色基因高等学府的一个显著精神标识。

中国人民大学的前身是诞生于抗日烽火中的陕北公学。1937 年，日本帝国主义开始了全面侵华战争，侵略与反侵略成为当时中国社会最主要的社会矛盾，救亡图存成为中华民族最重要的任务。为了培养大批抗战人才，中共中央决定在延安创办一所大学，专门培养抗战急需的各类干部，这所大学就是陕北公学。在 1937 年 11 月 1 日陕北公学开学典礼上，毛泽东发表了著名的题为《目前的时局》的演讲，毛泽东在演讲中开宗明义指出：时局这个问题“是与你们有密切联系的，因为学习的人、教育的人都是为着一个目的，就是挽救民族与社会危机”①。毛泽东等中央领导同志对陕北公学的办学和发展寄予厚望，1938 年 2 月，中共中央专门召开政治局常委会，讨论陕北公学工作情况，会议确定“张闻天、毛泽东、凯丰等中央负责同志每人每月到校作一次报告。”毛泽东曾经多次到陕北公学和抗日军政大学等地方发表演讲。《实践论》《矛盾论》等一系列马克思主义中国化的经典作品就是在这些演讲的基础上形成的。这些重大的战略思想，在指导着全党为着一个共同的目标奋斗的同时，也成了指导陕北公学办学实践的思想精髓。

在以解决中国现实问题为核心的办学实践中，很多学者也逐渐深化了陕北公学对于马克思主义如何与中国实践相结合的理解。1938 年 4 月，当时任陕北公

① 中央档案馆. 中共中央文件选集：1936—1938 年：第 11 册 [M]. 北京：中共中央党校出版社，1991：824.

学教师的著名哲学家艾思奇在其著作《哲学的现状与任务》中，最早阐述了马克思主义中国化这一命题。这一重大理论创新随后在党的六届六中全会上得到确认，成为中国共产党领导中国革命、建设、改革的一条理论主线。

在两年多的办学实践中，根据抗日战争的需要，陕北公学设置了五个系，即社会学、师范专修、医学、国防工程、日本研究，虽然因为后来战争形势的发展，有些系没有开设，但围绕为民族解放和国家独立培养人才这样的核心任务始终没有改变，这样的办学宗旨一直延续到后来的华北联合大学以及华北大学。

有历史学家这样总结，在抗日战争期间，全国几乎所有的高校都撤到了后方办学，唯独有一所大学（具有国民教育性质的大学），逆向而行，始终挺进在抗日战争的最前线，她的毕业生一经毕业就直接走向战场，为民族独立牺牲了众多的优秀学子，这所大学就是人民大学的前身——陕北公学。

二、使命：成为新中国的样板大学

1949年下半年，随着解放战争进入决胜阶段，党中央开始着手考虑如何改造旧中国的高等教育体系问题。为了创建一所带有引领性和示范性的大学，6月底至8月中旬，以刘少奇为团长的中共中央代表团秘密访问苏联，请求苏联援助，希望创建一所新型正规大学。经过中苏反复磋商，8月7日，毛泽东复电同意建校方案。1950年10月3日，以华北大学本部为基础组建而成一所新式大学，即中国人民大学。在开学典礼上，刘少奇、朱德等许多党和国家领导人出席。刘少奇在讲话中代表党中央对学校的发展给出了定位：中国人民大学“是我们新中国办的第一所新式大学……中国将来的许多大学都要学习我们中国人民大学的经验，按照中国人民大学的样子来办”①。

新组建的中国人民大学，并未辜负党中央的期望，她在充分借鉴苏联经验的基础上，结合中国实际，探索并形成了一套独特的办学制度和办学模式，为新中国高等教育制度的建立发挥了不可替代的重要作用，当今中国高等院校的许多制

① 中共中央文献研究室刘少奇研究组，中央教育科学研究所．刘少奇论教育［M］．北京：教育科学出版社，1998：91．

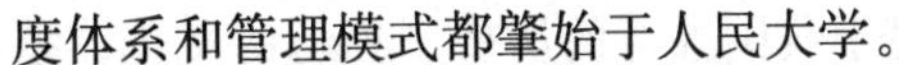

度体系和管理模式都肇始于人民大学。

比如，党委领导下的校长负责制，这一中国高等教育的根本领导制度，就首先起源于人民大学的前身——陕北公学。陕北公学创建之初，实行的就是党团领导下的校长负责制，成仿吾同志担任党团书记，并任陕北公学校长。党团是学校的最高领导机构，校长则在党团领导下独立负责处理学校各种事务。由陕北公学发展而来的华北联合大学以及后来的华北大学，都执行了这一制度。新中国成立后，在充分借鉴中国人民大学经验的基础上，党中央于1961年公布了《教育部直属高等学校暂行工作条例（草案）》（称为“高校六十条”），明确指出高校实行党委领导下的以校长为首的校务委员会负责制，党委是学校的领导核心。改革开放后，这一制度得到逐渐完善，最终形成了党委领导下的校长负责制。始终坚持党的领导，这是中国高校有别于西方高校的最显著特征。

比如，高等院校思想政治工作制度。重视思想政治工作、始终坚持以马克思主义为指导，同样是中国人民大学的优良传统。在革命战争年代，中国人民大学的前身陕北公学和华北联合大学，都在思想政治工作方面进行了探索。一方面，注重加强思想政治工作体系建设，比如华北联合大学时期，学校专门设立了政治指导处，院系则设立党总支，专门负责学生的思想政治工作；另一方面，高度重视思想政治理论课建设，这些课程包括社会发展史、中国近代革命史、新民主主义论等等，政治理论课约占全部课程的20%。新中国成立后，中国人民大学在继承以往思想政治工作经验基础上，继续进行探索，特别是在思想政治理论课建设方面，发挥了巨大作用。1952年，人民大学开设了全国马列主义研究生班，承担了为全国培养马列主义师资的任务，为全国高校培养了大批马克思主义高级人才。据1980年代的统计，在当时全国高校近30个哲学系中，有26个系的系主任是中国人民大学哲学系的毕业生。

再比如，目前我国高校普遍采用的教研室制度，也同样起源于中国人民大学。1950年中国人民大学建立后，在借鉴苏联经验的基础上，结合中国实际进行教学改革，首先建立了教研室制度，作为学校教学和科研的基层组织，以更好地发挥教师集体备课、集体研讨的优势。1954年教育部专门召开了中国人民大学经验交流会，介绍并推广了这一制度，随后该制度被其他高校普遍采用，并逐渐成熟发展，成为高校教学科研组织的一项基本制度设计。

中国人民大学在发展过程中，始终立足于我国独特的历史、独特的文化、独特的国情，坚持走具有自身特色的发展道路，从而在中国高等教育发展历程中留下了自己的独特印记。

三、目标：早日建成世界一流大学

习近平总书记在致中国人民大学建校八十周年的贺信中指出，“希望中国人民大学以建校80周年为新的起点，围绕解决好为谁培养人、培养什么样的人、怎样培养人这个根本问题，坚持立德树人，遵循教育规律，弘扬优良传统，扎根中国大地办大学，努力建设世界一流大学和一流学科”①。中国人民大学在80年的办学实践中，始终自觉践行着总书记这一要求，牢牢抓住为党和国家培养德才兼备的高级专门人才这个中心任务，着力建好特色学科，坚持走内涵式发展道路。

中国人民大学建校初期，就围绕国家急需的各类专门人才进行学科设计，所设学科都是与社会主义建设需求联系非常紧密的各类学科。学校最先设置的本科专业有八个，即经济系、经济计划系、财政信用借贷系、贸易系、合作社系、工厂管理系、法律系和外交系，这就是有名的“八大系”。人民大学开设的这些专业，虽然大都是在苏联指导和帮助下设立的，但并未全盘照抄照搬苏联模式，许多专业都在充分考虑中国当时国情和实际的基础上进行了改造和创新，有的专业甚至是首创，如当时的经济计划系，是结合中国实际开设的全新专业，其首部教材也是人民大学编写的。据统计，从1950年建校至1966年“文化大革命”之前，全国毕业的研究生总数为16 397人，而人民大学一所学校就为国家输送各类研究生5 133名，占全国总数的近三分之一。

在“文革”期间，人民大学被迫解散。1978年人大复校后，鉴于人民大学在我国人文社会科学领域人才培养和科学研究方面所具有的不可替代的重要作用，邓小平复出不久就指示：“人民大学是要办的，主要培养财贸、经济管理干

① 习近平．习近平致中国人民大学建校80周年的贺信［N］．人民日报，2017-10-04（1）．

部和马列主义理论工作者。"① 陈云同志曾经三次为人民大学题词，勉励人民大学培养更多"人民共和国的建设者"②。

改革开放后，人民大学同国家一样，迎来了蓬勃发展的新生。学校以学科建设为抓手，着力培养拔尖创新人才。法律、贸易、行政管理、档案等 15 个以上的系或专业为全国首设，35 个以上的研究生专业也是首设。新中国法学、新闻学等专业的第一位博士和第一位外籍文科博士也是人民大学培养的。

党的十八大以来，随着中国特色社会主义进入新时代，人民大学各项事业也进入了快速发展期，学校的综合实力和国际影响力不断增强。目前学校云集着一批顶尖级的人文社会科学专家，分别在各自的领域内处于领军地位。比如，学校已有许崇德、王利明、曾湘泉、黄卫平、史际春、秦宣、李景治、翟振武、杨凤城、郭湛等教授 11 次为中央政治局集体学习作报告，是参加学者最多的高校。

在 2013 年全国最新一轮一级学科评估中，人民大学排名第一的一级学科数量达到 9 个，在人文社会科学领域位居全国高校首位，学科总数位居全国高校第三。在前不久公布的"双一流"建设名单中，人民大学首批进入"世界一流大学"A 类建设名单，14 个学科入选"世界一流学科"建设名单。

八十年，对于一个人的生命而言十分漫长，而对于一个始终奋进在时代前列的大学来说，正值青春年华。今天的人民大学已经成为走中国特色高等教育发展道路、办好中国特色社会主义大学的一面旗帜；未来的人民大学也将不忘初心、牢记使命，以昂扬进取的姿态，向着"中国特色、世界一流"的目标不断前进。

（作者系中国人民大学党委宣传部常务副部长；原刊载于《紫光阁》2017 年第 11 期）

① 邓小平．邓小平文选：第 2 卷［M］．北京：人民出版社，1994：69.

② 中共中央文献研究室．陈云年谱：下卷［M］．北京：中央文献出版社，2000：405.

马克思主义指导思想在中国共产党创办高等教育实践中的运用

孙　权

马克思主义指导思想始终贯穿中国共产党创建和发展高等教育的所有环节，在不同的历史条件和革命战争情况下，马克思主义在不同历史时期发挥了思想启蒙、推动革命实践、促进高校建设和调整、支撑意识形态建设等不同作用。

一、1921—1927年建党初期，马克思主义对高等教育的启蒙作用

这一时期，具有马克思主义先进思想的知识分子最先倡导创办高等教育。同时，马克思主义也指导中国共产党开展了一系列高等教育的探索与初步尝试。

一是马克思主义指导工人运动实践。在旧中国，由于贫穷落后，教育不发达，工人阶级的文化水平普遍偏低，对马克思主义理论缺乏接触，也没有深入学习研究的机会和条件，这就需要那些具有先进思想的知识分子理解并吸收马克思主义思想，并运用这种思想指导工人运动实践。具备了阶级条件和思想基础，中国共产党得以建立和发展起来。

二是马克思主义指导中国共产党制定革命方针。中国共产党成立后，需要进步力量组织和领导革命活动。因此，充分挖掘马克思主义的思想内涵，在结合中国革命实际的基础上制定指导革命活动的方针政策，这需要具有高学历和先进思想的知识分子参与进来。高等教育成为中国共产党继续创新发展马克思主义、指导现实革命活动的迫切需要。

三是马克思主义指导高等教育创办中实际的、具体的理论与教学活动。中国

共产党党组织在高校开设马克思主义理论课程，邀请具有先进思想的教师走进高校开展讲座。同时，联合高校教师和青年学生创办进步的刊物，搜集、整理、翻译马克思主义著作、资料等。这些活动既提高了高等教育的办学水平，使教学理论与中国实际的革命运动有效结合，又促进了马克思主义在中国的学习和传播。

二、1927—1949年革命战争时期，马克思主义对高校革命活动的推动作用

这一时期马克思主义指导思想在高等教育实践过程中的运用主要体现在以下方面：

一是除了在高校设置系统的马克思主义理论课程外，中国共产党还积极创办马克思主义刊物，更有效地扩大马克思主义的传播范围。中国共产党成立之后，马克思主义得到更广泛的传播。1922年2月7日，王右木、刘先亮等成都师范学校师生创办了《人声报》，成为四川地区第一家以宣传马克思主义为主要任务的刊物。其办报方针为：直接以马克思主义的基本要求，解释社会上的一切问题；注意世界各地的社会运动情况和已有的成绩，以资我辈讨论，或加入第三国际团体，作一致行动；讨论马克思社会主义之学术及实际的一切问题①。

二是中国共产党经常邀请社会上的名人和进步人士到高校演讲、作报告。这不但调动了高校中的进步力量，而且丰富了在校学生的课外生活，与课内的授课内容和课程形式相互配合，更有利于马克思主义在更大范围的传播和运用。以上海大学为例，演讲者大多具有较高的马克思主义理论研究水平，并且社会经历丰富，如李大钊、萧楚女、邓中夏、恽代英、刘伯伦、杨杏佛等。他们能够运用马克思主义的立场和观点，结合中国革命实际，解答现实中的难题。薛尚实回忆在上海大学开展讲座的情况时提到，除“上正课以外，每月总有一两次自由讲座，内容都是报告政治形势和解答一些对时局的疑问”②。进步人士到高校的讲座，启发了青年学生的思维，补充了马克思主义原理知识等内容的课程设置，而且更

---

① 四川大学校史编写组．四川大学史稿［M］．成都：四川大学出版社，1985：78.

② 董宝良，但昭彬，陈晴．中国近现代高等教育史［M］．武汉：华中科技大学出版社，2007：198.

加贴近中国革命实际，是马克思主义理论在实践中获得提升的重要环节。

三是高校还开展了多种形式的学生社团活动，如演讲会、辩论会、文艺讲习班等。这些课外活动丰富了学生的课余生活，团结了不同爱好和不同层次的学生，增进了学生之间的感情，为马克思主义理论宣传教育工作的开展奠定了广泛的群众基础。

三、1949—1978年社会主义建设时期，马克思主义对高等教育的调整作用

新中国建设初期，中国共产党领导下的高等学校面临的一个重要任务就是接管、恢复、调整旧式高校，创建新型高等学校，在这一过程中，中国共产党积累了丰富的理论与实践经验，实现了思想教育方向质的转变。

第一，创建了以中国人民大学为代表的一大批重点大学，积累了丰富的办学经验。在学习苏联经验的过程中，党中央和中央政府创办了一批重点大学，到1968年，全国重点大学共68所[①]。在这些重点大学中，中国人民大学作为代表，成为样板大学。

1937年11月，中国共产党创建了陕北公学，全面贯彻“教育长期为抗战服务”的方针。1939年7月，中共中央决定由陕北公学、延安鲁迅艺术学院、安吴堡战时青年训练班、延安工人学校等4校的部分师生在延安成立华北联合大学，成仿吾任校长兼党团（组）书记。抗日战争胜利后，与北方大学合并，组成华北大学。

新中国成立后，1949年11月，中央决定以华北大学、华北人民革命大学和政法干校为基础，创建一所新型的文科大学，即中国人民大学。在1950年10月3日的开学典礼上，吴玉章校长明确指出：中国人民大学学生应该成为用马克思列宁主义、毛泽东思想武装起来的、掌握最新科学成就的专家。他强调，要把中国人民大学办成一个学习和宣传马克思列宁主义、毛泽东思想的坚强阵地。吴玉章校长认为，系统地学习马克思列宁主义，并不仅仅是学习熟悉这些导师的著

① 中央教育科学研究所．中华人民共和国教育大事记：1949—1982［M］．北京：教育科学出版社，1984：343．

作，最主要的是要能系统地掌握马克思列宁主义的立场、观点和方法来发现问题、提出问题、分析问题、解决问题[①]。在课程的设置上，中国人民大学建立和完善了以经济管理为主的科系，增设政治理论、文史各系，另外还设置了马克思主义夜校大学，尝试了多种办学的新体制。

第二，马克思主义理论课程体系基本建立，高校思想政治教育方向发生质的转变。为了加强对高校学生系统的思想政治教育，1952 年 10 月，教育部发出的《关于全国高等学校马克思列宁主义、毛泽东思想课程的指示》规定：综合性大学及财经、艺术院校自 1952 年起，依一、二、三年级的次序分别开设“新民主主义论”“政治经济学”“辩证唯物论与历史唯物论”；工、农、医等专门学院，依一、二年级次序分别开设“新民主主义论”及“政治经济学”。各类高等院校和专修科准备自 1953 年起开设“马列主义基础”课。这一指示标志着我国高等学校马克思主义理论课程的课程体系基本建立[②]。新中国成立初期，马克思主义理论教育在高校的开展和建设，贯彻了过渡时期的总路线，奠定了高校思想政治工作的基础，有利于唯物主义的广泛宣传和高校党组织的建设与发展。

第三，完善思想政治建设体系，高等教育在曲折中调整和发展。1957—1965 年，由于整风运动和反右倾斗争扩大化，高校的一些教师和青年学生受到错误的批判和不公正待遇，这严重冲击了高校正常的教学秩序。在这种情况下，中共中央及时做出调整，发展和完善高校的思想政治建设体系。1957 年 2 月，毛泽东在《关于正确处理人民内部矛盾的问题》中指出：“我们的教育方针，应该使受教育者在德育、智育、体育几个方面都得到发展，成为有社会主义觉悟的有文化的劳动者。”[③] 在 1957 年 10 月召开的最高国务会议第十三次会议上，毛泽东指出“知识分子要同时是红的，又是专的”[④]。这里的“红”，即要求在思想上树立马克思主义的世界观[⑤]。1961 年，高校实行“调整、巩固、充实、提高”的方针，贯彻执行《教育部直属高等学校暂行工作条例（草案）》（简称“高校六十条”），

① 中共四川省委党史工作委员会《吴玉章传》编写组．吴玉章文集：上卷［M］．重庆：重庆出版社，1987：418－419.

② 石云霞．新中国成立以来高校思想理论教育历史研究［M］．北京：人民教育出版社，2007：14.

③ 中共中央文献研究室．毛泽东文集：第 7 卷［M］．北京：人民出版社，1999：226.

④ 中共中央文献研究室．毛泽东著作专题摘编：下卷［M］．北京：中央文献出版社，2003：1696.

⑤ 杨凤城．关于又红又专问题的历史评价［J］．中共党史研究，1997（4）：56.

恢复了党的传统，加强和改善了党的领导①。

1966—1976年“文革”的10年，高等教育损失严重，党的方针和教育路线被扭曲和破坏，整个教育体系遭到了重创。“文革”结束后，中共中央及时调整高校思想政治工作路线，将马克思主义理论在高校中的指导内容恢复到正常的轨道上来。

四、1978年改革开放以来，马克思主义对高校意识形态建设的支撑作用

改革开放以来，国际国内环境发生了巨大的变化，党在高等教育中的思想建设也面临新的挑战。就国际环境而言，多元文化的交流传播，经济发展全球化，国际上各种思潮涌动、相互激荡，多元文化的发展趋势愈加明显。就国内而言，经济社会的发展使社会利益关系更加复杂，个性化的思想表现存在于每个社会个体的行为活动中，在高校的教育改革中，党的思想建设也面临着如何在差异中统一贯彻主流思想的情况。坚持马克思主义指导，牢牢把握意识形态领域的领导权，是保证高等教育健康发展的重要基石。

第一，坚持马克思主义思想引领，高校意识形态工作走上科学发展轨道。改革开放以来，在中央精神的指导下，高校思想政治工作在恢复中得到发展。1987年5月29日，中共中央印发的《关于改进和加强高等学校思想政治工作的决定》明确指出，高等学校培养出来的大学生、研究生，应当有坚定正确的政治方向，爱祖国、爱社会主义，拥护共产党的领导，努力学习马克思主义；热心于改革和开放，有艰苦奋斗的精神，努力为人民服务，为实现具有中国特色的社会主义现代化而献身。这是在大学生思想教育目标上提出的关于意识形态的内容规定。1990年，《中共中央关于加强高等学校党的建设的通知》明确了高等学校实行党委领导下的校长负责制，明确了马克思主义在高校意识形态中的主导地位，使高校的意识形态工作走上科学的发展轨道②。1991年6月3日，国家教委下发的

---

① 王建国，蓝晓霞，王虹英，等．新中国60年高校历程和经验研究［J］．中国高教研究，2009：11.

② 杨泉明．高校党的思想建设研究［M］．北京：中央编译出版社，2012：153.

《关于加强和改进高等学校马克思主义理论教育的若干意见》提出，马克思主义理论课程是高校思想政治教育的主要阵地和主要渠道，从思想理论课程方面确立了马克思主义在意识形态领域的指导作用。在这之后的时期，高校意识形态工作总体上稳步推进。

第二，重视马克思主义理论教育，高校思想政治工作不断加强。中国共产党十分重视马克思主义理论课程在高校的开展。1980 年 4 月 29 日，教育部、共青团中央联合发出的《关于加强高等学校学生思想政治工作的意见》指出，高等学校的培养目标必须坚持又红又专的方向。学校的思想政治工作必须紧密结合为“四化”培养人才这个中心来进行，要旗帜鲜明地对学生进行系统的马克思列宁主义、毛泽东思想基本原理的教育，革命理想教育，共产主义道德品质教育，培养学生运用马克思主义的立场观点方法分析问题和解决问题的能力，逐步树立辩证唯物主义和历史唯物主义的世界观。随后，国家教育部门发布了一系列关于加强和改进高等院校马克思列宁主义理论教育的规定，这些规定成了高等院校马克思主义课程教学的指导思想。这一系列文件的出台，不断调整着马克思主义的课程设置和教学方法，使马克思主义思想在高等院校得到更加科学的贯彻和落实。自确立马克思主义理论课程在高校的地位和重要作用以来，高校思想政治教育的队伍得到持续加强，大学生的思想觉悟和马克思主义理论的水平得到提升，从根本上保证了中国共产党领导下的高等教育指导思想的落实和政策的实施，为我国的社会主义建设持续培养了思想水平、政治素质和科学文化素质达标的优秀人才。

第三，运用马克思主义中国化最新成果武装头脑，应对意识形态领域新形势新任务新挑战。当前，我国处于全面建成小康社会的社会转型期和矛盾凸显期，国际国内形势深刻复杂变化，社会思想文化和意识形态领域情况更加复杂，马克思主义指导思想面临多样化社会思潮的挑战，社会主义核心价值观面临市场逐利性的挑战，传统教育引导方式面临网络新媒体的挑战，培养社会主义事业建设者和接班人面临敌对势力渗透争夺的挑战。在这种情况下，马克思主义在高校意识形态领域的指导作用愈加关键。在高等教育改革的实践中，中国共产党始终重视领导高等院校运用马克思主义中国化最新成果武装头脑，教育引导师生，扎实推进习近平总书记系列重要讲话精神和治国理政新理念新思想新战略进教材、进课堂、进头脑。同时，运用意识形态工作的新方式新手段，用好阵地，管好阵地，稳步推进高校党建工作和思想政治工作的开展，促进了高校改革创新发展的实践活动。

2015年1月，中共中央办公厅、国务院办公厅印发的《关于进一步加强和改进新形势下高校宣传思想工作的意见》强调指出，做好高校宣传思想工作，加强高校意识形态阵地建设，是一项战略工程、固本工程、铸魂工程，事关党对高校的领导，事关全面贯彻党的教育方针，事关中国特色社会主义事业后继有人，对于巩固马克思主义在意识形态领域的指导地位，巩固全党全国人民团结奋斗的共同思想基础，具有十分重要而深远的意义，全国各高校开始着手宣传思想工作的改革事宜。

此外，在新媒体快速发展的环境下，高校意识形态工作不断面临新局面、新问题。高等学校接触信息的途径和方式多样化，学生表达内容的个性化和多元化成为一种趋势。同时，新媒体环境中存在的非主流思潮和极端思想也在影响着大学生对信息的选择和接受，增加了他们对真伪信息和善恶现象的辨别难度，大学生世界观、人生观和价值观的塑造受到影响，这是高校意识形态工作中需要着力解决的问题。在这种情况下，新媒体呈现的不同于主流意识形态的异质性，以及信息发布与传播的自由、平等和便捷的状况，改变了传统自上而下的信息管理模式。高校准确把握新媒体的发展规律和趋势，是应对当前高校意识形态工作的重要环节。

中国共产党领导下的高等教育是新型高等教育，其最根本的实践经验就是坚持马克思主义指导地位毫不动摇。中国共产党创办高等教育的历史证明了高校的改革创新和发展离不开马克思主义的指导，在科学的思想指导下，党的教育政策和方针才能够得到全面的贯彻和落实。面对新形势新任务，高校必须牢牢把握意识形态工作的领导权，始终坚持马克思主义思想引领，全面贯彻党的教育方针，培育和弘扬社会主义核心价值观，使高校成为巩固马克思主义指导地位的坚强阵地。

（作者系中国人民大学学校办公室副主任；原刊载于《北京教育（德育）》2017年Z1期）

中国共产党创办和领导新型高等教育的独特优势

张　智

办好高等教育，事关国家发展和民族未来。中国共产党独立创办和坚强领导的新型高等教育，历经革命时期的探索前行、建设时期的初步繁荣和改革时期的跨越发展，目前已构建起了规模宏大、体系完备、功能先进、影响深远的人才培养、科学研究、社会服务和文化传承创新体系，为党和国家事业发展做出了重要贡献。回顾和总结新型高等教育从无到有、由弱变强的光辉历程，我们发现，正是中国共产党在价值取向、思想理论、人才培养和治理模式等方面的独特优势，引领和支撑我们走出了一条中国特色社会主义高等教育发展道路。

一、为人民服务：新型高等教育的价值取向优势

教育是一个国家社会经济发展的基础，也是每个公民个人发展的基础。与旧中国广大工农无法接受高等教育的境况不同，中国共产党创办和领导的新型高等教育是人民的高等教育，是为人民服务的高等教育，人民性是社会主义高等教育最根本的价值属性。早在革命时期，我们党就明确提出教育要为工农服务，要建立民族的、科学的、大众的新教育。在根据地和解放区探索创办的抗日军政大学、陕北公学等高校吸引了大批的爱国青年，也培养了数万堪称“革命的先锋队”的优秀人才。新中国成立后，我们党提出“教育为人民服务”的方针，实行高等教育“向工农开门”。刘少奇在中国人民大学开学典礼上明确指出，旧大学的基本目的是为资产阶级服务的，“我们的大学要教育出为人民服务的干部”①。

---

① 中共中央文献研究室刘少奇研究组，中央教育科学研究所．刘少奇论教育［M］．北京：教育科学出版社，1998：92.

中国人民大学建立之初就招收了一大批工农青年和干部，培养了一大批工农出身的新型知识分子。改革开放以来，我们党坚持“教育为人民服务”的方针政策，提出办人民满意高等教育的发展方略，高等教育规模跃居世界第一，从精英教育阶段迈进了大众化教育阶段，培养造就了数以千万计的高素质劳动者、专门人才和拔尖创新人才。在全国高校思想政治工作会议上，习近平总书记再次强调“高等教育要为人民服务”。为人民服务这一教育目的和价值理念是由社会主义制度决定的，是我国新型高等教育最大的实际，也是社会主义大学办学的根本。

二、马克思主义：新型高等教育的思想理论优势

马克思主义深刻揭示了自然界、人类社会、人类思维发展的普遍规律，是“伟大的认识工具”，有强大的真理力量。高校是学习、研究、宣传马克思主义的重要阵地。中国共产党在创办和领导新型高等教育历程中，始终坚持用马克思主义理论教育和武装青年学生，马克思主义也成为我国高等教育的鲜亮底色。早在革命时期，陕北公学就开设了“马列主义”“辩证唯物主义”“政治经济学”等课程，毛泽东更是9次到陕北公学授课，用马克思主义的立场、观点和方法分析中国革命问题。新中国成立后，全国高校普遍开设了马克思主义理论课。1950年创建的以马克思列宁主义为教学指导思想的中国人民大学，为新中国的社会主义高等教育事业指明了方向。改革开放后，我们党明确提出“马列主义理论课是社会主义各类高等学校的必修课”①，高校马克思主义理论教育进入一个新时期。马克思主义理论教育课程体系、教材体系、教学体系、师资队伍、组织机构等方面全面加强、不断改进。2012年6月，习近平在考察中国人民大学时向青年学生提出：要精读马克思主义经典的代表性著作，追本溯源，把握马克思主义基本原理；要重视学习马克思主义哲学，以辩证唯物主义和历史唯物主义正确看待事物、看待历史、把握发展方向。在全国高校思想政治工作会议上，习近平总书记进一步强调高校要坚持不懈传播马克思主义科学理论，让马克思主义主旋律唱得更响亮，为学生一生成长奠定科学的思想基础。

---

① 杨泉明．高校党的思想建设研究［M］．北京：中央编译出版社，2012：154.

三、思想政治工作：新型高等教育的人才培养优势

“培养什么样的人、如何培养人以及为谁培养人”是关乎高等教育事业成败的根本性问题。我国高等教育肩负着培养德智体美全面发展的社会主义事业建设者和接班人的重大任务，必须坚持正确的政治方向。这就离不开思想政治工作。实践证明，思想政治工作，既是新型高等教育人才培养过程中的重大创举，又是办好中国特色社会主义大学的重要保障。我们党历来高度重视高校思想政治工作。早在革命时期，毛泽东就将“坚定正确的政治方向”置于人才培养的首位。1939 年，毛泽东根据抗大的性质和抗战的形势以及学员的思想状况作出指示，指出学校的一切工作，都是为了转变学生的思想，政治教育是中心之一环[①]。新中国成立后，毛泽东明确提出“要加强学校政治思想教育”[②]，并指出：“没有正确的政治观点，就等于没有灵魂。”[③] 改革开放后，邓小平提出“学校应该永远把坚定正确的政治方向放在第一位”[④]，努力造就培养“有理想、有道德、有文化、有纪律”的社会主义新人，包括高校在内的各级学校要加强的政治教育、形势教育、思想教育。在全国高校思想政治工作会议上，习近平总书记指出，思想政治工作影响一代青年的思想观念、价值取向、精神风貌。面对新形势新任务，高校思想政治工作只能加强不能削弱，只能前进不能停滞，只能积极作为不能被动应对。高校必须坚持正确政治方向，坚持把立德树人作为中心环节，使思想政治工作贯穿教育教学全过程。

四、党的领导：新型高等教育的治理模式优势

高等教育事业是党和国家事业的重要组成部分。中国高等教育在性质、目的、规模和质量上实现的跨越性发展，是与党的坚强领导密不可分的，也是与党

① 谭虎娃．延安时期马克思主义大众化研究［M］．北京：人民出版社，2014：170.
② 中共中央文献研究室．毛泽东文集：第 7 卷［M］．北京：人民出版社，1999：247.
③ 同②226.
④ 邓小平．邓小平文选：第 2 卷［M］．北京：人民出版社，1994：104.

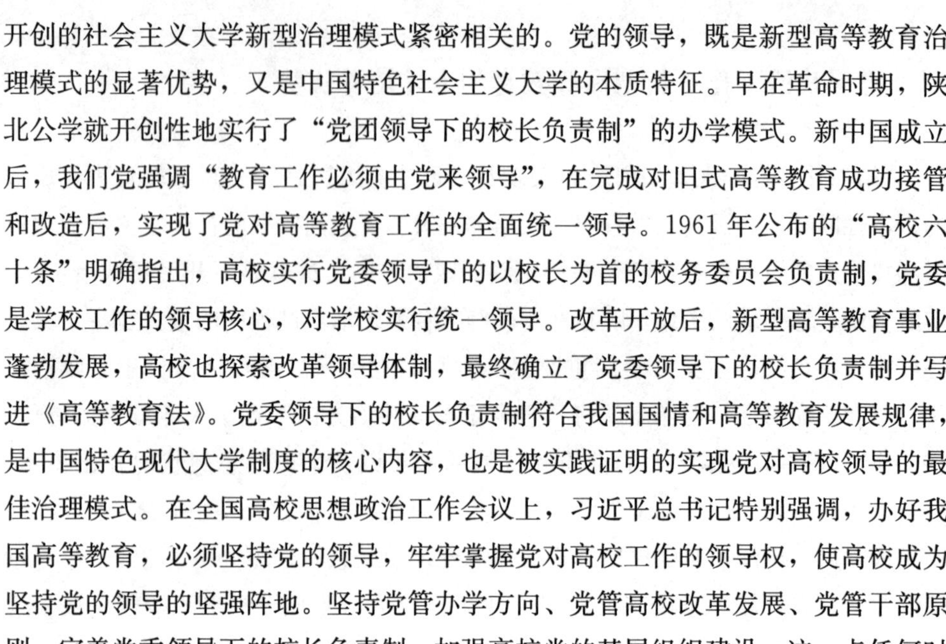

开创的社会主义大学新型治理模式紧密相关的。党的领导，既是新型高等教育治理模式的显著优势，又是中国特色社会主义大学的本质特征。早在革命时期，陕北公学就开创性地实行了“党团领导下的校长负责制”的办学模式。新中国成立后，我们党强调“教育工作必须由党来领导”，在完成对旧式高等教育成功接管和改造后，实现了党对高等教育工作的全面统一领导。1961年公布的“高校六十条”明确指出，高校实行党委领导下的以校长为首的校务委员会负责制，党委是学校工作的领导核心，对学校实行统一领导。改革开放后，新型高等教育事业蓬勃发展，高校也探索改革领导体制，最终确立了党委领导下的校长负责制并写进《高等教育法》。党委领导下的校长负责制符合我国国情和高等教育发展规律，是中国特色现代大学制度的核心内容，也是被实践证明的实现党对高校领导的最佳治理模式。在全国高校思想政治工作会议上，习近平总书记特别强调，办好我国高等教育，必须坚持党的领导，牢牢掌握党对高校工作的领导权，使高校成为坚持党的领导的坚强阵地。坚持党管办学方向、党管高校改革发展、党管干部原则，完善党委领导下的校长负责制，加强高校党的基层组织建设。这一点任何时候都不能有丝毫动摇。

（作者单位：中国人民大学马克思主义学院；原刊载于《中国教育报》2017年9月21日）

党建领航·凝心聚力

★ ★ ★ ★ ★

始终奋进在时代前列

(1937-2017)

首都大学生“学理论·读经典”活动启动仪式暨《资本论》研习读书会在中国人民大学举行

（中国人民大学图片与视频中心供图）

中国人民大学庆“七一”机关党委表彰大会暨“同唱一首歌”合唱音乐节

（中国人民大学图片与视频中心崔晨供图）

中国人民大学率先成立习近平新时代中国特色社会主义思想研究院

（中国人民大学马克思主义学院供图）

中国人民大学“五·四”文化艺术节声乐展演

（中国人民大学网络新闻社李友同供图）

党建人大与人大党建：中国人民大学八十年党建工作经验与启示

靳　诺

八十年来，中国人民大学及其前身陕北公学、华北联合大学、华北大学始终不忘初心、砥砺奋进，以党的建设接续推进中国特色社会主义大学建设。作为中国共产党亲手创办的第一所新型正规大学，人民大学溶于血脉的红色基因塑造了这所大学的独特气质，凝结成“始终与党和国家同呼吸共命运”的政治追求，成为一代代人大人的精神标识；从陕北公学时期的党团领导到后来的党委领导，人民大学始终自觉练好毛主席赠予的“党的建设”这项看家法宝，不断淬炼在民族救亡的抗日烽火中诞生的初心，不断坚定“立学为民、治学报国”的使命，以“实事求是”的精神团结带领师生“始终奋进在时代前列”，引领学校从圣地延安走向首都北京。从“中国不会亡，因为有陕公”的陕北公学，到被誉为“插在敌人心脏上的一把剑”的华北联合大学，到“解放区最高学府”华北大学，再到新中国“第一个办起来的新型大学”中国人民大学，我们学校一步步实现成长蜕变，逐渐迈向“人民满意、世界一流”大学的建设目标。

党的十九大报告中明确指出，“中国特色社会主义最本质的特征是中国共产党领导，中国特色社会主义制度的最大优势是中国共产党领导”。中国人民大学在长期的办学实践中深刻认识到，办好中国特色社会主义大学关键还是在于加强党的领导，抓好党的建设。习近平总书记在学校建校八十周年校庆之际发来贺信，用“三个坚持”——始终坚持党的领导，坚持马克思主义指导地位，坚持为党和人民事业服务，高度凝练和充分肯定了人民大学八十年来一以贯之的办学传统和党建工作经验特色。

十九大报告首次提出，实现伟大梦想，必须建设伟大工程。不断增强党的政治领导力、思想引领力、群众组织力、社会号召力，确保我们党永葆旺盛生命力和强大战斗力。这不仅为我们党的建设提出新的方向和目标，也为我们总结人民大学八十年来的党建工作历史与经验提供了坐标系。

一、政治领导：坚定事业发展方向

旗帜鲜明讲政治是我们党作为马克思主义政党的根本要求，而政治领导力是衡量政党领导力的重要尺度。对人民大学而言，加强政治建设，增强党的政治领导力是确保社会主义办学方向的本质要求。

（一）增强政治领导力的基础在于完善党的领导管理体制

早在1937年8月，刚刚筹备成立的陕北公学开创性地实行了党团领导下的校长负责制，党团（党组）作为学校最高领导机构，讨论并决定学校的重大问题①，确保办学的政治方向。同时成立了陕北公学党总支，后改组为校党委，在中央组织部和学校党团（党组）领导下专管党务工作，并在校部教职工中、总务处和各学员队建立了党支部②。1938年7月，陕北公学分校正式成立后，同时设立了党团和党委，还在各区队设党总支，将支部建在了学员队上，由此奠定了党在学校的领导管理体制基础。在此后的华北联合大学、华北大学、中国人民大学时期，学校不断完善党在校、院（部）、系（教研室）和学生中的领导管理体制，为落实和加强党在高校中的领导作出了有益的探索。经过几十年的实践，如今的人民大学坚持和完善党委领导下的校长负责制，制定《中国人民大学章程》，按照“把方向、管大局、做决策、保落实”的要求，建立健全党委统一领导、党政分工合作的工作机制，切实承担起管党治党、办学治校的主体责任。同时不断完善学院党政联席会议制度，建立健全系（教研室）的系（室）务会制度和党班团

① 中国人民大学校史研究丛书编委会．造就革命的先锋队：中国人民大学史：第1卷［M］．北京：中国人民大学出版社，2007：28.

② 中国人民大学党委组织部．中国共产党中国人民大学组织史资料［G］．北京：中国人民大学内部资料，1992：19.

协同机制，充分发挥院系级党组织的政治核心作用，不断增强基层党支部在政治上和师德师风建设上的把关作用，实现党建带班建、党建带团建的人才培养协同效应。

（二）增强政治领导力的重点在于抓住领导干部这个“关键少数”

抓“牛鼻子”是习近平总书记治国理政的重要方法论。自2015年2月，习近平首次正式提出“关键少数”这一概念后，他在不同场合多次强调要把党建设好，必须抓住“关键少数”。增强政治领导力的重点也在于抓住领导干部这个“关键少数”。

——注重选优配齐干部是中央教导人民大学的启示。在陕北公学成立之初，中央就高度重视领导干部的作用，选派富有教育工作经验的成仿吾负责筹备陕北公学并担任陕北公学校长；半年后，为了加强陕北公学内部的领导和管理，中央还专门调时任中央党校校长李维汉（罗迈）到陕北公学担任党团书记兼副校长，负责党与政治工作以及人事问题①。在华北大学成立前夕，周恩来同志受中央委托，亲笔写信邀请党内著名教育家吴玉章担任华北大学校长；中国人民大学命名组建后，中央又选派担任过云南省省长的郭影秋来人民大学任党委书记兼副校长，为学校发展充实了领导力量。

——重视选拔培养干部是人民大学始终坚持的传统。学校党委始终坚持党管干部原则，确保党在学校的坚强领导。在培养干部时，不但注重在科研学术上的要求，同时也注重在实践、政治上的要求，在学校建立初期，既有从革命队伍中选拔干部，也有把干部送到革命工作一线考察锻炼；在选拔干部时，坚持德才兼备、以德为先，坚持五湖四海、任人唯贤，坚持事业为上、公道正派，强化学校党委的领导和把关作用，把好干部标准落到实处。改革开放以后，不仅使用学校自己培养的干部，也广泛使用从其他高校或其他领域引进的干部。

——抓好干部教育培训是人民大学长期实践的经验。进入新时代，人民大学党委坚持将政治标准摆在领导班子和干部队伍建设的首位，认真抓好干部培训工作。一是迅速掀起学习高潮，用习近平新时代中国特色社会主义思想武装领导干

① 中国人民大学党委组织部等．中国共产党中国人民大学组织史资料［G］．北京：中国人民大学内部资料，1992：271.

部队伍。以“深入学习贯彻党的十九大精神，写好中国人民大学‘奋进之笔’”为主题，开展中层干部专题培训，通过专题宣讲、辅导讲座、实践教学、自主学习等形式组织中层干部原汁原味学习党的十九大报告，认真学习党章，深刻领会习近平新时代中国特色社会主义思想，切实增强“四个意识”，坚决维护以习近平同志为核心的党中央权威和集中统一领导，把思想和行动统一到党的十九大精神上来，把智慧和力量凝聚到落实党的十九大确定的各项任务上来。二是每年开展新上岗处级干部培训，组织新上岗干部参加集中脱产学习，赴井冈山、延安、沂蒙革命老区等地开展实践教育，全面强化干部的党性修养和业务能力，在身临其境重温历史中学习体会革命精神，激励他们在学校事业发展中奋发有为、建功立业。

（三）增强政治领导力的关键在于发挥政治方向引领作用

无论在哪一个历史时期，始终与党和国家同呼吸共命运都是人民大学鲜亮的精神底色。1939 年 7 月，华北联合大学师生响应党中央和毛主席“到前线去，到敌人后方去”的号召，进行军事化整编，将支部建在连上，从延安出发一路突破敌人的层层封锁线，经过历时 3 个月、行程 3 000 里的“小长征”，抵达晋察冀边区开展敌后办学。1949 年，在解放全中国的关键时刻，华北大学动员 4 000 多名学员自愿经过长途跋涉、艰苦行军，冒着敌人飞机侵扰和轰炸的危险渡江南下，参加解放江南、建设民主政权、巩固新解放区的战斗。中国人民大学建立后，旗帜鲜明讲政治的传统毫未褪色。迈入新世纪后，人民大学坚持将党的政治领导力贯穿于对办学方向的引领中，努力为我国哲学社会科学的发展和繁荣，为社会主义革命、建设和改革事业做出重要贡献。党的十八大以来，中国人民大学党委牢牢把握社会主义办学方向，在举什么旗、走什么路方面始终有着高度的政治自觉。高举习近平新时代中国特色社会主义思想伟大旗帜，坚持围绕“为谁培养人、培养什么样的人、怎样培养人”这个根本问题，坚定社会主义办学方向，建立起全国首家习近平新时代中国特色社会主义思想研究中心和全国首批研究院，建立了全国首个实体性党史党建研究院，举办“七一”“同唱一首歌，永远跟着共产党走”合唱音乐节，取得了极大的社会反响。

二、思想引领：凝聚师生信念共识

思想是总开关、总闸门，新时代催生新思想，新思想引领新征程，提升思想引领力是我们党始终保持先锋队性质，提高党的创造力、凝聚力、战斗力、领导力和号召力的根本性措施。

（一）提升思想引领力的核心在于用党的指导思想武装师生头脑

又红又专，是人民大学的鲜明特色。陕北公学时期，学校积极邀请毛泽东、周恩来等党中央领导人来为师生授课。毛泽东同志曾多次到陕北公学和抗日军政大学等地演讲。根据讲稿他写下了《论鲁迅》《目前的时局和方针》《实践论》《矛盾论》等名篇。毛主席为陕北公学题词："要造就一大批人，这些人是革命的先锋队……这些人不是狂妄分子，也不是风头主义者，而是脚踏实地富于实际精神的人们……"[①] 题词为学校人才培养指明了方向，奠定了人大人"实事求是"的精神本色，毛泽东思想为学校植下了深厚的红色基因，为师生确立了坚定的信念。"文化大革命"中，中国人民大学被迫停办。粉碎"四人帮"后，邓小平同志"人民大学是要办的，主要培养财贸、经济管理干部和马列主义理论工作者"[②] 的指示，鼓舞着刚复校的人民大学师生在学科建设、人才培养工作中不断奋勇向前，邓小平理论带给了人民大学第二次生命。江泽民同志非常重视中国人民大学在发展哲学社会科学领域的重要作用，于2002年4月28日视察中国人民大学，发表了有关发展繁荣哲学社会科学的重要讲话，为人民大学指明了发展方向。他对人民大学提出的殷切希望，使人民大学广大师生倍感振奋，"三个代表"重要思想激励着人民大学始终奋进在时代前列。胡锦涛同志对中国人民大学的发展寄予厚望，在中国人民大学命名组建60周年前夕视察人民大学，看望学校师生员工，参观校史展览，充分肯定、高度评价了人民大学"立学为民、治学报国"的办学宗旨，向人民大学明确提出了早日建设成为"人民满意、世界一流"

---

① 中共中央文献研究室．毛泽东年谱：1893—1949：中卷［M］．修订本．北京：中央文献出版社，2013：34.

② 邓小平．邓小平文选：第2卷［M］．北京：人民出版社，1994：69.

大学的宏伟目标，科学发展观赋予了人民大学新的光荣使命和崇高任务。习近平同志一贯关心和重视中国人民大学的建设和发展，新世纪曾四次莅临人民大学调研指导。2012 年 6 月 19 日，时任中共中央政治局常委、国家副主席的习近平同志专程到人民大学考察高校党建工作，观摩了“红船领航”新生党员马克思主义经典研习活动，勉励人大师生要为建设“人民满意、世界一流”大学作出进一步的努力。2017 年 10 月 3 日，习近平总书记在致人民大学八十周年校庆贺信中，用“三个坚持”对人民大学予以了充分肯定；党的十九大召开后，人民大学党委组织广大师生先学一步、先做一步、先行一步，在学习宣传贯彻十九大精神方面走在前列，做到了四个“第一时间”，习近平新时代中国特色社会主义思想为人民大学的发展注入了不竭的动力源泉。

（二）提升思想引领力的途径在于树立先进典型带动真学真做

树立先进典型，人民大学在这方面有着天然优势，因为吴玉章、成仿吾、郭影秋、张腾霄等历代校领导，都在用一生践行着一名优秀共产党员的标准。无论是“一辈子做好事”的吴玉章校长，还是“长征路上的教授”“师生心中的成妈妈”成仿吾校长，或是“不当省长当校长”的郭影秋校长，抑或是“淡泊名利，甘当后勤部长”的张腾霄书记，其丰富的人生经历、高尚的品格德行、坚定的理想信念都是人民大学宝贵的精神矿藏，是每位人大师生学习的榜样楷模。学校党委在 2016 年和 2017 年分别通过编写《一辈子做好事》《百年淡泊，全心全意为人民服务》学习读本、编排《吴玉章》话剧、举办吴玉章生平展和系列讲座、组织党支部开展“追忆张腾霄”主题学习等方式，组织师生党员集中学习吴玉章老校长和张腾霄老书记的精神品格，2018 年又以新中国档案教育的创立者和奠基人吴宝康教授作为师生党员学习的榜样典型，号召全体师生员工在学校“双一流”建设中拼搏奋斗、建功立业。同时，学校党委不忘挖掘身边的榜样典型，推荐哲学院一级教授陈先达参加《榜样》《哲学信仰的播种人》等电视栏目和纪录片的拍摄制作，开展“身边的党员”微视频拍摄展映活动，以校庆为契机开展“关怀老党员，传承人大情”主题活动，编写“初心”系列老党员入党故事，用身边事教育身边人，让理想信念的光辉照亮人大的每一方校园。

（三）提升思想引领力的关键在于贴近师生需求创新教育模式

党的十八届七中全会首次提出了要增强党的创造力，十九大党章修正案在总纲中增写了充分发挥创新作为引领发展第一动力的作用。以“实事求是”为校训，坚持“理论联系实际”传统的人民大学十分注重从师生实际出发，创新党员教育模式。

——创新是陕北公学建立时就蕴藏的基因。早在陕北公学时期，师生就紧抓创新的要义，在紧张的学习、训练之余，创作了《延安颂》《毕业上前线》等脍炙人口的歌曲和《生死关头》《放下你的鞭子》等群众喜闻乐见的话剧，激发边区人民抗日救国热情。几十年后的人大学子也不甘落后，1990 年 3 月，国政系 1989 级国际政治班向全国大学生发出了“千万个雷锋，千万个我”的倡议，并主动走上街头开展警民共建学雷锋活动，受到了中央人民广播电台等十几家媒体的热烈报道。

——探索是当代的人大人始终不忘的追求。近年来，学校党委不忘“始终奋进在时代前列”的责任担当，一是充分发挥办学历史的独特优势，深耕校史资源，将校史校情教育作为传承红色基因的基本途径和思想政治教育的重要组成部分。针对重要革命历史的时间节点，打造系列校园文化品牌，如“百位共产党人百篇小传”诗词朗诵会、“红船领航”党员先进性熔铸计划，以及“社会主义核心价值观百场讲坛”“人大代表人大行”“部长将军话改革”“明德青年发展论坛”等报告讲座。二是十分注重探索改革党建工作机制，建立全国高校首个学生党建促进会，充分调动学生党建骨干力量；完善发展党员三级培养体系，实施“理论学习＋军事训练＋社会实践＋志愿服务”的发展对象联合培养改革，改进党校培训模式，严把发展党员入口关；建立“党青年”等新媒体平台，开设“党青年‘咀嚼’十九大报告”专栏，组织师生党员原原本本解读十九大精神，学习领悟习近平新时代中国特色社会主义思想。三是积极使用各地党员教育资源，组织领导干部、师生党员观看《党的女儿》《赵一曼》《谷文昌》等话剧电影，参观“砥砺奋进的五年”大型成就展，赴延安、井冈山等红色革命教育基地调研实践，开展体验教育，坚定师生党员理想信念。

——创造是基层党组织充分涌流的智慧。苏州校区师生党员以相距百年历史的两代人旅法求学故事为素材，创作并演绎话剧《我的兄弟在 1919》，表现了两代青年人的爱国热忱与报国壮志，让师生党员在参与中受教育；财政金融学院 2014 级本科第四党支部通过“角色扮演”“你画我猜”等生动形式学习了党的十

九大报告，引导党员深入掌握精神内涵；历史学院 2016 级硕士二班党支部在“学”上下功夫，在“做”上出实招，打造党员学做一体的“红立方”；劳动人事学院本科党支部拍摄《我的初心，是相信》微视频，引导学生党员坚定入党初心；法学院民商法教研室党支部将扶持支部青年教师成长和传承支部老党员精神品格作为支部建设的重中之重，邀请“教学名师”、优秀博士生导师和德高望重的老教授做师德报告和教学示范，开展“传帮带”活动。

三、师生组织：发挥战斗堡垒作用

一部中国共产党的历史就是一部把党员组织起来、把群众组织起来共同奋斗的历史，就是一部重视组织、善于运用组织力量的历史，这是中国共产党取得革命、建设和改革成功的基本经验。党的十九大报告首次提出增强党的“群众组织力”，同时进一步指出，要以提升组织力为重点，突出政治功能，把包括农村、街道社区、社会组织等党组织在内的基层党组织建设成为宣传党的主张、贯彻党的决定、领导基层治理、团结动员群众、推动改革发展的坚强战斗堡垒。发挥基层党组织的战斗堡垒作用既是夯实党的执政根基的内在要求，也是加强师生群众组织力的必由之路。

（一）加强师生组织力的基础在于夯实基层党组织建设

党的基层组织是确保党的路线方针政策和决策部署贯彻落实的基础，是党的全部工作和战斗力的基石，夯实基层党组织建设是加强师生组织力的重要前提。

——八十年前，人民大学先试先行，开创基层党组织建设模式。早在人民大学前身陕北公学建校之初，就开创性地将支部建在学员队上，逐渐建立起了“学校党委—区队党总支—校部教职员/学员队党支部”的基层党组织架构，这为后来华北联合大学组织师生千里挺进敌后，在游击中办学，在战斗中学习奠定了坚实的组织基础[①]。1937 年 9 月，就在陕北公学成立后的一个月，学校就成立了陕北公学学生总会党团，在此后几十年间成为人民大学加强师生组织力的党建传

① 中国人民大学校史研究丛书编委会．造就革命的先锋队：中国人民大学史：第 1 卷［M］．北京：中国人民大学出版社，2007：146.

统，无论是在华北大学时期组织学员奔赴战场、参加解放工作还是中国人民大学成立后组织学生下基层、投身西部建设，学校党组织始终保持着对青年学生的极强号召力。

——八十年后，人民大学砥砺奋进，夯实基层党组织建设基础。近四年来，学校党委坚持抓基层、打基础，补短板、强底板，分别以“分党委建设年”“党支部建设年”“党支部基本规范建设年”“教师党支部书记队伍建设年”为主题，接续推进基层党组织建设尤其是党支部建设工作，夯实基层党建“最后一公里”。2015年，人民大学作为中组部、教育部试点高校之一，率先实现院系级党委（党总支）书记抓基层党建述职评议考核“全覆盖”；2016年，学校党委聚焦组织生活，每学期发布《基层党支部组织生活指导意见》，开展组织生活评比，严格执行“三会一课”等基本制度，创新支部组织活动形式，充分发挥组织生活的“熔炉”作用，全面推行基层党支部书记抓基层党建述职评议考核，建立“三级述职”党建责任体系，同时设立了“新形势下加强和改进高校教职工党支部建设”课题，努力从理论和实践上破解基层党建重点难点问题；2017年，学校党委实施了基层党支部“强基固本”工程，持续开展党支部组织生活评比和风采展示，建立党支部督查常态化机制，优化基层党组织设置，整顿软弱涣散党支部，扫清薄弱死角，全面加强党支部规范化建设；2018年，学校党委启动了主题为“教师党支部书记队伍建设”的基层党组织建设情况专题调研，逐一走访各学院党委（党总支）开展深入调研，研究制定一系列加强基层党组织建设的制度文件，持续推进专职组织员配备，全面夯实基层党建基础。

（二）加强师生组织力的关键在于抓好党组织书记队伍

党的十九大报告提出，“要加强基层党组织带头人队伍建设”。组织强不强，要看带头人，基层党组织工作的成效在很大程度上依赖于党组织书记的履职尽责，党的基层组织建设的重点在于培养优秀的党组织书记，加强师生组织力的关键也在于抓好党组织带头人队伍建设。

——抓好党组织带头人队伍建设是陕北公学先行探索的做法。八十年来，有着深厚党建理论研究基础的人民大学，深刻把握党建工作规律，十分注重对基层党组织带头人的培养。在延安时，为了使党支部书记继承和发扬党的光荣传统、

保持党的优良作风、发挥先锋模范作用，陕北公学在党支部书记、党员白天上课之余，利用晚上时间组织他们到中央组织部听党课，加强思想政治教育。陈云、李富春都曾亲自讲过“党的基本知识”“党的干部政策”等主题内容的党课。八十年代，学校党委为了抓好支部建设，多次召开党支部工作经验交流会和党建研讨会，帮助党支部书记提升业务能力。

——抓好党组织带头人队伍建设是人民大学不断加强的目标。步入当代，学校培养党组织书记的经验和传统得到了有效继承和进一步发扬。自 2014 年实施党员先锋工程以来，学校党委就对党支部书记开展了系统轮训，发挥人文社会科学专业优势，邀请校领导，周恩来卫士、中央警卫局原副局长高振普少将，中央党史研究室第一研究部原副巡视员王新生研究员和马克思主义学院教授等领导干部、专家学者为党支部书记授课，创新情景模拟、结构化研讨、专题组织生活、服务先锋和思辨组织生活等培训形式促进党支部书记进行深度理论学习和业务交流，组织党支部书记赴革命圣地、红色教育基地参观学习，邀请革命先烈的后代讲述老一辈革命家的经历和精神，用生动的事实和案例传递共产党人的精神品质，促使党支部书记在培训后的实际工作中继承和发扬革命精神，变“感动一阵子”为“践行一辈子”。2017 年，人民大学被选为中组部试点单位，举办了基层党支部书记领头羊示范培训班，召开了全体基层党支部书记培训会，并在各学院推行党支部书记培训，实现了全校基层党支部书记培训“全覆盖”，全面提升党支部书记党性修养、理论水平和业务能力。

——抓好党组织带头人队伍建设是基层一线着力解决的问题。各基层党组织在这方面探索出了许多值得称道的经验做法，如法学院像选苗栽树一样培育能够担当党建和学术“双带头人”的教师党支部书记，并把担任党支部书记的经历作为选拔学院领导干部的重要条件，极大地激发了教师党支部书记的工作热情，在教师队伍建设、学科发展和人才培养工作中发挥了巨大作用，也为全校推进教师党支部书记“双带头”培育工程贡献了智慧；统计学院针对理工学科基层党支部建设特点，选优配强教师党支部书记，将人才培养、教学发展、科研创新等看似宏大的命题一一分解，使之流淌在党建工作的每一条动脉中，让理工学科的教师党支部建设有了人气、添了旺气、长了风气。

（三）加强师生组织力的机理在于发挥纽带联结作用

习近平总书记指出，历史和现实都告诉我们，密切联系群众，是党的性质和宗旨的体现，是中国共产党区别于其他政党的显著标志，也是党发展壮大的重要原因；能否保持党同人民群众的血肉联系，决定着党的事业的成败。回望我们党的历史，凡是我们依靠群众、动员群众、组织群众做得好，我们的革命事业就能成功、就能取得胜利。

——团结引领师生群众，重点是要发挥党员的先锋模范作用，这是人民大学在白手起家、艰苦奋斗中践行的准则。陕北公学创办之初，只有十几名干部、几间旧营房和很少的开办费，面对全国各地不断奔赴而来的进步青年，学校决定，全校师生一齐动手，开挖新窑洞，迎接新学员。校长成仿吾和其他领导干部亲自参加劳动，做好表率。学员更是以主人翁身份参与支持学校建设，党员带头克服困难，自力更生，挖窑洞、筑讲台、修操场、筑路、打柴、开荒种菜，尽一切力量为自己创造学习环境。同时，许多党员还自觉将自己多余的钱、物交到学生会，由学生会统一分配给生活困难的学员，并积极发动各自的社会关系扩大陕北公学的影响，募集社会捐助。那时陕北公学的党员虽然除了党支部书记之外都不公开身份，但是他们的先锋模范作用却在学习、工作、生活中的每一点滴得以彰显。新学员一入校，党支部书记、政治助理员就找他们谈话，了解他们的情况。在党支部书记和身边党员的感染下，学员们来到陕北公学，也会主动找党组织谈思想、谈个人情况，他们对党组织忠诚老实，对同志忠实诚恳，在每周一次的小组生活会上，大家互相信任、推心置腹、真诚相待，本着对己严、对人宽的精神开展批评与自我批评，把自己的一切交给党组织。这种坦诚相见的思想交流为加快发展党的组织奠定了基础。陕北公学办学两年间，就在 6 000 多名学员中发展了 3 000 名党员，为党输送了朝气蓬勃的生力军①。毛泽东同志曾高度评价陕北公学："中国不会亡，因为有陕公!"因为，陕北公学代表着"新中国的倾向"，"陕公是全中国的一个缩影"，"是中国进步的一幅缩图"②。

① 中国人民大学校史研究丛书编委会．造就革命的先锋队：中国人民大学史：第 1 卷［M］．北京：中国人民大学出版社，2007：62.

② 中共中央文献研究室．毛泽东文集：第 2 卷［M］．北京：人民出版社，1993：104.

——联系凝聚师生群众，核心是要发挥办事解忧的服务职能，这是人民大学在建校办学、进步发展中不变的追求。增强党的群众组织力，核心在于以人民群众为中心。我们党的宗旨是全心全意为人民服务，与群众的血肉联系是在为民办实事中建立起来的，对师生的组织凝聚也是在为他们办事解忧的服务中得以实现的。在日军不断对晋察冀边区进行“扫荡”的年月里，华北联合大学的师生们融入农村，扎根农村，教育学院到农村调研同时参加当地春耕生产，帮助抗日军属种大麦，为当地民众学校编写初小和高小教本，举办师资训练班；文艺学院和文工团，帮助乡村剧团在农民中开展文艺活动，配合驻地的社会活动书写标语、出黑板报、化装演出，宣传抗日，宣传党的政策。华北联合大学坚持教育和生产劳动相结合，将参加生产劳动作为每一位师生的必修课。平时，党员们带领师生经常帮助驻地老乡春种秋收、送粪挖渠、修复被敌人毁坏的房舍。这极大地增强了学校驻地和晋察冀边区群众对党的认同，对学校的认同，为学校反“扫荡”打游击和在敌后办学赢得了有力的支持，也为全党全国取得抗战胜利贡献了重要的力量①。为民办实事、与师生群众保持血肉联系也成了人民大学命名组建后一以贯之的传统，首任校长吴玉章始终关心爱护师生，无论是“三反”、“五反”、肃反还是反右派斗争，他都在力所能及的范围内，抵制或批评过扩大化倾向，保护过一些干部和教师。如在全国清查“胡风分子”的时候，他在人大教师谢韬已被点名的情况下，还出于信任同志，爱护人才的心情，把他接到家中去写“检查”。“文化大革命”开始时，人民大学是首先受到冲击的单位，吴老像中流砥柱，多次仗义执言、挺身而出，竭力保护遭到冲击诬陷的知识分子和革命干部②。吴老和学校对每位师生的爱护深刻感动了一批又一批人大人，许许多多的人大师生即使在学校停办后也时刻不忘对学校的感情，积极争取为学校复校创造条件。无独有偶，人民大学原党委书记张腾霄也是积极为师生排忧解难的榜样表率，20 世纪 70 年代初，青年教师马绍孟全家人挤在学校分配的 13 平方米的筒子楼里，因空间局促，他晚上不得不睡地板。张腾霄老书记得知后对他说，学校房子紧张，

---

① 中国人民大学校史研究丛书编委会．造就革命的先锋队：中国人民大学史：第 1 卷［M］．北京：中国人民大学出版社，2007：147.

② 中国人民大学党委组织部．一辈子做好事：中国人民大学“两学一做”学习教育读本［G］．北京：中国人民大学内部资料，2016：39.

“你可以先到我家暂住，我们继续想办法”。马绍孟听后“心里暖暖的”，此后没多久，学校就给他增加了一间房①。还有萧前、李秀林、陈先达、罗国杰、郑杭生、方立天、张立文等现在的重要领导干部、著名专家学者在年轻时都曾得到张腾霄老书记的帮助和支持②。二十多年后，曾受到张腾霄老书记帮助的马绍孟也成长为人民大学的党委书记，两代党委书记薪火相传的故事成了人大校园里的一段佳话。即使对已经毕业的学生，人民大学也始终未放弃作为母校的责任，在得知本学院1998届毕业生伍继红因故陷入贫困后，信息资源管理学院党委书记第一时间带领学院老师和校友奔赴江西修水为她送去捐款和教材，帮助她“归队”。这是人民大学爱护和帮助师生的一个缩影，正是因为学校始终坚持为师生服务，才成就了一批最具凝聚力的人大校友，而他们在成为“国民表率、社会栋梁”后，也为学校建设发展反馈了巨大的支持力量。

——组织动员师生群众，基础是要建立多维度师生联系纽带，这是人民大学在砥砺奋进、争创一流中得出的启示。群团组织是党联系教职员工、青年学生的桥梁和纽带，自陕北公学创建之初，群团组织就一直伴随着学校的发展，1937年9月，学校诞生两个月后，就成立了陕北公学学生会和俱乐部等群团组织，全校设学生会总会，各队设学生会分会和救亡室（开始称列宁室）③。学生会作为全校学员的自治组织，成为学校领导学员学习、生活和组织各种活动的得力助手，在组织学员自力更生建设校园、举办文艺活动丰富求学生活、开展实践教育践行理论联系实际、响应党的号召共赴国难等方面发挥了重要的作用④。1947年5月，华北联合大学率先开始新民主主义青年团建团试点工作，以系、班为单位建立了一批团组织，并在党支部的领导下开展活动，成了党在各项活动中的得力助手⑤。1949年8月，学校召开了首届工会会员代表大会，建立了全国高校和文

① 中国人民大学党委组织部．百年淡泊，全心全意为人民服务：中国人民大学“两学一做”学习教育读本［G］．北京：中国人民大学内部资料，2017：65.

② 同①71.

③ 中国人民大学党委组织部等．中国共产党中国人民大学组织史资料［G］．北京：中国人民大学内部资料，1992：32.

④ 中国人民大学校史研究丛书编委会．造就革命的先锋队：中国人民大学史：第1卷［M］．北京：中国人民大学出版社，2007：65.

⑤ 同④123.

教系统最早的校工会[①]。1984 年 12 月，学校召开了首次教职工代表大会，审议通过了一系列重要文件，选举产生了常设主席团及其专门工作委员会[②]。工会、教代会、共青团和学生会在此后的几十年中，作为党的助手，在团结引领师生、推动学校事业发展等方面发挥了重要作用。改革开放以后，随着新世纪的到来，校园生活日渐多元，研究生会、青年志愿者协会、《青年人大》报社等学生组织和经典研习社、书法研习社等社团组织先后建立，目前已经形成了八大学生组织和各类社团组织百花齐放的格局，在学生生活的各个方面发挥着组织引领作用。在群团组织竞相发展的同时，学校党委也不忘加深与师生的直接联系，2014 年和 2015 年分别建立了学生党支部理论学习导师制和校院领导干部“一联系一帮扶”制度，校院领导班子成员、党委委员、党委职能部门负责人和专业教师结对联系全校 600 余个党支部，定期参加组织生活，宣讲党的理论和路线方针政策，与青年党员交流理论和现实问题，同时指导支部开展工作，引导党员过好组织生活。2015 年，学校党委还建立了全国高校首个学生党建促进会，并逐渐在 11 个学院推广建立了学生党建组织，在学生中的覆盖率超过了 50%，初步形成了校院学生党建工作联动格局，广泛调动学生党建骨干力量，推动学校基层党建工作科学化、专业化、精细化发展。2016 年末，学校党委召开了第十四次党代会，并建立了党代会代表任期制。经过多年的探索与实践，学校党委以学生党建促进会为抓手和纽带，组织党代会代表、党委委员和师生党建骨干积极参与党支部建设督查，开展组织生活评比、支部风采展示系列活动，组织学生党员、入党积极分子服务老党员，既发挥了老党员和中青年教师的“传帮带”作用，又发挥了学生党员骨干在全体学生成长成才中的引领作用，还锻炼和培养了一批理想信念坚定、理论素养深厚、实践能力突出的党建骨干。同时学校各级党组织积极鼓励广大师生党员发扬人民大学理论联系实际的传统，响应党和国家的号召，“下基层、接地气、受锻炼”。每年有 5 000 多名师生积极参加“千人百村”“街巷中国”等社会调研项目，取得了丰硕的调研成果。此外，每年还有几十名海归教师党员带头参加挂职锻炼，在条件艰苦的基层、国家建设的一线，埋头苦干、攻坚克难，

① 中国人民大学党委组织部等．中国共产党中国人民大学组织史资料［G］．北京：中国人民大学内部资料，1992：234．

② 同①455．

用一流的业绩成就人生的精彩。学校党委的这一系列举措，使基层党组织将联系触角以多角度、多维度延伸到师生党员身边，让领导干部和党员骨干成为师生员工心中的主心骨，有效增进了党与广大师生群众的紧密联系。

四、社会号召：引领时代特色党建

当今社会思想多样化、利益多元化、就业方式和生活方式多样化，我们党必须保持强有力的社会号召力，用共同价值追求和奋斗目标感召鼓舞人，形成夺取新时代中国特色社会主义伟大胜利的磅礴力量。如何不断增强党的社会号召力是人民大学在新时代必须要破解的重要课题，必须深入挖掘学校党建工作的传统优势，探索新时代党建工作创新机制，促进党建工作与人才培养、学科建设等学校事业发展工作的深度融合，形成引领时代的特色党建模式。

（一）提高社会贡献力是人民大学办学实践的不懈追求

中国特色社会主义事业是广大人民群众的事业，提高党的社会号召力，要充分尊重人民的主体性，坚持“以人民为中心”的发展思想，这与人民大学的办学理念完全契合。

——不忘初心，始终坚定办学发展定位。自建校以来，在党中央的亲切关怀下，中国人民大学认真贯彻党的教育方针，努力适应国家经济社会发展需要，立足长远和使命，夯实办学基础，发展特色优势，提升办学水平，不断形成明确的办学目标定位：以扎根中国大地、建设“人民满意、世界一流”大学为发展目标，以“立德树人，协同育人”为核心任务，发扬始终与党和国家同呼吸共命运、始终奋进在时代前列的光荣传统，恪守“立学为民、治学报国”的办学宗旨，秉承“实事求是”的校训精神，不断提升办学质量和育人水平，不断提升学校在人文社会科学高等教育领域的国内引领地位和国际影响力，加快建设世界一流大学，努力为实现中华民族伟大复兴的中国梦和人类文明进步做出新的贡献。

——牢记使命，始终坚持人才培养目标。在80年的办学实践中，人民大学始终与党和人民同呼吸共命运，始终不忘党的嘱托、人民的期望和民族振兴的使命，为工农子弟接受高等教育、培养万千救亡和建国干部，为马克思主义在中国

的传播和普及、新中国人文社会科学高等教育事业的发展，为结合中国实际学习借鉴国外高等教育先进经验、建设新中国高等教育的人才培养体系和服务保障体系，为中华文化、中华学术走向世界等做出了开创性、奠基性的历史贡献。在长期办学过程中，学校不断明确和强化建设"人民满意、世界一流"大学的办学定位和奋斗目标，紧扣立德树人要求，不断丰富"国民表率、社会栋梁"人才培养目标的内涵，致力于培养又红又专、全面发展的中国特色社会主义合格建设者和可靠接班人。

从1937年创办陕北公学开始，中国人民大学走过的80年艰苦卓绝的探索发展历程，正是中国共产党创办新型高等教育历史进程的生动缩影和真实写照。无论是在发展目标的确立还是办学育人的实践中，提高社会贡献力都是人民大学不懈的追求。

（二）提高社会影响力是人民大学学科建设的专业优势

马克思主义是一门科学的理论，提高马克思主义政党的社会号召力也必须有科学研究的基础，人民大学在人文社会科学领域的理论研究和学科建设成果为增强党的社会号召力提供了有力支持。

——发挥优势，树立人文社会科学领域旗帜。建校以来，人民大学始终坚持扎根中国大地办好社会主义大学，形成了"人民共和国建设者的摇篮""人文社会科学高等教育的重镇""马克思主义教学和研究的高地"三大办学特色和优势，确立了中国特色哲学社会科学学科体系，在我国人文社会科学领域独树一帜。2013年，教育部学位评估中心公布的全国一级学科评估结果中，学校的理论经济学、应用经济学、法学、政治学、社会学、新闻传播学、统计学、工商管理、公共管理9个学科排名第一，在人文社会科学领域位居全国高校首位，排名第一的学科总数位居全国高校第三。2017年，中国人民大学入选世界一流大学建设高校（A类），学校的哲学、理论经济学、应用经济学、法学、政治学、社会学、马克思主义理论、新闻传播学、中国史、统计学、工商管理、农林经济管理、公共管理、图书情报与档案管理等14个一级学科入选世界一流学科建设名单，在人文社会科学领域全国领先。

——主动作为，深入践行理论联系实际传统。在长期的理论研究和学科建设过程中，广大师生党员将理论学习与社会实践相结合，将修学储能与学以致用相统一，将党的建设与服务社会相融合。1977年，在改革开放的前夜，为了冲破“两个凡是”的束缚，人大哲学系1962届毕业生胡福明，写下《实践是检验真理的唯一标准》，次年经《光明日报》以“本报特约评论员”的名义公开发表后，引发了一场关于真理标准问题的全国性大讨论，拉开了中国思想解放和改革开放的序幕；1992年，在中国特色社会主义建设的重要关头，人大新闻系1966届毕业生陈锡添，在《深圳特区报》刊发了长篇通讯《东方风来满眼春》，报道了邓小平同志在深圳视察时所作的重要谈话，打碎了“姓社姓资”这一束缚人们头脑的精神枷锁，推动了又一次思想大解放，在海内外引起了强烈反响，对中国的改革开放和现代化建设起到了重要的推动作用。而今的人民大学每年有上千位专家学者参加各领域各地区工作的交流研讨、授课讲学、指导实践，为社会发展贡献人大智慧。学校每年开展国情社情调研，并将调研成果转化为决策咨询报告，为中央有关部委和地方政府提供了决策参考；大力推进“国家发展与战略研究院”“重阳金融研究院”等智库建设，加快研究成果转化，积极参与“一带一路”建设、京津冀协同发展、长江经济带发展和基层治理，支援贫困地区发展，为决胜全面建成小康社会贡献人大力量。

——聚焦党建，努力推进党史党建理论研究。人民大学充分发挥人文社会科学的专业综合优势，聚焦推进马克思主义理论和党史党建理论研究。近年来，学校党委开展了“习近平总书记选人用人思想研究”“高校学生及青年教师党员数量与质量问题研究”“新形势下加强和改进高校教职工党支部建设”“健全高校党建工作述职考评和问责机制研究”“高校基层党组织组织生活实效性研究”“提升党支部组织生活质量行动计划”“高校党员教育培训体系研究——以中国人民大学为例”“人民大学办学历史与学生的品格培养探究”等课题研究项目，旨在从理论上总结形成破解难点重点问题的规律性认识，为加强学校党建工作提供指导。十九大召开后，学校党委依托在全国率先建立的习近平新时代中国特色社会主义思想研究院，启动“习近平新时代中国特色社会主义思想研究”丛书的编撰工作，首批30卷本将于2019年3月前出版。成立了全国首个实体性党史党建研究院，旨在发挥党史党建学科的传统优势，立足新时代新需要，克服在党的历史研究中对党的自身建设研究不够、在党的建设研究中对历史问题研究不够两块短

板，取得聚合效果。在马克思200周年诞辰前夕，学校组织编写的《马克思主义发展史》出版，引发了热烈的社会反响，获得了国内外相关专家学者的广泛赞誉。这充分显示出中国学者的学术力量，成为中国文化自信的生动写照。学校党委着眼于庆祝建党100周年，认真思考党的建设和党的历史研究中的薄弱环节，启动“党的建设史研究”丛书的编撰工作，对党的政治、思想、组织、作风、纪律、制度建设和反腐败斗争等方面进行全面梳理和总结。依托中央统战部（中国统一战线理论研究会）在人民大学创设的政党理论北京研究基地，开展政党理论的学术研究和政策研究，成为高校系统在统战理论、政党理论研究领域的重要“思想库”“智囊团”。

（三）提高社会号召力是人民大学当仁不让的职责使命

对于学校而言，提高党的社会号召力根本还是在于加强学校党建工作，探索与新时代新理念新要求相适应的党建工作模式，这是始终与党和国家同呼吸共命运的人民大学当仁不让的职责使命。

——全面加强学校党建是加快推进“双一流”建设的独特优势。不同于西方大学，在中国办大学，就要扎根中国大地，深耕红色土壤，发挥红色基因的政治引领作用。在推进“双一流”建设过程中，加强党建和思想政治工作是中国办好世界一流大学的最大政治优势，也将为办好世界一流大学提供中国智慧和方案。习近平总书记在致中国人民大学建校80周年的贺信中对中国人民大学的传统、特色和成就给予高度评价，也对学校未来发展提出殷切期望。人民大学要牢记习近平总书记的嘱托，全面加强学校党建和思想政治工作，努力成为“双一流”建设的排头兵。

——深化创新学生党建是培养新一代“人民共和国建设者”的重要途径。二十世纪三四十年代，为了满足培养抗战和革命干部的需要，陕北公学、华北联合大学和华北大学在党中央的领导下接续成立；1950年，在党中央和国务院的直接关怀和指导下，中国人民大学从命名组建伊始即明确了“有计划、有步骤地培养新国家的各种建设干部”的办学使命；1978年，人民大学也是在邓小平同志“人民大学是要办的，主要培养财贸、经济管理干部和马列主义理论工作者”的明确指示下得以顺利复校。可以说，培养万千“人民共和国建设者”是人民大学自始至终的使命职责，在新时代，学校党委要持续创新学生党建工作模式，针对新形势新要求，完善学生党员理论学习和实践锻炼培养机制，努力把学生培养成为理想信念坚定、理论素养深厚、实践能力突出，积极进取、勇于担当的优秀人才，为党和国家发展事业输送又红又专、全面发展的中国特色社会主义合格建设者和可靠接班人。

——引领时代特色党建是践行“始终奋进在时代前列”的发展要求。1950年10月3日，刘少奇在中国人民大学开学典礼上的讲话中指出，中国人民大学“是我们新中国办的第一所新式大学……中国将来的许多大学都要学习我们中国人民大学的经验，按照中国人民大学的样子来办”①，明确了中国人民大学的“样板”地位。事实也是如此，中国人民大学及其前身为新中国一大批高等学校的组建成立和发展壮大做出了重要贡献，成为中国现代高等教育发展的一个重要源头和摇篮。党建领域亦是如此，2017年人民大学被选中参加中央推进“两学一做”学习教育常态化制度化工作座谈会，并作为高校唯一代表作党建工作交流发言，获得了《人民日报》《光明日报》等中央媒体热评。在中国特色社会主义新时代和学校建校八十周年的新起点上，人民大学要自觉肩负起“始终奋进在时代前列”的责任担当，率先在学校范围内破解党建工作重点难点问题，深入总结学校党建工作的鲜活实践和宝贵经验，探索新时代党建工作创新模式，为在全国高校乃至全国各领域深入推进全面从严治党提供理论和实践支持。

作为中国共产党亲手创办的第一所新型正规大学，党建人大为中国人民大学培育了深厚的红色基因，铸就了坚定的精神脊梁，八十年来，人民大学以砥砺奋进的不断发展践行着教育承载的使命；作为党在高校领导管理体制的最早实践者，人大党建为中国人民大学的接续发展注入了生机活力，成为学校事业发展的动力引擎。八十年来，人民大学以实事求是的党建推动着学校发展的进程。

进入新时代，立足新起点，迈向新征程，人民大学的党建工作要和它推动的人民大学事业发展一样，努力成为中国教育史上永远不倒的标杆，为决胜全面建成小康社会，实现中华民族伟大复兴的中国梦贡献人大力量！

（作者系中国人民大学党委书记、教授）

---

① 中共中央文献研究室刘少奇研究组，中央教育科学研究所．刘少奇论教育［M］．北京：教育科学出版社，1998：91．

加强和改进党对高校思想政治工作的领导

靳　诺

高校思想政治工作是一项战略工程、固本工程、铸魂工程。党的十八大以来，党中央高度重视加强和改进高校思想政治工作。习近平总书记在全国高校思想政治工作会议上的重要讲话深刻回答了“培养什么样的人、如何培养人以及为谁培养人”的根本性问题，为做好新形势下高校思想政治工作、发展高等教育事业指明了行动方向。新时期新形势下，深入学习贯彻全国高校思想政治工作会议精神，加强和改进党对高校思想政治工作的领导，需要牢牢把握立德树人的根本使命，紧紧围绕“谁来抓、抓什么、怎么抓”问题，找准突破口和着力点，全面提升党对高校思想政治工作的领导水平。

一、提高政治站位，强化政治责任

这些年，高校总体保持和谐稳定，思想政治工作功不可没。面对新形势新任务，高校思想政治工作只能前进不能停滞，只能积极作为不能被动应付；党对高校思想政治工作的领导只能加强不能削弱，要提高政治站位，腰杆硬、底气足地加强和改进党对高校思想政治工作的领导，切实履行政治责任。

（一）增强政治意识，把牢办学正确方向

我们的高校是党领导下的高校，是中国特色社会主义高校。高校党委要从推进伟大事业、建设伟大工程、进行新的伟大斗争的政治高度，深刻认识和把握高校思想政治工作的极端重要性，破除“说起来重要，做起来次要，忙起来不要”的思想，坚持不懈传播马克思主义理论，坚持不懈培育和弘扬社会主义核心价值

观，坚持不懈促进高校和谐稳定，坚持不懈培育优良校风和学风，确保学校办学的正确方向。

（二）增强阵地意识，加强意识形态工作

高校是意识形态工作的前沿阵地，对党的意识形态工作大局有着重要的影响。高校意识形态工作只能加强不能削弱。加强高校意识形态工作的领导，坚持用中国特色社会主义理论体系特别是习近平总书记系列重要讲话精神和治国理政新理念新思想新战略武装头脑，教育引导广大师生增强“四个自信”，始终在思想上政治上行动上同以习近平同志为核心的党中央保持高度一致。加强对高校课堂、讲座、论坛、报告会、研讨会和互联网等阵地的管理，依法管理境外非政府组织在高校的活动，防范校园传教，防范敌对势力渗透，守土有责、守土负责、守土尽责。

（三）增强育人意识，落实立德树人任务

高校立身之本在于立德树人。加强高校思想政治工作，事关“培养什么样的人、如何培养人以及为谁培养人”这个根本问题，必须放到更加突出的位置。高校党委要把立德树人作为中心环节，把思想政治工作贯穿教育教学全过程，把人才培养作为最重要的工作，围绕学生、关照学生、服务学生，努力实现全程育人、全方位育人，切实杜绝“重教书轻育人、重智育轻德育、重科研轻教学”的现象。

二、强化问题导向，加强工作统筹

马克思指出：“问题就是公开的、无畏的、左右一切个人的时代声音。”① 加强高校思想政治工作的领导要以解决问题为导向，针对高校思想政治工作存在的突出问题和薄弱环节，加强统筹和协调，推动高校思想政治工作的整体提升。

（一）统筹教师和学生两大群体

高校思想政治工作既要着眼学生，又要关照教师，教师和学生两大群体既是

① 中共中央马克思恩格斯列宁斯大林著作编译局．马克思恩格斯全集：第40卷［M］．北京：人民出版社，1982：289.

思想政治工作的对象，又是思想政治工作的主体。相对高校学生思想政治工作而言，教师思想政治工作是薄弱环节。高校要统筹抓好教师和学生思想政治工作，既要教育引导学生正确认识世界和中国发展大势、中国特色和国际比较、时代责任和历史使命、远大抱负和脚踏实地，努力成为党和人民需要的栋梁之材，又要引导广大教师坚持教书和育人、言传和身教、潜心问道和关注社会、学术自由和学术规范相统一，努力成为先进思想文化的传播者、党执政的坚定支持者、学生健康成长的指导者和引路人。

（二）统筹思想政治理论课和其他课程两大渠道

高校思想政治理论课是主渠道，在教育引导大学生树立正确的世界观人生观价值观方面具有特殊重要的作用。要高度重视高校思想政治理论课的改革，统筹教师、教材、教学各环节，提升队伍素质，更新教学内容，丰富教学手段，把知识传授与思想教育、系统教学与专题教育、理论灌输与实践研讨结合起来，努力把思想政治理论课建设成为学生真心喜爱、终身受益、毕生难忘的优秀课程，提高思想政治理论课的亲和力、针对性和感染力。相对思想政治理论课而言，高校其他课堂存在育人功能弱化的问题。因此，同时要加强其他课堂的教学，强化思想政治教育功能。要统筹思想政治理论课和其他课程，明确所有课堂都有育人功能，都要守好一段渠、种好责任田，同向同行，形成协同效应。

（三）统筹文化育人与实践育人两大环节

针对高校思想政治工作方面存在的文化育人、实践育人相对薄弱，体系化、规范化不够的问题，加强文化育人、实践育人工作的顶层设计、统筹规划，把文化育人和实践育人工作纳入重要议事日程和年度工作计划。重视和加强校园文化建设，培养大学精神，结合学校的校训校情、办学宗旨、历史传承，营造高雅校园文化，培育校园文化品牌，美化校园环境，丰富学生艺术活动，弘扬优良的校风、教风、学风，为学生的成长营造良好的文化氛围。重视和加强实践育人，把实践教学纳入教学计划，规定相应学时学分，合理增加实践课时。要抓住重大活动、重大事件、重要节庆日等契机和暑假、寒假时期，广泛开展特色鲜明的主题实践活动。加强实践基地建设，采取校企联合、校地联合等方式建立多种形式的社会实践活动基地。

三、健全体制机制，形成工作合力

加强和改进高校思想政治工作，必须进一步健全完善党对高校思想政治工作的领导体制和工作机制，形成“党委统一领导、各部门各方面齐抓共管”的工作格局。

（一）党政共同负责，做好统筹协调

深刻领会习近平总书记关于高校思想政治工作重要论述的精神实质和核心要义，结合高校办学实际，出台加强和改进思想政治工作的细则和办法，将高校思想政治工作纳入整体战略规划中来通盘考量，制定行动方案，编制任务分解书、工作路线图。高校党委担负思想政治工作主体责任，党委书记是思想政治工作的第一责任人，校长在党委领导下组织实施党委有关决议，班子其他成员结合业务分工抓好思想政治工作。

（二）构建大思政格局，推进协同育人

改进党对高校思想政治工作的领导，必须构建党委统一领导、党委宣传部门牵头协调，相关部门多方参与的全方位、多层次、宽领域的大思政格局，形成全员、全过程、全方位育人的完善的体制机制。学校党政工作各级部门要着眼大局、勇于担当、明确责任，将思想政治工作嵌入日常的工作中去，坚持全员全过程全方位育人。

（三）加强支部建设，发挥堡垒作用

高校支部是党在高校的战斗堡垒，担负着直接联系、引导、组织和团结师生的重要职责。要狠抓支部建设，在打牢基础、补齐短板上下功夫，打通高校思想政治工作“最后一公里”。对于教师党支部，要在坚持按院系内教学科研机构设置的基础上，探索党组织进项目组、课题组，实现组织设置以行政组织为依托和以学术组织为依托并重。对于学生党支部，要在坚持按年级或院系设置的基础上，探索党组织进学生公寓、进学生社区、进学生社团，实现党组织全覆盖。推进“两学一做”学习教育常态化制度化，以“两学一做”为基本内容，以“三会

一课”为基本制度，以党支部为基本单位，激活党支部主体作用。

（四）强化问责督导，形成监督机制

定期评估党委主体责任和纪委监督责任履行情况，对党委书记履行第一责任人职责的情况和领导班子成员履行“一岗双责”的情况进行检查督导，构建完善的奖惩机制、形成科学的考评方法，推动思想政治工作由“可做可不做”转为“必须做认真做”，由“被动配合”转为“主动工作”。同时，对抓高校思想政治工作特别是意识形态工作不力、履责不力、长期薄弱的党组织和党员干部追究主体责任、监督责任、领导责任。

四、加大资源投入，保障工作条件

一段时期以来，高校思想政治工作客观上存在覆盖不到位、体制不顺畅、经费不充足等问题，表现为“说得多、做得少”“雷声大、雨点小”等现象。新形势下，改进党对高校思想政治工作的领导，最根本的在于保障思想政治教育的核心地位、思想政治工作的中心地位、思想政治队伍的主体地位、思想政治工作投入的优先地位，切实加大政策投入、人员投入、经费投入，为高校思想政治工作的开展提供条件保障。

（一）完善政策投入

政策是重要的战略资源。高校思想政治工作是中国高校的特色，也是优势，事关办什么样的大学、怎样办大学的根本问题，事关党对高校的领导，事关中国特色社会主义事业后继有人，是一项重大政治任务和战略工程。加强党对高校思想政治工作的领导，首先要从政策上保障思想政治工作重要地位的落实。高校党委要把思想政治工作与学校行政工作、事业发展一同规划、一同安排。要在项目设立、评优表彰、升职晋级等方面，加强对高校马克思主义理论学科建设、思想政治理论课改革等工作的政策扶持，提升马克思主义学科的建设水平，提升思想政治理论课教师的荣誉感和自豪感。

（二）配齐建强骨干队伍

队伍是做好高校思想政治工作的关键。要进一步制定完善思想政治理论课教师培养培训规划，以“政治强、素质高、品行好、作风正、能力强、有担当”为标准选拔培养思想政治理论课专职教师，推行思想政治理论课特聘教授制度，凝聚和建设“宣传科学理论、传播先进文化、塑造美好心灵”的优秀思想政治理论课教师和哲学社会科学教师队伍。将“从严治教、依法治教”落到实处。在教师职务评审、岗位聘用、评优奖励等环节实行一票否决制。切实将高校思想政治工作队伍和党务工作队伍纳入人才队伍建设总规划，完善选拔、培养、激励机制，足额配备专职思想政治工作人员和专职辅导员，使更多师生成为马克思主义的坚定拥护者和主动传播者，不断壮大工作力量。

（三）确保必要的经费投入。

经费是开展思想政治工作的基础。各级党组织和主管部门要按照中央要求，制定高校思想政治工作规划，设立高校思想政治工作专项经费，在教育事业发展规划、经费投入、公共资源使用中优先保障高校思想政治工作的基础建设，并确保随着事业经费的增长逐年增加对高校思想政治工作的投入，提供必要的设施、设备和活动场所，支持和保障思想政治工作的顺利开展。

（作者系中国人民大学党委书记、教授；原刊载于《学习时报》2017年6月16日）

以全面从严治党的精神推进全面从严治校

靳 诺

习近平总书记在全国高校思想政治工作会议上的重要讲话深刻回答了“培养什么样的人、如何培养人以及为谁培养人”的根本性问题，为做好新形势下高校思想政治工作、发展高等教育事业指明了行动方向。作为中国共产党亲手创办的第一所新型正规大学，中国人民大学不忘初心、砥砺奋进，不断创新思想政治工作的方式方法，把各种“软指标”变成“硬约束”，在全面从严治党的伟大进程中推进全面从严治校。

一、充分认识全面从严治党的重大意义

治国必先治党，治党务必从严。作为一个有 8 900 多万名党员的大党，作为一个在有着 13 亿多人口的大国长期执政的党，党的建设关系重大、牵动全局。

从严治党有着深厚的历史内涵和清晰的发展脉络。抗日战争时期，我们党通过创造性地开展“延安整风”加强了自身建设，实现了党在思想上政治上组织上的团结统一。新中国成立前夕，毛泽东同志在党的七届二中全会上提出了著名的“两个务必”，要求全党在胜利面前保持清醒头脑，在夺取全国政权后要经受住执政的考验。新中国成立初期“三反”“五反”运动，对克服执政条件下的作风问题和腐败问题进行了探索。改革开放初期，随着经济社会的迅速恢复和发展，党中央采取一系列措施，开展打击经济犯罪活动，克服党风廉政建设领域存在的突出问题。党的十八大强调，要坚持党要管党、从严治党，增强自我净化、自我完善、自我革新、自我提高能力。随后，我们党把全面从严治党列入“四个全面”战略布局，站在中华民族伟大复兴的战略高度对推进党的建设新的伟大工程作了

全面部署。党的十八届六中全会既深入总结了我们党在加强自身建设方面的经验和教训、继承了我们党在长期实践中形成的制度规定、发扬了我们党的优良传统，又全面总结了党的十八大以来党中央推进全面从严治党的生动实践。全会通过的《关于新形势下党内政治生活的若干准则》和《中国共产党党内监督条例》对全面从严治党的理论和实践创新成果进行了集纳，深入分析了新形势下党的建设面临的新情况新问题，直面当前党内政治生活和党内监督存在的突出问题，有力推动了党内政治生活和党内监督制度化、规范化、程序化，为推进全面从严治党、提高党的创造力凝聚力战斗力提供了更加有力的制度保障。

二、牢牢把握全面从严治校的基本原则

“育才造士，为国之本。”教育兴则国家兴，教育强则国家强。高校党的建设是新形势下全面从严治党的重要组成部分。不断加强和改进高校党的建设，充分发挥党建工作的特殊重要作用，对坚持社会主义办学方向，办好中国特色社会主义大学具有十分重要的意义。

坚持党的领导、坚持社会主义办学方向是全面从严治校的前提。习近平总书记强调，我们的高校是党领导下的高校，是中国特色社会主义高校，办好我们的高校，必须坚持以马克思主义为指导，全面贯彻党的教育方针。因此，能否办好中国特色社会主义大学，方向问题是第一位的。我们必须坚持党的领导，牢牢掌握党对高校工作的领导权，使高校成为坚持党的领导的坚强阵地。在这一点上，首先要做的就是继续坚持和完善党委领导下的校长负责制这一基本制度。高校党委要对学校工作实行全面领导，履行管党治党、办学治校的主体责任，切实发挥领导核心作用。

推进“两学一做”学习教育常态化制度化是全面从严治校的基础。党的十八大以来，中央先后部署了党的群众路线教育实践活动、开展了“三严三实”专题教育、“两学一做”学习教育，体现了中央坚持思想建党和制度建党相结合、全面从严治党的坚定决心。2017年3月，中共中央办公厅印发了《关于推进“两学一做”学习教育常态化制度化的意见》，强调推进“两学一做”学习教育常态化制度化，是坚持思想建党、组织建党、制度治党紧密结合的有力抓手，是不断

加强党的思想政治建设的有效途径，是全面从严治党的战略性、基础性工程。推进高等学校“两学一做”学习教育常态化制度化，必须坚持用党章党规规范党组织和党员行为，用习近平总书记系列重要讲话精神武装头脑、指导实践、推动工作，不断夯实全面从严治校的政治基础。

深入贯彻落实全国高校思想政治工作会议精神是全面从严治校的保障。高校思想政治工作，既是我国高校的特色，也是办好我国高校的优势。习近平总书记在全国高校思想政治工作会议上的讲话从全局和战略高度，深刻回答了事关我国高等教育事业发展的一系列重大问题。高校党委要深刻认识“办什么样的大学、怎么样办大学”“为谁培养人、培养什么样的人、怎样培养人”等一系列重大问题，进一步明确加强和改进高校思政工作的聚焦点、着力点，围绕“立德树人”的人才培养目标和根本任务，引导广大党员干部和师生学思践悟、知行合一，努力做到全面从严治党合格、贯彻落实党中央治国理政新理念新思想新战略合格、党员的行为和作风合格、教育改革发展稳定各项工作合格。

三、努力构建全面从严治校的长效机制

全面从严治校既需要思想觉悟，也需要制度保障。要通过建章立制，强化制度的硬约束，提高制度执行力。当前迫切需要执行好落实好已有的各项制度规定，努力构建全面从严治校的长效机制。

以习近平总书记系列重要讲话精神为指导，真正做到思想上从严。习近平总书记系列重要讲话，作为中国特色社会主义理论体系最新成果，作为马克思主义中国化最新成果，作为指导具有许多新的历史特点的伟大斗争的鲜活的马克思主义，是新的历史条件下我们党治国理政的行动纲领。作为中国共产党亲手创办的第一所新型正规大学，中国人民大学有着始终与党和国家同呼吸、共命运，始终奋进在时代前列的优良传统，在深入学习宣传习近平总书记系列重要讲话精神方面有着义不容辞的责任，在发展 21 世纪马克思主义中国化方面必须有所作为。

要坚持正确的价值导向，坚持为人民做学问的理念，发挥学校在哲学社会科学领域的整体优势，特别是马克思主义理论学科建设方面的优势，加强对重大实践经验的总结提炼，提高对深层次思想理论问题的辨析和引导，力争用中国理论

解读中国实践，用中国实践丰富中国理论，为构建中国特色哲学社会科学学科体系、学术体系、话语体系做出更大贡献。

把学习成果转换到实际工作中，真正做到组织从严。习近平总书记曾严肃地指出：是不是各级党委、各部门党委（党组）都做到了聚精会神抓党建？是不是各级党委书记、各部门党委（党组）书记都成为了从严治党的书记？是不是各级各部门党委（党组）成员都履行了分管领域从严治党责任？[①] 对此，我们要深刻领会，以实际行动作出回答。在学校工作上，同样要树立正确的政绩观。把抓好党建作为最大的政绩，真正把党建工作放在心上、扛在肩上、抓在手上。要强化责任意识。各级党组织对本单位基层党建负总责，党组织书记是第一责任人，分管领导是直接责任人，领导班子其他成员要根据分工抓好职责范围内的基层党建工作，主动支持基层党建工作。要强化责任落实。坚持把基层党建工作和中心工作一起谋划、一起部署、一起考核，把各项任务抓具体、抓深入，坚决防止“一手硬、一手软”。要强化责任考核。把党建述职评议考核作为重要抓手，完善校、院（系）两级党建述职评议考核制度，督促党组织书记和班子成员履职尽责，认认真真地种好自己的党建工作“责任田”。

树立和弘扬新风正气，真正做到作风从严。高校党员领导干部的作风，体现着高校的形象，影响着办学治校和立德树人的成效和质量。要坚持不懈培育优良校风和学风，进一步打造高质量的育人体系，建立健全高质量的管理体系，使学校发展始终做到治理有方、管理到位、风清气正。要进一步加强师德师风建设，严格落实师德一票否决制度，引导广大教师做到坚持教书和育人相统一、言传和身教相统一、潜心问道和关注社会相统一、学术自由和学术规范相统一。要加强校园文化建设，发挥先进典型的示范引领作用，不断提升校园文明程度，努力打造良好育人环境。

强化规章制度执行，真正做到制度从严。党要管党、从严治党首先必须把各项规章制度落实到位。要落实好党委领导下的校长负责制这一根本性制度，党委切实发挥好领导核心作用，同时认真贯彻民主集中制度，坚持集体领导和个人分工负责相结合，重大事项必须坚持科学决策、民主决策、依法决策，集体研究决

---

① 习近平．在党的群众路线教育实践活动总结大会上的讲话［N］．人民日报，2014-10-09（2）.

定。要执行好党内政治生活各项制度，落实好“三会一课”、组织生活会和民主生活会、谈心谈话、民主评议党员等制度，使党内政治生活严肃认真、生动活泼地开展起来。要认真落实意识形态工作责任制，敢抓敢管、敢于亮剑，做到守土有责、守土负责、守土尽责。另外，还要认真贯彻执行学校的各项管理制度，各级领导干部都要做制度的坚决维护者、坚定执行者，使各项管理制度真正发挥作用，不断提升依法治校的水平。

建设廉洁大学、打造廉洁校园，真正做到反腐倡廉从严。高校反腐倡廉建设是高校党的建设的重要组成部分，是依法治教、规范管理的内在要求和基本内容。我们要立足学校实际，更好地把党风廉政建设与学校发展战略目标紧密结合起来，全面落实党委主体责任、纪委监督责任；要突出监督重点，强化执纪、问责，完善顶层设计，坚持用制度管权、管事、管人，让群众监督权力，让权力在阳光下运行，真正把权力关进制度的笼子；要运用好监督执纪的“四种形态”，真正使“咬耳朵、扯袖子、红红脸、出出汗”成为常态，党纪轻处分、组织调整成为大多数，重处分、重大职务调整的是少数，严重违纪涉嫌违法立案审查的只是极少数。要继续在常和长、严和实、深和细上下功夫，多措并举、标本兼治，坚定不移地推进党风廉政建设取得新成效，为创建“双一流”大学提供坚强保障。

（作者系中国人民大学党委书记、教授；原刊载于《思想政治工作研究》2017 年第 8 期）

加强党对高校工作的领导
努力办好中国特色社会主义大学

靳　诺

党的十八大以来，以习近平同志为核心的党中央紧紧围绕坚持和发展中国特色社会主义这一主题，团结带领全党和全国各族人民同心协力、苦干实干，不断开辟治国理政新境界，不断深化对共产党执政规律、社会主义建设规律、人类社会发展规律的认识，形成了一系列治国理政的新理念新思想新战略，极大地丰富了党的建设理论，是马克思主义党建学说与当代中国实际相结合的最新成果，为新的历史条件下坚持党的领导、加强党的建设、全面从严治党提供了根本遵循。

“七一”讲话对中国共产党95年奋斗历史与经验作了总结提升，回答了中国共产党95年的进程中“做了哪些事、作出什么贡献”的重大历史课题。“七一”讲话把历史、现实和未来贯通起来，把革命、建设和改革衔接起来，用三个“伟大历史贡献”证明了中国共产党95年奋斗的重大历史意义，用三个“蓬勃生机”赋予中国共产党95年奋斗以崇高的历史地位，用三个“必须长期坚持、永不动摇”总结了中国共产党95年奋斗的历史结论。三个“伟大历史贡献”、三个“蓬勃生机”、三个“必须长期坚持、永不动摇”，既是中国共产党95年奋斗历史的科学概括，也是历史规律的科学总结。

“七一”讲话是中国共产党向着百年奋斗目标迈进的政治宣言书，回答了中国共产党“举什么旗、走什么路”的重大时代课题。习近平总书记的“七一”讲话提出了中国共产党“不忘初心、继续前进”的政治立场、政治主张、政治观点、政治路线、政治纲领，是全党在新的历史条件下进行具有许多新的历史特点的伟大斗争的政治宣言。“七一”讲话表明了中国共产党“不忘初心”的鲜明态

度和中国共产党“继续前进”的努力方向。

党的十八大以来，习近平总书记提出了“党的领导是中国特色社会主义最本质特征”“党要管党，才能管好党；从严治党才，能治好党”“以人民为中心”“思想建设摆在党的建设首要位置”“培养选拔党和人民需要的好干部”“从严治党首先要从党内政治生活严起”“作风建设永远在路上”“把抓基层打基础作为长远之计和固本之策”“深入推进党风廉政建设和反腐败斗争”“制度治党、依规治党”等一系列新观点新思想新论断，思想深邃、内涵丰富、逻辑严密，是马克思主义党建学说与当代中国实际相结合的最新成果，是具有鲜明中国特色、中国风格、中国气派的党建学说，为加强党的建设，确保党应对各种风险挑战、始终立于不败之地提供了强大思想武器。体现了传承与创新的统一、理论与实践的统一、忧患意识与坚定信心的统一、立足中国与放眼世界的统一。

加强党对高校工作的领导，加强和改进高校党的建设，是办好中国特色社会主义大学的根本保证。学习贯彻习近平总书记党建思想，对高校来说要着重做好四项工作：一是要把学习贯彻习近平总书记党建思想与学习党的历史结合起来，深刻领会习近平总书记党建思想的丰富内涵、核心要义、精神实质和基本要求；二是要把学习贯彻习近平总书记党建思想与加强高校人才培养工作结合起来，始终坚持社会主义办学方向；三是要把学习贯彻习近平总书记党建思想与加强高校党的建设结合起来，始终坚持党对高校的领导；四是要把学习贯彻习近平总书记党建思想与加强高校智库建设结合起来，深化对习近平总书记党建思想的研究。

（作者系中国人民大学党委书记、教授；原刊载于《中国教育报》2016 年 7 月 27 日）

以政治建设为统领全面加强党的建设

靳　诺

党的十九大是在全面建成小康社会决胜阶段、中国特色社会主义进入新时代的关键时期召开的一次十分重要的大会。大会高举中国特色社会主义伟大旗帜，作出中国特色社会主义进入新时代、我国社会主要矛盾已经转化为人民日益增长的美好生活需要和不平衡不充分的发展之间的矛盾等重大政治论断，把习近平新时代中国特色社会主义思想确立为党必须长期坚持的指导思想，对决胜全面建成小康社会、开启全面建设社会主义现代化国家新征程作出了全面部署，在我们党和国家的发展进程中具有里程碑的意义。

党的十八大以来，以习近平同志为核心的党中央，围绕“新时代我们坚持和发展什么样的中国特色社会主义、怎样坚持和发展中国特色社会主义”等关键问题，作出了一系列重大理论创新，十九大报告将其概括为“八个明确”和“十四个坚持”，构成了习近平新时代中国特色社会主义思想的主要内容，为中国特色社会主义注入了新的科学内涵，丰富发展了中国特色社会主义理论体系，开辟了马克思主义新境界、中国特色社会主义新境界、治国理政新境界、管党治党新境界，实现了马克思主义中国化的新飞跃。

党的十九大报告更加鲜明地体现了“党的报告”的属性，充分彰显了“政治报告”的特点，特别是第一次将党的政治建设纳入党的建设总体布局，强调把党的政治建设摆在首位，以党的政治建设为统领，全面推进党的政治建设、思想建设、组织建设、作风建设、纪律建设。这是马克思主义党建理论的重大创新，是全篇报告的“纲”，也是十九大精神的“魂”。

一是深刻理解以政治建设为统领全面加强党的建设的重大意义。政治属性是政党第一位的属性，党的政治建设是党的根本性建设，决定党的建设方向和效

果。中国共产党 96 年来之所以能够经受严峻考验，不断发展壮大，并领导中国革命、建设和改革取得胜利，一个很重要的因素就是我们党始终注重党的政治建设，不忘初心，牢记使命。历史经验表明，讲政治是我们党补钙壮骨、强身健体的根本保证，是我们党培养自我革命勇气、增强自我净化能力、提高排毒杀菌政治免疫力的根本途径。党的十八大以来，以习近平同志为核心的党中央突出强调党的政治建设，不断强化管党治党政治责任，严肃党内政治生活，严明政治纪律和政治规矩，推动各级党组织和广大党员政治意识明显增强、政治觉悟明显提高，推动党内政治生活气象更新、党内政治生态明显好转。可以说，过去五年之所以能够实现历史性变革，根本在于党的坚强有力领导，核心在于党的政治建设抓得紧、抓得实、抓得好。

历史和实践使全党同志深刻认识到加强党的政治建设对于解决党内存在的突出问题、把我们党建设得更加坚强有力，具有很强的现实针对性，具有十分重要的政治意义、理论意义、实践意义。在十九大确定的新时代党的建设总体布局中，党的政治建设是统领和核心，是其他建设的根和魂，党的思想建设、组织建设、作风建设、纪律建设最终必须落实到政治建设上，政治建设抓好了，对党的其他建设可以起到固根定魂、纲举目张作用。这是新时代中国特色社会主义在党的建设方面最大的创新和特点。

二是准确把握以政治建设为统领全面加强党的建设的丰富内涵。习近平总书记在报告中就加强党的政治建设提出了明确目标和具体要求，主要包含四个方面。

（1）把握首要任务。报告将保证全党服从中央、坚持党中央权威和集中统一领导，作为党的政治建设的首要任务。十九届中共中央政治局第一次政治局会议审议的第一份重要文件就是《中共中央政治局关于加强和维护党中央集中统一领导的若干规定》，这充分体现了确保全党在政治立场、政治方向、政治原则、政治道路上同党中央保持高度一致的极端重要性。

（2）用好重要法宝。报告要求尊崇党章，严格执行新形势下党的政治生活若干准则，完善和落实民主集中制的各项制度。党要管党必须从党内政治生活管起，从严治党必须从党内政治生活严起。必须自觉抵制商品交换原则对党内生活的侵蚀，才能坚决纠正和克服党内政治生活随意化、形式化、平淡化、庸俗化等现象，营造风清气正的良好政治生态；只有用好民主集中制这个确保我们党团结统一的重要法宝，既充分发扬民主，又善于集中统一，才能使全党统一思想、统一意志、统一行动。

(3) 营造健康文化。报告要求发展积极健康的党内政治文化，弘扬忠诚老实、公道正派、实事求是、清正廉洁等共产党人的价值观。政治文化是政治生活的灵魂，对政治生态具有潜移默化的影响，只有坚决防止和反对个人主义、分散主义、自由主义、本位主义、好人主义，坚决防止和反对宗派主义、圈子文化、码头文化，坚决反对搞两面派、做两面人，才能形成风清气正的政治生态。

(4) 加强党性锻炼。报告强调全党同志要不断提高政治觉悟和政治能力。只有把对党忠诚、为党分忧、为党尽职作为根本政治担当，才能牢固树立政治理想、正确把握政治方向、坚定站稳政治立场，使党员干部的政治能力与担负的职责相匹配，永葆共产党人政治本色。

以上四点具有很强的针对性，抓住了党的政治建设的核心和根本。

三是切实增强以政治建设为统领全面加强党的建设的自觉性。学习宣传贯彻党的十九大精神，最重要的是落实。中国人民大学是我们党创办的第一所新型正规大学。建校以来始终坚持党的领导，坚持马克思主义指导地位，坚持为党和人民事业服务，形成了鲜明办学特色。特别值得一提的是，中国人民大学在党建工作方面有着光荣传统，早在陕北公学时期就实行党团领导下的校长负责制，明确了办好中国特色社会主义大学的根本保证，为中国特色高校领导体制的确立进行了有益探索和实践。作为一所从延安走来，有着深厚红色基因的大学，80年的办学实践充分证明，什么时候党组织讲政治、党内政治生活正常健康，学校就风清气正，充满生机活力，学校各项事业就蓬勃发展。在未来，中国人民大学将以更大决心、更大力度抓好党的政治建设，以此为统领全面推进党的政治建设、思想建设、组织建设、作风建设、纪律建设，坚定不移全面从严治党，让中国人民大学的党建工作“始终奋进在时代前列”。

中国人民大学率先成立了全国首家“习近平新时代中国特色社会主义思想研究中心”。中心将依托中国人民大学马克思主义学院的学科优势，在原有的教育部人文社会科学重点研究基地“中国特色社会主义理论体系研究中心”和北京市重点研究基地“21世纪马克思主义研究协同创新中心”的基础上，构建一个高

端开放的研究平台，充分动员和汇集全校乃至全国的顶级学术资源，深入开展习近平新时代中国特色社会主义思想研究，在学习宣传贯彻十九大精神过程中发挥人民大学应有的作用。

党建思想是习近平新时代中国特色社会主义思想的重要组成部分。十九大报告在党的政治建设部分提出了许多新观点，比如提出“以党的政治建设统领党的建设”“发展积极健康的党内政治文化”等重要思想，这些都将成为“习近平新时代中国特色社会主义思想研究中心”的研究重点。习近平总书记在十九大报告中强调：“实践没有止境，理论创新也没有止境。”① 中国人民大学将以“习近平新时代中国特色社会主义思想研究中心”为载体，围绕新时代“坚持和发展什么样的中国特色社会主义、怎样坚持和发展中国特色社会主义”这一重大时代课题，更好地学习研究解读习近平新时代中国特色社会主义思想，扎实做好“进教材、进课堂、进头脑”工作；同时跟上时代步伐，加强对新时代中国特色社会主义事业发展的重大理论和实践问题研究，不断推进实践基础上的理论创新，以“四个服务”的使命担当和“四个自信”的底气定力，展现二十一世纪中国的马克思主义更强大、更有说服力的真理力量，为实现中华民族伟大复兴提供理论支持和学术支撑。

（作者系中国人民大学党委书记、教授；原刊载于《光明日报》2017 年 11 月 7 日）

---

① 习近平．决胜全面建成小康社会夺取新时代中国特色社会主义伟大胜利：在中国共产党第十九次全国代表大会上的报告［M］．北京：人民出版社，2017：26.

从历史与现实两个维度看“全面从严治党”

杨凤城

党的十九大报告将“坚持全面从严治党”作为新时代坚持和发展中国特色社会主义的基本方略之一，“坚持全面从严治党”成为习近平新时代中国特色社会主义思想的重要组成部分。习近平总书记曾指出，“全面”是十八大以来从严治党的主要特点，包括抓思想从严、抓管党从严、抓执纪从严、抓治吏从严、抓作风从严、抓反腐从严等方面。回顾党的十八大以来党中央管党治党的理论与实践，“全面从严”确实构成最鲜明的特色，也是最重要的经验。从历史和现实、理论和实践的结合上对党的这一创新思想和实践做一归纳和分析，对于全面准确理解“全面从严治党”具有重要的理论和现实意义。

一、历史继承与时代要求

中国共产党早在延安时期便形成了思想建设、组织建设、作风建设“三位一体”党的建设的系统思想。新中国成立后，这些思想被延续下来。由革命党到执政党的地位变化，促使包括毛泽东同志在内的中央领导人高度重视党脱离群众的危险。为此，毛泽东同志反复强调并借助不断的整党整风运动反对官僚主义、命令主义、形式主义，尤其是反对官僚主义。改革开放后，以邓小平同志为核心的党的第二代中央领导集体，一方面继承加强党的自身建设的优良传统，另一方面也在进行深刻反思。邓小平同志明确提出：“执政党应该是一个什么样的党，执政党的党员应该怎样才合格，党怎样才叫善于领导?”① 这表明我们党开始认真

① 邓小平．邓小平文选：第2卷［M］．北京：人民出版社，1994：276.

思考革命思维、革命行为与执政思维、执政行为的关系，真正开启了完整意义上的执政党建设历程。并且，总结和汲取我们党执政后的经验和教训，邓小平同志十分重视制度建设，强调制度更具根本性、全局性、稳定性。党的十三大特别提出：“在党的建设上走出一条不搞政治运动，而靠改革和制度建设的新路子。”①

进入20世纪90年代后，随着市场经济大潮的到来，随着社会阶层和利益格局的多样化发展，以江泽民同志为核心的党的第三代中央领导集体集中思考的一个重大问题，即如何进一步巩固党的阶级基础和扩大党的群众基础，使我们党既是名副其实的工人阶级先锋队，又是利益各方的协调中心、代表着全国人民和中华民族的整体利益和根本利益。“三个代表”重要思想就是这种思考的理论成果。以胡锦涛同志为总书记的党中央，则明确提出了党的建设“科学化”的总要求，这一总要求一方面内含着“五位一体”（思想建设、组织建设、作风建设、反腐倡廉建设、制度建设）的党建布局的系统化，另一方面内含着党建理念、理论、实践的与时俱进追求。

习近平总书记在党的十九大报告中指出，坚定不移全面从严治党，不断提高党的执政能力和领导水平，并强调全面从严治党永远在路上。回顾党的十八大以来以习近平同志为核心的党中央关于执政党建设的论述，可以说它是对改革开放以来执政党建设成功经验与原则的大总结。进一步言之，“一个总要求”“四大考验”“四种危险”“两大历史性课题”“一条主线”“五位一体”的党建布局，提高“四种能力”，实现“一个目标”的概括，内容全面、逻辑严谨。首先点明“以改革创新精神全面推进党的建设新的伟大工程，全面提高党的建设科学化水平”这一党建总要求，这是第一个层次；其次揭示出这一总要求的依据或背景，即面临的“四大考验”“四种危险”和由此产生的“两大历史性课题”（不断提高党的领导水平和执政水平，提高拒腐防变和抵御风险能力），这是第二个层次；而要成功解决好两大历史性课题，经受住考验，克服潜在的危险，就必须明确党建主线（加强党的执政能力建设、先进性和纯洁性建设），同时要紧密围绕这条主线进行“五位一体”建设，以收纲举目张之效，不断提升“自我净化、自我完善、自我革新、自我提高”的能力，这是第三个层次；执政党建设的所有要求和举措最终

① 中共中央文献研究室．十三大以来党的重要文献选编：上［M］．北京：人民出版社，1991：54.

都是为了实现“建设学习型、服务型、创新型的马克思主义执政党，确保党始终成为中国特色社会主义事业的坚强领导核心”的目标，这是第四个层次。

从党建历史长河中看以习近平同志为核心的党中央管党治党的思想，其特点就比较清楚了，那就是以党风廉政建设和反腐败斗争为突破口和首要着力点，将执政党建设推进到“全面从严治党”的新阶段。这一新思想，既是对已有党建思想的继承和发扬，又是适应时代要求的创举。让我们先考察时代背景，然后再展开分析“全面从严治党”的特点、继承与创新。我们知道，经过30多年的改革开放，到党的十八大前后，世情国情党情均发生了巨大变化，需要中国共产党准备进行具有许多新的历史特点的伟大斗争。概言之，在21世纪的第一个10年过去后，中国国家实力和民众生活有了巨大提升，中国已经成为世界第二大经济体、第一大贸易国，正处在全面建成小康社会的关键时期、冲刺阶段，中国比历史上任何时期都更接近实现中华民族伟大复兴的目标。但同时也要看到，越接近目标，面临的考验就越大，遇到的问题就越复杂。就国际环境看，一方面是经济全球化、世界多极化、信息化、文明多样化的“光被四表”；另一方面，新的贸易保护主义、单边主义和霸权行径、复杂的外交博弈和意识形态之争则又是“你方唱罢我登场”。一方面，随着中国经济实力的增长，中国的国际地位与影响力与日俱增；另一方面，国际资本的强大压力甚至对中国的围堵明显存在，中国增强国际话语权，参与国际规则制定甚至引领全球治理体系机制变革，以更好地维护自身和发展中国家权益的任务空前凸显。就国内而言，一方面，社会主义现代化建设成就令国人骄傲、世人瞩目；另一方面，转变经济发展方式，实施供给侧改革任务艰巨，地区与城乡均衡发展和生态文明建设任重道远。在全面建成小康社会、实现共同富裕的历程中，要处理好各种事关全局的重大关系、打破固化的利益藩篱，要向贫困宣战，要全面深化改革、全面推进依法治国，要在建设高度物质文明的同时建设高度的精神文明，在市场经济和全方位对外开放的环境中，在社会阶层结构和人们的价值追求、审美偏好日趋复杂与多元的背景下，弘扬和践行社会主义核心价值观，等等，这一切均构成严峻挑战与考验。就中国共产党自身而言，一方面改革开放近40年的辉煌成就，证明了党作为社会主义现代化建设领导核心当之无愧，证明了只有坚持党的领导才能发展中国、发展社会主义，证明了与时俱进是中国共产党的优秀品格也是其成功的奥秘；但另一方面，

在市场经济和长期执政的考验面前，部分党员干部理想信念淡漠、目无组织纪律，脱离群众、高高在上，作风漂浮，甚至大搞特权、贪污腐化，严重地侵蚀着党的先进性纯洁性、侵蚀着党执政的基础。治国必先治党、治党务必从严，这是我们党宝贵的历史经验，也是现实和时代的呼唤。只有把党建设好，我们才能统筹好国际国内两个大局，才能团结全国人民、凝心聚力，涉激流、历险滩，全面建成小康社会，实现中华民族的伟大复兴。

二、以党风廉政建设和反腐败斗争实绩提振党心民心

党风关系党的形象，关系人心向背，关系党的生死存亡。为了保持良好的党风，我们党的历届中央领导集体，都投入大量精力进行探索。其中有成就和创新，但不能否认的是，不良党风和腐败问题却一度“道高一尺，魔高一丈”，大有愈演愈烈之势。如何治愈这一痼疾，提振党心民心，成为以习近平同志为核心的党中央的重大课题。党风廉政建设需要标本兼治，这是没有疑问的。治本需要坚忍不拔、持之以恒；治标则是决心和信心的表征。标不能治，何谈治本？党的十八大以来，在标本兼治思想下，党中央首先通过治标显示出从严治党的决心和勇气。

于是，我们看到以习近平同志为核心的党中央首先抓的是以为民务实清廉为主要内容的党的群众路线教育实践活动，讲执政党建设讲得最多的是党风廉政建设和反腐败斗争。一是加强和改进党的作风建设。核心问题是保持党同人民群众的血肉联系；马克思主义执政党的最大危险就是脱离群众；如果任不良风气发展下去，我们党就会失去根基、失去血脉、失去力量。二是“四风”问题与世界观、人生观、价值观密切相关。要教育引导广大党员干部坚定理想信念、坚守共产党人精神家园，不断夯实党员干部廉洁从政的思想道德基础，严于修身、严于律己、严于用权，筑牢拒腐防变的思想道德防线。三是制度更具有根本性、全局性、长期性、稳定性。要健全党规党法、依规治党，尤其要健全权力运行制约和监督体系，让权力在阳光下运行，把权力关进制度的笼子里。四是弘扬党的历史上行之有效的作风建设经验，如艰苦奋斗的精神追求，尤其是以整风精神开展批评与自我批评，以严肃党内政治生活，反对自由主义、好人主义。五是问题导向

与相信群众、敞开大门整顿作风。聚焦和解决群众反映强烈的突出问题；让群众参与，让群众监督，诚恳请群众评判。六是领导干部要率先垂范，严字当头、从严从实。从中央做起，各级主要领导要亲自抓党建抓党风、做表率；坚持高标准、严要求。七是坚持以零容忍态度、高压态势惩治腐败，坚持“老虎”“苍蝇”一起打，坚决把党风廉政建设和反腐败斗争进行到底。八是充分认识党风廉政建设和反腐败斗争的复杂性、长期性、艰巨性。党风廉政建设和反腐败斗争没有休止符，永远在路上。正是在上述思想的指导下，党的十八大以来党建领域成效最明显的是党风开始好转、腐败多发高发势头得到遏制，执政党建设也因此有了一个良好局面。

三、讲政治，严明纪律、严守规矩

在推进全面从严治党的过程中，将纪律建设摆在更加突出的位置上，强调集中统一、严明纪律，坚持纪严于法、纪在法前，用铁的纪律维护党的团结统一，构成党的十八大以来党建理论和实践的鲜明特色。对于一个马克思主义政党来说，严明纪律、严守规矩的首要之义是讲政治，是严明政治纪律、政治规矩。对此，习近平总书记指出：“历史经验表明，我们党作为马克思主义政党，必须旗帜鲜明讲政治，严肃认真开展党内政治生活。讲政治，是我们党补钙壮骨、强身健体的根本保证，是我们党培养自我革命勇气、增强自我净化能力、提高排毒杀菌政治免疫力的根本途径。什么时候全党讲政治、党内政治生活正常健康，我们党就风清气正、团结统一，充满生机活力，党的事业就蓬勃发展；反之，就弊病丛生、人心涣散、丧失斗志，各种错误思想得不到及时纠正，给党的事业造成严重损失。”① 新形势下讲政治的首要之义就是要坚决维护党中央权威，坚持党中央的集中统一领导，全党牢固树立政治意识、大局意识、核心意识、看齐意识，自觉在思想上政治上行动上同党中央保持高度一致，保证令行禁止。换言之，新形势下加强和规范党内政治生活，严明政治规矩、政治纪律，就要着力增强党内

① 习近平在省部级主要领导干部学习贯彻十八届六中全会精神专题研讨班开班式上发表重要讲话强调：以解决突出问题为突破口和主抓手推动党的十八届六中全会精神落到实处［EB/OL］.（2017-02-14）［2017-02-14］. http：//dangjian. people. com. cn/n1/2017/0214/c117092-29079259. html.

政治生活的政治性、时代性、原则性、战斗性。所谓政治性，就是党内政治生活要把握坚定正确的政治方向，引导党员、干部自觉维护党中央权威、维护党的团结和集中统一。所谓时代性，就是党内政治生活要紧跟时代步伐、聆听时代声音、回答时代课题，及时发现和解决党内出现的新问题，使党内政治生活始终充满活力。所谓原则性，就是党内政治生活要坚持党的思想原则、政治原则、组织原则、工作原则，按原则处理党内各种关系，按原则解决党内矛盾和问题。所谓战斗性，就是党内政治生活要旗帜鲜明地坚持真理、修正错误，勇于开展批评和自我批评，使每个党组织都成为激浊扬清的战斗堡垒，使每个党员都成为扶正祛邪的战斗员。

严明纪律、严肃党纪包括多方面的内容，除政治纪律、政治规矩外，还有组织纪律、工作纪律等，虽然它们在许多情况下在许多时候是密切联系甚至交织在一起的。纪律建设是全面的立体的，健全完善相关制度，深入开展纪律教育，养成纪律自觉，狠抓执纪监督，让纪律成为带电的高压线，才能用纪律管住党员，才能保证党能够带领全国人民胜利进行具有许多新的历史特点的伟大斗争。

四、“抓关键少数”，率先垂范

高度集中统一是中国共产党的组织特征，也是管党治党能够富有成效的原因。在这一制度运行中，领导干部尤其是高级领导干部具有举足轻重的作用。“抓关键少数”，率先垂范，以上率下，是党的十八大以来以习近平同志为核心的党中央管党治党的又一亮点。以八项规定为例，党的十八大之后所以得到贯彻执行，关键是习近平总书记、中央政治局常委、中央政治局率先垂范。综观习近平总书记有关党的高级干部在全面从严治党中做表率的论述，可以看到，他首先强调的是党的高级干部要做严肃党内政治生活的表率，始终把握正确政治方向，坚持政治立场和政治原则，遵守政治纪律和政治规矩，坚守正道、弘扬正气，坚持原则、敢抓敢管；要自觉经常同党中央对表，校准自己的思想和行动；要自觉站在党和国家大局上想问题、办事情，把党中央大政方针不折不扣落实到位。其次，反复重申，领导干部特别是高级干部必须加强自律、严格自律、慎独慎微。加强党性修养，陶冶道德情操，始终心存敬畏、手握戒尺，增强政治定力、纪律定力、道德定力、抵腐定力，始终不放纵、不越轨、不逾矩，永葆共产党人政治本色。进一步言之，其一，要注重自觉同特权思想和特权现象作斗争，从自己做起，从身边人管起，从最近身的地方构筑起预防和抵制特权的防护网。其二，要注重在选人用人上把好方向、守住原则，坚持党管干部原则，带头执行党的干部政策，坚决纠正不正之风。其三，要注重防范被利益集团“围猎”，坚持公正用权、谨慎用权、依法用权，坚持交往有原则、有界限、有规矩。其四，要注重自觉主动接受监督，对党忠诚老实，不能以任何借口而拒绝监督，党组织也决不能以任何理由而放松监督。

五、思想建党与制度治党有机结合、良性互动

习近平总书记指出：“标本兼治是我们党管党治党的一贯要求。深入推进全面从严治党，必须坚持标本兼治。”① 从治本角度而言，习近平总书记特别重视思想建党与制度治党的有机结合和良性互动，可以说思想理论建设与依规治党是执政党建设的两大关键。

党的十八大以来，习近平总书记几乎每逢讲党建都强调理想信念的重要性，强调世界观、人生观、价值观这个思想“总开关”的重要性，强调对马克思主义的信仰，对社会主义和共产主义的信念，是共产党人的政治灵魂，是共产党人经受住任何考验的精神支柱，等等。党的十八届三中全会通过的《中共中央关于全面深化改革若干重大问题的决定》，贯穿其中的一条红线便是制度建设，明确到2020年前后形成比较完备、定型的制度体系。党的建设离不开中国特色社会主义建设的整体，相反是其重要组成部分和重要体现之一，这是习近平总书记强调党建制度建设重要性的大背景，也是党建科学化的内在要求。习近平总书记谈及制度治党、依规治党问题时，除了阐述制度建设的重要性之外，特别强调以下几个方面：一是要把党内法规制度建设作为事关党长期执政和国家长治久安的重大战略任务，加快构建以党章为根本的党内法规制度体系，扎紧制度的笼子，把依

① 习近平：全面贯彻落实党的十八届六中全会精神　增强全面从严治党系统性创造性实效性［EB/OL］.（2017-01-07）［2017-01-07］. http：//politics.people.com.cn/n1/2017/0107/c1024-29005335.html.

规治党贯彻于全面从严治党的全过程。二是把形成完善的党内法规体系确立为全面推进依法治国总目标的重要内容，努力形成国家法律法规和党内法规制度相辅相成、相互促进、相互保障的格局。三是创新党规、制度，既要务实管用，突出针对性，同时又要搞好配套衔接，做到彼此呼应，增强整体功能，搞好顶层设计。四是增强制度的刚性约束，强化执纪检查力度，不能让制度成为摆设、成为“稻草人”，要坚决防止“破窗效应”、突破制度红线。五是养成遵从制度、捍卫制度，制度面前人人平等的良好意识和自觉性，用制度管权管事管人。正是在上述制度治党、依规治党思想指导下，党的十八大后党规党纪的“制度之网”愈编愈快、愈编愈密。

思想理论建设和制度建设是保证执政党建设不断前行的两大支柱，二者缺一不可，如车之两轮、鸟之两翼。制度的主要功能在于设定行为的下限或底线，思想、信仰则主要用来提升人的境界、操守，包括遵守制度的自觉性等。两者相互配合，执政党建设才能达到较为理想的境地。正如习近平总书记所指出的，坚持思想建党和制度治党紧密结合。从严治党靠教育，也靠制度，二者一柔一刚，要同向发力、同时发力。要使加强制度治党的过程成为加强思想建党的过程，也要使加强思想建党的过程成为加强制度治党的过程。

（作者系中国人民大学马克思主义学院党委书记、教授；原刊载于《前线》2017年第12期）

党内监督是全面从严治党的重要保障

秦　宣

党内监督是指党运用自身力量，依靠党纪国法而进行的自我监督和自我约束。其目的在于实现党内各监督要素之间的合理配置，以最大限度地保证党的各项工作正确有效地开展。党的十八届六中全会审议通过的《中国共产党党内监督条例》（以下简称《条例》），把党的十八大以来加强党的建设、强化党内监督的实践探索及时转化为制度成果，实现了党内监督制度的与时俱进，为全面从严治党锻造了新的制度利器。

一、加强党内监督是马克思主义政党的一贯要求

监督是权力正常运行的根本保证，党内监督是党的建设的重要内容。建立健全无产阶级政党内部的监督机制是马克思主义政党学说的重要内容，也是无产阶级政党在实践中不断探索的课题。

党内监督思想是马克思恩格斯建党思想的重要组成部分。马克思恩格斯在创建无产阶级政党的实践中，提出了加强党内监督的一些原则，并构建了一种上下互动的双向监督机制，为无产阶级政党实行党内监督奠定了理论基础。早在共产主义同盟成立期间，马克思恩格斯在《共产主义者同盟章程》中就提出了关于党内监督的一些思想，如党的代表大会是党的最高权力机关，是党内监督的最高形式，具有最高的党内监督权；实施选举制度，通过选举和罢免达到监督的效果；党员在党内的地位一律平等，保证党的意志和行动的统一，保证党内民主的正常运行；强化党内纪律，党员必须服从党的一切决议，保守党的一切机密。巴黎公社革命之后，马克思恩格斯高度肯定了巴黎公社实行的选举权、监督权和罢免权

三位一体的原则，认为人民是国家的主人，政府机关各级领导人要由人民选举产生，接受人民监督并随时可以撤换。马克思逝世之后，恩格斯根据无产阶级政党建设面临的新情况和新问题，强调实施党内监督，必然要求开展党内思想斗争，认为党内自由交换意见能保证党的思想统一，利于党内民主和党内监督。恩格斯还明确提出了党内自由批评的原则。

进入 20 世纪，无产阶级革命家列宁继承并发展了马克思恩格斯的党内监督思想。十月革命胜利以后，苏维埃国家处境十分艰难，新生的苏维埃政权面临着被国内地主资产阶级和国际帝国主义瓦解的危险。在这种情况下，列宁在着眼于党内民主建设的同时，提出了关于强化党内监督的一些重要思想观点。比如，列宁主张实行工人民主制，建立“从下到上的一切机关都实行普遍选举制、报告制和监督制”[①]，以保障党内民主生活的有序开展。为了搞好党内监督，1920 年，俄共（布）第九次代表大会建立了专门的党内监督机构——中央监察委员会，目的是巩固党的统一和威信，任务是同党内的官僚主义、主观主义和腐败现象作斗争。列宁强调，要挑选品质优秀的干部来保证监察委员会工作的高效运行，要保持监察机关的相对独立性和高度权威性。党的监察委员会与同级党委之间在组织上是平行的，不存在领导与被领导的关系，监察委员会不仅仅可以监督国家最高行政机关的人民委员的工作，甚至可以监督党的最高领袖人物等等。

马克思主义党内监督思想是马克思主义政党建设和发展党内民主的重要组成部分，是社会主义国家政权建设实践中的指导方针。这一理论发源于马克思恩格斯关于党内监督的经典阐述，丰富并发展于苏维埃政党建设和其他无产阶级政党建设实践进程之中。系统地总结分析经典作家关于党内监督的重要思想，将有助于完善我国党内监督制度，提高党的科学执政和民主执政的水平。

二、加强党内监督是我们党的优良传统和政治优势

中国共产党是以马克思主义为指导建立起来的无产阶级政党。建党以来，我

① 中共中央马克思恩格斯列宁斯大林著作编译局．苏联共产党代表大会、代表会议和中央全会决议汇编：第 2 分册［M］．北京：人民出版社．1964：54.

们党高度重视党内监督，采取了有力措施，取得了显著成绩。加强党内监督成为中国共产党不断壮大、不断成熟的重要原因。

新中国成立之后，中国共产党由领导人民夺取政权的革命党转换为领导人民进行社会主义建设的执政党，以毛泽东同志为代表的老一辈无产阶级革命家十分重视执政党的监督问题。他们根据中国共产党自身建设和执政初期国际国内的新情况，提出了充分发扬党内民主是实行党内监督、开展批评与自我批评的根本保证等许多有关党内监督的重要思想，并在实践中进行了积极的探索，确立了党内监督的基本格局，积累了党内监督的宝贵经验。党的十一届三中全会以后，我国进入改革开放新时期，党的建设面临许多新情况，党内监督也呈现出许多新特点。邓小平同志反复强调，制度问题更带有根本性、全局性、稳定性和长期性。由此，我们党形成了以制度建设为核心的党内监督工作机制，为在新的历史条件下正确有效地开展党内监督指明了方向。党的十三届四中全会以后，面对苏联解体、东欧剧变的国际形势和国内走向市场经济的复杂局面，如何保持执政党的先进性，巩固党的执政基础，防止中国重蹈苏联东欧覆辙，成为摆在中国共产党人面前的一个十分尖锐的问题。以江泽民同志为核心的党的第三代中央领导集体，紧紧围绕保持和增强党的工人阶级先锋队性质和不断提高党的执政能力这个目的，从党内抓起，从高级干部抓起，依靠党的自身力量有效开展党内监督，在全党筑起拒腐防变的思想道德防线和党纪党规防线。进入新世纪以后，以胡锦涛同志为总书记的党中央加强和改进党内监督制度，于2003年12月颁布实施了《中国共产党党内监督条例（试行）》。条例对坚持党要管党、从严治党方针，加强党内监督，维护党的团结和统一，做到立党为公、执政为民，发挥了积极作用。

党的十八大以来，以习近平同志为核心的党中央全面推进从严治党，高度重视党内监督体系建设。习近平总书记强调，要保证权力服务于人民，关键是要健全权力运行制约和监督体系，让人民监督权力，让权力在阳光下运行，把权力关进制度的笼子里，提出要探索党长期执政条件下强化自我监督的有效途径，完善党内监督制度。几年来，“八项规定”、《中国共产党纪律处分条例》、《中国共产党巡视工作条例》、《中国共产党问责条例》等党内法规相继出台，党内监督取得明显实效，也为加强党内监督积累了宝贵的经验。

三、党内监督没有禁区没有例外

对于当代中国共产党来说，党内监督之所以尤其重要，是因为我们党是在当今世界上人口最多的发展中国家执政的无产阶级政党，正在进行着具有许多新的历史特点的伟大斗争。虽然我们党有其他性质的政党并不具有的理论优势、政治优势、组织优势、制度优势和密切联系群众的优势，在过去 95 年奋斗历程中积累了加强党内监督的丰富经验。但也应看到，一段时间里党内出现了一些突出矛盾和问题：党内监督制度不健全、覆盖不到位、责任不明晰、执行不力等问题不可忽视；现行党内监督条例，监督主体比较分散，监督责任不够明晰，监督制度操作性和实效性不强；一些地方和部门党的领导弱化、党的建设缺失、全面从严治党不力，一些党员、干部党员的观念淡漠、组织涣散、纪律松弛，一些党组织和党员、干部不严格执行党章，漠视政治纪律、无视组织原则。

全面从严治党要从根本上解决主体责任缺失、监督责任缺位、管党治党宽松软的问题，就必然要求抓好党内监督这个基础性工程，把制度的笼子扎得更紧，把监督的制度优势充分释放出来。党的十八届六中全会审议通过的《条例》针对党内监督存在的突出问题，提出了一系列新的要求和举措，是新形势下加强党内监督的顶层设计，是规范当前和今后一个时期内党内监督的基本法规。加强党内监督，抓好《条例》的贯彻执行，关键是要做到以下几点：

第一，明确监督主体责任。党内监督是全党的任务，要不断建立健全党中央统一领导，建立党委（党组）全面监督、纪律检查机关专责监督、党的工作部门职能监督、党的基层组织日常监督、党员民主监督相结合的体制机制，织密党内监督体系之网，做到责任清晰、主体明确、制度管用、行之有效。

第二，规范监督客体。党内监督是全面监督，十八届六中全会强调，党内不允许有不受制约的权力，也不允许有不受监督的特殊党员。党内监督的重点对象是党的领导机关和领导干部特别是主要领导干部。尤其要抓“关键中的关键”：一是加强对党的中央组织的监督，真正做到“党内监督没有禁区、没有例外”；二是要抓“领导干部”这个“关键少数”和高级干部这个“关键少数中的关键”，破解一把手监督难题。

第三，完善党内监督制度。要贯彻落实习近平总书记关于党内监督的系列重要讲话精神，结合我们党长期进行党内监督积累的经验，做好监督体系的顶层设计，完善党内法规、制定体制机制，注重党内法规同国家法律的衔接和协调，构建以党章为根本、若干配套党内法规为支撑的党内法规制度体系，并加强同党内其他法规的衔接，把制度框架确立起来。

第四，坚持民主集中制。克服党内存在的集中不够和民主不够的双重问题，把民主基础上的集中和集中指导下的民主有机结合起来，把上级对下级、同级之间以及下级对上级的监督充分调动起来，确保党内监督落到实处、见到实效。

第五，构建全方位的监督机制。要从“宽、松、软”，走向“严、紧、硬”，让党内监督动真碰硬、展现刚性，减少柔性和弹性，才能有效破解过去说的“上级监督太远、同级监督太软、下级监督太难”的难题；用好批评和自我批评这个武器，让批评和自我批评成为党内生活的常态，成为每个党员、干部的必修课；强化巡视监督，提高依规依纪巡视能力，推动巡视工作制度化、规范化。

第六，构建党内民主与党内监督的良性互动机制。要认真落实《中国共产党党员权利保障条例》和党的十八大精神，保障党员主体地位，健全党员民主权利保障制度，开展批评和自我批评，营造党内民主平等的同志关系、民主讨论的政治氛围、民主监督的制度环境，落实党员知情权、参与权、选举权、监督权。进一步完善党务公开制度，增强党内监督透明度，确保党员的知情权和监督权。

第七，把党内监督和外部监督结合起来。要把党内监督同国家监察、群众监督结合起来，同法律监督、民主监督、审计监督、司法监督、舆论监督等协调起来，形成监督合力，推进国家治理体系和治理能力现代化。认真对待、自觉接受社会监督，利用现代互联网技术和信息化手段，推动党务公开、拓宽监督渠道，虚心接受群众监督。

第八，要标本兼治，净化政治生态。各级领导干部特别是高级干部要从自身做起，廉洁用权，做遵纪守法的模范，同时要坚持原则、敢抓敢管，立“明规矩”、破“潜规则”，通过体制机制改革和制度创新促进政治生态不断改善。

（作者系中国人民大学习近平新时代中国特色社会主义思想研究院院长，马克思主义学院教授；原刊载于《经济日报》2016年12月26日）

坚持“党是领导一切的”基本原则

杨德山

党的十九大对“党的建设”和“党的领导”问题予以改革开放新时期以来前所未有的重视。尤其是对“党的领导”的内涵（地位、原则、要求等）作出了具有新时代特点的全新阐释：“坚持党对一切工作的领导。党政军民学，东西南北中，党是领导一切的。”① 这些重要原则和论断对于推进新时代中国特色社会主义意义重大。

一、坚持“党是领导一切的”原则是马克思主义政党承担的历史使命的必然要求

我们党是马克思主义政党。马克思主义经典作家始终强调共产主义政党对所承担的历史使命的责任。《共产党宣言》宣称：“在无产阶级和资产阶级的斗争所经历的各个发展阶段上，共产党人始终代表整个运动的利益”；“共产党人的最近目的是……使无产阶级形成为阶级，推翻资产阶级的统治，由无产阶级夺取政权”；“共产党人可以把自己的理论概括为一句话：消灭私有制”；“并且尽可能快地增加生产力的总量”；“共产主义革命就是……在自己的发展进程中要同传统的观念实行最彻底的决裂”②。从这些论述可以看出，共产主义政党从诞生之日起就肩负起了推翻旧世界，建设新世界的政治革命、经济革命、生产力革命、思想

① 习近平．决胜全面建成小康社会夺取新时代中国特色社会主义伟大胜利：在中国共产党第十九次全国代表大会上的报告［M］．北京：人民出版社，2017：20.

② 中共中央马克思恩格斯列宁斯大林著作编译局．马克思恩格斯选集：第1卷［M］．北京：人民出版社，2012：413，414，421.

革命的重任。在这一系列通往共产主义的征途中，离开了党的领导是不可想象的。列宁在创建和领导俄国共产党的斗争中反复强调，党是无产阶级阶级组织的最高形式，是无产阶级专政和社会主义建设的领导力量。我们党在抗日战争中就提出了党的"一元化"领导原则，党应该"领导一切其他组织，如军队、政府与民众团体"①。在社会主义建设时期，毛泽东强调"工、农、商、学、兵、政、党这七个方面，党是领导一切的"②。由此可以看出，中国共产党在中国人民革命和建设事业中居于领导核心地位、发挥领导核心作用是历史赋予马克思主义政党使命的必然要求。

二、坚持"党是领导一切的"原则是中国政党政治逻辑发展的必然结果

甲午战争中清朝军队的败北激发了那个时代仁人志士的爱国情怀，"立党救国""以党建国"是他们的初衷。政党是民族的救星、国家的福神、人民的导师，是他们的共识。这与发育成长于独立的近代民族国家，有了一定工商业基础，因劳资对立而不得不进行议会制度改革，为选举而产生的西方政党政治截然不同。但民国初期，多数上层社会人士在专制帝制结束之后热衷于组党结社、竞争竞选、议会内阁，似乎西方式民主政治在中国很快实行。然而，"宋案"猝发，"二次革命"失败，袁世凯解散国会和省议会，这种效仿欧美政党政治的活动短短两年遂告失败。孙中山先生事后痛定思痛，得出结论：中国革命要想成功只能由唯一真正的革命政党来领导，革命胜利后绝对不能出现多党竞争的局面。不过，他创立和组建的革命组织由于坚持唯心史观、"以人治党"，并没有达到自己设想的目标。只有"有纪律的，有马克思列宁主义理论武装的，采取自我批评方法的，联系人民群众的"中国共产党，才是近代先进的中国人所追求的那样的政党组织。因此，坚持"党是领导一切的"原则是中国政党政治逻辑发展的必然结果。

---

① 中共中央文献研究室，中央档案馆．建党以来重要文献选编：1921—1949：第19册［M］．北京：中央文献出版社，2011：423.

② 中共中央文献研究室．毛泽东文集：第8卷［M］．北京：人民出版社，1999：305.

三、没有前提地搞“党政分开”危害大

新中国成立后，“领导我们事业的核心力量是中国共产党，指导我们思想的理论基础是马克思列宁主义”，除了极个别情况下极少数人变相怀疑外，一直是全党全民的共识共知。但改革开放后，这一真理性的认识却被蔑视，嘲讽共产主义革命理论，怀疑、嘲弄中国近代革命历史的少数所谓专家、学者的奇谈怪论混淆了视听。加之 20 世纪 80 年代中后期，党内有些人在党的领导体制改革探索方面，片面理解了“党政分开”的正确含义，在实际工作中削弱了党的领导，比如简单地从政府部门撤销了“党组”设置。尽管 1989 年下半年后这种状况得到了纠正，但许多人对其消极性影响缺乏应有的认识，“一个时期以来，有的人在这个问题上讳莫如深、语焉不详甚至搞包装，没有前提地搞党政分开”（王岐山语）。在实际工作中，不少地方和部门的领导干部不重视“党的建设”工作，有的人甚至认为党内的规章制度束缚了自己的手脚，严格起来也会影响自己的职场关系和仕途发展。轻视党建工作又直接影响了“党的领导”工作的落实，甚至有不少干部将这一事关党和国家前途命运的根本大事简单地等同于 GDP 的增长。

四、“党是领导一切的”原则重新得到全党全军全民的体认

针对弱化党的领导、削弱党的建设的现象，以习近平同志为核心的党中央以严肃认真的态度、巨大的政治勇气、顽强的意志品质给予了有力的纠正。习近平同志要求“各级各部门党委（党组）必须树立正确政绩观，坚持从巩固党的执政地位的大局看问题，把抓好党建作为最大的政绩”。他尖锐地反问：“如果我们党弱了、散了、垮了，其他政绩又有什么意义呢?”五年来，习近平同志对坚持党的领导充满了高度自信，强调“中国特色社会主义最本质的特征是中国共产党领导，中国特色社会主义制度的最大优势是中国共产党领导”①。

在实际工作中，以习近平同志为核心的党中央，在确立“四个全面”战略布

---

① 习近平．在庆祝中国共产党成立 95 周年大会上的讲话［N］．人民日报，2016－07－02（2）．

局时，始终把坚持党的领导原则和要求置于核心地位，贯穿于方方面面。党的十八届三中全会强调，只有充分发挥党总揽全局、协调各方的领导核心作用，才能确保全面深化改革取得成功；党的十八届四中全会强调“党的领导是中国特色社会主义最本质的特征，是社会主义法治最根本的保证”；党的十八届五中全会强调要从“完善党领导经济社会发展工作体制机制”等六个方面入手，“加强和改善党的领导”，从而为实现“十三五”规划提供坚强保证；党的十八届六中全会指出，坚持和完善党的领导，是党和国家的根本所在、命脉所在，是全国各族人民的利益所在、幸福所在。与此同时，坚决反对一切削弱、歪曲、否定党的领导和我国社会主义制度的言行。对那些认同西方“普世价值”，借用、接受西方政治话语，主张顺着西方制度来的观点，习近平同志一针见血地批评道：“马克思主义就是我们共产党人的‘真经’，‘真经’没念好，总想着‘西天取经’，就要贻误大事！”①

经过五年的努力，党和国家内部存在的严重隐患得以消除，党内政治生活气象更新，党内政治生态明显好转，党的创造力、凝聚力、战斗力显著增强，党的团结统一更加巩固，党群关系明显改善，党在革命性锻造中更加坚强，焕发出新的强大生机活力，党在人民群众中的威信威望重新树立。“党政军民学，东西南北中，党是领导一切的”这一“领导核心”内涵的论断，再次成为全党全军全民的共同体认。

五、完整准确地把握“党是领导一切的”原则的科学内涵

党的十九大对新时代坚持“党是领导一切的”原则的科学内涵作了原则性、指导性阐述。根据大会政治报告的精神，在新时代坚持党的领导：一是全党必须增强政治意识、大局意识、核心意识、看齐意识，自觉维护党中央权威和集中统一领导，自觉在思想上政治上行动上同党中央保持高度一致；二是党的领导体制机制需要在实践中不断完善，即坚持稳中求进的工作总基调，统筹推进“五位一体”总体布局，协调推进“四个全面”战略布局；三是党的领导具体体现在“把

① 习近平．在全国党校工作会议上的讲话［M］．北京：人民出版社，2016：15.

方向、谋大局、定政策、促改革"方面，党需要不断提高这些方面的能力和定力。这样才能确保党始终总揽全局、协调各方，发挥"党是领导一切的"领导核心作用。

党的十九大修订的新《党章》从多方面、多角度对"党是领导一切的"作了明确规定：党要适应改革开放和社会主义现代化建设的要求，坚持科学执政、民主执政、依法执政，加强和改善党的领导。党必须按照总揽全局、协调各方的原则，在同级各种组织中发挥领导核心作用。党必须集中精力领导经济建设，组织、协调各方面的力量，同心协力，围绕经济建设开展工作，促进经济社会全面发展。党必须实行民主的科学的决策，制定和执行正确的路线、方针、政策，做好党的组织工作和宣传教育工作，发挥全体党员的先锋模范作用。党必须在宪法和法律的范围内活动。党必须保证国家的立法、司法、行政、监察机关，经济、文化组织和人民团体积极主动地、独立负责地、协调一致地工作。党必须加强对工会、共产主义青年团、妇女联合会等群团组织的领导，使它们保持和增强政治性、先进性、群众性，充分发挥作用。党必须适应形势的发展和情况的变化，完善领导体制，改进领导方式，增强执政能力。共产党员必须同党外群众亲密合作，共同为建设中国特色社会主义而奋斗。

六、在进行伟大斗争、推进伟大事业、实现伟大梦想的新征途中始终坚持"党是领导一切的"原则

党的十九大展示了中国共产党领导全国人民实现中华民族复兴的"伟大梦想"，即从现在到二〇二〇年，是全面建成小康社会决胜期；从二〇二〇年到二〇三五年，在全面建成小康社会的基础上，再奋斗十五年，基本实现社会主义现代化；从二〇三五年到本世纪中叶，在基本实现现代化的基础上，再奋斗十五年，把我国建成富强民主文明和谐美丽的社会主义现代化强国。习近平同志同时严肃指出："中华民族伟大复兴，绝不是轻轻松松、敲锣打鼓就能实现的。"其间必然要经历具有许多新的历史特点的"伟大斗争"。其中，"坚持党的领导和我国社会主义制度，坚决反对一切削弱、歪曲、否定党的领导和我国社会主义制度的言行"是首要的斗争任务。这就要求我们：第一，认真学习马克思主义政治理论、政党

学说，特别是学深悟透习近平新时代中国特色社会主义思想中“党的领导”“党的建设”的新理念新思想新战略；第二，认真研究中国近代政党政治发展逻辑，特别是从中国共产党90多年的奋斗史中，深化对“没有共产党，就没有新中国”，没有共产党的领导中国就无法实现现代化，没有共产党的领导中华民族就无法实现伟大复兴等根本问题的认识；第三，在新旧对比、中外对比、境内外对比的现实基础上，深化对“四个自信”的理论认识，进而形成中国共产党充分的“政党自信”自觉；第四，灵活运用思想理论、党内法规、宪法法律武器，同一切嘲讽、诋毁、否定“党是领导一切的”言行作不懈的斗争。

（作者系中国人民大学马克思主义学院教授；原刊载于《中国教育报》2017年12月7日）

全面从严治党深化对共产党执政规律的认识

陶文昭

中国共产党在长期执政实践中积累了丰富的执政经验，形成了系统的执政理论，掌握了重要的执政规律。党的十八大以来，以习近平同志为核心的党中央坚定不移推进全面从严治党，坚持思想从严、管党从严、执纪从严、治吏从严、作风从严、反腐从严，把全面从严治党落实到思想建设、组织建设、作风建设、反腐倡廉建设、制度建设等各个方面，进一步赢得了党心民心，为开创中国特色社会主义事业新局面提供了重要保证。全面从严治党，从执政地位、执政基础、执政风险、执政体制等方面深化了对共产党执政规律的认识。

一、深化对执政地位的认识，把加强党的领导作为全面从严治党的核心

如何巩固执政地位，是执政中第一位的问题，也是深化对执政规律认识必须牢牢抓住的核心问题。习近平同志指出，“全面从严治党，核心是加强党的领导”。这重要论断表明，加强党的领导是深化对共产党执政规律认识的逻辑起点。

习近平同志指出：“中国特色社会主义最本质的特征是中国共产党领导，中国特色社会主义制度的最大优势是中国共产党领导。”① 这两个“最”，阐明了党的领导的必要性、重要性、优越性。只要深入了解中国近现代史、中国革命史就会发现，如果没有中国共产党的领导，我们的国家、我们的民族就不可能取得今天这样的发展成就，也不可能具有今天这样的国际地位。因此，在坚持党的领导

① 习近平．在庆祝中国共产党成立95周年大会上的讲话［N］．人民日报，2016-07-02（2）．

这个重大原则问题上，我们的头脑要特别清醒、眼睛要特别明亮、立场要特别坚定，绝不能有任何含糊和动摇。在不同社会制度中，政党的地位是不一样的。我国不搞西方的两党制、多党制，中国共产党始终处于领导核心地位。这是历史和人民的选择，是基于制度自信得出的结论，也是道路自信、理论自信、文化自信的集中体现。我们决不能在这个根本性问题上出现颠覆性错误，一旦出现就无法挽回、无法弥补。

中国共产党作为世界第一大政党，领导着世界第一人口大国，正在走出一条人类历史上从未走过的发展道路，得到了人民群众的衷心拥护。但也必须深刻认识到，党的执政地位并不是自然而然就能长期保持下去的，不管党、不治党，就有亡党亡国的危险。这就要求我们必须坚持党要管党、从严治党。习近平同志深刻指出："各级各部门党委（党组）必须树立正确政绩观，坚持从巩固党的执政地位的大局看问题，把抓好党建作为最大的政绩。如果我们党弱了、散了、垮了，其他政绩又有什么意义呢？"① 正是从这一逻辑出发，我们坚持党建工作和中心工作一起谋划、一起部署、一起考核，坚决防止"一手硬、一手软"。把加强党的领导作为全面从严治党的核心，把抓好党建作为最大的政绩，进一步深化了对共产党执政规律的认识。

二、深化对执政基础的认识，始终坚持以人民为中心的发展思想

政党以获得执政地位为目的，任何政党都想长期执政。然而，想长期执政是一回事，能不能长期执政是另一回事。从"想"提升到"能"，关键在民心。习近平同志指出，"一个政党，一个政权，其前途命运取决于人心向背"，"人心是最大的政治"。全面从严治党，就是要破解赢得人心这个执政的"密码"。

"水能载舟，亦能覆舟"，"得民心者得天下，失民心者失天下"，"政之所兴在顺民心，政之所废在逆民心"，这些说的都是天下得失、执政兴废的根本原因在于人心。封建时代的统治者、剥削阶级的政党，由其阶级性质和根本利益所决定，不可能真正赢得人心。中国共产党的性质和宗旨则完全不同，人民立场是中

① 习近平．在党的群众路线教育实践活动总结大会上的讲话［N］．人民日报，2014－10－09（2）．

国共产党的根本政治立场，为人民服务是中国共产党的根本宗旨。与人民风雨同舟、生死与共，始终保持血肉联系，这是我们党战胜一切困难和挑战的根本保证。但也要看到，如果管党不力、治党不严，人民群众反映强烈的突出矛盾和问题得不到及时解决，党员、干部的作风损害了党群、干群关系，我们党执政的基础就会动摇和瓦解。因此，习近平同志告诫全党："工作作风上的问题绝对不是小事，如果不坚决纠正不良风气，任其发展下去，就会像一座无形的墙把我们党和人民群众隔开，我们党就会失去根基、失去血脉、失去力量。"① 正因如此，党的十八大后，党中央以八项规定为切入口和动员令，不断加强作风建设，密切党同人民群众的血肉联系。

巩固党的执政基础，必须抓好发展这个党执政兴国的第一要务。但是，经济发展并不必然凝聚人心。如果经济发展了，但社会缺乏公平正义、出现两极分化，那依然会失去人心。因此，经济发展并不必然巩固党的执政基础，关键还要看怎么发展、发展是为了谁。党的十八大以来，以习近平同志为核心的党中央提出坚持以人民为中心的发展思想。习近平同志指出，以人民为中心的发展思想，不是一个抽象的、玄奥的概念，不能只停留在口头上、止步于思想环节，而要体现在经济社会发展各个环节。要坚持人民主体地位，顺应人民群众对美好生活的向往，不断实现好、维护好、发展好最广大人民根本利益，做到发展为了人民、发展依靠人民、发展成果由人民共享。他还强调，共享理念实质就是坚持以人民为中心的发展思想，体现的是逐步实现共同富裕的要求。这些重要论述，使我们党对如何赢得人心、巩固执政基础有了更深刻的认识。

三、深化对执政风险的认识，进行具有许多新的历史特点的伟大斗争

执政的过程不可能风平浪静、一帆风顺，而是时刻面临风险和挑战。习近平同志深刻指出："任何奋斗目标都不会轻轻松松实现，前进道路从来不是一帆风顺的。我们前面的路还很长，不会那样平坦，我们必须准备进行具有许多新的历史特点的伟大斗争。"

① 更加科学有效防治腐败　坚定不移把反腐倡廉建设引向深入 [N]. 人民日报，2013-01-23 (1).

党的十八大以来，习近平同志对执政中的风险有着深刻认识。比如，他在庆祝中国共产党成立95周年大会上的重要讲话中强调："全党要以自我革命的政治勇气，着力解决党自身存在的突出问题，不断增强党自我净化、自我完善、自我革新、自我提高能力，经受'四大考验'、克服'四种危险'，确保党始终成为中国特色社会主义事业的坚强领导核心。"他在省部级主要领导干部学习贯彻党的十八届五中全会精神专题研讨班上的重要讲话中指出："当前和今后一个时期，我们在国际国内面临的矛盾风险挑战都不少，决不能掉以轻心。"他在纪念红军长征胜利80周年大会上的重要讲话中指出："夺取坚持和发展中国特色社会主义伟大事业新进展，夺取推进党的建设新的伟大工程新成效，夺取具有许多新的历史特点的伟大斗争新胜利，我们还有许多'雪山'、'草地'需要跨越，还有许多'娄山关'、'腊子口'需要征服"。

新的历史条件下，我们党面临的执政环境和执政条件发生了很大变化。深化对共产党执政规律的认识，就要深刻认识党面临的"四大考验"的长期性和复杂性，深刻认识党面临的"四种危险"的尖锐性和严峻性。应对执政中的风险，关键是要加强党的建设。习近平同志指出："新的历史条件下，我们要更好进行具有许多新的历史特点的伟大斗争、推进中国特色社会主义伟大事业，就必须以更大力度推进党的建设新的伟大工程，坚定不移推进全面从严治党，切实把党建设好、管理好"。如果我们党信念涣散、组织涣散、纪律涣散、作风涣散，那就不可能有效应对"四大考验"、克服"四种危险"，不可能夺取具有许多新的历史特点的伟大斗争的胜利。将全面从严治党作为应对重大挑战、抵御重大风险、克服重大阻力、解决重大矛盾的重中之重，通过加强党的建设应对执政风险，进一步深化了我们党对共产党执政规律的认识。

四、深化对执政体制的认识，以牢固树立"四个意识"坚决维护领导核心

进行具有许多新的历史特点的伟大斗争，必须有坚强的领导核心。松松垮垮、稀稀拉拉的政党是不能干事也干不成事的。火车跑得快，全靠车头带。我们必须坚持党中央的集中统一领导，坚决维护党中央权威，坚决维护领导核心。

要治理好中国共产党这样一个大党、治理好中国这样一个大国，坚持党中央的集中统一领导至关重要，维护领导核心至关重要。坚决维护领导核心，需要从相互衔接的三个层面来把握。第一，领导我们事业的核心力量是中国共产党。中国共产党是中国特色社会主义事业的领导核心，处在总揽全局、协调各方的地位。党政军民学，东西南北中，党是领导一切的。第二，坚持党的领导首先是坚持党中央集中统一领导。也就是说，党中央是全党的核心。在“四个服从”中，最关键的是全党各个组织和全体党员服从党的全国代表大会和中央委员会。党中央作出的决策部署，党的各个部门要贯彻落实，人大、政府、政协、法院、检察院的党组织要贯彻落实，企事业单位、人民团体等的党组织也要贯彻落实。第三，习近平同志是党中央的核心、全党的核心。维护习近平同志的核心地位，就是维护党中央权威；维护党中央权威，首先要维护习近平同志的核心地位。

坚持党中央的集中统一领导，坚决维护党中央权威，坚决维护领导核心，关键是牢固树立政治意识、大局意识、核心意识、看齐意识。实现“两个一百年”奋斗目标和中华民族伟大复兴的中国梦，是前无古人的伟大事业，是艰巨繁重的系统工程，必须加强党中央集中统一领导，以保证正确方向、形成强大合力。全党都要牢固树立“四个意识”，坚决维护以习近平同志为核心的党中央权威，始终在思想上政治上行动上同以习近平同志为核心的党中央保持高度一致，不折不扣贯彻执行党中央决策部署。党的各级组织、全体党员特别是高级干部都要向党中央看齐，向党的理论和路线方针政策看齐，向党中央决策部署看齐，做到党中央提倡的坚决响应、党中央决定的坚决执行、党中央禁止的坚决不做。牢固树立“四个意识”，是对我们党执政经验的深刻总结，也是对共产党执政规律认识的深化。

（作者系中国人民大学马克思主义学院教授；原刊载于《人民日报》2017 年 6 月 29 日）

把坚定理想信念作为党建重要课题

张云飞

理想信念是我们共产党人精神上的“钙”。党的十八届六中全会提出：“必须把坚定理想信念作为开展党内政治生活的首要任务。”坚定理想信念是思想建党的重大课题。

坚定理想，就是要坚持共产主义远大理想和中国特色社会主义共同理想。中国共产党坚持最高纲领和最低纲领的统一。在唯物史观和剩余价值理论的基础上，社会主义从空想变成了科学。共产主义就是科学社会主义创始人基于社会发展客观规律揭示出来的人类社会进步的目标和理想。我们共产党人的崇高理想就是要实现共产主义。但是，由于我国仍然处于社会主义初级阶段，物质生产的高度发展需要一个长期过程。因此，我们当下不能好高骛远，必须坚持中国特色社会主义共同理想。通过建设中国特色社会主义，最终还是要走向共产主义。上述理想是中国共产党人的精神支柱和政治灵魂，也是保持党的团结统一的思想基础。忘记了这一点，就是忘记了初心。

坚定信念，就是坚持对马克思主义、社会主义和共产主义的科学信仰，就是要坚定对中国特色社会主义事业的科学自信。首先，马克思主义是关于自然、社会、思维发展普遍规律的科学，是关于人类解放尤其是无产阶级解放的锐利武器。只有马克思主义才能真正提高工人阶级的科学意识和阶级意识，实现阶级解放。因此，全党必须毫不动摇坚持马克思主义指导思想，坚定对马克思主义的科学信仰。其次，马克思主义已经科学地揭示出，共产主义是从必然王国向自由王国的飞跃，社会主义是实现这种飞跃的过渡阶段。因此，我们必须坚定对社会主义和共产主义的科学信念。最后，中国特色社会主义是道路、理论、制度和文化的统一，是科学社会主义理论逻辑和中国社会发展历史逻辑的辩证统一。因此，我们必须坚定对中国特色社会主义的道路自信、理论自信、制度自信、文化自信。

“砍头不要紧，只要主义真。杀了夏明翰，还有后来人。”为了理想信念，共产党人必须毫不保留地奉献青春和精力，甚至生命。长期以来，正是由于矢志不渝地坚持共产党人的理想信念，我们才不断从胜利走向胜利。革命时期必须这样，建设时期同样必须这样，在改革开放的新情况下，更应该这样。

党的十八大以来，以习近平同志为核心的党中央要求全党尤其是领导干部必须高度警惕和防止理想信念的滑坡与动摇，高度重视全党的理想信念教育，并推出了一系列切实可行的政策措施。尤其是习近平总书记关于坚定理想信念的重要论述为我们坚定理想信念指明了方向。因此，我们必须认真学习和领会习近平总书记的这些重要论述。

坚定理想信念是一项复杂的社会系统工程。社会主义也是一门科学，要求我们以科学的态度去对待与研究。目前，关键是必须加强党的思想理论建设，努力提高全党的马克思主义理论水平。我们必须加强马克思主义学习型政党建设，切实抓好理论武装，不断提高党性修养，尤其是各级领导干部特别是高级干部必须以实际行动让党员和群众感受到理想信念的强大力量。为此，我们必须坚持以马克思列宁主义、毛泽东思想、邓小平理论、“三个代表”重要思想、科学发展观为指导，深入贯彻习近平总书记系列重要讲话精神，认真学习党的十八届六中全会精神。这样，我们才能切实在思想上建党，保持党的先进性、纯洁性和战斗性，使我们党真正在精神上硬起来。

（作者系中国人民大学马克思主义学院教授；原刊载于《光明日报》2016 年 11 月 2 日）

延安时期党创办高等教育的历史经验

张晓萌

党的十八大以来，以习近平同志为核心的党中央高度重视高校思想政治工作和党的建设工作，强调指出，我们的高校是党领导下的高校，是中国特色社会主义高校。回顾历史，我们党创办高等教育起步于革命时期，面对民族危亡，中国共产党富有远见卓识地在硝烟战火之中创办了抗日军政大学、陕北公学、延安女子学院、鲁迅艺术学院等一批高校，为中国革命培养造就了一大批堪当重任的“民族脊梁”。陕北公学作为抗战时期中国共产党创办高等教育的典型代表，体现了党早期创办高等教育的办学理念与教育方针。回顾和研究这段历史，对于深刻认识坚持社会主义办学方向，办好中国特色社会主义高校，具有重要的启迪意义。

一、坚持革命教育方向：为民族解放事业服务

1937 年，毛泽东曾亲笔为陕北公学题词：“要造就一大批人，这些人是革命的先锋队……中国要有一大群这样的先锋分子，中国革命的任务就能够顺利的解决。”[①] 陕北公学是为民族解放事业而生，反映了党的早期高等教育将唤起群众、组织群众、武装群众的方针同培养优秀领导干部结合起来，将思想政治教育工作作为关键环节汇聚广泛革命力量等特点。

1937 年 5 月，毛泽东在延安召开的中国共产党全国代表会议上所作的报告

① 中共中央文献研究室．毛泽东年谱：1893—1949：中卷［M］. 修订本．北京：中央文献出版社，2013：34.

中提出，“政治上、军事上、经济上、教育上的国防准备，都是救亡抗战的必需条件，都是不可一刻延缓的。”① 诞生于这一背景之下的陕北公学把直接服务于抗日救国作为主要办学目标。为此，陕北公学开设了一系列具有针对性和实效性的理论与实践课程，如在普通班开设“抗日民族统一战线与民众工作”、“社会科学概论”、“游击战争与军事知识”和“时事演讲”等课程。以“毕业上前线”鼓舞和激励学生无条件服从抗战和革命的需要，为祖国的抗战事业和人民的解放事业奋斗。自 1937 年至 1939 年短短两年的时间里，陕北公学培养了 6 000 多名干部，“分布到全国各个战场、各条战线，在革命战争的烈火中，在群众运动的激流中，锻炼成长”②。

1939 年 7 月 9 日，毛泽东在对陕北公学即将奔赴前线的毕业生发表演讲时，首次提到“三个法宝”，即统一战线、游击战争和革命中心的团结③。可以说，建立和发展统一战线也是陕北公学的办学目标之一，“陕北公学是一所统一战线的学校”。一方面，陕北公学接纳不同阶级、不同党派的爱国青年，以科学理论和方式教育他们。由于国民党反动派想方设法截留和阻拦来陕北公学的青年，中央决定在交通更加便利的关中分区创办陕北公学分校。另一方面，陕北公学呼吁男女平等，重视妇女在革命中的作用。学校设立女生队，教授同样的课程；同时鼓励妇女参加革命文艺作品创作与表演，使她们成为中国革命的一支重要力量。

坚持群众路线，通过民众教育和文艺宣传等扩大教育受众面，是陕北公学为民族解放事业服务的重要经验。其一，开展群众路线课程学习。陕北公学教育计划中一门重要的课程是“民众运动”，以民众教育的方式团结大多数人，坚持群众路线，教导学员开展民众运动。其二，培养对人民群众的革命感情，除参与军事训练、理论学习外，陕公学员积极参加建校劳动和农业生产劳动，“锄头和土地石子发出铿锵的和谐的合奏”④，提高生产实践能力，培养同劳动人民的深厚感情。其三，以正确的理论武装群众参加抗战运动。学员广泛地开展动员群众工

---

① 毛泽东．毛泽东选集：第 1 卷［M］．北京：人民出版社，1991：256.

② 成仿吾．战火中的大学：从陕北公学到人民大学的回顾［M］．北京：人民出版社，2014：99.

③ 中共中央文献研究室．毛泽东年谱：1893—1949：中卷［M］．修订本．北京：中央文献出版社，2013：132.

④ 陕公同学会编辑委员会．陕公生活［M］．［出版地不详］：读书生活出版社，1939：6.

作，激发人民群众的革命热情，凝聚群众力量抗击日本侵略者。陕北公学还在延安成立了陕公剧团、陕公文工团，在栒邑分校成立了陕公流动剧团。这些革命文艺社团先后创作和排练的《放下你的鞭子》《送郎上前线》等优秀剧作，受到了人民群众的广泛好评和热爱，提高了群众的思想和阶级觉悟，收到了良好的宣传和动员效果。

二、造就革命先锋队：培养坚定的马克思主义者

高校立身之本在于立德树人，办好高等教育，人才培养是核心环节。回顾中国共产党创办高等教育的历程，党始终在行动中回答“培养什么样的人”的核心问题。陕北公学作为党对高等教育的探索者、先行者之一，开拓了中国高等教育人才培养的新局面。

第一，重视以军事理论和时事政策为主要内容的干部教育，培养既懂政治又懂军事的抗战军政干部。针对全民族抗战的需要，陕北公学从设立之初就狠抓干部教育，为党的政治路线服务，培养政治目标明确、军事素养过硬的抗战干部。成仿吾提出，“陕公主要培训政治干部，教学计划的安排原则是‘七分政治，三分军事’”。在基本理念上，陕北公学在教学的过程中以无产阶级革命斗争的世界观、方法论教育广大干部；坚持中国共产党的领导，以党的优良传统和作风影响广大干部；牢固树立持久抗战、依靠人民的战略方针，以人民战争的思想武装广大干部。陕北公学还专门开设“时事政策”课程，帮助学员及时掌握战争形势。毛泽东多次呼吁中央领导人到陕北公学办讲座、分析时事，并带头多次到陕公进行演讲。史料显示，1937年10月19日，毛泽东在陕北公学纪念鲁迅逝世周年大会上发表演讲，号召学习鲁迅精神；1937年11月1日，毛泽东参加陕北公学开学典礼大会，发表抗战形势和任务的演说，号召陕公学员为保卫祖国流最后一滴血；1938年1月13日，毛泽东勉励陕公青年学习革命先辈精神，不畏艰辛、克服困难。

与此同时，陕北公学不断强化军事思想的巩固以及整体军事技能、军事素养的提升。一方面，注重将最新的军事理论成果贯彻落实到教育教学之中。例如，在《论持久战》发表后，陕北公学很快开设了游击战争课，由具有丰富实战经验

的红军干部周纯全和张然和主讲，将“游击战从小到大发展的规律讲得很是形象化：从针尖刺，剪刀剪走向大刀杀，阔斧砍”①。这种理论与实践相结合的军事教育，使广大抗战干部能够快速地认识抗战形势、理解军事战略，并投入实际军事行动。另一方面，陕北公学的教育教学和管理制度注重以实战为导向。学员管理采用军事编制，以“班—分队—学员队—区队”的编制进行管理。学员的生活实行军事化、战斗化模式，多次组织军事演习，提高了学员们的身体素质和战斗素养。

第二，重视马克思主义理论教育，培养具有坚定理想信念的马克思主义信仰者、传播者、教育者。延安精神吸引着各地青年纷纷到来，使得陕北公学涌现大批党的新生力量，出现了青年知识分子干部和党员层面“新多老少”的现象。陕北公学根据中央精神，把在学员中发展党员作为重要任务来抓，并在发展党员过程中仔细考察，把真正具有革命意志、献身革命的学员吸纳到党员队伍中来。陕北公学创办后近两年中，“招收学生六千余人，其中有三千多优秀青年参加了中国共产党”，在宣传和吸纳优秀青年入党的过程中起到了重要的作用。

陕北公学系统讲授和宣传马克思主义理论，并将马克思主义与中国革命相结合探索马克思主义中国化的理论与实践道路。一方面，陕北公学全面开展马克思主义理论教育和宣传。高级班开设了“中国革命运动史”“马列主义”“辩证唯物主义”等课程，后期又增加了“世界革命运动史”“科学社会主义”等课程。这些接受过系统而全面马克思主义理论学习的学员，在各阵地宣传马克思主义理论和党的思想，广泛地播撒革命的火种。另一方面，陕北公学注重对马克思主义理论的创造性转化与传播。陕北公学专门成立了由何干之领导的有关中国问题研究，由李凡夫领导的政治经济学研究以及由陈唯实领导的哲学研究这三个研究室，在完成各领域理论研究任务的同时，还扎根基层，深入革命实践。通过这些途径，陕北公学培养了一批优秀教员，为马克思主义理论的传播和延安时期高等教育的发展做出了重要贡献。

（作者系中国人民大学党委宣传部副部长；原刊载于《光明日报》2017 年 9 月 20 日）

---

① 成仿吾．战火中的大学：从陕北公学到人民大学的回顾［M］. 北京：人民出版社，2014：43.

立德树人·思政育人

★ ★ ★ ★ ★

始终奋进在时代前列

(1937-2017)

中国人民大学武警国防生学员

（中国人民大学网络新闻社刘立楠供图）

中国人民大学东门升旗仪式

（中国人民大学网络新闻社刘立楠供图）

中国人民大学召开思想政治工作会议

（中国人民大学图片与视频中心袁源供图）

2017 年中国人民大学暑期社会实践暨“千人百村”社会调研活动出征仪式

（中国人民大学图片与视频中心袁源供图）

高校思想政治工作的顶层设计和根本依循

靳　诺

2016年12月召开的全国高校思想政治工作会议是一次具有开创性意义的重要会议，是高校党的建设历史上的里程碑，充分体现了以习近平同志为核心的党中央对高校思想政治工作的高度重视，为做好高校思想政治工作指明了前进方向。习近平总书记的重要讲话立意高远、思想深邃，从全局和战略高度，充分肯定了高等教育改革发展和高校思想政治工作取得的成绩，深刻回答了事关高等教育事业发展和高校思想政治工作的一系列重大问题，始终贯穿马克思主义的立场、观点和方法，具有很强的政治性、思想性和针对性，是中国特色社会主义教育理论的又一重大创新成果，是指导做好新形势下高校思想政治工作的纲领性文献，对于办好中国特色社会主义大学，推进党和国家事业发展，具有十分重要的意义。

讲话深刻论述了加强和改进高校思想政治工作的重大意义。习近平总书记强调，高等教育发展水平是一个国家发展水平和发展潜力的重要标志。我们越是接近中华民族伟大复兴的目标，就越需要发挥高等教育的作用，越渴求科学知识和卓越人才。高校立身之本在于立德树人。只有培养出一流人才的高校，才能够成为世界一流大学。做好高校思想政治工作，高校才能牢牢抓住全面提高人才培养能力这个核心点，完成好培养德智体美全面发展的社会主义事业建设者和接班人的重大任务，更好地服务大局，不断增强国家核心竞争力。这一系列重要论述深刻阐明了做好高校思想政治工作和推进高等教育事业发展的辩证关系，科学回答了高校“培养什么样的人、如何培养人以及为谁培养人”这一根本问题，为做好新形势下高校思想政治工作、发展高等教育事业指明了行动方向。

讲话彰显了加强高校思想政治工作鲜明的问题导向与问题意识。党的十八大

以来，以习近平同志为核心的党中央就加强和改进高校思想政治工作作出一系列部署，就是为了更好地推动高校思想政治工作健康发展。这些年，广大师生思想主流积极健康向上，高校思想政治工作功不可没。同时也要看到，高校思想政治工作遇到的挑战更加严峻，承担的任务也更加繁重，还存在一些亟待解决的问题。如思想政治理论课吸引力感染力有待提高，哲学社会科学学科育人功能有待增强，网络思想政治工作有待加强，高校党委领导机制有待完善等，这些问题需要以创新的思路和机制来突破，必须有直面问题的勇气，有攻坚克难的决心。学习习近平总书记重要讲话精神，要抓住精神实质学，从历史方位的新阐释、价值定位的新导向、工作布局的新要求三个方面悟透精髓所在；要善于把握形势学，认清高校思想政治工作在党和国家事业全局中的地位作用、目标任务；要在总结反思中学，坚持问题导向，找出差距不足，务实推动工作。

讲话明确提出了进一步做好高校思想政治工作的根本原则与实践要求。习近平总书记强调，做好高校思想政治工作，必须坚持正确政治方向，必须坚持以马克思主义为指导，坚持不懈传播马克思主义科学理论、培育和弘扬社会主义核心价值观、促进高校和谐稳定、培育优良校风和学风；必须围绕人这个中心，做到以人为本、立德树人，围绕学生、关照学生、服务学生，在解疑释惑、凝聚共识中不断给学生以思想启迪和文化滋养，培育德才兼备、全面发展的人才；必须按规律办事，遵循思想政治工作规律和教书育人、学生成长规律，提高工作能力和水平，做到因事而化、因时而进、因势而新；必须坚持党的领导，牢牢掌握党对高校工作的领导权，使高校成为坚持党的领导的坚强阵地。准确把握这一系列实践要求，最根本的是要把立德树人作为中心环节，把思想政治工作贯穿教育教学全过程，实现全程育人、全方位育人。

中国人民大学是我们党亲手创办的第一所以人文社会科学为主的新型大学，为马克思主义在中国的普及、传播做出了重要贡献。要认真贯彻落实讲话精神，大力加强和改进思想政治工作，努力把学校建设成为学习、研究和宣传马克思主义的坚强阵地。

落实好学校党委主体责任。党的领导是中国特色社会主义教育的灵魂。高校党委对学校工作实行全面领导，承担管党治党、办学治校主体责任，同时也负有思想政治工作的主体责任。要始终把这一主体责任放在心上、扛在肩上、抓在手上。要坚持思想建党和制度治党相结合，落实党委的主体责任和纪委的监督责任，要不断强化院（系）级党组织抓党建和思想政治工作的主业主责意识。要坚持选优配强院（系）党委书记，严格执行党政联席会议议事规则和实施细则，开展基层党委书记抓党建工作述职评议考核，始终保持“听党话、跟党走”的优良传统。要切实保障党支部发挥主心骨作用，将全面从严治党要求和主心骨作用发挥情况列为每年党支部分类考核和“三会一课”交叉互审重要内容，不断激发党员爱党、忧党、兴党、护党的主人翁意识。

用好思想政治理论课堂教学这个主渠道。中国人民大学将发挥全国马克思主义理论研究高地的独特优势，以开放的视野和创新的思路加强建设、推进改革，让课堂真正“实”起来、“活”起来、“动”起来。我们将进一步推广“一体两翼”教学模式，其中的“一体”即系统讲授、专题教学、实践教学的“三位一体”，“两翼”即“研究型＋互动型”教学。在“三位一体”模式中，学校在注重系统讲授基础上，邀请校内外专家学者举办专题讲座，为学生解析重大社会热点问题。同时，专设两个学时的社会实践课，指导学生在全国展开实践活动，便于其深入社会、了解国情。深入开展“名家领读经典”活动，邀请名师大家为大学生共上一门思政课。学校将大力建设“北京高校思想政治理论课高精尖创新中心”，努力将这个中心打造成为马克思主义理论文献平台、思政课教学资源平台、数字化教学平台、大学生思政教育评估中心以及大学生舆情监测平台。

增强阵地意识。课堂讲坛是高校思想政治工作的主阵地。做好高校思想政治工作，一定要不断增强阵地意识，做到守土有责、守土负责、守土尽责。要抓好课堂讲坛的阵地管理，严格落实好“学术研究无禁区、课堂教学有纪律”这一要求，把坚持党的基本路线、遵守国家宪法法律、履行教师义务作为教学基本要求，严格执行课堂教学管理办法，严格执行教学考核、教材使用、教学过程督导制度，对在课堂教学中传播错误观点和言论的，要给予严肃批评教育，对造成严重影响的，要依法依规依纪坚决予以处理。要落实好谁主管谁负责的原则，严守宣传纪律，真正负起管理责任，绝不给各种错误观点在校园传播提供渠道。

推进校园文化建设改革创新。校园文化对大学生的思想观念、价值取向和行为方式有着潜移默化的影响。优秀的校园文化，可以塑造人的思想品格、提升人的人文修养、陶冶人的道德情操。要注重以文化人、以文育人，推广“红船领

航”马克思主义经典研习、“读史读经典”、“千人百村”社会调研等品牌活动的优秀经验。要结合以校训、校史为核心的校园精神，加强优良校风、教风、学风的建设，引导师生员工开展丰富多彩的科技、文化、艺术、体育等群众性精神文明创建活动，使师生员工在日常生活和各种活动中感受到思想和文化的魅力，达到春风化雨、润物无声的效果。要通过校训、校歌、校风的凝练和传扬，让青年学生感受中国人民大学 80 年来与党同呼吸、共命运的伟大历程，培养知恩感恩、追比先贤的精神品质。

加强高校思想政治工作队伍建设。新时期新形势，高校面临的社会环境和高校内部的治理结构发生了巨大变化，“70、80 后”居多的青年教师和“90 后”为主的大学生群体的社会心理也体现出新的特征，这些都对高校思想政治工作队伍建设提出了新的更高要求。要像选拔、关心和培养教学科研骨干队伍一样，采取有力的政策措施，花大力气建设一支眼界开阔、素质过硬、业务精湛的专兼职结合的思想政治工作队伍。坚持高标准选配学校思想政治工作干部，把政治坚定和在理论上、业务上、沟通上有专长的优秀干部选拔到思想政治工作部门，通过“学工系统学生骨干培养计划”等项目，探索高素质思想政治工作队伍建设的有效路径。深入推进思想政治工作骨干教师研修工作，拓展海外研修、校外挂职和基层锻炼计划，关心思想政治工作干部尤其是青年干部的成长，切实提高工作生活待遇，让他们成为学校事业发展的一支重要保障力量。

推动网络思想政治工作创新。当前，互联网已经成为思想和知识传播的重要领域、师生学习生活的创新空间、高校教学管理的重要平台。互联网的快速发展重新构设了思想政治工作面临的时空环境，也为我们做好思想政治工作带来了新机遇。要善用互联网、借助新技术，采集、整理、推送丰富多彩的思想政治教育资源，利用互联网的技术以即时互动、实时影响、随时调整的方式影响高校师生员工，开展平等对话、提升教育效果。中国人民大学将优化教育模式，推进“互联网＋思想政治教育”的探索创新，进一步完善网上“学务中心”和引领学生全面发展、个性化成长的“课外学习成绩单”，激发学生主体性，活跃基层组织，构建“我们一起”的互动教育体系。同时，要积极发挥校园微博、微信和客户端的引导作用，有方向地发起思想政治工作话题，提出并解答问题，引导师生员工在新媒体环境下“点赞”“转发”“评论”“亮表情”“晒心情”，通过同频共振、心灵共鸣创新网络思想政治工作方式，打造风清气正的校园网络空间。

构建大思政工作格局。做好高校思想政治工作，不单是高校宣传部门、学生工作部门、团委和马克思主义学院、思想政治理论课教学部门的工作职能，也是高校各个部门、所有高校教师的共同责任。要把思想政治工作贯穿于学校工作的方方面面，构建党委统一领导、党委宣传部门牵头协调，相关部门多方参与、各级党组织上下联动、党政齐抓共管的全方位、多层次、宽领域的大思政格局，动员各条战线、各个部门，协同演奏好高校思想政治工作的大乐章。学校党委将进一步加强对思想政治工作的领导，为思想政治工作创造条件、提供支持、做好保障，形成强大合力。要充分发挥基层党组织的作用，推动形成专兼职思政工作人员协调配合、教学单位与职能部门协同努力、共同构建高校思想政治工作的新局面。

（作者系中国人民大学党委书记、教授；原刊载于《学习时报》2016年12月15日）

高校思想政治工作根本任务的科学概括

靳　诺

全国高校思想政治工作会议，是新形势下坚定不移走自己的高等教育发展道路、扎实办好中国特色社会主义高校的里程碑。习近平总书记在会议上发表重要讲话，从全局和战略高度，紧紧围绕中国特色社会主义高校“培养什么样的人、如何培养人以及为谁培养人”这个根本问题，深刻回答了事关我国高等教育事业发展和高校思想政治工作的一系列重大问题，是指导我们做好新形势下高校思想政治工作的纲领性文献。

一、“德智体美全面发展的社会主义事业建设者和接班人”：创新性地回答了高等教育“培养什么样的人”的问题

培养什么样的人，实现人的什么样的发展，是高校思想政治工作的核心问题。时代的变迁、社会的进步，都会对人的素质的培养不断提出新的更高的要求，从而塑造出具有一定时代特征、社会特点的人。长期以来，高校思想政治工作密切关注时代特征的新变化以及社会形势的新发展对人的发展提出的新要求，不断更新思想政治工作内容，以与时俱进的姿态实现了人的素质的逐步提升，为党、国家和人民的事业提供了坚实的人才支撑，推动了社会的发展进步。

在新民主主义革命时期，高校思想政治工作的主要任务就是培养一批又一批适应革命形势发展需要的具有一定知识能力素质的人才，从而更好地服务于革命事业的大局。1937 年 10 月，毛泽东在陕北公学纪念鲁迅逝世周年大会上的讲话指出：要造就一大批人，这些人是革命的先锋队。这些人具有政治远见。这些人

充满着斗争精神和牺牲精神。这些人“是胸怀坦白的，忠诚的，积极的与正直的；他们是不谋私利的，唯一地为着民族与社会的解放”；“他们不是狂妄分子，不是风头主义者，而是脚踏实地富于实际精神的人们”[①]。中国要有一大群这样的先锋分子，中国革命的任务就能够顺利地解决。进入全面建设社会主义时期，毛泽东明确指出：“我们的教育方针，应该使受教育者在德育、智育、体育几方面都得到发展，成为有社会主义觉悟的有文化的劳动者。”[②]

为了适应改革开放的新形势，邓小平对人才培养目标进行了新思考，提出了有理想、有道德、有文化、有纪律的社会主义新人的新目标。其中，邓小平突出强调理想信念教育，他指出：“要经常教育我们的人民，尤其是我们的青年，要有理想。为什么我们过去能在非常困难的情况下奋斗出来，战胜千难万险使革命胜利呢？就是因为我们有理想，有马克思主义信念，有共产主义信念。”[③] 鉴于经济全球化迅猛发展、科技进步日新月异、知识经济初见端倪的新形势，江泽民高度关注人的素质发展，提出了“思想政治素质是最重要的素质”的观点，强调学校的思想政治工作“要加强爱国主义、集体主义、社会主义思想的教育，加强中国近代史、现代史和国情的教育，加强我国优秀文化传统和革命传统的教育”[④]，努力使当代大学生成为“理想远大、热爱祖国的人”“追求真理、勇于创新的人”“德才兼备、全面发展的人”“视野开阔、胸怀宽广的人”“知行统一、脚踏实地的人”[⑤]。2007年5月，胡锦涛在致中国青年群英会的信中希望广大青年成为“理想远大、信念坚定的新一代，品德高尚、意志顽强的新一代，视野开阔、知识丰富的新一代，开拓进取、艰苦创业的新一代”[⑥]，为青年的成长提供了素质标尺。

党的十八大以来，以习近平同志为核心的党中央就加强和改进高校思想政治工作作出了一系列部署，有力推动了高校思想政治工作的健康发展。习近平总书

---

① 中共中央文献研究室．毛泽东文集：第2卷［M］．北京：人民出版社，1993：42.

② 中共中央文献研究室．毛泽东文集：第7卷［M］．北京：人民出版社，1999：226.

③ 中共中央文献研究室．邓小平文选：第3卷［M］．北京：人民出版社，1993：110.

④ 江泽民．江泽民文选：第1卷［M］．北京：人民出版社，2006：372.

⑤ 中共中央文献研究室．江泽民思想年编：1989—2008［M］．北京：中央文献出版社，2010：526，527.

⑥ 胡锦涛致中国青年群英会的信［N］．人民日报，2007-05-05（1）.

记在全国高校思想政治工作会议上强调："我国高等教育肩负着培养德智体美全面发展的社会主义事业建设者和接班人的重大任务，必须坚持正确政治方向。"①他指出，对于今天的高校来说，培养什么样的人始终是一个根本问题。一旦在办学方向上走错了，在培养人的问题上走偏了，那就像一株歪脖子树，无论如何都长不成参天大树。他认为，高校立身之本在于立德树人。只有培养出一流人才的高校，才能够成为世界一流大学。立德树人，学生是主体。关于如何"立德树人"，习近平总书记强调，思想政治工作从根本上说是做人的工作，必须眼中有"人"。如果不能做到围绕学生、关照学生、服务学生，如何去提高学生的思想水平、政治觉悟、道德品质、文化素养？只有聚焦学生这个中心，注重联系学生思想实际，引导他们正确认识世界和中国发展大势，正确认识中国特色和进行国际比较，正确认识时代责任和历史使命，正确认识远大抱负和脚踏实地，才能全面提高学生的思想政治素质，让学生成为德才兼备、全面发展的人才。

总之，"德智体美全面发展的社会主义事业建设者和接班人"是"立德树人"要求的具体化；是对"有社会主义觉悟的有文化"的劳动者、"四有"新人、"五种品质"、"四个新一代"思想的继承和发展；是由思想、政治、品德、科学文化、知识、能力要求构成的一个全面而系统的目标体系；是对新时期新阶段高等教育"培养什么人"的创新性回答。

二、"四个坚持不懈"：创新性地回答了高等教育"如何培养人"的问题

采用什么样的方法、借助什么样的手段、通过什么样的途径来培养人，直接关系到我们党的思想政治工作目标的实现与内容的展开。应该说，对于"如何培养人"这一重大课题的认真解答，在很大程度上有助于思想政治工作的针对性和实效性、吸引力和感染力的增强。习近平总书记强调，我们的高校是党领导下的高校，是中国特色社会主义高校。办好我们的高校，必须坚持以马克思主义为指导，全面贯彻党的教育方针，帮助学生掌握科学的世界观和方法论，用社会主义

① 习近平在全国高校思想政治工作会议上强调：把思想政治工作贯穿教育教学全过程 开创我国高等教育事业发展新局面［N］. 人民日报，2016-12-09（1）.

核心价值观教育学生，为他们的一生成长奠定良好的思想基础。加强人文关怀和心理疏导，培育理性平和的健康心态，培育优良校风和学风，学生成长就有了好气候、好生态，高校发展就会风清气正、和谐健康。

（一）要坚持不懈传播马克思主义科学理论

高校是学习、研究、宣传马克思主义的重要阵地。当前世情国情党情继续发生深刻变化，巩固马克思主义在意识形态领域的指导地位面临许多新情况新问题。面对高校师生思想活动独立性、选择性、多变性、差异性明显增强的局面，高校必须旗帜鲜明地开展马克思主义宣传教育，开展中国特色社会主义理论体系宣传普及，着力解疑释惑，着力增强宣传思想工作的凝聚力和吸引力，不断巩固马克思主义的指导地位。深入学习习近平总书记系列重要讲话精神，引导师生深刻领会党中央治国理政新理念新思想新战略，坚定对马克思主义的信仰、对社会主义和共产主义的信念，坚定对中国特色社会主义的道路自信、理论自信、制度自信、文化自信，为学生一生成长奠定科学的思想基础。进一步加强和改进高校思想政治理论教育，增强大学生思想政治教育的针对性与实效性，是国内外形势发展的需要，也是高校广大教师、学生的呼唤。选配好、培养好教师，帮助广大教师开阔视野，提高业务能力，改革教学方法，创新教育模式，提高思想政治理论课的教学质量和对大学生的影响力、感召力和凝聚力，努力使思想政治理论课成为大学生真心喜爱、终身受益的课程。

（二）要坚持不懈培育和弘扬社会主义核心价值观

2014年，习近平总书记在北京大学师生座谈会上强调指出，“我为什么要对青年讲讲社会主义核心价值观这个问题？是因为青年的价值取向决定了未来整个社会的价值取向，而青年又处在价值观形成和确立的时期，抓好这一时期的价值观养成十分重要。这就像穿衣服扣扣子一样，如果第一粒扣子扣错了，剩余的扣子都会扣错。人生的扣子从一开始就要扣好”①。只有青年学生的社会主义核心价值观培育好了，我们才能说他们人生的“第一粒扣子”扣好了，才能说我们在教育上没有失责。高校必须通过理论育人、文化育人、实践育人，把培育和践行社会主义核心价值观融入教育全过程。树立全方位育人观念，引导青年学生在勤

① 习近平．习近平谈治国理政［M］．北京：外文出版社，2014：172．

学、修德、明辨、笃实上下功夫，引导和支持青年学生开展积极向上的校园文化活动，激励学生自我塑造，促进学生健康成长。鼓励和倡导青年学生参加志愿服务、公益活动和社会实践，使青年学生在社会实践中体验生活、认识自我、锻炼成长，牢固树立社会主义核心价值观。

（三）要坚持不懈促进高校和谐稳定

同政治稳定一样，学校稳定也即学校发展。维护高校稳定，维护高校平安，为学校的长远发展提供良好环境，不但是维护社会稳定，构建社会主义和谐社会的有机组成部分和重要实现路径，而且是高等教育自身发展的需要。要通过加强人文关怀来提高对大学生的立德树人教育工作力度，将人文精神和科学精神联系起来，对大学生进行德智体美等方面的陶冶。具体来说，思想政治教育工作者应该用实际行动，将大学生的学习、生活、就业创业统一起来，整体上推动思想政治教育工作向前发展。另外，还要树立大学生的科学精神和人文精神，培养学生的科学能力、动手操作能力以及创新能力，在这个过程中让大学生学会团队合作、艰苦奋斗、挑战自我，促使大学生全面发展。要加强大学生心理辅导，教育工作者应该积极深入学生群体当中，积极主动与学生平等交流，为学生解决好他们面临的各种困惑，加强大学生的心理健康教育。同时，在深入学生群体开展心理辅导教育时，要以学生为本，真正地关心学生，为学生着想，通过科学的工作方式确保学生的心理健康教育得到落实，从而促进立德树人教育工作的深入开展，把高校建设成为安定团结的模范之地。

（四）要坚持不懈培育优良校风和学风

校风、学风是一所学校所特有的占主导地位的行为习惯和群体风尚，也是一种涵养心智和灵魂的特定的文化氛围和心理环境。良好的学风、校风能激发学生奋发向上、追求美好人生，能充分调动学生学习的积极性、主动性，激励其不断获取广博的知识，矢志不渝地攀登科学高峰。校风、学风也是提高教育质量的重要保障，是规范、引导、塑造师生员工精神活动和治校育人的有效手段。师生的精神风貌、昂扬的气概、进取的意识就是校风和学风的重要体现，也是大学精神的彰显。高校要坚持社会主义先进文化的发展方向，在遵循大学文化建设规律的同时将实施科学文化素质教育作为基础，以优化校园文化环境和培育、实践社会主义核心价值观作为重点，注重中华民族优秀传统文化与现代文化之间的有效融合。学生的学风建设是校风的最重要体现，从根本上解决学生学风的环节，从根本上帮助学生树立正确的学习观、成才观。培育优良校风和学风应当全面渗透到学生的德、智、体全面发展的教育中，围绕“为什么学、学什么、怎么学”，引导大学生树立正确的人生观、成才观，帮助学生形成“勤奋、严谨、求真、创新”的学风，培养学生养成科学的学习思维和方法。

三、“四个为”：创新性地回答了高等教育“为谁培养人”的问题

鲜明的政治立场，是高校思想政治工作的突出特征。作为培养人、教育人和引导人的思想政治工作，首先要思考的就是“为谁培养人”这一前提性问题，也就是从什么样的立场和视野出发来培养人，以及培养出来的人要服务于什么样的事业，简言之，就是要解答人的发展的政治方向和阶级立场这一重大课题。1856年，马克思在《在〈人民报〉创刊纪念会上的演说》中指出：“要使社会的新生力量很好地发挥作用，就只能由新生的人来掌握它们”①。习近平总书记在全国高校思想政治工作会议上强调：我国高等教育发展方向要同我们发展的现实目标和未来方向紧密联系在一起，为人民服务，为中国共产党治国理政服务，为巩固和发展中国特色社会主义制度服务，为改革开放和社会主义现代化建设服务。这一重要论述指明了办好我国高等教育的方向，鲜明地回答了高等教育“为谁培养人”的问题。

（一）高等教育要为人民服务

任何思想政治教育都有其特定目标和重要内容，都需要确定向受教育者传授什么样的世界观、人生观、价值观等基本问题。思想政治教育首先是进行世界观的教育，着重解决主观与客观相符合的问题。这一问题包括主观与客观是否相符合和如何符合两个方面。是否相符合是世界观教育的问题，如何相符合是方法论教育的问题。邓小平深刻地指出：“世界观的重要表现是为谁服务”②。加强对大

① 中央编译局．马克思恩格斯文集：第2卷［M］．北京：人民出版社，2009：580.
② 邓小平．邓小平文选：第2卷［M］．北京：人民出版社，1994：92.

学生进行世界观和方法论的教育关键是使他们在改造客观世界的同时改造主观世界，树立科学的世界观，树立为人民服务的思想。科学的世界观即无产阶级的世界观，它站在广大人民群众的立场，为广大人民群众谋利益。加强科学的世界观教育，要求广大大学生站在广大人民群众的立场，来分析认识世间万事万物和改造客观世界与主观世界。世界观教育最终要落实在为谁服务的问题上，全心全意地为人民服务是中国共产党人的宗旨，也是高校思想政治教育的宗旨，具有重要的理论价值和实践价值。

（二）高等教育要为中国共产党治国理政服务

党的十八大以来，习近平总书记提出“全面建成小康社会、全面深化改革、全面依法治国、全面从严治党”的“四个全面”战略布局，体现了党中央治国理政的新思路，对引领高等教育改革与发展具有十分重要的现实意义和深远的历史意义。高等教育在实现全面建成小康社会过程中发挥着十分重要的作用。无论是经济持续发展、文化软实力增强，还是社会建设取得新进展，都离不开高层次人才，而高层次人才的培养离不开高等教育。高等教育为实现全面建成小康社会目标提供了重要文化动力和人才支撑。高等教育改革是全面深化改革的重要内容，“深化教育领域综合改革”“推进考试招生制度改革”“创新高校人才培养机制”等所有这些战略任务的完成都离不开全面深化改革战略举措的大力推进和实施。依法治校是依法治国的重要组成部分，也是依法治国在大学教育中的具体体现。高等学校只有把依法治校提到重要议事日程并在实践中认真实施，才能真正把全面推进依法治国的任务落到实处。加强高校党的建设是确保社会主义办学方向、办好人民满意高等教育的重要前提，也是坚持立德树人、培养社会主义合格建设者和可靠接班人的重要保障。离开全面从严治党，就不可能真正推进高校党的建设，而高校党的建设搞不好，也就不可能真正实现高等教育的科学健康发展。

（三）高等教育要为巩固和发展中国特色社会主义制度服务

改革开放近40年来，大学生对中国特色社会主义制度的态度经历了从反思到理性、从认同到逐步自信的过程。特别是党的十八大以来，以习近平同志为核心的党中央带领各族人民紧紧抓住和用好我国发展的重要战略机遇期，战胜一系列重大挑战，取得一系列新的历史性成就，为树立制度自信提供了最有力、最直接的证明。2016年大学生思想政治状况滚动调查显示，90%以上的学生对“中国特色社会主义事业进一步发展，综合国力提升，国际地位提高，经济平稳较快发展”充满信心[①]。但是我们要清醒地认识到，中国特色社会主义事业是一项前无古人的探索，前进道路上的不足、困难和问题易于被人们关注、聚焦甚至放大，易于成为某些别有用心之人用来否定道路、歪曲理论、抨击制度的理由和例证。因此，高校要引导学生清醒地认识到中国特色社会主义是一项探索的事业，“摸着石头过河”必然是渐进的，不可能是完美的、最优的；引导学生充分认识体制机制层面具体制度改革的紧迫性、艰巨性，克服个别学生以具体制度的不完善来指责甚至否定根本制度的不良倾向，形成对待改革、适应改革的理性心态；引导学生看到问题的存在与原因，掌握解决问题的办法与路径，坚定克服不足的信心与勇气，不因这些问题和不足的存在而怀疑中国特色社会主义共同理想、质疑中国特色社会主义理论体系、否定中国特色社会主义制度。

（四）高等教育要为改革开放和社会主义现代化建设服务

高校既有自身改革与发展的任务，又承载着为全面深化改革提供人才保障、理论支撑和智力支持的使命。高校对改革开放必须坚持正确方向这一问题的正确认识和准确把握既关系自身的改革与发展，又会在一定程度上影响全面深化改革的根本目标、价值取向和路径选择。要使广大高校师生深刻认识到改革开放必须坚持正确方向。坚持正确方向，就是要坚持中国共产党的领导，充分发挥党总揽全局、协调各方的领导核心作用，确保改革沿着有利于党和人民事业发展的方向推进；就是要坚持社会主义基本制度，走中国特色社会主义道路；就是要牢牢抓住人民当家作主这一根本，把党的领导、人民当家作主和依法治国有机统一起来；就是要正确处理政府和市场的关系这个经济体制改革的核心问题，使市场在资源配置中起决定性作用和更好地发挥政府作用结合起来；就是要坚持正确的方法论，把加强顶层设计与摸着石头过河结合起来，坚持渐进式改革方略，使改革有计划有步骤地推进。高校既要在自身改革发展中贯彻好这些要求，同时又要把

---

① 2016年大学生思想政治状况滚动调查表明：大学生对党和国家充满信心［N］. 中国教育报，2016-06-01（1）.

这些要求融入教学、科研、社会服务等各方面，为中国特色社会主义事业培养合格建设者和可靠接班人，为全面深化改革提供正确的理论支撑和智力支持。

（作者系中国人民大学党委书记、教授；原刊载于《思想理论教育导刊》2017 年第 1 期）

立德树人：高等教育的根本任务和时代使命

靳　诺

“立德树人”是当今高等教育共同面对的重大时代命题。2016 年 12 月 7 日至 8 日，全国高校思想政治工作会议在北京召开，习近平同志出席会议并发表重要讲话，强调指出高校立身之本在于立德树人。办好高等教育，办出世界一流大学，必须牢牢抓住全面提高人才培养能力这个核心点。“立德树人”这一命题深刻揭示了教育的本质规律，指明了高等教育改革发展的方向。

一、“立德树人”是高等教育的价值目标和时代使命

教育的本质是培养人。“立德树人”思想在中国有着悠久的历史，不仅体现了中国共产党高等教育思想的核心理念，而且反映了中国传统教育思想的理论精髓，也是对国际高等教育实践经验的吸收借鉴，是新时代全球高等教育改革的共同追求和方向。

第一，“立德树人”是中国共产党高等教育思想的核心理念。教育以育人为本。回顾与总结中国共产党创办高等教育的实践历程，“立德树人”是中国共产党始终不变的重大关切。中国共产党创办的高等教育起步于革命时期，目标是培养造就一批堪担重任、致力于民族解放的“革命先锋队”。在民族危机日益严重的形势下，中国共产党为满足全面抗战的需要，创办了一批以抗日军政大学、陕北公学、延安女子学院、鲁迅艺术学院等为代表的革命根据地大学。这一时期高等教育的办学目标是培养一大批具有强烈的民族意识和坚定的革命战斗精神的“革命先锋队”，培养万千谋求民族解放的干部人才。中国人民大学的前身就是在硝烟战火中诞生的陕北公学，2017 年是我们学校建校 80 周年，我们把“始终奋

进在时代前列”作为校庆的主题，就是要勉励自己不忘培养“人民共和国建设者”的光荣使命，不忘“与党和国家同呼吸共命运”的政治追求，不忘“实事求是、艰苦奋斗”的精神品格。中国共产党创办的高等教育发展于新中国，目标是培养造就一批为国家社会主义建设服务的“人民共和国建设者”。新中国成立后，面对百业待举的局面，共产党通过发展高等教育培养了大批为国家建设服务的人才。毛泽东在《关于正确处理人民内部矛盾的问题》一文中指出：“我们的教育方针，应该使受教育者在德育、智育、体育几方面都得到发展，成为有社会主义觉悟的有文化的劳动者。”① 这一时期高等教育的办学目标是培养造就一批德才兼备的“人民共和国建设者”。中国共产党创办的高等教育腾飞于改革开放时期，目标是培养造就一批社会主义“合格建设者和可靠接班人”。改革开放以来，我们更加深刻地认识到高等教育发展水平是一个国家综合实力和国际竞争力的重要标志。如今，我们比历史上任何时期都更加接近中华民族伟大复兴的目标，这就更加需要发挥高等教育的作用，大力培养一大批德智体美全面发展的社会主义建设者和接班人，为民族复兴提供人才支撑。回顾中国共产党创办高等教育的历史，我们深刻认识到“立德树人”思想贯穿并发展于中国革命、建设与改革的各个历史时期，是中国共产党教育思想的核心体现。

第二，“立德树人”是中国传统教育思想的理论精髓。“立德树人”思想由来已久，是中国传统文化中一以贯之的价值取向和理论精髓。《礼记·大学》中讲道，“大学之道，在明明德，在亲民，在止于至善”，强调教育的目标在于通过确立和弘扬“光明正大”的德行，塑造人格，树立精神，培养知行合一、德才兼备的人才。可以说“立德树人”思想以传统价值观为精神滋养，是贯穿于中国传统教育思想的一条主线。具体体现在三个方面：首先，中国传统教育思想始终注重“德性”的养成，注重修身养性。孔子的“君子之道”、《大学》的“诚意正心”、《中庸》的“明善诚身”，强调了崇德修身的“个人之德”；管子的“礼义廉耻，国之四维”、管仲的“仓廪实而知礼节，衣食足而知荣辱”，强调了崇德向善的“社会之德”；孔子的“为政以德”、孟子的“仁政思想”强调了崇德善治的“国家之德”。德育思想从个人、社会、国家三个层面展开，贯穿于传统文化的发展

① 毛泽东．毛泽东文集：第7卷［M］．北京：人民出版社，1999：226.

脉络之中。其次，中国传统教育思想始终强调德才并重，以德为先。古代“君子六艺”思想主张培养在德育教育、传统文化、音乐礼法、知识技艺等方面具备综合素质的全面发展的人；著名教育家颜之推的“德艺周厚”思想主张道德素养、才能学识二者缺一不可：都是在强调通过教育应当培养德才兼备的人，培养德、体、智、美、劳全面发展的人。再次，中国传统教育思想始终主张“修身齐家治国平天下”，从提升个人做起。“经术所以经世，方不为迂儒之学。”教育的目标不仅仅指向个人思想品德的高境界和素质能力的高水平，培养出来的不是独善其身、两耳不闻窗外事的道德至上主义者，它更强调对社会、对国家的责任担当。孔子提出“学而优则仕”，张载提出“为天地立心，为生民立命，为往圣继绝学，为万世开太平”，顾炎武提出“天下兴亡，匹夫有责”，林则徐提出“苟利国家生死以，岂因祸福避趋之”。教育是为了培养有理想有担当、有“家国情怀”的有志之士，这是中华民族文化传统中的重要思想精粹。由此我们可以看到，“立德树人”思想产生于中华文明的沃土，来源于传统文化的滋养。因此，今天我们强调“立德树人”，既是对中华传统教育思想精华的弘扬，也是回应当今时代社会发展而作出的与时俱进的创新。

第三，“立德树人”是国际高等教育改革的共同潮流。放眼全球，高等教育改革方兴未艾，“立德树人”并不是一个中国独有的概念，它是“中国话”，同样也是“世界语”。可以说，培养出德才兼备、全面发展的人才是21世纪高等教育改革的共同潮流，“立德树人”的教育理念属于人类文明的共同体。世界各国都非常重视价值观念的引领和思想品德的塑造，这是世界教育发展趋势中不可或缺的核心内容。2015年，联合国教科文组织发布题为《反思教育：向“全球共同利益”的理念转变?》的报告，提出教育应当以人文主义为基础，强调为人类共同的利益承担责任，教育应当远离功利主义和经济主义，更多地纳入价值观、公民美德和正义感。2006年，《美国高等教育行动计划》出台，该计划规划了未来10年至20年美国高等教育走向，突出强调了高校对社会的责任担当的问题。日本在教育改革中提出“在21世纪把日本建设成为富有创造性的充满活力的国家”这一战略目标，明确指出要通过教育引导学生树立正确的道德观念，“培养心胸宽广，体魄强健，富有创造性，具有自由、自律和为公共利益服务精神，面向世界的”人才。此外，各国都在通过“人文教育”“通识教育”“社区实践”等德育

教育的方式，着力培养有责任感的合格社会公民和建设者，在实现自我价值的同时贡献社会。可以说，“立德树人”是在充分借鉴和吸收国际高等教育的理论总结与实践经验基础上提出的教育理念。中国有句古话，“德不孤，必有邻”。我们人民大学的很多专家学者都是国内外知名的教育家、教育工作者、研究者，我们都在共同致力于培养德才兼备、全面发展的建设者，为人类更加美好的未来提供人才支撑，这是时代赋予我们的共同使命。

二、准确把握“立德树人”的核心要义和基本内涵

“立德树人”是对人才培养规律的精辟概括和深刻总结。深化高等教育改革，推进教育现代化必须围绕“立德树人”这个中心环节，首先应当准确把握“立德树人”的基本内涵。“立德树人”从字面上理解，即为：立德和树人。所谓“立德”，就是指树立德业。《左传》载：“大上有立德，其次有立功，其次有立言，虽久不废，此之谓不朽。”意思是说人生最高的境界首先是完善人格、实现道德理想，其次是追求事业、建立功业，再次是著书立说、传播知识。这三者是人生不朽的表现，但“立德”居于人生三不朽之首。何谓“树人”？意思是培养人才。《管子·权修》：“一年之计，莫如树谷；十年之计，莫如树木；终身之计，莫如树人。”这段话用对比的方法深刻论述了人才培养对于国家发展、社会进步所具有的重大意义。经过后世的语言演化，把立德和树人并列使用，成为一个成语。立德在前，强调立德是树人的前提和基础；树人在后，强调树人是立德的指向和目标。那么在当代高等教育的具体语境中，又应该如何理解和把握“立德树人”的基本内涵呢？我认为，至少包含以下四个方面的内容。

首先，“有德行”是立德树人的灵魂旨归。德行，指的是一个人所具有的理想信念、道德修养、人格品质的总称，也就是一个人所信奉和践行的价值观念。把“有德行”作为立德树人的灵魂旨归，并非心血来潮，而是人类社会教育实践经验教训的深刻总结。中国古人语：“才者，德之资也；德者，才之帅也。”强调德和才相比，德永远应该处于统帅的地位。一个人只有把道德置于心中最高的位置，才能真正成为一个对社会有用的人才。如果价值观上出现偏差，才能越大，对社会的危害性也就越大。正所谓：德才兼备是正品，有德无才是次品，无德无

才是废品，有才无德是危险品。特别是在科技飞速发展的今天，如何运用科技成果是一个关乎价值选择的问题。爱因斯坦有句名言："我们不要忘记，仅有知识和技术不可能使人类过上一种快乐而有尊严的生活。人类绝对有理由将高道德标准和价值观念的倡导者，放在客观真理的发现者之上。"阐述的就是科学性和价值性相统一的问题。在21世纪的今天，更加需要把人才的价值观培养放在高等教育重中之重的位置，改变那种重"器"轻"道"的理念，把价值观念的培养贯彻到人才培养的全方位、全过程之中，这样才能培养出对国家、对社会、对人民的有用之才。

其次，"有才学"是立德树人的重点目标。才学，指的是一个人所掌握的实际本领和学问。现代高等教育培养的人才，必须是掌握现代科学文化知识的高素质人才。现代大学分科设系架构的形成，一个重要的目的就是为了推进知识创新，为了培养更多掌握专业知识和技能的人才。对于一个现代人才而言，具备了良好的道德品行，还仅仅是走向社会、回馈社会的基本前提，只有掌握了现代科学技术知识，才能够谈得上为社会为国家贡献更大力量，也才能更好地彰显和证明自身所具有的高尚品质。特别是现代科学知识日新月异，知识的专业化程度越来越高，青年学子不下苦功夫掌握真才实学，就个人而言就难以在社会上立足，就国家而言就难以在激烈国际竞争中占据有利的位置。这就需要高等教育紧紧围绕培养具有创新能力和实践能力的合格人才这个重点来推进课堂教学、科学研究、管理体制等的改革创新。

再次，"有根基"是立德树人的基本要求。根基，就是指一个人所持有的文化立场和家国观念。一个合格的高素质人才，一定是一个有"根"的人、有"魂"的人，知道自己的人生应该在哪里用力、对谁用情、如何用心、做什么样的人。如果魂无所依，内心飘忽不定，就不可能具有高尚而坚定的人生信仰。高等教育要立德树人、培养出合格的人才，就必须夯实青年学子成长与发展的"根基"。这就需要我们的高等教育始终立足中国国情、脚踏中国大地，用优秀的传统文化和先进的现代文化浸润青年学子的心田，不断激发出他们的家国情怀，增强他们的文化自信，帮助他们终身坚定人民立场，真正理解"什么样的国家，才是引以为豪的伟大国家；什么样的社会，才是令人向往的理想家园；什么样的人生，才是内心安宁与幸福的美好人生"。

最后，“有格局”是立德树人的重要内容。格局，就是指一个人的认知能力，所体现的是一个人的胸襟和眼界。现代高等教育培养的人才，应该有“大格局”“大情怀”，具有世界眼光和对全人类的悲悯情怀，既不是“精致的利己主义者”，也不是“狭隘的民族主义者”。习近平同志提出：“同为地球村居民，我们要树立人类命运共同体意识。”随着全球化的不断深入发展，各国的利益和命运比以往任何时候都更加紧密地联系在了一起。这就对我们高等教育提出了新的要求，如何通过教育使更多的人能够摆脱民族主义的狭隘眼光，真正站在全球的角度、全人类命运的角度去思考问题，思考人生，思考未来。

三、高等教育改革创新的关键在于落实“立德树人”根本任务

纵观世界各国的教育改革，我们发现，高等教育改革所要破解的根本性难题，并不是经费投入、基础建设、校园环境等硬件方面的问题，而是让高等教育回归本位，围绕“立德树人”来开展教育教学，培养具有正确价值观念、完善知识结构、扎实创新能力、宏大国际视野的高素质人才。

第一，必须重视价值观念的塑造。今天，我们面临的是一个价值多元、诱惑较多的变革时代，因此比以往任何时候都要求高等教育将价值观念的塑造放在核心位置，这是当今高等教育改革创新的首要任务。一要通过系统的教育教学完成价值认同、价值传承、价值传导。通过开展人文教育、通识教育、经典阅读等形式，引导学生正确认识个人与社会、与国家、与人类之间的辩证关系，促使学生将个人的价值和理想与社会的整体发展目标结合起来，在追求个人目标、实现个人价值的基础上推动社会的点滴进步。二是要依托大学精神和历史传统营造高雅的校园文化，发挥潜移默化的熏陶作用。大学在自身存在和发展中都会形成自身独特的气质，弘扬大学传统、大学精神，应当以校风、校训、校史、校情为依托，利用开学典礼、毕业典礼等重大仪式和重大节庆日等契机，开展丰富多彩的校园文化活动和形式多样的主题教育活动。

第二，必须重视知识和能力结构的完善。在当今知识经济时代，一个人能否有所创造发明，对社会做出贡献，不取决于他所拥有的知识量，而更依赖于是否具有合理的知识结构和能力结构。高等教育要培养能够适应时代要求，发挥自身

才能、推动社会进步的高素质人才，必须授人以渔、优化学生的知识结构和能力结构，使之能够较好地适应环境的变化，拥有终身学习和自主学习的能力。一是要围绕现代社会对高端人才的知识需求而进行系统的知识传授。通过设置科学的人才培养规划、完成系统的教育训练，使学生具备宽厚的基础知识和精深的专业知识，培养学生利用书籍、互联网等相关工具更新已有知识和学习新知识新技能的能力。二是要借助校园环境培养学生多样化的生存能力和发展潜能。通过教师、管理者和学生三者的互动，有效培养学生的人际交往、组织管理、表达沟通、参与竞争、作出决策的能力，让他们能够适应复杂多变的社会环境，成为具备较强综合素质的高端人才。

第三，必须重视创新能力的培养。创新能力是高层次、高素质人才必备的核心竞争力。钱学森曾说："所谓优秀学生，就是要有创新。没有创新，死记硬背，考试成绩再好也不是优秀学生。"高等教育之所以"高等"，根本在于培养一大批"敢为天下先"的创新人才。首先，在于培养学生的创新精神。这就要求高校应打破固化的教育观念，充分激发探索欲和好奇心，真正树立"吾爱吾师，但吾更爱真理"的教育精神，建立容错机制，鼓励探险、允许试错、容忍失败，真正形成鼓励独立思考、自由探索、勇于创新的教育环境。其次，要改革教育体制机制，形成相互切磋、教学相长的方法体系。真正做到以"学生为本"，将最新的科技文化前沿知识纳入到教育教学过程中来，善用启发式教学、创新教学方式和手段，真正将教育的成果落实到人才素质的全面提升上来。再次，要注重因材施教，构建青出于蓝而胜于蓝的教育氛围。这就要求我们必须把每一位学生都作为一个成熟、独立的个体来尊重和培养，鼓励个性发展、尊重求同存异，根据学生的实际情况制定和实施个性化的培养方案，使学生养成终身受用的良好习惯、获得未来发展的多种准备。

第四，必须重视社会实践的养成。中国文学家陆游有句诗，"纸上得来终觉浅，绝知此事要躬行"。当前，社会实践是落实立德树人中极为薄弱的环节，也是各国提高人才培养质量的重要突破点。要有效地解决社会实践与知识学习不相匹配的问题，真正使大学生成为"读万卷书、行万里路"的高端人才，培养和造就一批既能"仰望星空"志存高远，又能"脚踏实地"知行合一的大学生。一是要加强实践教学。通过加强实践教学，让学生在广阔天地中巩固已有知识、修正

错误知识，并且将所学知识转化为推动经济社会发展的实践能力，真正做到学以致用。二是要为学生社会实践提供充足的保障，推动大学生广泛参加社会调查、生产劳动、志愿服务、公益活动、科技发明和勤工助学等活动，通过社会实践磨炼意志、锤炼品格，促进大学生更好地成长成才。理论联系实际是中国人民大学的优秀办学传统，也是学校一直以来所坚持的教育理念。从 2012 年起，中国人民大学连续组织实施“千人百村”社会调研活动，每年利用暑假派出数百支团队、数千名学生奔赴全国一百多个自然行政村，开展问卷调查和田野观察。

第五，必须重视国际视野的拓展。随着全球化向着更加纵深的方向发展，各个国家都在更加深入地参与全球治理，我们的生存与发展已经被纳入“地球村”之中。高等教育应当培养出一批具有世界格局和国际视野，能够承担起全球责任、具备国际交往能力的新一代青年。一是要注重教育内容的通用性，培养具有国际知识水平的人才。在保持本国、本民族特性的基础上鼓励开放办学、多元交流，充分利用全球范围内的优质教育资源革新教育内容、变革教育方式、提升教育品质，让学生以理智、从容的姿态了解多元文化。二是要拓展国际交流渠道，培养跨文化交往沟通能力。加强不同地区、不同种族、不同文化的教育交流，尤其要大力推动发展中国家、发达国家与相对落后的国家地区之间青年大学生的交往互动，鼓励大学生参与国际规则、国际规范的制定和修改，为真正建立一个相互尊重、平等相待的和谐世界贡献力量。高等教育的历史源远流长，在欧洲，可以追溯到光辉灿烂的古希腊时期；在中国，可以追溯到百家争鸣的春秋战国时期。古今中外高等教育一以贯之的核心使命就是“立德树人”。当前，高等教育正处于变革的时代，既面临改革的契机和发展机遇，也面临着各种挑战和难题，唯有坚持“立德树人”，落实“立德树人”，方能坚守大学使命，履行大学职责。

（作者系中国人民大学党委书记、教授；原刊载于《中国高等教育》2017 年第 18 期）

坚持立德树人　培养优秀人才

靳　诺

习近平总书记在全国高校思想政治工作会议上发表的重要讲话，深刻回答了高校培养什么样的人、如何培养人以及为谁培养人这个根本问题，具有很强的战略性、思想性和针对性，是指导做好新形势下高校思想政治工作的纲领性文献。当前，我们要进一步增强立德树人的紧迫感、责任感和使命感，坚持立德树人的核心地位不动摇，全面提升人才培养质量，为中国特色社会主义事业培养更多德才兼备、全面发展的建设者和接班人。

一、立德树人是高校的立身之本、办学之基

立德树人是大学的立身之本，是对人才培养的根本要求。“立德”就是确立培养崇高的思想品德，“树人”即培养高素质的人才。纵观世界高等教育史，大学的功能随着时代的发展变化而逐步拓展，但培养具有崇高道德水准和高素质的人才这一基本功能、中心任务始终没有变。《大学》的开篇之语，“大学之道，在明明德，在亲民，在止于至善”，就体现了中国古代对“立德树人”精神和理念的探索追求。离开立德树人，不能履行人才培养的义务，大学就不成其为大学，就失去了存在的最根本基础。

立德树人是衡量一所高校办学水平的根本标准。一所大学办得好不好，不是看它的物质条件何等优越、办学规模如何庞大，最根本的标准是看它培养出什么样的人才，看它对所在国家、民族以及对全人类所做的贡献。中国现代史上有不少大学，办学条件非常简陋，却因其在人才培养方面的贡献而载入史册。例如在延安的“山沟沟”里创办的陕北公学等一批学校在新中国的高等教育史上留下了

浓墨重彩的一笔，就是因为它们为党和人民培养了一大批优秀分子。1937 年 10 月，毛泽东同志曾专门为陕北公学题词，写道："要造就一大批人，这些人是革命的先锋队。这些人具有政治远见。这些人充满着斗争精神和牺牲精神。这些人是胸怀坦白的，忠诚的，积极的，与正直的。这些人不谋私利，唯一的为着民族与社会的解放。这些人不怕困难，在困难面前总是坚定的，勇敢向前的。这些人不是狂妄分子，也不是风头主义者，而是脚踏实地富于实际精神的人们。中国要有一大群这样的先锋分子，中国革命的任务就能够顺利的解决。"[①] 短短几年时间，陕北公学培养的绝大部分学员成为革命、建设时期党和国家各方面的骨干，其中更有不少学员为民族和国家的利益义无反顾地抛头颅、洒热血，献出了自己的宝贵生命。当前，高校要肩负起"双一流"建设的历史使命，就必须在"立德树人"上做大文章，真正既"立德"，又"树人"，实现"立德"与"树人"的统一。

立德树人是中国高等教育改革发展的本质要求。当今时代，各种思想交相融合和冲突，青少年的成长环境发生了深刻变化，面临着复杂环境的挑战，一些高校存在着"重智育、轻德育""重书本教育、轻实践教育"等问题。立德树人就是聚焦学生这个中心，围绕学生、关照学生、服务学生，引导他们正确认识世界和中国发展大势，正确认识中国特色和进行国际比较，正确认识时代责任和历史使命，正确认识远大抱负和脚踏实地，全面提高他们的思想政治素质，使其成为中国特色社会主义伟大事业的德才兼备、全面发展的建设者和接班人。

二、立德树人的重点是以德为先、能力为重

"立德树人"体现了"立德"和"树人"的唯物辩证关系。"立德"强调的是道德养成，"树人"强调的是能力培养；"立德"是"树人"的前提，"树人"是"立德"的目标。高校要坚持把立德树人作为中心环节，把思想政治工作贯穿教育教学全过程，实现全程育人、全方位育人，着力培养信念坚定、勇于担当、德

① 中共中央文献研究室．毛泽东年谱：1893—1949：中卷［M］．修订本．北京：中央文献出版社，2013：34.

才兼备的优秀人才。

德育为先，坚定青年的理想信念。坚定的理想信念、正确的价值观人生观是青年学子成长成才的基本支柱和精神底色。青年大学生应当是有朝气、最富有梦想的群体。但在现实中，拜金主义、享乐主义、极端个人主义等不良思潮给青年大学生带来了消极影响，造成一些青年大学生理想彷徨、信仰迷失，失去了追求梦想的信心，失去了为梦想而奋斗的动力。2014年5月4日，习近平总书记在北京大学师生座谈会上指出，人生的扣子从一开始就要扣好。“凿井者，起于三寸之坎，以就万仞之深。”我们要将立德放在人才培养的首位，教育引导青年大学生树立远大理想，树立正确的世界观、人生观、价值观，敢于有梦、勇于追梦、勤于圆梦，把理想信念建立在对科学理论的理性认同上，建立在对历史规律的正确认识上，建立在对基本国情的准确把握上，以中国梦激励青春梦，勇敢地肩负起时代赋予的光荣使命。

责任为本，增强学生的担当意识。今天的中国正处于爬坡过坎、转型发展的关键战略机遇期，高度的责任感、强烈的使命感和勇于负责、敢于担当、善于开拓的品格是新时期对优秀人才的基本素质要求。优秀的青年人才要具有“身可危也，而志不可夺也”的情怀，“风声雨声读书声声声入耳，家事国事天下事事事关心”的责任感，更要有“苟利国家生死以，岂因祸福避趋之”的社会担当。我们要用中国特色社会主义理论体系武装学生，把社会主义核心价值观融入人才培养全过程，强化青年学生的时代责任和历史使命，激励青年学生自觉将个人奋斗纳入到建设中国特色社会主义的伟大事业中，自觉把个人的理想追求融入到实现中华民族伟大复兴的中国梦中，使每一位学生都能够成为对国家、对社会、对人民有用的人才。

能力为重，着眼人才的全面成长。习近平总书记指出，青年大学生要练就过硬本领，勇于创新创造，锤炼高尚品格，才能肩负起时代赋予的重任。当前，高校要从全面提升大学生的综合能力入手，一要培养辩证思维能力，让他们学会“弹钢琴”，系统地处理好“树木”与“森林”的辩证关系，独自面对现实和未来，善于发现问题并找到解决问题的思路。二要培养学习能力，包括选择、汲取新知识，分析整理并融会贯通旧知识以及开展科学研究和探索的能力。三要培养社会实践能力，让他们能够将所学知识转化为推动社会进步的物质和精神力量，

解决实践中的具体问题，完成岗位职责赋予的任务，服务经济社会发展。四要培养管理和沟通能力，让青年学子具备适应社会、应对挫折的心理承受力，能够顺利地融入社会，在与他人沟通、交往、合作中实现自身的社会价值。总之，我们要让青年大学生以问题为导向、以能力为核心、以社会为平台，全面推进理论创新、实践创新、制度创新、文化创新以及其他各方面创新。

三、立德树人要做到学校、教师、社会“三协同”

立德树人是一项复杂的系统工程，也是一项立体化的长期任务。学校是立德树人的主阵地，要坚持中国特色社会主义办学方向；教师是立德树人的引路人，要全面提升教师的思想政治素质和教育工作水平；社会是立德树人的软环境，要统筹协调、协同推进，营造良好的育人环境和教育氛围。完成立德树人的根本任务，需要整合学校、教师、社会各方面的力量，形成协同育人的机制，实现全员育人、全过程育人、全方位育人。

始终坚持高校的社会主义办学方向。办学方向是高校改革发展的指南针，办学方向走上大道坦途，才能培养出人才和精品；办学方向如果走上了歪路邪路，只能培养出废材和“毒品”。中国是社会主义国家，加强和改进高校思想政治工作必须始终坚持社会主义办学方向。高校要始终坚持党的领导，将以习近平同志为核心的党中央关于高等教育的决策部署深入贯彻落实到各项事业的改革发展中去，将党在革命时期创办陕北公学、抗日军政大学，新中国成立后改造旧式高等教育、创办以中国人民大学为代表的新型正规大学，到逐步创立、发展和完善中国特色社会主义高等教育体系的优良经验和光荣传统发扬光大。要坚持和巩固马克思主义的指导地位，研究传播普及马克思主义中国化的最新成果，让马克思主义继续成为高校的主流价值、主导观念、主体精神。要把社会主义核心价值观融入教育全过程，以国家层面的价值目标引领教书育人的总战略，以社会层面的价值取向规范治学理教的全过程，以个人层面的价值准则影响师生员工的言与行。

全面加强教师思想政治工作。立德先立师，树人先正己。《礼记·文王世子》指出，“师也者，教之以事而喻诸德者也”。高校教师既是专业知识的传授者，又是道德言行的引导者，要把立德树人转化为内心信念，把崇高师德内化为自觉价值追求。新时期新形势，高校面临的社会环境和高校内部的治理结构发生了巨大变化，“70、80后”居多的青年教师和“90后”为主的大学生群体的社会心理也体现出新的特征，这些都对高校思想政治工作队伍建设提出了新的更高要求。高校要加强和改进教师思想政治工作，健全师德师风评价体系，完善师德建设制度规范，实行“师德一票否决制”，引导教师坚持教书和育人相统一，坚持言传和身教相统一，坚持潜心问道和关注社会相统一，坚持学术自由和学术规范相统一，以德立身、以德立学、以德施教，不断提升教书育人的能力和水平，真正成为学生成长发展的指导者和引路人。

在全社会营造立德树人的良好氛围。“一年之计，莫如树谷。十年之计，莫如树木。百年之计，莫如树人。”教育对一个国家经济社会的发展和一个民族综合素质的提高具有基础性、先导性、决定性作用。践行立德树人的使命，培养德才兼备的杰出人才，不仅是高校和教育工作者的责任，也是全社会需要承担的共同责任。时代越是向前，知识和人才的重要性就越发突出，教育的地位和作用就越发凸显。各级党委、政府和全社会应该从实现中华民族伟大复兴的中国梦，培养社会主义事业建设者和接班人的高度提供立德树人的基本资源，保障高校立德树人所需的学科建设、人才培养、教学科研、校园建设等硬环境建设。同时，要融合协调家庭、学校、社会的育人合力，在全社会、全领域构建立德树人的良好氛围。另外，要弘扬大学精神、彰显大学文化，在变革的时代保持宁静的校园，维护大学的清醒和理性，自觉坚持和守护大学的精神和原则，激发和保护教师、学生对于学术的兴趣、热情和追求，让教育者和受教育者有时间、有能力、有条件关注自身、关注变革、关注世界，教学相长、携手进步，使高校以高质量的人才培养和科学研究引领社会进步，承担起自身的社会责任，最终实现“润物细无声”的教育效果。

（作者系中国人民大学党委书记、教授；原刊载于《光明日报》2017年4月10日）

充分发挥哲学社会科学育人功能

刘　伟

立德树人是高校的根本任务，教书育人是教师的根本职责。无论是思想政治理论课还是其他哲学社会科学的教师，都担负着育人的责任。加强和改进思想政治工作，既要推进思想政治课教学改革，提升思想政治理论课的吸引力、说服力和感染力，又要充分发挥哲学社会科学的育人功能，消除一定程度上存在的教书而不育人、授业而不传道的现象，坚持用马克思主义指导哲学社会科学的教学科研工作，坚持用科学的理论武装大学生。

第一，发挥高校哲学社会科学育人功能，必须坚持以马克思主义为指导。加强对中国特色社会主义理论体系的宣传阐释，引导大学生真学、真信、真懂、真用，做到入眼、入耳、入脑、入心，努力增强中国特色社会主义道路自信、理论自信、制度自信、文化自信，提高对中国特色社会主义事业的理论认同、政治认同、情感认同。

第二，发挥高校哲学社会科学育人功能，必须加强课堂讲坛管理。学术研究无禁区，课堂讲授有纪律。要健全完善有关管理制度，防止错误观点和言论进课堂讲坛，确保哲学社会科学教学、科研和学术交流活动的正确政治方向。

第三，发挥高校哲学社会科学育人功能，必须加强高校哲学社会科学队伍建设。特别是要加强对中青年学术骨干和学科带头人的培养，引导广大教师努力成为“有理想信念、有道德情操、有扎实学识、有仁爱之心”的“四有”教师，成为学生健康成长的指导者和引路人。

（作者系中国人民大学校长、教授；原刊载于人民网教育频道 2016 年 12 月 9 日）

以马克思主义为指导构建中国特色哲学社会科学

刘　伟

习近平总书记2016年5月17日在哲学社会科学工作座谈会上的重要讲话，全面深刻阐述了我国哲学社会科学的根本性质和发展方向，是指导新时期我国哲学社会科学发展的纲领性文献。深入学习贯彻习近平总书记这一重要讲话精神，对于推进我国哲学社会科学的发展具有十分重要的指导意义。

一、坚持以马克思主义为指导

习近平总书记指出："坚持以马克思主义为指导，是当代中国哲学社会科学区别于其他哲学社会科学的根本标志，必须旗帜鲜明加以坚持。"① 构建中国特色哲学社会科学，最根本的一点，就是要坚持以马克思主义为指导，把马克思主义立场观点方法贯穿到哲学社会科学的各个领域，体现到教学、科研和人才培养的各个环节，渗透到学科体系、学术体系、话语体系等各个方面。

坚持以马克思主义为指导，首先要解决真懂真信的问题，下大气力、下苦功夫深入学习研究马克思主义，掌握真谛、融会贯通。坚持以马克思主义为指导，核心是要解决好"为什么人"的问题，坚持以人民为中心的研究导向，自觉把个人学术追求同国家和民族发展紧紧联系在一起，努力多出经得起实践、人民、历史检验的研究成果。坚持以马克思主义为指导，最终要落实到"怎么用"上来，落实到如何坚持问题导向、认真研究解决重大而紧迫的问题、提出解决问题的正确思路和有效办法上来，把握住历史脉络，找到发展规律，推动理论创新。坚持

---

① 习近平．在哲学社会科学工作座谈会上的讲话［M］．北京：人民出版社，2016：8.

以马克思主义为指导，必须采取切实有效措施，解决在有的领域中马克思主义被边缘化、空泛化、标签化，马克思主义在一些学科中“失语”、教材中“失踪”、论坛上“失声”的问题。

二、加强马克思主义理论学科的建设

马克思主义是科学，坚持发展马克思主义，没有学术上的学理性和系统性，没有能够准确反映社会现象的本质和发展规律、反映国内外哲学社会科学发展优秀成果、能够经受逻辑和实践检验的学科体系是不行的。

构建中国特色哲学社会科学，要着力构建以马克思主义理论学科为核心、以哲学社会科学相关学科为支撑的马克思主义学科体系。要加强马克思主义哲学、政治经济学、科学社会主义等基础学科以及以马克思主义为指导的哲学、经济学、政治学、法学、社会学、历史学、民族学、新闻学等学科的建设，形成反映马克思主义中国化时代化最新成果的学科体系。要抓好教材体系建设，形成适应中国特色社会主义发展要求、立足国际学术前沿、门类齐全的哲学社会科学教材体系。要加强对马克思主义基本原理和基本观点的研究，加强对中国特色社会主义理论体系的研究，加强对习近平总书记治国理政新理念新思想新战略的研究阐释，加强对重大思想理论问题、重大现实问题、重大实践经验的深入研究，加强对国外马克思主义的研究，不断提高马克思主义理论研究和教学的水平。

三、以中国实际为起点提出原创性理论

实践是认识的源泉，建设具有中国特色的哲学社会科学，必须立足中国的实践，以我国实际为研究起点，提出具有主体性、原创性的理论观点，以我们正在做的事情为中心，从改革发展的实践中挖掘新材料、发现新问题、提出新观点、构建新理论。只有坚持服务国家，立足解决中国的问题，把中国的问题解释清楚了，我们的理论才能真正具有强大的生命力、影响力，才能得到世界的认可和欣赏。在这个方面，我国的哲学社会科学已经取得了巨大的成就。以政治经济学为例，自 20 世纪以来的很长时期里，我们都是在沿袭西方经济学的学术传统，或

沿袭苏联模式及其理论。从20世纪50年代开始，我们党开始探索符合自己国情的社会主义经济发展道路，特别是改革开放以来，经过30多年的奋斗，我们逐渐形成了一系列中国特色社会主义的、符合中国国情和时代要求的经济理论，正如邓小平同志针对党的十二届三中全会《关于经济体制改革的决定》所说，写出了一个政治经济学的初稿，是马克思主义基本原理和中国社会主义实践相结合的政治经济学①。这个初稿需要经过长期艰苦的实践和理论探索才能逐渐成熟，这是我们最重要、最具原创性和时代性的理论成果，不仅丰富和发展了马克思主义政治经济学，而且也丰富和发展了人类的经济思想。当然，在这方面我们还存在明显不足，需要付出更多的努力，做出更多的成就，力求把实践经验上升为系统化的经济学说，不断开拓当代中国马克思主义政治经济学新境界。

当代中国正经历着我国历史上最为广泛而深刻的社会变革，也正在进行着人类历史上最为宏大而独特的实践创新，这种前无古人的伟大实践，必将给理论创新、学术繁荣提供强大动力和广阔空间。我国哲学社会科学工作者必须担负起历史赋予的光荣使命，立足我国国情和我国发展实践，揭示新特点新规律，提炼和总结我国经济发展实践的规律性成果，把实践经验上升为系统化的学说，创造出无愧于时代和人民的优秀理论成果。

四、不忘本来吸收外来

海纳百川，有容乃大。建设中国特色哲学社会科学，要坚持古为今用、洋为中用，坚持不忘本来、吸收外来；既要向内看，又要向外看；既要向前看，又要向后看。只有这样，才能充分吸收人类文明的一切优秀成果，聚合起文化和思想发展的磅礴之力。

毋庸讳言，在当前中国哲学社会科学中，仍然存在着“言必称希腊，对于自己的祖宗，则对不住，忘记了”的问题，在学术命题、学术思想、学术观点、学术标准、学术话语等各个方面，都不同程度存在着唯洋是举、生搬硬套的现象。理论上缺乏自信，源于中国近现代以来在相当长的时间里的落后局面。中国特色

① 邓小平．邓小平文选：第3卷［M］．北京：人民出版社，1993：83.

社会主义的伟大实践，为我们改变这种落后的精神状态提供了坚实的基础，现在，需要从根本上改变这种局面。

绵延几千年的中华文化，是中国特色哲学社会科学成长发展的深厚基础，我们必须树立坚定的文化自信。既要立足本国实际，又要开门搞研究，充分吸收借鉴国外哲学社会科学的有益成果，推动我国哲学社会科学优秀成果和优秀人才走向世界，不断增强我国哲学社会科学研究的国际影响力。但是，解决中国的问题，提出解决人类问题的中国方案，要坚持中国人的世界观、方法论。如果不加分析地把国外的学术思想和学术方法奉为圭臬，一切以此为准绳，那就没有独创性可言了。强调民族性，并不是要排斥其他国家的学术研究成果，而是要在比较、对照、批判、吸收、升华的基础上，使民族性更加符合当代中国和当今世界的发展要求。解决好中国现代化进程中的发展问题，有效推动中国现代化，才能真正赢得世界对中国的尊重，才能真正为世界文明发展做出积极贡献。也唯有如此，才能获得世界对我国哲学社会科学的认同，才能真正具备理论自信的发展基础。解决好民族性问题，就有更强的能力去解决世界性问题；把中国实践总结好，就有更强的能力为解决世界性问题提供思路和办法。

五、弘扬优良学风

繁荣发展我国哲学社会科学，必须解决好学风问题。学风问题不是小问题，在很大程度上反映了一个社会的精神面貌和思想状况。当前，我国哲学社会科学领域存在一些不良风气，学术浮夸、学术不端、学术腐败现象不同程度地存在。有的急功近利、东拼西凑、粗制滥造，有的逃避现实、闭门造车、坐而论道，有的剽窃他人成果甚至篡改文献、捏造数据。这些不良风气有悖科学精神，严重妨碍着我国哲学社会科学的健康发展。如果得不到纠正，任其蔓延，不仅在学术上、科学上难以取得有价值的成果，还会导致错误思想泛滥，给党和国家的事业造成危害。因此，必须大力弘扬崇尚精品、严谨治学、注重诚信、讲求责任的优良学风，营造风清气正、互学互鉴、积极向上的学术生态。

需要指出的是，优良学风的形成，既有赖于广大哲学社会科学工作者良好的学术道德和价值追求，也有赖于良好的哲学社会科学管理体制和宏观环境，在这方面也迫切需要深化体制机制改革。需要建立起尊重差异、和而不同、包容多样的学术评价体系，避免整齐划一、搞一刀切，克服重数量轻质量、重短期轻长远、重形式轻内容、重国外轻国内等片面倾向。需要克服学术管理中的官本位和官僚主义作风，提倡学术平等，尊重学术规律，鼓励学术争鸣。要给基层科研单位足够的学术自主权，使其具有理论创新和知识创新的广阔空间。要提供必要的物质保障，为立志做大学问、做真学问的学者创造良好的条件。

（作者系中国人民大学校长、教授；原刊载于《光明日报》2016年5月28日）

用中国特色社会主义理论武装教师

刘　伟

中国人民大学认真贯彻落实全国高校思想政治工作会议精神，切实加强和改进教师思想政治工作，努力培养中国特色社会主义事业的合格建设者和可靠接班人。

加强理论武装，引导教师增强对中国特色社会主义的认同。进一步实施“海归教师挂职”等计划，组织海外留学归国教师、青年教师赴中央国家机关、地方基层、国有企业等单位，以联合培养博士后、挂职行政岗位、受聘为研究员等形式开展实践锻炼，增进对国情、民情、社情的了解，更好地用中国特色社会主义理论武装教师。

履行教师职责，充分发挥哲学社会科学育人功能。无论是思想政治理论课还是其他哲学社会科学的教师，都担负着育人责任。加强和改进思想政治工作，既要推进思想政治课教学改革，提升思想政治理论课的吸引力、说服力和感染力，又要充分发挥哲学社会科学的育人功能，坚持以马克思主义指导哲学社会科学的教学科研工作，坚持“学术研究无禁区，课堂讲授有纪律”，防止错误观点和言论进课堂讲坛，确保哲学社会科学教学、科研和学术交流活动的正确方向，消除一定程度上存在的教书而不育人、授业而不传道的现象。

加强师德建设，引导教师以高尚师德、人格魅力教育感染学生。把社会主义核心价值观融入教师队伍建设，把遵守师德规范纳入学校教育教学全过程，并作为人才引进、评奖评优、职称职级晋升等的重要指标，引导广大教师坚持教书和育人相统一，坚持言传和身教相统一，坚持潜心问道和关注社会相统一，坚持学术自由和学术规范相统一，引导广大教师以德立身、以德立学、以德施教。

加强党建工作，发挥教师党员先锋模范作用。加强党员教师教育管理和服务工作，以点带面推动教师党支部建设，充分发挥教师党支部在教师思想政治工作中的作用，鼓励教师党员勇当先锋、争当模范。加强青年教师党员发展工作，及时把那些符合条件的优秀青年教师，特别是学科带头人和学术骨干吸收到党内来，进一步补充教师党员队伍的新鲜血液。

（作者系中国人民大学校长、教授；原刊载于《中国教育报》2016年12月28日）

从战略高度认识高校意识形态工作

张建明

高校意识形态工作是党的意识形态工作的重要组成部分。加强高校意识形态工作，事关马克思主义在高校的指导地位，事关培养中国特色社会主义事业建设者和接班人，事关党的事业长治久安和中华民族的伟大复兴。必须从战略的高度，深刻认识加强高校意识形态工作的重大意义，增强做好高校意识形态工作的责任感、使命感，牢牢把握高校意识形态工作的主导权、话语权、管理权。

一、历史的经验与教训表明高校意识形态工作意义重大

意识形态是社会与国家稳定的重要思想基础。如果意识形态工作出现失误，整个社会就会陷入一盘散沙的境地，社会稳定和国家稳定也难以维持。高校是意识形态工作的前沿阵地。历史的经验与教训表明，高校意识形态工作的成效影响高校的发展与稳定，影响社会的发展与稳定，影响政权的安危。

重视高校意识形态工作是我们党的优良传统。意识形态工作关系到举什么旗、走什么路等重大政治方向、政治安全问题，我们党历来重视包括高校意识形态工作在内的意识形态工作。毛泽东同志、邓小平同志在这方面都有过十分重要的论述。在新的历史时期，习近平总书记明确指出："经济建设是党的中心工作，意识形态工作是党的一项极端重要的工作。"① 他还特别强调，高校肩负着学习研究宣传马克思主义、培养中国特色社会主义事业建设者和接班人的重大任务，要加强对高校党的建设工作的领导和指导，坚持党的教育方针，坚持社会主义办

① 习近平．习近平谈治国理政［M］．北京：外文出版社，2014：153.

学方向，加强和改进思想政治工作，牢牢把握高校意识形态工作领导权。

忽视高校意识形态工作必然产生严重后果。20世纪80年代末，由于我们党在意识形态工作上的失误，思想舆论领域出现了一定程度的混乱，给高校师生带来了消极影响，造成高校学潮迭起，不仅影响高校的稳定与发展，而且对整个社会的稳定与发展都带来冲击。

二、高校的特殊地位与作用决定高校意识形态工作意义重大

高校是传承和创新知识与思想的重要园地，承担着人才培养、科学研究和社会服务的重要功能，是国内外社会思潮的聚集和交汇地，是意识形态工作的“风向标”和“晴雨表”。

高校是人才培养的重要园地。人才培养是高校的根本任务和核心功能，决定国家和民族的未来。目前，我国近2 500所高校中，在校大学生达2 400多万人。这个庞大而重要的青年群体，处于世界观、人生观、价值观正在形成和确定的过程中。这些“90后”的大学生思想活跃，独立意识比较强，但是由于成长于改革开放的环境，缺乏对改革开放前后的比较，更没有经历过新中国成立前后的对比，对党的历史和中国国情了解不深，容易受错误理论和思潮的影响。在这种情况下，高校就更加需要加强意识形态工作，坚持立德树人，引导当代大学生树立正确的世界观、人生观、价值观。

高校是学习、研究和宣传马克思主义的重要阵地。坚持以马克思主义为指导是社会主义意识形态的根本特征。高校是理论研究创新的主阵地，在为党和国家培养和造就高素质理论队伍、推进党的马克思主义理论研究宣传武装方面发挥着重要作用。目前，我国普通高校哲学社会科学教学和研究人员近50万人，拥有较高水平的马克思主义理论学科和一批长期从事马克思主义理论教学与研究的教师骨干队伍，是中央实施马克思主义理论研究和建设工程的主力军。加强高校意识形态工作，发挥高校马克思主义理论学科和人才优势，在很大程度上决定和影响党的意识形态工作的成效。

高校青年教师是加强思想政治教育的重要对象。近年来，高校教师群体逐步年轻化，40岁以下的青年教师已占高校专任教师的60%以上，青年教师中有海

外学习、进修经历的逐年增加，很多高校“海归”教师已达20%，个别高校甚至超过50%。海外学习有助于青年教师开阔视野、学习接受先进的教育理念和科学文化，这是应当充分肯定和鼓励的。但他们中有些人对西方的社会制度、文化、价值观仅有直观感受，停留在表面层次，做不到批判地认识，个别教师甚至在课堂讲台、学术论坛、网络平台上发表与主流意识形态不一致的观点，极易产生负面社会影响。因此，迫切需要加强高校意识形态工作，特别是把青年教师的思想政治教育工作放到更加突出的位置上来。

三、高校意识形态工作的现实状况反映高校意识形态工作意义重大

高校意识形态工作历来受到党和政府的高度重视，总体上保持了比较平稳的态势，为维护国家和谐稳定和推动高校改革发展提供了强大的精神动力和舆论保障。面对新时期带来的新挑战，高校意识形态工作还存在薄弱环节，有待进一步加强和改进。

高校意识形态工作面临复杂挑战。当今世界处于经济社会深刻变革和调整时期，各种思想文化相互渗透影响、交流交融交锋异常频繁，主流的与非主流的同时并存，先进的与落后的相互交织。从国际上看，一些西方国家把我国发展壮大视为对资本主义价值观和制度模式的挑战，加大对国内高校意识形态渗透。从国内看，人们思想观念的独立性、选择性、差异性、多样性、多变性日益增强，各种热点问题相互叠加，社会矛盾错综复杂、相互交织，带来了社会思潮的纷纭激荡。从互联网的发展看，传媒领域、舆论生态发生了深刻变化，互联网已成为舆论斗争的主战场，高校师生是网络上最活跃最有影响力的群体，这对高校意识形态工作提出了一系列新课题新挑战。

高校意识形态工作亟待加强。应当看到，高校意识形态工作仍然存在“认识上重视不够、举措上不够有力、效果上不够明显”的问题。有的对意识形态工作不重视，没有建立健全高校党委统一领导、党政工团齐抓共管、党委宣传部门牵头协调、有关部门和院系共同参与的工作机制，宣传思想工作缺乏合力；有的对课堂、讲座、论坛、出版、社团等阵地管理不严，意识形态领域噪音杂音时有出现；有的对网络宣传思想工作应对不力，主动发声不够，没有掌握网上舆论的主

动权和话语权；有的宣传思想工作队伍力量不足，能力不强等。这些问题的存在对高校意识形态工作带来了极大的消极影响，并对整个社会的宣传思想工作带来了负面影响。

意识形态关乎旗帜、关乎道路、关乎国家政治安全。面对新形势新任务，高校必须加强阵地管理，把握正确导向；坚持立德树人，把“培养什么人”“如何培养人”摆在首要位置；加强和改进思想政治理论课教学，推进中国特色社会主义理论体系“进教材、进课堂、进头脑”；强化政治意识、责任意识、阵地意识和底线意识，把意识形态工作摆在更加重要的位置切实予以加强和改进。

（作者系中国人民大学党委常务副书记、教授；原刊载于《求是》2015年第21期）

培养明法厚德的卓越法治人才

王利明

2016年五四青年节前夕，习近平总书记到中国政法大学考察并发表重要讲话，他从全面依法治国的高度强调了法治人才培养的重要性，认为法治人才的培养是全面依法治国的重要内容，也是中国法治事业兴旺发达的重要保障。全面依法治国是我国一项长期而重大的历史任务，法律的生命力在于实施，而法律的有效实施又依赖于法治人才的培养。总书记说："建设法治国家、法治政府、法治社会，实现科学立法、严格执法、公正司法、全民守法，都离不开一支高素质的法治工作队伍。法治人才培养上不去，法治领域不能人才辈出，全面依法治国就不可能做好。"① 因此，要有效推进我国的法治建设进程，就必须着力培养一大批优秀的法治人才。

总书记不仅强调了法学教育的重要性，而且为如何培养法治人才明确了任务、指明了方向。总书记的讲话是对我国法治建设与法学教育的最新系统表述。

一、坚持立德树人、德法兼修，把依法治国和以德治国的方略贯彻到法学教育之中

习近平总书记在讲话中特别强调"法治和德治两手抓、两手都要硬。法学教育要坚持立德树人，不仅要提高学生的法学知识水平，而且要培养学生的思想道德素养"②。法学教育所要培养的人才是将来从事国家立法、司法、执法的专门

---

①② 习近平在中国政法大学考察时强调：立德树人德法兼修抓好法治人才培养　励志勤学刻苦磨炼促进青年成长进步［N］．人民日报，2017-05-04（1）．

人才，应当做到明法厚德，即不仅要掌握高水平的法学知识，而且要有高尚的品德，要有热爱祖国、关爱他人、服务社会等基本公民素质和道德修养。这就要求培养法治人才必须树立社会主义核心价值观的大德，把人才培养中价值观的“扣子”系得更紧。法学教育应当按照总书记所提出的要求，进一步推进改革，推动中国特色社会主义法治理念进教材、进课堂，引导学生树立“忠于党、忠于国家、忠于人民、忠于法律”的正确价值观和“以我所学、回馈社会”的社会责任感，培养出德智体美全面发展的社会主义合格建设者和可靠接班人。法学教育还要着重培养学生强烈的正义感和人文关怀，培养学生对国家、对社会具有担当精神的家国情怀，在人性上达到一种更高的境界。一个缺乏良好职业操守的法律人，是难以忠实于法律并服务社会的。法学教育要注重塑造法科学生健全的品格，注重培育学生正确的价值取向、世界观。古人说，“富才厚德，人文化成”，就是要用人文精神引导人、培养人。国外高等教育奉行的一个基本理念，是教导学生做正确的事、正确地做事，这其实就是教导学生怎么做人的问题。近几年来，实践中出现的一些野蛮执法、暴力执法等现象，其中不少执法者是法科毕业生，这在一定程度上说明，我们在注重法律专业技术培养的同时，对学生基本道德素养和人文情怀的培养不够。有些毕业于法学院的法律人甚至贪赃枉法、颠倒黑白，翻手为云、覆手为雨，这也说明其价值取向出现了问题。如果这方面出了问题，那么背诵记忆多少法律条文都没有用，甚至可以说，法律专业知识学得越好，其社会危害性可能越大，因为他会运用所学的法律知识为谋取一己之私而践踏法律秩序、损害社会公平正义。卓越法律人才，必须信念执着、品德优良，必须有坚定的法律理想信念，必须自觉践行社会主义核心价值观，并把这种信念融入到法治工作中去，以实际行动带动全社会崇德向善、遵法守法。因此，法学教育要致力于学生人格教育与社会责任感的塑造，鼓励学生修身正心、格物致知，营造富有人文情怀的校园文化氛围。

二、坚持以我为主、中外兼顾，把中国特色法学理论的“底子”筑得更实

习近平总书记强调，我们的国家治理有其他国家不可比拟的特殊性和复杂

性，也有我们自己长期积累的经验和优势，在法学学科体系建设上要有底气、有自信。要以我为主、兼收并蓄、突出特色，深入研究和解决好为谁教、教什么、教给谁、怎样教的问题，努力以中国智慧、中国实践为世界法治文明建设做出贡献。这为我国的法学理论研究和法治建设指明了方向。

长期以来，我国的法制建设和法学教育都深受国外影响。20 世纪 50 年代，中国学习苏联的法制模式和法学理论；改革开放后，我国的法学理论又受英美德日等西方国家的影响。随着我国社会主义建设事业的推进，尤其是随着中国特色社会主义法律体系的建立，中国的法治建设和法学理论已经走过“照着讲”的阶段，走进了“接着讲”的新阶段。中国的法学理论和法学教育完全可以在对中国特色社会主义法治实践进行总结的基础上，有所创新，为世界法治建设做出贡献。

法学教育必须不断加强法学基础理论研究，立足当代中国法治实践，研究各项法律制度的中国传统文化元素，吸收借鉴各国优秀法律文化，完善中国特色社会主义法学理论体系、学科体系和课程体系。在构建这些体系的过程中，一是要从中国实践出发，以研究中国现实问题为中心。要立足于建设中国特色社会主义的伟大实践，解决和回应现实中存在和提出的问题。改革开放以来法治建设的伟大成就给法学理论创新发展提供了前所未有的机遇和挑战，法治实践提出的问题是法学学术创新和理论发展的源泉。学术创新和理论创新都应努力寻求解决当前现实问题的办法，使我国法学真正成为治国安邦、经世济民的学问。二是要积极借鉴国外法治建设经验和法学理论的有益成果，通过借鉴先进文化和文明成果，丰富我们自身的学科体系、学术体系。但要注意的是，不能做西方法学理论的搬运工，不能在外国学者所设计的理论笼子中跳舞，而要做世界法治理论的贡献者。三是要处理好、把握好历史与当代的关系。我国法学理论体系和课程体系要植根于中国传统文化，善于从中华优秀的传统文化资源中寻求营养，获取资源。要放眼未来，就不能忘记本来。只有扎根于博大精深的中国传统文化，才能汲取丰硕的学术营养，并构建具有自身特质的学科体系、学术体系与话语体系。同时，法学理论要体现时代性，要与时俱进。社会在不断发展，理论也要随之不断创新、丰富和发展。尤其是我国正处于空前广泛深刻的社会变革时期，理论研究更需要总结实践的经验成果，并经过实践检验，从时代出发，发出时代之声。

三、坚持立足实践、服务实践，把法律人才实践培养的“台子”搭得更宽

习近平总书记指出，要打破高校和社会之间的体制壁垒，将实际工作部门的优质实践教学资源引进高校，加强法学教育、法学研究工作者和法治实际工作者之间的交流。这为我们法学教育人才培养模式的完善指明了方向。法律科学是应用性很强的社会科学，法学教育理应重视实践教育。法律人的重要工作就是面对各类社会矛盾和纠纷，处理这些矛盾和纠纷，这就要求法科学生要具有严密的逻辑、扎实的文字水平和较强的口头表达能力，具有准确陈述法律事实、寻找甄别法律证据、适用法律的实际应用能力，具有与他人进行有效沟通的能力，因此，准确、精练的表达是法律职业者必须具备的职业技能素质。高素质法治人才，不在于能够记忆多少法条和经典，而在于能够掌握多少正确运用法律、公正解决纠纷的本领；不完全在于依靠课堂、图书馆、网络获取知识，而在于通过多位一体的实践学习，活学活用，准确分析事实，解决矛盾纠纷。

加强法学教育中的实践教学，首先要按照总书记所说的加强高校与法律实务部门的结合。推进人员互聘，鼓励教师到实务部门挂职，聘请校外导师，邀请实务部门人员到学院开坛设讲，强化理论和实践部门的结合。其次要进一步完善课程体系、教学方法。增加案例教学，编写高质量的案例教材，办好模拟法庭、法律诊所，鼓励学生参与辩论式教学和辩论大赛。努力提高学生的法律诠释能力、法律推理能力、法律论证能力以及探知法律事实的能力。再次要与实务部门深度合作，建设高质量的实践基地。加强第二课堂教学，鼓励学生参与实践，重视并支持学生参加实践活动，积极开展覆盖面广、参与性高、实效性强的专业实习，引导学生勤于实践、知行合一，在实践中获得知识、运用知识，将理论知识与社会实际相结合，培养学生学有所用的实践精神。应当促进法学教育与法律职业的深度衔接，努力促进学以致用。总之，法学教育应当按照总书记所提出的要求，进一步深化改革，把培养法治创新人才作为突破口，努力提高人才培养质量，实现法学教育与法律职业化和专门化建设的良性互动，培养、造就一大批坚持中国特色社会主义法治体系的法治人才和后备力量。

（作者系中国人民大学常务副校长、教授；原刊载于《中国高校社会科学》2017年第4期）

文明理念的价值意蕴和培育路径

郝立新

文明是现代民族发展和社会进步的总体表征。在现代社会中，无论是个人还是群体，无论是公民还是民族，心中都怀有一定的价值企盼。在传统与现代、民族与世界之间冲突和交融并存的现代化进程中，文明的理念越来越在人们的价值观念中凸显。在中国特色社会主义事业进程中，文明理念日益渗透到社会的各个领域，普遍存在于人们对社会发展的理解和阐释中，已然成为当今最具影响力并占主导地位的一种价值理念。

文明具有丰富的内涵。与野蛮状态相对立，文明意味着开化和进步。与人类历史发展进程相对应，文明表征着人类进化的一定阶段和历程。与世界上不同民族、不同地域的社会生活相联系，文明代表着样态各异的文化存在体。作为一种社会发展的价值目标，文明承载着人们美好的理想追求。作为社会主义核心价值观的文明理念，它既具有人类文明所蕴含的一般内容，又具有社会主义制度和运动所赋予的特质。从一般意义上说，文明是同一定的国家或民族相联系的社会进步状态。对文明的向往和追求，体现了特定主体的利益诉求，构成了一定社会主体前进的力量。由于文明同一定的国家、民族、社会、公民等主体的发展状态相联系，其意义是多方面的。对于国家或民族而言，文明既是一种内在的力量，也是一种外在的形象；对于社会而言，文明既是一种温馨的氛围，也是一种清新的风气；对于公民而言，文明既是一种高雅的品质，也是一种得体的举止。

要理解社会主义的文明理念，必须首先了解建立在马克思主义历史观基础上的文明观，了解文明的丰富内涵和文明的历史进程。

一、文明是人类追求的社会进步状态

文明观念虽然体现了人们对美好社会和人生的向往，但它却是建立在对社会发展客观进程的理解之上的。翻开一部文明史，无论是东方的还是西方的，呈现在人们眼前的，无一不是一定社会的农耕、工艺、科学、艺术、思想、制度、行为的演进或变化的历史。

一定的文明观同一定的历史观相联系。马克思主义的文明观是建立在唯物史观基础上的。文明是标志社会的进步程度和开化状态的社会历史范畴。社会进步是人们在认识和改造世界进程中所取得的对人类自身具有积极意义的成果的不断增加或积累。文明的发展是同物质生产方式的进步和社会形态的变化紧密联系的。在历史上，曾经相继出现过奴隶制文明、封建制文明、资本主义文明和社会主义文明等文明时代。美国人类学家摩尔根在《古代社会》一书中曾经把人类历史分为三个时代：以采集天然物为主的“蒙昧时代”，以驯养动物和种植植物为特征的“野蛮时代”，以提供剩余生产物并开始积累财富为标志的“文明时代”。恩格斯肯定了这种历史划分，认为真正的文明时代开始于体力劳动与脑力劳动分离、阶级对立和阶级产生以后的阶级社会。奴隶制文明是真正文明时代的开端。世界上许多文明古国，如中国、埃及、巴比伦、印度、古希腊、古罗马等，都在奴隶制社会产生过光辉灿烂的古代文化。正如恩格斯指出的那样：“只有奴隶制才使农业和工业之间的更大规模的分工成为可能，从而使古代世界的繁荣，使希腊文化成为可能。没有奴隶制，就没有希腊国家，就没有希腊的艺术和科学；没有奴隶制，就没有罗马帝国。没有希腊文化和罗马帝国所奠定的基础，也就没有现代的欧洲。”① 封建制文明比奴隶制文明前进了一大步。封建制的生产关系比奴隶制生产关系更能激发劳动者的积极性。这一时代的科技教育文化也有了较大发展。例如，在中国诞生了四大发明。虽然这一时期的封建思想在很大程度上具有反理性、反民主、反人民的特性，但也在一定程度上反映了社会统一安定的需

① 中共中央马克思恩格斯列宁斯大林著作编译局．马克思恩格斯全集：第26卷［M］．北京：人民出版社，2014：189.

要，并在封建社会上升时期具有历史进步性。此外，劳动人民群众反对封建地主阶级统治的革命斗争精神，维护国家统一和民族团结的爱国主义精神，以及在人民群众中形成的各种美德传统等等，都构成了这一时代思想文化中的积极因素。资本主义社会创造的文明是私有制社会中文明发展的高峰。资本主义创造了前所未有的物质生产力，开辟了世界市场，促进了科学文化教育的迅速发展，资产阶级提出了反映商品交换和商品经济发展要求与适应反对封建统治需要的“自由”“平等”“博爱”等口号。

但是应当明确，奴隶制、农奴制和雇佣劳动制，是“文明时代的三大时期所特有的三大奴役形式”[①]。这三个时期的文明都是以阶级对抗为基础的。劳动人民虽然创造了光辉灿烂的物质文明和精神文明，却不能公平、自由地享受这些文明成果。

社会主义文明是人类文明发展的崭新阶段。按照马克思主义经典作家的设想，社会主义社会建立了以生产资料公有制为基础的经济制度，消灭了剥削制度和剥削阶级，从而结束了文明在阶级对抗中发展的历史，为文明的发展开辟了广阔的空间。从社会发展的趋势看，社会主义文明是比资本主义更高阶段的文明，这不仅表现在要创造出高于资本主义的物质文明，而且表现在要创造出高于资本主义的精神文明，并使这些文明成果最大限度地为广大人民群众所享有。毋庸讳言，由于各种错综复杂的历史原因，现实中的社会主义都不是在发达的资本主义国家基础上产生的，而是在经济文化相对落后的国家首先实现的，因而在这种条件下物质文明和精神文明建设任务艰巨、道路曲折。在社会主义和资本主义两种制度并存的条件下，跨越资本主义充分发展阶段这一“卡夫丁峡谷”而进入社会主义的国家，应当充分吸收和利用包括资本主义文明在内的全人类一切优秀文化成果，以促进社会主义文明更好更快地发展。社会主义社会的文明，同历史上各个阶段的文明成果有着继承关系，但同时也存在本质的不同。特别是由社会主义基本制度决定的生产关系和思想体系同以往私有制社会条件下的生产关系和思想体系之间存在本质区别。另外，以往私有制条件下文明的发展往往是通过阶级对

---

① 中共中央马克思恩格斯列宁斯大林著作编译局．马克思恩格斯选集：第4卷［M］．北京：人民出版社，2012：193.

抗来实现的；而社会主义制度本质上要求在消除阶级对抗、实现社会和谐中实现社会进步。

社会不断进步，文明不断发展，这是人类历史的必然趋势。当人们认识和把握了这一趋势，就会形成对文明的自觉向往和追求。

需要指出的是，文明不是抽象的。当我们从社会发展过程和现实生活中来理解一定社会的文明时，就不能仅仅看到文明作为社会进步状态的方面，还要进一步理解文明所具有的社会制度属性。要清楚地看到，社会主义文明与资本主义文明之间存在的制度性的本质区别。马克思和恩格斯在《共产党宣言》中既指出了人类文明发展的连续性，又揭示了资本主义文明与未来共产主义文明之间的本质区别。资产阶级"把一切民族甚至最野蛮的民族都卷到文明中来了。……它迫使一切民族——如果它们不想灭亡的话——采用资产阶级的生产方式；它迫使它们在自己那里推行所谓的文明，即变成资产者。一句话，它按照自己的面貌为自己创造出一个世界"[①]。资本主义文明是建立在资产阶级和无产阶级对抗基础上的，建立在资产阶级剥削无产阶级的制度基础之上的。"资本来到世间，从头到脚，每个毛孔都滴着血和肮脏的东西。"[②] 这句名言在一定意义上也可以用来说明资本主义文明的产生。随着资本主义文明所赖以生存的资本主义生产方式内在矛盾的发展和加剧，资本主义就会陷入"社会上文明过度"的危机，即一方面工业和商业太发达导致物质财富太多，另一方面又陷于"社会所拥有的生产力已经不能再促进资产阶级文明和资产阶级所有制关系的发展"的困境。在马克思主义创始人看来，未来共产主义社会是建立在消灭私有制和剥削基础上的、生产力高度发达的、人自由全面发展的文明社会。根据《哥达纲领批判》对共产主义社会阶段的划分，社会主义文明应该是共产主义文明的低级阶段，是消除了资本主义社会中的阶级对抗和剥削制度的文明，是高于资本主义文明的新型文明，是向共产主义这一更高文明状态迈进的文明。

---

① 中共中央马克思恩格斯列宁斯大林著作编译局．马克思恩格斯文集：第2卷［M］．北京：人民出版社，2009：35－36.

② 中共中央马克思恩格斯列宁斯大林著作编译局．马克思恩格斯文集：第5卷［M］．北京：人民出版社，2009：871.

二、中国特色社会主义文明理念的内涵及其发展

在中国特色社会主义现代化进程中，始终贯穿着文明的理念。这种文明理念，既是对中国道路及其实践进程的反映，也是对马克思主义文明观的发展。

文明理念始终存在于中国特色社会主义的价值目标中，其内涵也随着社会实践的展开而不断丰富。在当代中国，文明理念与社会主义制度相结合，并逐步得到丰富和发展。主要体现在以下方面：

首先，物质文明和精神文明是社会文明的两项基本内容。社会主义不仅要有发达的物质文明，而且要有先进的精神文明，这已经成为社会共识。改革开放之初，邓小平在提出大力发展生产力的同时，特别强调精神文明的重要性。“社会主义制度的优越性表现在它的文化、科学技术水平应该比资本主义发展得更快、更先进，这才称得起社会主义，称得起先进的社会制度。”[①] “我们要建设的社会主义国家，不但要有高度的物质文明，而且要有高度的精神文明。所谓精神文明，不但是指教育、科学、文化（这是完全必要的），而且是指共产主义的思想、理想、信念、道德、纪律，革命的立场和原则，人与人的同志式关系，等等。”[②] 这里所说的精神文明，主要包括科学文化和思想道德两个方面。社会文明既包括物质文明，也包括精神文明，如果缺少任何一个方面，社会都是畸形的，不可能健康发展。一部人类发展史，是财富创造的物质文明发展史，更是人类文化传承的精神文明发展史。物质文明和精神文明相互制约、相互促进，两手抓，两手都要硬，这是我们在社会主义改革和建设中深刻体会到的社会文明建设的基本规律和基本要求。

其次，建设“文明”国家是中国特色社会主义建设的重要目标。建设富强民主文明和谐的社会主义现代化国家，是近代以来中国社会发展的必然要求和中华民族的共同愿望。中国共产党在领导中国人民进行革命和建设的各个时期，始终把建设文明国家当作自己的价值诉求。毛泽东在革命年代就指出，我们“不但要

① 中共中央政策研究室．邓小平思想年编：1975—1997［M］．北京：中央文献出版社，2011：72.

② 邓小平．邓小平文选：第2卷［M］．北京：人民出版社，1994：367.

把一个政治上受压迫、经济上受剥削的中国，变为一个政治上自由和经济上繁荣的中国，而且要把一个被旧文化统治因而愚昧落后的中国，变为一个被新文化统治因而文明先进的中国"[①]。在社会主义建设时期，特别是改革开放后的党的重要文件中，建设富强民主文明的国家这一重要目标多次被提及。党的十三大明确了"三步走"的现代化建设战略部署，并且提出了包括经济富强、政治民主、精神文明在内的"三位一体"的现代化建设总体格局。2006年党的十六届六中全会审议通过的《中共中央关于构建社会主义和谐社会若干重大问题的决定》，第一次在党的正式文件中提出要"建设富强民主文明和谐的社会主义现代化国家"。从上述情况看，"文明"主要是指与经济、政治相对应的文化的进步，或者说是精神文明。但需要指出的是，在中国特色社会主义的总体建设中，"文明国家"的内涵很丰富，不仅限于精神文明或文化建设，还体现在其他领域或方面。

再次，文明理念是一个包含社会全面进步和人的全面发展的总体性范畴。随着中国特色社会主义事业的发展和实践的深化，文明的内涵也在丰富和发展。一是表现在突破了仅仅把文明划分为物质文明和精神文明的认识，提出了政治文明、生态文明等重要概念；指出建设生态文明是关系人民福祉、关乎民族未来的长远大计；提出要走生产发展、生活富裕、生态良好的文明发展道路；科学倡导健康文明的生活方式；等等。二是把文明建设同行业和区域建设结合起来，提倡文明司法、文明执法、文明行医，提出建设文明城市、文明村镇等口号。三是把文明建设同社会救济、社会援助等社会事业结合起来。"尊重妇女，保护妇女，是社会进步的一个重要标志，是文明社会应有的法律规范和道德风尚。"[②]"对残疾人这个社会脆弱群体给予帮助，是社会文明进步的标志。"[③]文明社会应该充分体现对老弱病残、鳏寡孤独等弱势群体的人文关怀。由上可知，不能仅仅从"精神文明"含义的角度去理解社会主义文明理念的内涵，而应该从更宽广的社会全面进步和人的全面发展的理想状态和价值诉求去理解文明的价值意蕴。

---

① 毛泽东．毛泽东选集：第2卷［M］．北京：人民出版社，1991：663.

② 江泽民．江泽民文选：第1卷［M］．北京：人民出版社，2006：107.

③ 同②648.

三、培育文明理念的基本路径

文明理念的树立或养成是文明建设的重要方面，需要做到如下几点：

第一，要确立正确的文明观。即全面认识文明发展的特点，把握文明发展的规律。文明作为标志社会进步状态的概念，具有科学的维度和价值的维度。从衡量社会进步、时代发展的角度看，文明蕴含着社会发展进程的规律和客观水平，与物质生产这一社会基础相联系，具有客观的尺度；而从一定社会主体的需要看，文明的确又是一个价值范畴，反映人们的愿望，与一定的精神文化特别是价值观相联系，具有主体的尺度。如同对社会进步的评价既是一个科学的问题又是一个价值的问题一样，对文明的评价也包含着科学因素和价值因素。文明发展包含着科学与价值的矛盾。例如，科学技术的发展并非总是与人的发展相一致，如果前者的发展或运用不当就会给人和社会的发展带来消极影响；片面追求经济发展、过度开发或利用自然资源，会造成环境的破坏和人类生存环境的恶化；物质财富的增长并不必然带来广大人民群众的幸福的增长；等等。我们一方面要看到物质文明是精神文明的基础，另一方面要看到物质文明并非必然带来精神文明，物质富裕并非必然带来社会全面进步和人的全面发展。因此，我们要把是否实现社会的全面进步和人的全面发展作为衡量文明与否的根本标准，即作为检验生产方式、生活方式、社会行为、社会制度、社会风气是否文明的根本标准；要自觉地认识和推进物质文明、政治文明、精神文明和生态文明的协调发展。

第二，要在民众中灌输和培育文明意识。文明意识的培育要落细落小落实，需要接地气，在民众中扎根。文明意识关乎民族的精神状态，关乎民族的兴衰成败。在历史的长河中，许多一度领先世界、盛极一时的民族和文化衰落了，有的甚至消失了。中华民族正是凭借伟大的民族精神，历经磨难而不衰，饱尝艰辛而不屈，千锤百炼而愈加坚强。这种精神正是文明的精华。当代文明意识包含着人文精神、科学精神、创新精神，当这些精神融入到我们的民族精神中，就会迸发出极大的活力，成为推动我们民族生生不息的不竭动力。公民的文明素质如何，不仅直接影响自己的形象，而且直接影响民族的形象、国家的形象。公民的文明素质提高了，就会促进社会文明风气形成，提升民族和国家的形象。

第三，在建设文化强国过程中培育和践行文明理念。建设社会主义文化强国，是我们伟大民族复兴之中国梦的重要方面，是全面建成小康社会的重要内容之一。从一定意义上说，建设社会主义文化强国之路，就是建设文明国家之路。建设社会主义文化强国，关键是增强全民族文化创造活力，激发和提高文化建设主体的积极性和创造性，进而提升文化观念、文化活动、文化产品的内在品质和创新性，开创全民族文化创造活力持续迸发、社会文化生活更加丰富多彩、人民基本文化权益得到更好保障、人民思想道德素质和科学文化素质全面提高、中华文化国际影响力不断增强的新局面。只有亲身投入建设文化强国的伟大实践中，才能更好地体悟文明理念实现的过程，加深对社会主义文明建设进程的理解。

第四，要在传统与现代、民族与世界的联系中开拓文明的视野。人类文明进程中始终存在传统与现代、民族与世界的矛盾。中华民族在五千年的历史中创造了绵延不绝、辉煌灿烂的中华文明，为世界文明做出了伟大贡献。我们既要牢记优秀传统文化这个根，不忘民族文化的本，又要适应现代化进程的新变化和新时代的需要，返本开新，实现对传统文明的创造性转化和创新性发展。在经济全球化不断扩展、世界交往日益频繁的今天，在本民族文明和世界上其他文明交流交融的过程中，应该尊重文化的多样性、差异性。世界各种文明应该而且可以长期共存、求同存异，在比较和竞争中取长补短，共同发展。“文明因交流而多彩，文明因互鉴而丰富。文明交流互鉴，是推动人类文明进步和世界和平发展的重要动力”[①]。传承优秀传统文化，借鉴世界文明成果，是当代中国文明发展不可或缺的重要资源和动力。

在今天错综复杂的国内外环境中，我们也要看到，在文化交流中还存在着思想观念的交锋，在尊重差异、包容多样中也要做到抵制错误思潮。

（作者系中国人民大学校长助理、马克思主义学院院长、哲学院院长、教授；原刊载于《思想理论教育导刊》2015年第10期）

---

① 习近平．习近平谈治国理政［M］．北京：外文出版社，2014：258.

习近平对高校思想政治工作解惑功能的全面阐述

刘建军

在全国高校思想政治工作会议上，习近平总书记对高校思想政治工作的解惑功能作了集中阐述，指出："高校思想政治工作实际上是一个解疑释惑的过程，宏观上是回答为谁培养人、培养什么样的人、怎样培养人的问题，微观上是为学生解答人生应该在哪用力、对谁用情、如何用心、做什么样的人的过程，要及时回应学生在学习生活社会实践乃至影视剧作品、社会舆论热议中所遇到的真实困惑。"① 这段话内涵丰富、思想完整，值得我们认真领会、深入挖掘，并作出理论上的阐释。

一、用"解疑释惑"来界定高校思想政治工作的功能和职责

"高校思想政治工作实际上是一个解疑释惑的过程"，习近平总书记的这句话分量很重，实际上是用"解疑释惑"来界定高校思想政治工作的内在过程，将解惑作为思想政治工作的基本功能和职责。作为党和国家领导人，特别是作为党中央领导核心，习近平总书记明确作出这样的表述是非同寻常的，需要我们充分注意。尤其是，习近平总书记在这里使用了"实际上是……"这样的表述，更值得我们深思。"实际上"是相对于"表面上"而言的，通常用来表达一种更为深刻的判断。也就是说，从更深刻的意义上讲，思想政治工作是一项解疑释惑的工作。这样，就从前所未有的高度突出强调了思想政治工作的解惑功能和职责。

---

① 习近平首次点评"95后"大学生［N］. 人民日报，2017-01-03（2）.

从解疑释惑的角度来界定高校思想政治工作的功能和职责，要求在开展思想政治教育的过程中更加注重解疑释惑，这不是空穴来风，而是具有理论上的合理性、实践上的必要性和迫切性。

首先，正面引导与解疑释惑是同一个教育过程的两个不可分割的方面，如果缺少了解疑释惑，教育过程就是不完整的。从一般意义上讲，教育过程当然可以说是一个正面灌输和正向传播的过程，是教育者把一定的思想政治品德和知识技能传授给受教育者的过程，是对受教育者的成长成才进行引导的过程，但是，这个过程不是一个简单灌输的过程，而是一个解疑释惑的过程。在教育过程中，受教育者不可能没有一定的疑问和困惑，而解答这些困惑是教育过程中非常重要的方面和任务。比如，在我们日常教学活动中，除了“讲授”之外，总是需要有“答疑”环节。如果只是一味地正面传授，而不注意解疑释惑，那至少是不全面和不完整的，而且也是缺少深刻性和针对性的。

“解惑”总是与“传道”“授业”联系在一起的。唐代韩愈《师说》中提出：“师者，所以传道授业解惑也。”这实际上是从教师职责的角度提出了正面传授与解疑释惑的关系问题，并作了深刻的回答。传道、授业指的是正面传授，而解惑则是从反面即从问题视角加以补充和强调。按通常的理解，如果要谈论教育或教师，似乎只讲“传道”“授业”就够了，因为这两条已经把品德培育和业务传授、做人和做事都讲完了，不必再作另外的补充。但韩愈显然觉得只从正面讲“传道”“授业”还意犹未尽，于是再加上“解惑”这一项，与前二者并列，以突出这个方面的相对独立性和重要性。这是一种十分深刻的教育思想。

其次，在坚持正面传授的基础上更加注重解疑释惑，是增强思想政治工作问题意识和提高教育教学针对性的迫切要求。坚持正面教育和引导，是党在新时期思想政治工作的重要原则，从邓小平到习近平对此都有所论述，但他们同时也强调要增强针对性，解答人民群众中产生的思想困惑。特别是党的十八大以来，习近平总书记多次强调宣传思想工作要“解疑释惑”。2013年11月19日，习近平总书记对学习贯彻十八届三中全会精神中央宣讲团动员会作出重要批示，指出：“宣讲的关键是要联系实际、研机析理、解疑释惑。”2013年11月24—28日，习近平总书记在山东考察时再次强调，宣讲三中全会精神，“要联系实际、研机析理、解疑释惑”。2015年12月25日，习近平总书记在视察解放军报社时指出：

“要坚持问题导向，抓住涉及强军兴军的战略问题、制约部队发展的瓶颈问题、官兵关心关注的现实问题，做好正面引导、解疑释惑工作。”从这一论述中可以看到，习近平总书记谈到了“正面引导”和“解疑释惑”两个方面，将两个方面结合起来加以论述，并根据时代需要强调“问题导向”和“解疑释惑”，给我们以深刻启示。

再次，之所以强调解疑释惑，是由当代社会中人们的思想状况决定的。人是会思考有理性的动物，面对着生活和社会中的各种问题，总会产生一定的困惑。特别是在开放多样的社会环境中，在急剧转变的社会现实里，人们的思想困惑就更多，也更加深刻复杂。从党的思想政治工作历史上看，以前的各个时期也都有那时的思想困惑和解疑释惑的工作，但相对来说都不如人们在改革开放新时期所遇到的思想困惑那样多而复杂。改革开放，从一定意义上说它是路线方针政策上的重大转变和调整，必然会触动人们的利益格局，改变人们的工作方式、生活方式和思想观念，从而在人们头脑中引发各种各样的疑问。不仅有个人生活层面的困惑，也有社会现实层面的困惑；不仅有政策层面的困惑，也有理论层面的困惑。为了增强思想政治工作的针对性和实效性，就必须积极面对和及时回应人们的思想困惑，更加注重解疑释惑的工作。

最后，突出强调解疑释惑，也是由高校思想政治工作的特点所决定的。高校是知识分子汇集的地方，而知识分子总是对问题有更多的思考，从而有更多的困惑，也就有解脱于困惑的更强烈的需要。这里不仅聚集着不同年龄、不同学科和不同工作岗位的大批教育工作者，而且汇聚着大量青年学生，他们正处在人生发展的关键阶段，思想敏感独立，接触信息多，因而必然会遇到许多思想认识上的困惑。特别是在信息技术高度发展的今天，大学生们通过网络了解世界、表达自我，而网络本身又会把问题加以放大。另外，不仅学生有困惑，教师也会有困惑，而且这两个方面的困惑相互影响。在师生的思想互动过程中，一方面可以自然地消解某些思想困惑，但另一方面也可能使困惑增长。学生中的思想困惑可以带给教师，教师的困惑也会感染学生。因此，对高校师生来说，解疑释惑更为重要。高校思想政治工作，不仅要面向大学生解疑释惑，而且要面向青年教师解疑释惑，并且把二者结合起来，共同发挥作用。

二、从宏观和微观双重视角阐述高校思想政治工作的解惑功能

习近平总书记对高校思想政治工作解惑功能的论述，不是像人们通常所想的那样，首先和主要的是从教育对象即学生的角度，从人生的微观上去谈困惑和解惑，而是先从宏观讲起。他说，思想政治工作宏观上是回答为谁培养人、培养什么样的人、怎样培养人的问题。这显然不是面向学生讲的，而是面向高校领导和教师讲的。这一提法不仅出人意料，而且寓意深远。不仅是面向学校领导和教师来讲困惑和解惑，而且让高校思想政治工作来为他们解答“为谁培养人、培养什么样的人、怎样培养人”这样重大而根本的问题。也就是说，高校思想政治工作首先要在宏观上从办学方向和育人理念的战略高度来解疑释惑。这就明显提升了高校思想政治工作的站位，赋予高校思想政治工作为我国高等教育事业的办学育人把定方向的历史重任。

首先，高校思想政治工作要解答“为谁培养人”的问题。习近平总书记在高校思想政治工作会议上谈到我国高等教育的根本问题时，首次在“培养什么样的人”和“怎样培养人”之外新增加了“为谁培养人”这一表述。其实，这并不是新问题，它原来是包含在“培养什么样的人”的表述中的，但这次把它单列出来，表明了它的极端重要性。“为谁培养人”的问题是办好社会主义高校首先需要明确和解决的重大问题。我们的高校是社会主义的大学，就是要为党和人民培养人才，为中国特色社会主义事业培养合格建设者和可靠接班人。这是育人目的问题，标志着社会主义大学的政治立场和办学方向，高校领导和教师首先要在思想上明确这一点，不能有丝毫困惑、含糊和动摇。只有在此基础上才能去解决“培养什么样的人”和“怎样培养人”的问题。

其次，高校思想政治工作还要解答“培养什么样的人”的问题。如果说“为谁培养人”是指育人目的，那么“培养什么样的人”则是指育人目标。目标是目的的体现和要求，来源于和奠基于育人目的，但又不完全等同于育人目的，而是更加具体化。简单地说，我们的育人目标就是要培养有理想、有道德、有文化、有纪律的人，培养德、智、体、美各方面全面发展的人。对于这样的育人目标，人们一般来说是没有大的疑问的，但这并不是说在此问题上没有丝毫的困惑。比

如在大学生素养构成上，德与智的关系问题，德本身所包括的内容问题，特别是德育的地位和作用问题，都有人存在着认识上的困惑和不足。高校思想政治工作也应该在这个问题上为某些教育者解疑释惑。

最后，高校思想政治工作还要解答“怎样培养人”的问题。这是育人的方法论问题，是具体操作问题。它涉及方方面面的教育方法和途径，难以简单地或单一地加以回答和规定。特别是许多业务方面的方法问题，是需要广大教育工作者根据教育教学的规律和要求来设计和安排的。但这并不意味着“怎样培养人”的问题与思想政治工作无关，或思想政治工作不能在这个问题上起到解疑释惑的作用。事实上，思想政治工作在此问题上是能起到重要作用的。因为“怎样培养人”的问题，并不仅仅属于操作技术方面的问题，也包括怎样育人的理念和原则问题，而这正是高校思想政治工作需要关注的问题。比如德育工作的加强与改进，育人过程中理论与实践的统一，教书与育人的统一，思想政治理论课与专业课的同向同行等，都是这方面的重要理念和原则。这些问题的解答，对于高校领导者和教育工作者做好自己的工作是十分有益的。

习近平总书记在论述了宏面层面的解惑功能后，转向微观层次，论述了面向大学生来解答他们人生困惑的问题。他明确指出，思想政治工作，在“微观上是为学生解答人生应该在哪用力、对谁用情、如何用心、做什么样的人”① 的过程。这一论述可以概括为“三用一做”，它明确了为“学生”解惑的基本任务。“三用一做”是关于大学生做人的总体概括，包括“做什么样的人”和“怎样做人”两个基本方面。其中，前面的“三用”问题，即在哪用力、对谁用情、如何用心的问题，讲的是怎样做人，而后面的“一做”就是“做什么样的人”。

对于习近平总书记关于“三用”的提法，要从整体上去理解。可以说，它是分别从认知、情感和意志三个方面对大学生的人生困惑作了概括。其中，“用力”指的是意志和行为，“用情”是情感，“用心”是认知。这三个方面正涵盖了心理学上讲的认知、情感、意志三个领域。因此，如果借鉴心理学上的顺序，那么“三用”也可以倒序表达，即“用心”、“用情”和“用力”。这三者涉及人生领域的基本方面，全面触及当今大学生的人生困惑，包括思想认识上的困惑、情感投

① 习近平首次点评“95后”大学生［N］. 人民日报，2017-01-03（2）.

入上的困惑、行为追求上的困惑等。另外需要注意的是，这里的“用心”不应只是理解为认知领域的知识学习，还应该进一步理解为“心灵世界”和“心灵生活”，即理想信念。它深入人的内心世界的深处，涉及人的价值观和理想信念。从一定意义上说，大学生的人生困惑，其中最深刻最重要的还是在理想信念方面的困惑。

除了对“三用”做整体把握，还可以对其分别做更具体的分析。“在哪用力”的问题，实际上是人生目标和人生奋斗的着力点问题。高校思想政治工作应该帮助大学生认清自我，找到奋斗的方向和目标。“对谁用情”的问题，实际上是人生价值取向与情感取向的问题，是情感对象的问题。这里既包括在爱情追求方面产生的情感困扰，也包括对父母、朋友、同学的用情问题，还包括对社会、国家的用情问题。这些方面的情感生活是当代大学生人生中很重要的方面，许多难以解脱的困扰往往是在这些领域中出现的。思想政治工作应该关注他们的情感生活，帮助解决他们的情感困扰。“如何用心”的问题，则是一个正确对待学习生活和心灵生活的方法论问题。在这方面，思想政治工作同样也可以向大学生们提供相应的建议和帮助。

总之，习近平总书记提出的“三用一做”具有重要的理论指导意义。“三用一做”全面涵盖了知情意信行五个方面，并形成了完整的表述。它虽然是从人生困惑的角度首次提出来的，但它事实上是揭示了人生的基本领域和基本问题；它虽然是从大学生的角度讲的，但它不限于大学生，而是适用于所有的人。

三、全面分析当代大学生思想困惑的多重起因

思想困惑的产生都是有原因的，如果不能找出产生困惑或加深困惑的特定原因，就难以真正弄清大学生思想困惑的真相和实质，也就难以帮助他们解除困惑。习近平总书记不仅提出了高校思想政治工作的解惑任务，分析了大学生人生困惑的主要方面，而且进一步揭示了大学生思想困惑的多重起因。他指出，要及时回应“学生在学习生活社会实践乃至影视剧作品、社会舆论热议中所遇到的真实困惑”。这是对当代大学生思想困惑产生原因和条件的深刻揭示。

习近平总书记对当代大学生思想困惑起因的分析，主要包括以下五个方面：

一是在学习中遇到的困惑。学习是大学生的主要任务，也是一项十分繁重的任务。它既包括思想品德方面的学习，也包括专业知识方面的学习；既包括书本知识的学习，也包括实践能力的学习；等等。在这些方面的学习中，不可避免地会产生一定的认识困惑。比如，学习态度方面的困惑、学习内容方面的困惑，以及学习方法方面的困惑等。如果这些困惑不能得到及时有效的解决，就必然会对学生的学习产生不利的影响。高校思想政治工作应该帮助学生去解决这些问题。

二是在生活中遇到的困惑。学生在日常生活中也会产生和遇到许许多多的困惑和困扰。比如家庭经济条件的问题，生活自理能力的问题，交往与情感方面的问题等。特别是刚刚入学不久的新生，由于是初次离开父母而独立生活，因而在生活自理和适应大学校园生活方面会遇到一定的困难，从而影响到情绪和思想，产生一定的困惑。而且，这里所说的“生活”并不限于大学生在校园中的日常生活，也包括他们对社会生活的感知和参与。大学校园不是封闭的，社会生活中的许多问题也会反映到校园中，从而把社会上人们的困惑带进校园，引起学生们的困惑。对于这些问题和困惑，高校思想政治工作不能掉以轻心。

三是在社会实践中遇到的困惑。大学阶段的学习不仅是书本和课堂上的学习，还包括参加一定的社会实践活动。比如课外实践教学活动和实习活动，勤工俭学活动，参观考察活动和社会服务活动，等等。适当参与社会实践活动对于进一步印证和掌握所学知识，对于锻炼工作能力是十分必要的。而且组织良好的社会实践活动也有助于解答学生的思想困惑。但是，社会实践本身也是庞大而复杂的，它包含着不同方面的社会内容，可能会对参与者产生不同的影响。因而学生在社会实践活动中也会遇到和产生相应的困惑。其中就包括书本知识与实际操作不一致、理论答案与实践需要不符合的情况，以及在社会实践中遇到的新情况新问题。高校思想政治工作在组织社会实践活动时，要精心组织和安排，并加以思想认识上的引导。

四是在影视作品中遇到的困惑。青年学生都喜欢影视作品，这不仅是一种娱乐和休息，也是文化学习和社会学习的重要方式。影视作品是社会生活的反映和反思，其中必然包含着人们在社会生活中的困惑、矛盾以及冲突。正是这些矛盾和困惑推动着故事情节的展开。而且学生所接触到的影视作品是十分庞杂的，其中包括许多来自国外的影片。由于国情的不同，特别是价值体系的不同，国外的影视作品包含的国外价值观念有可能引发学生思想中的价值观冲突。尤其是有的国家以影视作品作为价值观渗透和输出的重要工具，更应该引起我们的警觉。高校思想政治工作也应该在这方面对大学生给以必要的引导。

五是在社会热议中遇到的困惑。当今大学生是关心社会现实的，他们会自发地关注社会热点问题。因而，社会热议也成为影响学生思想情绪的重要来源和途径。特别是由于网络的发达，在全国各地甚至世界各地所发生的事情都会瞬时呈现出来，其中有些事件正好触动社会敏感问题和人们的神经，从而形成舆论热议。这些热议由于其中既有真实事件，又有夸大渲染，再加上五花八门的议论，可能会误导社会舆论，对学生产生不良影响，带来某些思想困惑。因此，引导学生正确看待和对待社会热点，也是高校思想政治工作的重要任务。

通过对上述困惑来源的考察，我们大体上可以了解当今大学生思想困惑的基本情况，包括来源、类别、特点和影响等，这无疑将有助于高校思想政治工作有针对性地做好解疑释惑工作。

四、明确提出“及时回应”大学生“真实困惑”的工作要求

习近平总书记在对大学生的困惑做了比较全面的分析后，对高校思想政治工作者提出了工作要求。要求他们“及时回应”大学生在各方面遇到的“真实困惑”，以提升思想政治工作的亲和力和针对性。贯彻落实习近平总书记的这一要求，我们需要做好以下方面的工作：

首先，要坦然面对学生的思想困惑。要认识到，任何一个人在学习、生活和工作中都会产生一定的思想困惑。世界本身充满着矛盾，而矛盾本身反映到人的头脑中就会导致困惑。特别是由于社会生活的丰富性和多样性，由于人生际遇的偶发性和复杂性，也由于个人与社会、理论与实践、理想与现实之间的张力等，当今大学生产生一定的思想困惑是很自然、很正常的。相反，如果在复杂的社会生活面前什么困惑和疑问都没有，那反而不正常。因此，我们要坦然地承认这一点，冷静地面对这一问题，既不否认它，也不回避它，而是把它当作思想政治工作的起点。而且要以更加积极的态度来从事解惑工作，认识到学生有困惑并不是

坏事，说明学生已经有了自己的思考，而当解除了困惑之后就是更高层次的认同。可以说，困惑就是矛盾，它是促进大学生进一步思考的动力，也是促进高校思想政治工作转型升级的推动力。

其次，要全面把握学生的思想困惑。思想困惑人人都有，但不同的人思想困惑可能是不一样的，而且即使是同一个人，在不同的时间和情况下，其思想困惑也会有所不同。因此，重要的是首先必须掌握学生真实存在的思想困惑，而不是教育者自己想当然地去寻找和认定某些困惑。习近平总书记强调解惑时说的是学生的“真实困惑”，这是十分重要的。要通过访谈、调查，特别是与学生的密切交往，来了解和掌握学生实际存在的各种困惑。包括困惑的来源、困惑的内容、困惑的多少、困惑的程度，以及困惑的影响等，对其做全面的了解和把握。只有这样，才能为下一步的解惑做好准备，有的放矢。

再次，要及时回应学生的思想困惑。发现学生有了困惑，就要及时地做出反应和回应。这种回应不一定就是立马解决，因为有些困惑的产生很复杂，解决也有相当的难度，并不是一下子就能找到正确的或最优解答的，因而有效的解答往往需要一定的时间。但是，我们在对待学生困惑的态度上则是要体现出回应的及时性。这种回应首先是一种态度上的回应，就是即时关注到学生的思想困惑，关注到学生在学习和生活中遇到的困难和问题，对他们表现出关心和厚爱，同时包括对某些困惑的试探性或尝试性解决。特别要注意的是，对于学生一时的困惑和疑问，不要轻易地或急于指责和批评，而是给他们以一定的同理心，站在学生立场上设身处地体会学生的感受，寻找产生困惑的真实原因。在此基础上再尽快地帮助他们分析问题和解决问题。

最后，要科学解答学生的思想困惑。学生有些日常生活中的困惑是比较容易得到解答的，只要澄清了基本的认识，提供了相关的知识，找到了解决问题的适当办法，一般来说思想困惑就会随之消失。但也会有一些思想困惑是比较深刻的，具有一定的理论性，解决起来难度较大。这就要求思想政治教育者不断提高自己的理论水平，真正担当起为学生解疑释惑的任务。特别是教师，要为别人解除困惑，自己首先要消除困惑。在当今社会，不仅学生会有思想困惑，领导和教师也并不是就一定没有困惑。因而，领导和教师首先要深入学习理论，在理论与实践的融通结合上下功夫，从深层次上真正解决自己的思想认识困惑，最终帮助学生有效解决思想困惑。总之，高校思想政治工作要以解惑为契机，促进学生思想进步和健康成长，也提升自身的亲和力、针对性和实效性。

（作者系中国人民大学马克思主义学院教授；原刊载于《思想理论教育导刊》2017年第10期）

发挥立德树人协同效应的着力点

张雷声

在全国高校思想政治工作会议上，习近平总书记强调，立德树人是教育教学的中心环节，要把思想政治工作贯穿于教育教学全过程，实现全程育人、全方位育人；思想政治理论课要坚持在改进中加强，提升思想政治教育亲和力和针对性，满足学生成长发展需求和期待；所有课堂都有育人功能，其他各门课都要守好一段渠、种好责任田，使各类课程与思想政治理论课同向同行，形成协同效应。学习总书记的讲话，使我们充分认识到马克思主义理论学科和思想政治理论课在发挥立德树人协同效应方面具有重要的使命担当。

发挥立德树人协同效应的着力点主要在于以下几方面：

第一，加强专业教育与思想教育的融合。马克思主义理论学科中的专业教育，主要是培养从事研究和教学的学术型人才，其生源来自人文社科各专业。由于本科阶段专业教育和思想教育存在一定程度的“一手软，一手硬”现象，加之在多元文化思想、市场经济逐利性、网络新媒体等的影响和冲击下，研究生面临的困惑不少，如果没有及时很好地进行引导，他们可能会从困惑走向麻木，甚至丧失信仰。这就需要在马克思主义理论学科的研究生教育中进一步加强专业教育与思想教育的融合。要让研究生热爱马克思主义理论专业，他们一旦真正掌握了马克思主义理论，思想的引领也就水到渠成了。“学高为师，身正为范”是著名教育学家陶行知先生的一句名言。教师必须以自身的“学高”与“身正”，去引领学生的真学、真懂、真信、真用，成为学生的镜子，成为塑造学生品格、品行、品位的“大先生”。

第二，加强知识教育与信仰教育的融合。思想政治理论课教学首先是知识教育，但是，思想政治理论课教学的目的是帮助大学生树立起科学的“三观”，提高他们的思想水平、政治觉悟、道德品质、文化素养，把他们培养成德才兼备、全面发展的人才，培养成中国特色社会主义的建设者、接班人。因此，思想政治理论课教学又是典型的信仰教育。在实际教学过程中，我们既不能把思想政治理论课教学当作单纯的知识教育，因为它的每门课程所具有的知识特征和要求，都承载着信仰教育的目的；也不能把思想政治理论课教学当作单纯的信仰教育，对大学生的思想引领必须通过进行知识教育才会具有有效性。要发挥立德树人的协同效应，就需要我们一方面把知识寓于实践和生活之中，让理论直面社会实践和生活实际，使学生能够在接受知识教育中领悟到思想的精髓和理论的真谛；另一方面，把知识放入发展过程中来考察，追本溯源、把握思路，使学生领略马克思主义思想的独特性和魅力。

第三，加强学科建设与课程建设的融合。这一融合对于思想政治理论课教学来说，所产生的效应必定是一加一大于二。实践已经证明了这一点。总书记在讲话中提到，要坚持不懈传播马克思主义科学理论，抓好马克思主义理论教育，为学生一生成长奠定科学的思想基础，并特别强调了建设好马克思主义理论学科和马克思主义学院的问题。这也说明，马克思主义理论学科必须和思想政治理论课一同肩负起立德树人的重任。学科作为课程的学理支撑，课程建设要有学科的理念和高度，这就要求我们在内容上做到学科的科研成果与课程的教学内容相融合，在主体上做到学科建设者与课程教学者相融合，在管理上做到加强马克思主义学院建设促进学科与课程相融合。只有这样，思想政治理论课在教学内容、教学思路、教学方法等教学各环节上，才会有改进和加强、有创新和提高。

（作者系中国人民大学马克思主义学院教授；原刊载于《解放日报》2017年3月24日）

把握高校思政工作科学方法论

侯衍社

习近平总书记在全国高校思想政治工作会议上的讲话，为我们做好新形势下高校思想政治工作提供了科学方法论。

第一，高校思想政治工作要因事而化、因时而进、因势而新，这是做好高校思想政治工作的方法论前提。

事物是不断运动变化和发展的，我们的思想和行动要想跟上事物变化发展的步伐，就必须随着客观情况的变化发展而不断改革创新。因事而化，就是要在深刻洞悉国内外形势、深刻认识高校思想政治工作肩负的历史重任的基础上，系统谋划好、精心安排好、认真实施好高校思政工作这盘关系中国特色社会主义事业长远发展的大棋，统筹安排好高校思政工作的总体布局、工作计划、实施步骤和各项措施。因时而进，就是要科学把握时代变化发展的新趋势新特征，深入研究和准确把握高校思政工作的规律性，与时俱进地把高校思政工作推向前进。因势而新，就是要积极适应新形势新要求，把握机遇，乘势而上，积极运用新思路新理念新方法，不断推动高校思政工作的改革创新，开创新局面。

第二，高校思想政治工作要遵循思想政治工作规律、遵循教书育人规律、遵循学生成长规律，这是做好高校思想政治工作的方法论原则。

高校思想政治工作是一门科学，必须以严谨科学的态度对待它，深入细致地长期探索和研究它，才可能真正把握其内在规律性。遵循思想政治工作规律，就要注意认真总结新中国成立以来我们开展思想政治工作的经验教训，坚持从不断发展变化的实际出发，坚持从受教育对象的实际情况和需求愿望出发，把解决思想问题和解决实际问题结合起来，把促进学生德与才全面发展结合起来，既不能脱离实际片面强调思想政治教育，也不能片面强调智育的培养，要把促进学生德智体美全面发展作为思想政治工作的出发点和落脚点。遵循教书育人规律，就要充分调动教师的积极性、主动性、创造性，充分尊重和发挥教师主导作用。作为思政课教师，要深入研究、系统掌握马克思主义理论，完整、准确地掌握中国特色社会主义理论体系，做到理论上清醒、政治上坚定，做到理论自信、研究自信、教学自信、育人自信，真懂真信真用真行马克思主义。要处理好教学和科研的关系，以扎实科研功底支撑有说服力的教学内容，注意改革创新教学方式方法。遵循学生成长规律，就要牢固树立以学生为本的理念，坚持贴近实际、贴近生活，密切关注，认真研究，准确把握学生学习、生活、情感和心理状况，尊重他们成长的特点和规律，热心帮助他们解决各种实际困难，全心全意帮助他们成长成才。

第三，高校思想政治工作必须不断改革创新，沿用好办法，改进老办法，探索新办法，这是做好高校思想政治工作的方法论保障。

高校思想政治工作是培养人的工作，必须随着形势发展变化，适时改革创新方式方法。这需要重点做好以下几个方面的工作。一是牢固树立全过程、全方位育人的新理念，破除一些人思想中存在的“思想政治教育是思政课老师的事情，与我无关”的错误观念，树立起“思想政治教育是大家的共同事业，我责无旁贷”的正确理念。二是不断推进体制机制创新。动员校内外一切人力资源，构建起全员、全过程、全方位育人的大格局，做到思想政治教育立体化、多层次、全覆盖。三是不断完善学科体系和教材体系，特别是要不断完善马克思主义理论学科建设，不断增强学科的科学性和教学内容的科学性、吸引力。四是不断改进课堂教学的方式方法，多采用互动式、启发式、讨论式等生动活泼的教学方式方法，鼓励师生互动，推动教学相长。五是有效利用新媒体新技术，充分调动学生参与的积极性。此外，要积极开展行之有效的社会实践活动，有效利用好各种文化资源等，不断提升高校思想政治教育的实际效果。

（作者系中国人民大学马克思主义学院教授；原刊载于《中国教育报》2017年5月4日）

在深化“四个正确认识”中提高大学生思想政治素质

王　易

在全国高校思想政治工作会议上，习近平总书记围绕提高学生思想政治素质，指出要教育引导学生正确认识世界和中国发展大势、正确认识中国特色和国际比较、正确认识时代责任和历史使命、正确认识远大抱负和脚踏实地①。“四个正确认识”具有深刻的科学性和现实性，与提高学生的思想政治素质有着内在的逻辑关系和直接的实践诉求。从正确认识世界和中国发展大势，到正确认识中国特色和国际对比，再到正确认识时代责任和历史使命以及正确认识远大抱负和脚踏实地，逐次展开、逐层递进，紧密联系、相得益彰，共同着眼于高校思想政治工作立德树人根本任务的实现，统一于“高校培养什么样的人、如何培养人以及为谁培养人”的根本问题。

一、正确认识世界和中国发展大势，坚定理想信念

正确认识世界和中国发展大势，从历史和现实的维度，勾勒出了“四个正确认识”的逻辑起点，它是提高学生思想政治素质的“方向标”，要解决的是理想信念问题。正确认识世界和中国发展大势，是促使学生在进行国际对比、认识中国特色中保持正确立场的前提，也是明确责任使命、践行信念抱负的时代背景。世界和中国发展大势，承载着历史，连接着现实。可以说，正确认识世界和中国

① 习近平在全国高校思想政治工作会议上强调：把思想政治工作贯穿教育教学全过程　开创我国高等教育事业发展新局面［N］. 人民日报，2016－12－09（1）.

发展大势贯穿于其他三个“正确认识”之中，它是分析世界发展规律和总结自身发展状况所得出的重要结论。其他三个“正确认识”能否真正实现，关键还是要看世界和中国发展大势这一逻辑起点是否得以准确定位和把握。

（一）辩证看待人类社会发展的必然性和曲折性

社会形态的更替变化刻画着人类社会发展的演进历程。社会形态是与一定阶段生产力发展相适应的经济基础和上层建筑的综合体。马克思从唯物史观出发，指出社会形态发展是一个自然历史过程，根据不同的标准，提出了“五种社会形态说”和“三种社会形态说”，从而揭示了人类社会发展的规律。“五种社会形态说”所依据的是生产关系的性质，而“三种社会形态说”则是根据人的发展和经济社会形态的关系划分的。虽然它们在表述和理论侧重点上有所区别，但共同反映了人类社会从低级向高级，从原始社会向共产主义社会发展的客观规律，也揭示了资本主义社会和之前的其他社会形态一样，是人类社会发展进程中的一个历史阶段，其被共产主义社会所取代是历史的必然。但是“无论哪一个社会形态，在它所能容纳的全部生产力发挥出来以前，是决不会灭亡的；而新的更高的生产关系，在它的物质存在条件在旧社会的胎胞里成熟以前，是决不会出现的”①。当今世界正处于急剧变革时期。自苏东剧变以来，世界社会主义运动陷入低潮，和平演进中夹杂着“别无选择”“终结”等各色话语，一度冲击、拷问着以中国为代表的社会主义制度国家。但是人类社会发展的规律是不以人的意志为转移的。资本主义社会周期性的经济危机以及生态危机、恐怖主义等全球问题的不断加剧，凸显了经济全球化和世界多极化的深刻变革。以美国为首的西方资本主义国家在缓和资本主义固有矛盾的基础上，虽仍具有较强的生命力，但不可否认中国日益在国际事务中承担更多的责任和义务，彰显了社会主义制度的优越性和生命力，“风景这边独好”，向世人宣告了以中国特色社会主义为根本的中国式成功之路正在走向世界、走向未来。

（二）准确把握中国发展的重要战略机遇期

进入21世纪，我们党在对国内外发展大势综合判断的基础上，明确提出

① 中共中央马克思恩格斯列宁斯大林著作编译局．马克思恩格斯文集：第2卷［M］．北京：人民出版社，2009：592.

“二十一世纪头二十年，对我国来说，是一个必须紧紧抓住并且可以大有作为的重要战略机遇期”①。党的十八大以来，以习近平同志为核心的党中央在推进社会主义现代化进程中，进一步深化对战略机遇期的认识，指明“我国发展重要战略机遇期的重大判断没有改变”②。就国际环境而言，韩国“萨德”问题、特朗普上台执政以及叙利亚毒气侵袭事件等接连发生，我们面临着前所未有的不确定性。但是和平与发展的时代主题并没有改变。在这个不确定性当中，最确定的就是中国。党的坚强领导、经济的持续增长、社会的和谐稳定以及家国同构相提携的文化传统等，不断确证着“不确定性世界中的确定中国”这一命题。以习近平同志为核心的党中央充分利用“确定性”这一条件，在“不确定性”的世界舞台上，引领建构“人类命运共同体”，携手推进“一带一路”建设。强调在竞争冲突并存的现代国际体系中，在追求本国利益时兼顾他国合理诉求，在谋求本国发展中促进世界共同发展，共享国家尊严、共享安全保障、共享发展成果。就国内发展趋势来说，我们面临的发展机遇和风险挑战是前所未有的。一方面，基本国情没有变。“我国仍处于并将长期处于社会主义初级阶段的基本国情没有变，人民日益增长的物质文化需要同落后的社会生产之间的矛盾这一社会主要矛盾没有变，我国是世界最大发展中国家的国际地位没有变。”③ 另一方面，危机和风险依然存在。“执政考验、改革开放考验、市场经济考验、外部环境考验”和“精神懈怠危险、能力不足危险、脱离群众危险、消极腐败危险”，复杂严峻，并将长期拷问着党和人民。所以，在准确把握基本国情的基础上应对中国发展过程中的考验和危险，立足于“四个全面”的战略布局，协调推动“五位一体”的总体布局，在新的历史起点上坚持和发展中国特色社会主义，助力“两个一百年”奋斗目标的实现，这是中国当前的发展大势，是我们需要长期思考并作出实践回答的问题。

看清发展大势，把握历史规律，才能坚定理想信念。教育引导学生正确认识世界和中国发展大势，辩证看待人类社会发展的必然性和曲折性，准确把握中国

---

① 江泽民．江泽民文选：第3卷［M］．北京：人民出版社，2006：542.

② 习近平．在党的十八届五中全会第二次全体会议上的讲话（节选）［J］．求是，2016（1）．

③ 胡锦涛．坚定不移沿着中国特色社会主义道路前进　为全面建成小康社会而奋斗——在中国共产党第十八次全国代表大会上的报告［N］．人民日报，2012-11-18（1）．

发展的重要战略机遇期。只有从社会主义思想源头和历史演进中，认识和把握人类社会发展和中国特色社会主义发展的历史必然性，才能在国际对比中明确优势认清不足，提升民族自信心，增强时代责任感。所以，正确认识世界和中国发展大势是“四个正确认识”的逻辑起点，是提高学生思想政治素质的“方向标”。不忘初心，继续前进。尊重顺应历史的选择和人民的选择，坚定理想信念，与历史同步伐，与时代共命运。

二、正确认识中国特色和国际对比，树立“四个自信”

正确认识中国特色和国际对比，以全局和战略的视野，凸显了“四个正确认识”的关键环节，它是提高学生思想政治素质的“枢纽区”，要解决的是“四个自信”问题。正确认识中国特色和国际对比，在“四个正确认识”的关系结构中居核心地位。改革开放以来，中国以国民生产总值大幅提升、减贫脱贫任务成效显著和人民生活质量明显改善的巨大成就，在有力回应国际对比中“外国的月亮比中国的圆”的片面认知的同时，也充分证明了中国特色社会主义的正确性和优越性。所以，在把握世界和中国发展大势的基础上，认清世情、国情、党情，深刻理解中国特色社会主义道路、理论、制度和文化，以更好地助推后面两个“正确认识”的践行和功能发挥。

（一）深刻理解中国特色社会主义“特”在哪里

中国特色社会主义是科学社会主义理论逻辑和中国社会发展历史逻辑的辩证统一，是在党和国家长期建设发展实践中得以充分证明的科学社会主义。它根植于中国实际，反映人民意愿，是历史和人民的选择。进行国际对比的首要前提，是明白中国特色社会主义“特”在哪里。首先，中国特色社会主义坚持理论和实践的统一，具有鲜明的理论特色和实践特色。中国特色社会主义理论体系是马克思主义基本原理和中国实际相结合的产物，是马克思主义中国化第二次历史性飞跃的成果，凝结着党和人民的集体智慧，体现了科学的理论性。同时，它是在改革开放和社会主义现代化建设中逐步形成和发展起来的，注重从客观实际出发，立足中国国情，有着强烈的实践性。其次，中国特色社会主义坚持一元主导的根

本政治原则，具有正确的政治导向。中国特色社会主义是社会主义而不是其他什么主义。在所有制形式上，公有制和多种所有制并存，但必须坚持公有制为主体；在分配方式上，按劳分配和多种分配方式并存，但必须坚持按劳分配为主体；在政党制度上，中国共产党和各民主党派并存，但必须坚持中国共产党的领导；在意识形态方面，马克思主义和多种社会思潮并存，但必须坚持马克思主义在意识形态领域的指导地位。再次，中国特色社会主义由道路、理论体系和制度三位一体构成，具有系统性和全面性。习近平总书记曾指出：“中国特色社会主义特就特在其道路、理论体系、制度上，特就特在其实现途径、行动指南、根本保障的内在联系上，特就特在这三者统一于中国特色社会主义伟大实践上。”① 中国特色社会主义是道路、理论体系和制度紧密结合的系统整体。最后，中国特色社会主义有着突出的民族特色和时代特色。它既坚持科学社会主义的基本原则，又厚植于中国历史文化实际之中，站在时代前列，把握民族特征，彰显着中国特色、中国风格、中国气派。

（二）凸显国际对比中中国所具有的独特优势

在全方位对外开放的条件下，我们时刻面临着与世界的互动和对比。这为我们认识国际发展状况提供了条件，也是反观中国独特优势的有利时机。在政治体制方面，我国的根本政治制度是人民代表大会制度，一切权力属于人民，反映了社会意愿和要求的最大公约数。相比之下，以政党轮替、三权分立为特征的西方议会制，则是资产阶级内部不同利益集团妥协的产物，这与我们的政治体制有着本质区别。其一，根本性质不同，我国的人民代表大会制度是人民民主专政的社会主义国家政权组织形式，是建立在公有制经济基础上的上层建筑；西方议会制是建立在生产资料私有制基础上的资本主义国家政权组织形式。其二，阶级基础不同，我国的人民代表大会制度是根据人民意志选举产生人大代表，代表人民群众的根本利益；西方议会制是资产阶级的代理人和辩护者。其三，内部结构不同，我国的人民代表大会制度从中央到地方，协调统一，系统运作；西方议会制则是政府、议会和司法分立，相互牵制，矛盾对立。在经济体制方面，《中共中

① 习近平．紧紧围绕坚持和发展中国特色社会主义 学习宣传贯彻党的十八大精神［N］．人民日报，2012-11-19（2）．

央关于全面深化改革若干重大问题的决定》明确指出："经济体制改革是全面深化改革的重点，核心问题是处理好政府和市场的关系，使市场在资源配置中起决定性作用和更好发挥政府作用。"① 社会主义市场经济克服了高度集中的计划经济体制的弊端，使市场成为资源配置的决定性因素，又注重发挥政府宏观调控的作用，有效地将市场的灵活性、竞争性和激励性与政府的协调性结合起来，促进了我国经济的可持续发展。与资本主义经济相比，社会主义市场经济有着本质区别：一是所有制基础不同，资本主义国家以生产资料私有制为基础；我国社会主义市场经济则是建立在生产资料公有制的基础上。二是市场在资源配置中起决定性作用的根本指向不同，在资本主义国家主要表现为资本占有劳动、贫富分化等；而在我国的出发点和落脚点则在于劳动者共同占有生产资料，以更好地满足人民群众日益增长的物质和精神需要。三是政府的调控能力有区别，从规模、力度和效度等方面进行比较，我国明显优于西方国家。在凝聚社会力量方面，社会主义制度的优越性还体现在集中力量办大事上。在中国共产党的领导下，众人的事情众人商量，调动社会力量，凝聚社会共识。比如脱贫攻坚，改革开放以来，我国有7亿多农村贫困人口脱贫，完成全世界70%以上的减贫任务。按照全面建成小康社会的目标，到2020年我国现行标准下农村贫困人口将全部脱贫。打赢脱贫攻坚战的制胜法宝就在于凝聚共识、集中力量、精准扶贫。这也是相比其他国家，我们的优势之一。总之，要引导学生进行正确的国际对比，深化对中国特色社会主义的认识，准确把握中国的道路优势、理论优势、制度优势和文化优势，从而坚定"四个自信"。

（三）坚定中国特色社会主义道路自信、理论自信、制度自信和文化自信

习近平总书记在庆祝建党95周年大会上指出："坚持不忘初心、继续前进，就要坚持中国特色社会主义道路自信、理论自信、制度自信、文化自信"②。"四个自信"的提出是国际对比的结果。比如坚定道路自信，中国特色社会主义道路走得对、行得通，不是个人主观判断的结果，而是历史和现实做出的回答。改革开放以来，中国道路和平稳定持续快速的发展，以雄辩的事实证明了历史没有终

① 中共中央关于全面深化改革若干重大问题的决定［N］. 人民日报，2013-11-16（1）.

② 习近平．在庆祝中国共产党成立95周年大会上的讲话［N］. 人民日报，2016-07-02（2）.

结，被历史所终结的只是错误的发展道路。比如坚定理论自信，这是在深刻把握马克思主义本质、认清中国国情的基础上得出的科学结论。它初步回答了“什么是社会主义、怎样建设社会主义”、“建设一个什么样的党、怎样建设党”和“实现什么样的发展、怎样发展”等若干重大理论和实践问题。比如坚定制度自信，中国特色社会主义制度是涵盖经济、政治、文化、社会和生态等领域的一整套全面而系统的制度体系。既有根本政治制度和基本政治制度，又有建立在其上的各项具体制度。作为我国发展成就的制度化体现，它具有根本性、全局性、稳定性和长期性的特征，是我国现代化建设始终沿着社会主义方向发展的根本保障。比如坚定文化自信，中华民族5 000多年不间断的文明发展，孕育了以优秀传统文化、革命文化和社会主义先进文化为代表的中华文明，这是其他国家和民族难以比拟和超越的。中华文化作为中华民族鲜明的精神基因和突出优势，深刻诠释了国际文化交流对比中中华文化的先进性。

有对比才有鉴别。教育引导学生正确看待西方国家发展的客观现实，在与世界的互动和对比中，深化认识中国特色，从而增进对中国特色社会主义道路自信、理论自信、制度自信、文化自信的认同和自觉。所以，正确认识中国特色和国际对比，是“四个正确认识”的关键环节，是提高学生思想政治素质的“枢纽区”。正确认识中国特色和国际对比需要立足于世界和中国发展大势的逻辑前提，同时也是正确认识时代责任和历史使命、正确认识远大抱负和脚踏实地的现实依托。

三、正确认识时代责任和历史使命，明确责任担当

正确认识时代责任和历史使命，站在使命和担当的制高点，点明了“四个正确认识”的价值旨归，它是提高学生思想政治素质的“归属地”，要解决的是责任担当问题。教育引导学生正确认识时代责任和历史使命，明确“该做什么”的问题，这是高校思想政治工作的根本出发点。正确认识时代责任和历史使命，蕴含着价值取向和规范要求，深刻地影响着学生的思想和行为。只有认清时代责任和历史使命，才能明确个人远大抱负，投身国家民族事业。正确认识时代责任和历史使命，作为“四个正确认识”的价值旨归，它承接着逻辑起点和关键环节，引出实践指向，是把握“四个正确认识”的重要着力点。

（一）明确青年学生的时代责任和历史使命

习近平总书记在考察中国政法大学时指出："当代青年要树立与这个时代主题同心同向的理想信念，勇于担当这个时代赋予的历史责任"①。当今时空境遇下，青年学生的历史使命集中表现在坚持和发展中国特色社会主义，实现中华民族伟大复兴的中国梦。这是现时代所规定和赋予的。如果说历史使命是"坐标轴"的话，那么时代责任就是构成"坐标轴"的"坐标点"。青年学生在牢记历史使命的同时，也要结合自身的认知基础和发展规律，主动承担相应的时代责任。其一，学习与创新的责任。"学习是立身做人的永恒主题，也是报国为民的重要基础。"② 大学生要把学习作为自己的首要责任，作为自己的精神追求和生活方式，树立终身学习的观念。同时青年学生作为最富活力和创造性的群体，要有"逢山开路，遇河架桥"的创新精神，培养创新思维、提升创新能力。其二，提高思想政治素质的责任。在强化科学知识文化的同时，必须注重思想政治素质的提升。在坚定马克思主义信仰的基础上，进一步确立和完善世界观、人生观和价值观，加强思想品德修养，提升思想政治素质。其三，服务与奉献的责任。列宁在《青年团的任务》中曾指出："做一个青年团员，就要把自己的工作和精力全部贡献给公共事业。"③ 只有在服务和奉献中，个人价值才能得以实现和彰显。教师要引导青年学生在志愿性公益服务活动中，体验服务与奉献的意义，锻炼服务与奉献的能力，增强服务与奉献的自觉性和主动性。其四，投身社会实践的责任。坚持理论联系实践，在基层一线砥砺品质、锤炼意志，在实践操作中发现问题、解决问题，从而增长才干，提升能力，为走向社会、建设社会、贡献社会打下坚实基础。

（二）坚持个人发展和民族复兴同向同行

青年一代有理想、有担当，国家就有前途，民族就有希望。党的十八大标志

---

① 习近平在中国政法大学考察时强调：立德树人德法兼修抓好法治人才培养　励志勤学刻苦磨炼促进青年成长进步［N］. 人民日报，2017－05－04（1）.

② 习近平．在欧美同学会成立100周年庆祝大会上的讲话［N］. 人民日报，2013－10－22（2）.

③ 中共中央马克思恩格斯列宁斯大林著作编译局．列宁选集：第4卷［M］. 北京：人民出版社，1995：294.

着我国迈向全面建成小康社会的决胜阶段，向全国人民吹响了实现“两个一百年”奋斗目标的时代号角。“现在，我们比历史上任何时期都更接近实现中华民族伟大复兴的目标，比历史上任何时期都更有信心、更有能力实现这个目标。”① 当代青年学生以“90后”大学生群体为主要组成部分，在中国共产党成立100年和新中国成立100年时，他们正好是社会建设发展的中坚力量。也就是说，当代青年学生的人生黄金期，与“两个一百年”奋斗目标的实现期是完全吻合的，亲自参与这个伟大历史进程，是时代和历史赋予他们的崇高责任和光荣使命。习近平总书记曾指出，实现中华民族的伟大复兴就是凝聚所有国人夙愿的中国梦。中国梦“是我们的，更是青年一代的。中华民族伟大复兴终将在广大青年的接力奋斗中变为现实”②。回溯历史，五四运动中，青年学生勇立时代潮头，为救亡图存奔走呐喊；新民主主义革命时期，为国捐躯的青年典范不胜枚举；新中国成立以来，更有无数青年学生积极投身社会主义现代化建设事业，展现时代风貌，勇于开拓进取。无数历史事实证明：青年只有自觉将个人理想同国家和民族的前途命运紧紧联系在一起，将个人的幸福融入人民的幸福，才能与国家民族和时代发展同向同行，充分展示青春的价值，创造无愧于时代的人生。所以，只有正确认识时代责任和历史使命，用中国梦激扬青春梦，把个人的理想追求融入国家和民族的事业中，个人的价值才能得以真正实现，才能更好地与国家和民族共奋进、同发展。“现在，青春是用来奋斗的；将来，青春是用来回忆的。”③ 这是时代责任，也是历史使命。

“历史是不断向前的，要达到理想的彼岸，就要沿着我们确定的道路不断前进。每一代人有每一代人的长征路，每一代人都要走好自己的长征路。”④ 教师要教育引导学生正确认识时代责任和历史使命，明确中国特色社会主义现代化建设所处的时空境遇，将个人的成长成才与国家的繁荣富强结合起来，助力中华民族伟大复兴的中国梦早日实现。正确认识时代责任和历史使命，从国家和个人相统一的角度，指明了高校思想政治工作的根本着力点，体现了“四个正确认识”的价值旨归。当然，这也是正确认识远大抱负和脚踏实地，从理性认知到行动实

①②③ 习近平．在同各界优秀青年代表座谈时的讲话［N］．人民日报，2013-05-05（2）．

④ 习近平．在纪念红军长征胜利80周年大会上的讲话［N］．人民日报，2016-10-22（2）．

践飞跃的前提依据。大学生要正确认识时代责任和历史使命，树立远大抱负，脚踏实地，勇做复兴伟业的生力军和攻关人。

四、正确认识远大抱负和脚踏实地，做到务实笃行

正确认识远大抱负和脚踏实地，立于理想和行动的落脚点，明确了“四个正确认识”的实践指向，它是提高学生思想政治素质的“生成域”，要解决的是务实笃行问题。教师要教育引导学生正确认识远大抱负和脚踏实地，树立梦想从学习开始、事业靠本领成就的观念，把远大抱负落到实际上，在学习实践中书写别样青春。统观“四个正确认识”，明显地可以看出，正确认识远大抱负和脚踏实地，相较于前三个“正确认识”，具有鲜明的实践指向性，落脚在学生“该怎么做”的实践路径上，体现了“四个正确认识”从理想追求到现实行动的重要转变。

（一）着力把握远大抱负和脚踏实地的关系

“古之立大事者，不惟有超世之才，亦必有坚忍不拔之志。”远大抱负是人们基于一定时代的生产力水平和自身条件确立的人生目标和崇高理想信念。这是人区别于动物的显著特征，也是人获取成功的必要前提。远大抱负内含着近期抱负和长期抱负的和谐、个人抱负和社会抱负的统一两个方面。青年学生树立远大抱负，首先应着眼于近期抱负和长期抱负的和谐，协调两者关系使之形成合力，以一以贯之的坚定信念助推崇高理想的实现；同时也要将个人抱负融入社会抱负，个人抱负受制于社会抱负，社会抱负是个人抱负的集中体现，在个人抱负和社会抱负的统一中立大志。把远大志向变成现实，将远大抱负付诸实际，离不开一步一个脚印，离不开脚踏实地。脚踏实地是对做事认真、踏实肯干状态的一种刻画，是实现目标的有效方式，同时也彰显了一种为人处世的认真态度和坚韧不拔的高贵品质。青年学生在将远大抱负落地落实的过程中，既要求得到真学问、练就真本领，又要有锲而不舍、自强不息的奋斗精神。不驰于空想、不骛于虚名、不输于细节，脚踏实地，从一点一滴做起。总之，远大抱负和脚踏实地是相互联系、相互影响、密不可分的，以远大抱负之光指引脚踏实地，以脚踏实地之功成

就远大抱负。要引导青年在脚踏实地地追求远大抱负的奋斗过程中，不断成长为堪当实现复兴伟业历史重任的有生力量。此外，把握远大抱负和脚踏实地关系的同时，也需要对理想和现实、认识和实践的关系有着深刻认识。

（二）深入理解理想和现实的关系

理想源于现实又高于现实。理想是建立在客观现实基础上的，与奋斗目标相联系的，对未来发展状况的观念预见和超前构想，属于“应然”范畴；现实则是我们实践于其中的现实存在状况，那么我们对现实的“对象性认识”是属于“实然”范畴。理想和现实是对立统一的，我们生活于现实之中，但不屈从或不满足于现实，有着超越现实、追求理想的内在需要。在正确认识世界和中国的发展大势，把握中国特色社会主义，明确时代和历史赋予我们的责任和使命后，自然就落脚到正确认识远大抱负和脚踏实地，这是人们内在思想矛盾运动的必然结果，也是理想和现实张力扩展的作用结果。社会理想作为一种主体意识，它的内容、层次及结构是对社会现实的反映。青年学生的远大抱负是对坚持和发展中国特色社会主义、担当时代责任和历史使命的综合反映和抽象提升，是在对世界和中国发展大势以及国际对比的认识过程中逐步形成的，同时也是这一认识发展过程的整体反映和客观结果。所以，正确引导学生处理理想和现实的关系，充分利用理想和现实间的张力，激发青年学生的远大抱负，并为之而脚踏实地地奋斗。

（三）正确处理认识和实践的关系

毛泽东在《实践论》中把认识和实践的关系概括为“实践、认识、再实践、再认识，这种形式，循环往复以至无穷”[①]。这为我们正确处理远大抱负和脚踏实地的关系提供了方法指导。首先，在实践中认识理想信念的重要性，“扣好人生的第一粒扣子”。“理想信念就是共产党人精神上的‘钙’，没有理想信念，理想信念不坚定，精神上就会‘缺钙’，就会得‘软骨病’。”[②] 坚定的理想信念，是共产党人的精神追求和安身立命之根本，也应该是青年学生的人生追求和前进方向。在实践中引导学生坚定理想信念，明确自己的人生目标和航向。其次，理

① 毛泽东．毛泽东选集：第1卷［M］．北京：人民出版社，1991：296.

② 习近平．紧紧围绕坚持和发展中国特色社会主义　学习宣传贯彻党的十八大精神［N］．人民日报，2012-11-19（2）.

性认知并准确掌握“看家本领”。坚持不懈地用党的指导思想武装头脑，在真学真懂真信真用的基础上，“深刻认识和准确把握共产党执政规律、社会主义建设规律、人类社会发展规律”①，把理想信念建立在对马克思主义理论的理性认同上，坚定马克思主义信仰。此外，还要锤炼实践品质。如毛泽东所说的：“马克思列宁主义并没有结束真理，而是在实践中不断地开辟认识真理的道路。”② 马克思主义具有强烈的实践品质，不仅致力于解释世界，更根本的是要付诸改造世界的实践。教师要教育引导学生正确认识远大抱负，继承和发展马克思主义的实践品质，坚持问题导向，继续推进“中国号”巨轮，披荆斩棘、破浪前行。

仰望星空，脚踏实地。教师要教育引导学生正确认识远大抱负和脚踏实地，正确处理远大抱负和脚踏实地、理想和现实、认识和实践的关系，把视线投向国家发展的航程，做好一番事业，实现人生价值。正确认识远大抱负和脚踏实地，是“四个正确认识”的最后一环，使得“四个正确认识”的逻辑关系合乎目的和规律、系统而全面。通过逻辑起点正确认识世界和中国发展大势、正确认识中国特色和国际对比、正确认识时代责任和历史使命，使学生由感性认识上升至理性认知，实现思想政治素质提高过程中的第一次飞跃。最后落脚于正确认识远大抱负和脚踏实地这一实践层面，再度促成学生由理性认识转入实践领域的第二次飞跃。这符合学生认知发展规律，“知、情、意、信、行”和“认知、认同、自觉”的协调推进，指向学生思想政治素质的有效提升。

“四个正确认识”围绕提高学生思想政治素质而展开，逻辑贯通、环环相扣：正确认识世界和中国发展大势，从历史和现实的维度，阐释了历史与现实的关系，在人类历史发展过程中，找准当代中国的现实坐标，这是“四个正确认识”的逻辑起点；正确认识中国特色和国际对比，以全局和战略的视野，描绘了国际与国内的关系，在客观认识中国和看待外部世界的基础上，明确中国特色社会主义，坚定“四个自信”，这是“四个正确认识”的关键环节；正确认识时代责任和历史使命，站在使命和担当的制高点，论述了国家和个人的关系，把理性认识转化为思维方式和价值标准，实现个人发展与民族复兴同向同行，这是“四个正

---

① 习近平．在中央党校建校80周年庆祝大会暨2013年春季开学典礼上的讲话［N］．人民日报，2013-03-03（2）．

② 毛泽东．毛泽东选集：第1卷［M］．北京：人民出版社，1991：296．

确认识”的价值旨归；正确认识远大抱负和脚踏实地，立于理想和行动的落脚点，反映了理想和行动的关系，把远大志向落实到实际行动中，让勤奋学习成为青春飞扬的动力，让增长本领成为青春搏击的能量，这是“四个正确认识”的实践指向。从历史到现实，从国际到国内，从国家到个人，从理想到行动，“四个正确认识”以逻辑起点、关键环节、价值旨归和实践指向四个维度，围绕提高学生的思想政治素质，展示了其内在严密的逻辑关系，既有认识问题的思考导向，又有实践探索的路径指向。总之，“四个正确认识”是新形势下提高大学生思想政治素质，加强和改进高校思想政治工作的总目标、总原则和总要求。准确把握“四个正确认识”和提高大学生思想政治素质的内在关系，是贯彻落实全国高校思想政治工作会议精神的必然要求，也是充分实现学生真学、真懂、真信、真用马克思主义的根本保证。

（作者系北京高校思想政治理论课高精尖创新中心常务副主任、中国人民大学马克思主义学院教授；原刊载于《思想理论教育导刊》2017 年第 7 期）

高校培育和践行社会主义核心价值观的实施路径

罗建晖

核心价值观是被大多数社会成员共同尊重认可、自觉践行的价值观念和价值目标，它能够在国家发展和社会进步中发挥重要影响并保持较长时期的稳定。高校是培养中国特色社会主义合格建设者和可靠接班人的教育机构，在培育和践行社会主义核心价值观整个过程中毫无疑问承担着十分重大而特殊的责任和使命。我们需要充分认识培育和践行社会主义核心价值观的重要性，让它深入走进校园，并在高校实现“立德树人”总目标的进程中充分发挥导向和引领作用。

一、培育和践行社会主义核心价值观的重要意义

党的十八大报告中明确提出倡导富强、民主、文明、和谐，倡导自由、平等、公正、法治，倡导爱国、敬业、诚信、友善。这三个倡导对社会主义核心价值观的基本内容做了总体概括，依次阐释了在国家、社会和个人这三个层面上的价值目标、价值取向以及价值准则①。十八大之后，中共中央办公厅于 2013 年专门印发了《关于培育和践行社会主义核心价值观的意见》（以下简称《意见》）。这个关于在新的形势任务下如何推进核心价值观建设的指导意见一出台便引起了社会高度关注，进一步丰富了社会主义核心价值观的内涵，体现了我们党对涉及社会价值观念问题的深刻把握和高度重视，以及在时代演进过程中敏锐的理论自觉。

---

① 中共中央办公厅印发《关于培育和践行社会主义核心价值观的意见》[N]. 人民日报，2013 - 12 - 24 (1) .

人类社会波澜壮阔的发展历程表明，任何一个国家、民族、社会都有其核心价值观，这是社会系统得以运转、社会功能得以发挥、社会秩序得以维持、社会进步得以实现的基本精神支撑和重要文化支持。中国当前正在经历前所未有的经济体制转型，社会发展变化日新月异。假如没有能够适应时代发展需要的核心价值观的指引，没有深入人心、催人奋进的共同价值理念和价值目标的召唤，就难免导致人心不齐、理想缺失、社会紊乱以及失序严重这些局面的出现，就难以在复杂严峻的国内外各种挑战中保持战略定力并取得现代化建设征程的新胜利。因此，探索确立一套可以为公众普遍尊重认可、能够完整反映改革开放伟大时代的要求、弘扬中华优秀传统文化并吸收借鉴人类社会其他优秀文明成果的核心价值观，并在实践中一以贯之地倡导和践行，具有十分特殊的理论意义和实践价值。

二、高校在培育和践行社会主义核心价值观中的责任和使命

“思国之安者，必积其德义。”《意见》强调“把培育和践行社会主义核心价值观融入国民教育全过程”①。高等教育是现代国民教育的最高层次，高校是现代国民教育体系的关键环节。把培育和践行社会主义核心价值观深度融入大学教育的全过程，是高校在完成所肩负的“立德树人”任务时必然需要面对的客观要求，同时也是对遵循教育规律、提升价值观教育实效性和满意度的时代呼唤的回应。

（一）春风化雨，重在育人

高校安身立命，其第一任务即是培养德智体全面发展的优秀人才。这里优秀人才的内涵显然包含着社会主义核心价值观等重要内容，这是培养大学生的应有之义。习近平总书记 2016 年 12 月在全国高校思想政治工作会议上的讲话中指出，要坚持不懈培育和弘扬社会主义核心价值观，引导广大师生做社会主义核心价值观的坚定信仰者、积极传播者、模范践行者②。

---

① 中共中央办公厅印发《关于培育和践行社会主义核心价值观的意见》[N]. 人民日报，2013-12-24（1）.

② 习近平：把思想政治工作贯穿教育教学全过程［EB/OL].（2016-12-08）[2016-12-08]. http://news.xinhuanet.com/politics/2016-12/08/c_1120082577.htm.

近年来，社会上各种思想文化相互之间的交流交锋呈现出日益复杂和频繁的趋势，意识形态领域里的较量博弈也日趋激烈。面对社会转型期人们价值取向多元化和复杂化的局面，面对市场经济浪潮对人们思想观念巨大的冲击，面对意识形态领域现实存在的各种外来渗透和争夺，高校第一位要解决好“培养什么样的人、如何培养人以及为谁培养人”的问题。在开展教育过程中，需要始终如一地把握“百年树人、德育在前”，将开展社会主义核心价值观的教育作为教师在进行思想品德教育以及文化素质教育时的“重中之重”，使社会主义核心价值观深入人心，解决青年学生思想“总开关”的问题。

（二）行为示范，引领社会

作为思想文化领域创新的基本发源地和重要载体平台之一，高校还承担着履行文明传承、思想创新等一系列重要职能。与此相对应的，高校无疑也承载着普通公众内心对于“公平、正义、理性、崇高、博爱”等诸多精神层面的美好期待。高校应当努力成为社会的示范和表率，引导社会公众向更高精神境界靠近。

高校是知识分子集中的地方，教师是良好社会风尚、社会秩序的倡导者和维护者，大学所倡导推崇的理念价值、准则风气等理应成为我们这个社会的指南针和温度计。高校在凝练大学精神的过程中，应当以社会主义核心价值观为统领，把社会主义核心价值观的要求变成师生的日常行为准则，使之成为广大师生共同遵循的价值标准，这样就能够在国家和社会中发挥持久稳定的示范作用。

（三）融汇众智，提升内涵

高校是产生新成果、新理论、新文化的源泉，融汇了人文社会科学的思想精粹。在整个社会推进社会主义核心价值观过程中，高校的理论工作者可以利用自己的优势特长阐释相关理论、深化课题研究，为全社会推进社会主义核心价值观建设积极提供学理支撑。

对社会主义核心价值观进行深入研究，包含对其理论渊源和意义属性的梳理，牵涉到对其科学内涵和构成要素等的探讨，也涵盖对其实践路径和后续发展的总结和展望。高校的理论工作者可以通过对中外主流价值观进行比较研究，实事求是地总结各地推进核心价值观建设的有益经验并适时进行提炼升华。这样的工作能够使社会主义核心价值观的内容得到进一步充实和拓展，在社会上能够充

分发挥引领作用，更加符合现实实践的需要。

三、高校培育和践行社会主义核心价值观的实施路径

（一）树立主线意识，将核心价值观教育有机融入高校教育的全领域和全过程

高校需要在学校总体教育规划中将社会主义核心价值观教育放到突出位置，并且落实到人才培养、管理服务各领域环节。做好社会主义核心价值观“进教材、进课堂、进头脑”工作，让青年学生能够在学习理解的基础上将其内化为自己的思想意识。充分考虑“95后”大学生群体的心理特征和成长背景，从大学生的角度去思考他们的成长需要，真正做到把教育影响同解决实际问题相结合、价值观培育同青年健康成长的实际需要相结合。

高校思想政治理论课是高校思想教育体系中的主渠道。任课教师应当在讲授过程中重点凸显社会主义核心价值观的内容，将其核心观点覆盖到各教学环节；同时坚持将德育理念渗透于专业课的教学中，“道”与“术”密切结合，切实避免专业课和思想教育“两张皮现象”。不断创新教学方法，善于在课堂上采用启发式、问答式、研讨式等互动教学法，改变以往单向“灌输”教育，不断增强思想教育的吸引感召力与亲和影响力①。社会主义核心价值观虽然字数不多，但内涵非常丰富、涵盖内容宽广，需要教育工作者进行深入浅出的分析和解读，力争使抽象深奥的研究变得通俗易懂，从而使大学生更好地理解和把握。

（二）注重实践意识，有效发挥校园文化和社会实践活动的载体和平台功能

建设丰富多彩的校园文化、开展贴近基层的社会实践活动，是高校进行社会主义核心价值观教育行之有效的做法。要有计划、分步骤地开展以社会主义核心价值观为主题的专题教育活动，因地制宜、结合实际，联系学校历史传承和特点特色，建设能够很好体现社会主义制度优势、改革开放伟大时代特征的校园文化。让青年学生沐浴在优良的校风、教风、学风中，感染文明风尚和先进文化，

① 李博飞．高校是弘扬核心价值观主阵地［N］．陕西日报，2014-05-09（6）．

在蓬勃向上、充满“正能量”的校园人文环境中提升修养、陶冶情操。

在核心价值观实践教育体系的建设过程中，高校应当将课堂与社会打通，坚持理论与实践相结合的原则，积极创造出各种有利条件和浓厚氛围，鼓励和引导青年学生放眼无限宽广的社会舞台，参加青年志愿服务、专业实习和观摩、基层国情调研等活动，推动学生在自我认知和自我超越中努力提高道德判断能力和行为选择能力。充分认识和尊重学生的主体性和创造性，努力争取让每一位青年学子都能亲身参与到社会实践中实现自我教育，从而真正认同社会主义核心价值观。

（三）巩固转化意识，营造有利于核心价值观有效传播的环境，多管齐下力推社会主义核心价值观进入生活、实现日常化

面对信息技术的突飞猛进以及新媒体的迅速普及，要综合运用各种信息渠道来宣传和弘扬社会主义核心价值观。在充分利用传统媒体的同时，认真研究大学生的观念意识和思想特征，投入资源建立和完善具备较强亲和力、符合青年学生阅读习惯、能够提供学习生活服务的教育网络平台。在毫不动摇坚持“正能量”引导、保证正确导向的同时，以新颖亲切、学生乐于参与的手段方式，将核心价值观教育内容进行编辑整理，力求实现内容生动活泼、喜闻乐见；在学生经常接触的网站、博客、微博、微信、客户端等渠道进行传播、扩大影响，以“春风化雨”“润物细无声”的方式将核心价值观引导转化为青年学生自觉的价值追求。

高校应当以社会主义核心价值观为统领，以制度化、日常生活化的方式引导青年学生，让学生能够在自己身边“全天候、全方位”地感受社会主义核心价值观，知行合一、身体力行，从而不断加深对社会主义核心价值观的理解和认同。这需要通过订立校纪校规和其他管理制度，把核心价值观所倡导的内容转化为《大学生行为准则》等日常行为规范，具体体现到高校人才培养、教育教学等各项规章制度里，持续浸润到学生个体在校期间学习和生活的方方面面，真正实现核心价值观的“落地生根”。

（四）强化固本意识，重视师德建设，努力形成见贤思齐、立志教书育人的良好氛围

作为人类灵魂的工程师，教师是良好社会风尚的积极倡导者、青年学生健康

成长的引路导师。毫无疑问，高校教师的队伍构成以及素质情况，特别是教师的师德师风表现，直接影响核心价值观教育的实际效果和发展趋向。目前从高校教育的整体看，广大教师普遍从内心深处对社会主义核心价值观高度认同并躬行实践，没有辜负公众对这个职业的期望。但是教师群体中的少数人也不时出现同师德相悖的问题，引发社会强烈关注和舆论谴责。

高校要充分重视师德建设，把社会主义核心价值观融进教师队伍建设的全过程。首先，在筹建学科、招聘教师、编写教材、申报课题等各环节中坚持正确导向和政策引领，把师德表现、思想素质以及道德水平作为对教师进行衡量的第一依据，保持教师队伍的纯洁干净；其次，在教师队伍建设的各项规章制度中深度融入社会主义核心价值观，通过订立和修正关于教师职业道德、职称评聘、绩效考评等的一系列制度规范，将师德的自律与他律密切结合，用制度来规范师德建设；再次，开展优秀教师的评选活动，隆重表彰勤恳致力于“教书育人”的模范典型，让广大教师以先进楷模的优秀品行、高尚情操作为学习的榜样，在高校系统形成见贤思齐、立志教书育人的良好氛围。

总而言之，我们需要正确认识高校在培育和践行社会主义核心价值观的过程中肩负的重要使命责任，面对新的形势和时代条件努力采取有效措施，真正做到习近平总书记提出的“以德立身、以德立学、以德施教”①。

（作者系中国人民大学党委学生工作部部长；原刊载于《湖南省社会主义学院学报》2017 年第 3 期）

---

① 习近平在全国高校思想政治工作会议上强调：把思想政治工作贯穿教育教学全过程　开创我国高等教育事业发展新局面［N］．人民日报，2016－12－09（1）．

中国共产党开展高校思想政治教育的历史经验

张晓萌

十九大报告指出“中国特色社会主义最本质的特征是中国共产党领导”，办好中国特色社会主义大学必须坚持党的领导。我们的党是马克思主义政党，坚持党对高校的领导，必须坚持马克思主义在高校的指导地位，这就需要不断加强和改进高校思想政治工作。回顾党创办新型高等教育的历程，作为典型代表的陕北公学积累了丰富的思想政治教育经验，从历史源头梳理和总结中国共产党领导创办高等教育的成功经验有助于推进当前高校思想政治教育的开展。

陕北公学是中国共产党直接创办的一所革命的大学，是在民族危机日益严重的形势下，为满足全面抗战的需要，实施国防教育，用于培养抗战干部而创办的学校。陕北公学在中国共产党的直接领导下，在四年的办学历程中，“共培训了约一万一千多名学员”①。从陕北公学毕业的万名学子，他们学到了马列主义的初步知识，坚定了抗日民族统一战线的政治方针，学到了从事抗日救亡运动的知识，具备了艰苦奋斗的工作作风。他们散布在抗日各个战场，发挥着重要的作用，为抗日建国贡献了重要的力量。陕北公学在将众多青年学生培养为抗战先锋战士的过程中积累了丰富的思想政治教育经验，能够为当前高校思想政治教育的开展提供经验借鉴。

一、明确具有时代性与价值性的思想政治教育目标

思想政治教育目标的确立总是与一定时代的社会发展要求、党和国家的发展

---

① 李维汉．回忆与研究［M］. 北京：中共党史出版社，2013：325.

目标、受教育者的具体实际相联系的。陕北公学在确立思想政治教育目标的过程中，着重突出了时代性和价值性这两方面的特征。

陕北公学是在抗日救国的时代主题下建立的，其思想政治教育目标具有鲜明的时代性。抗日战争时期，由于日本帝国主义的侵略，中华民族处于生死存亡的关键时刻。为争取抗战胜利求得民族生存，“就必须大大增加抗战力量，改变敌我力量强弱的对比，才能达到这个目的。增加抗战力量的工作和方法很多，然而其中最好最有效的办法是办学校，培养抗日干部”①。为了培养更多的抗日干部，陕北公学应时而生。正如成仿吾所说，陕北公学“是在民族危机日益严重的形势下，为满足全面的全民族抗日战争的需要，坚持国防教育培养万千谋求民族解放和社会解放的干部而创办的大学”②，其建立的初衷便是坚持抗日的教育政策，为抗日救国服务。在抗日救国的时代背景下，陕北公学以培养坚定地从事于民族解放与社会解放事业的革命者为目标，显然，这不仅是陕北公学的培养目标，更代表了革命战争年代时代和国家的发展要求。

陕北公学思想政治教育目标还具有明确的社会价值与个体价值。一方面，陕北公学思想政治教育目标服从、服务于中国共产党的方针政策，具有一定的社会价值。陕北公学是中国共产党领导下的一所革命的大学，与党的“教育为长期抗战服务”的方针政策相一致，它以培养“革命的先锋队”为教育目标，也就是培养党领导下的适应革命斗争需要的先进人才，他们具备坚定不移的政治方向，艰苦奋斗的工作作风③。具体而言，则是毛泽东为陕北公学题词时阐述的人才培养目标，即具有政治远见，坚强的革命意志，高尚的道德情操，革命的集体主义精神与共产主义精神，艰苦奋斗、实事求是的工作作风。这些方面结合起来，就是先进的革命者或革命先锋分子的形象。另一方面，陕北公学思想政治教育目标还满足了当时广大学员的心理诉求与实际需要，具有一定的个体价值。陕北公学的人才培养目标与广大学员抗日救国的心理诉求是一致的。抗战爆发后，广大青年学子希望抗日救国，积极投入到民族解放战争中去。陕北公学以培养抗战干部为目标，致力于将学员培养成有知识、有能力、有信心、有决心、有力量的德智体

---

① 八路军军政杂志：第1册［D］．北京：全国图书馆缩微文献复制中心，2014：35.

② 成仿吾．战火中的大学：从陕北公学到人民大学的回顾［M］．北京：人民出版社，2014：1.

③ 毛泽东，在陕北公学第二期开学典礼大会上的讲话［J］．教学与研究，1982（1）.

全面发展的人才，“为一切要求抗日的知识分子敞开大门，广泛招收他们前来学习”[①]。显然，这些培养目标代表了革命战争年代里党的思想政治教育工作的培养目标与广大青年学子的实际诉求。

二、规划兼具理论性与实践性的思想政治教育内容

思想政治教育内容是思想政治教育目标和任务的具体化，是完成思想政治教育目标和任务的重要保证。在开展思想政治工作的过程中，重视革命的政治理论教育的同时，加强实践养成教育，成为陕北公学思想政治教育的重要成功经验。

与“教育为抗战服务”的政策相一致，陕北公学按照“三分军事，七分政治”的原则安排教学内容，主要进行革命的政治理论教育。具体内容包括抗战的基本理论、抗战的政策及方法、指挥民众武装进行战斗的基本知识、对于目前时局的认识[②]，其中尤为注重马恩列斯和毛泽东经典著作的学习。与之相对应，普通班开设的课程有“社会科学概论”“抗日民族统一战线与民众工作”“游击战争与军事知识”“时事演讲”等[③]。在教材上，涵盖马克思主义经典著作、各位首长和战斗英雄的报告等。学员们在直接阅读马克思列宁主义的原著的过程中，在爱国主义和革命英雄主义思想的哺育下茁壮成长。陕北公学不仅注重思想政治教育内容的理论性，还重视理论与实践的结合，“发展真正与人民与实际相联系的教育”[④]。思想政治教育内容的实践性体现为以下几个方面：第一，教育内容与实际工作的一致。为了满足抗日战争特别是敌后抗日根据地对于干部人才的需要，这一时期在课程内容的设计与安排上总是为实际的抗战工作服务的，例如有时需要民运干部，就加重民众运动课程的分量。国民党搞反共摩擦，统一战线课程内容也作相应变化[⑤]。第二，教育内容与生产劳动、日常劳动的一致。陕北公学坚定地走教育与工农群众相结合、与生产劳动相结合的革命教育道路，有计划地组织学员参加建校劳动、农业生产劳动、日常生活劳动。第三，教育内容与军事斗争的一致。为了适应抗战形势的需要，陕北公学重视政治教育与军事教育的

① 李维汉．回忆与研究［M］．北京：中共党史出版社，2013：327.

②③ 李国强．邵式平教育文选［M］．南昌：江西教育出版社，1989：3.

④ 中央教育科学研究所．老解放区教育资料·抗日战争时期：上册［M］．北京：教育科学出版社，1986：18.

⑤ 中共党史资料：第15辑［M］．北京：中共党史资料出版社，1985：27－28.

结合。在游击战争课程中，多是身经百战的老红军指战员担任主讲教员，他们结合中国革命战争的丰富经验，讲解抗日游击战争的战略战术，促进学员掌握必备的军事知识。同时也经常进行各种军事演习，从而辅助课堂学习。

三、探索兼具灵活性与民主性的思想政治教育方法

思想政治教育方法是为了达到一定的思想政治教育目标采取的各种方式方法。抗战时期，陕北公学适应复杂多变的环境，运用独特的思想政治教育方法，有效地完成了教学目标与教学计划。

第一，适应复杂多变的环境，采取灵活化思想政治教育方法。除了采取课堂教学、集体讨论、互助学习、自主学习、指导学员课外学习、启发学习等方法外，陕北公学还依据具体实际采取灵活化的思想政治教育方法。其一，克服教育师资、教学设备等困难采取多样化教学方法。正如邵式平在总结陕北公学教学经验时所说，“在延安总校，没有教员，当时采取了请名人讲演的方法来解决。到分校，教员一样困难，又采取了研究室的方法来解决，教员少，上大讲堂，没有教室，露天上课”①。其二，寓教于乐，融教育内容于形象化活动之中，增强感染力与吸引力。陕北公学政治工作人员常常组织青年学生成立抗战救亡室、文工团、评剧院、秧歌队、剧团等各类俱乐部和团队，采用唱红歌、舞秧歌、说书等生动活泼、寓教于乐的生活实践形式和文体娱乐形式②，不仅提高了大家抗日救亡的士气和决心，同时也陶冶了情操、强健了体魄。其三，教育生活化，融思想政治教育于日常生活之中，增强抗战教育的适应性。晚饭后学员们往往习以为常地三五成群，在山沟里或延河畔散步，有的是做各种汇报或给人做思想工作，有的则是尽情歌唱，教员、学习班长、组长和课代表则利用这段时间，对一些学习困难的同学进行个别的辅导③。

第二，尊重每个人的主体性，采取民主性思想政治教育方法。陕北公学重视在开展思想政治工作过程中民主性思想政治教育方法的运用。一方面注重发挥每

---

① 李国强．邵式平教育文选［M］．南昌：江西教育出版社，1989：17.

② 吴增礼，杜宝伟．陕北公学思想政治教育特点论析［J］．湖南科技大学学报（社会科学版），2016：3.

③ 刘葆观．血与火的洗礼：从陕北公学到华北大学回忆录：上［M］．北京：中国人民大学出版社，2007：81.

位教员、职员、学员在学校建设、学校管理、教学方法方面的作用。在自由民主作风的感染熏陶下，陕北公学的教育计划、教育方法、学习方法、课外活动等都是由一定的民主制度讨论得出的；队长、分队长、班长，也是由学生自己选举出来的。另一方面，注重培养教员、职员与学员之间的相互信任与相互尊敬。在学生看来，教员作为教学环节的领导者和组织者，应该信仰和尊敬；在教员看来，青年学子是中国的命运的寄托者，是抗战的将士，是群众的领袖，是新中国的创造者，应该信任全体学员，因而无论是同事之间还是师生之间，大家均相互称为“同志”；陕北公学学员尽管来自五湖四海，有着不同的成长经历与对问题的不同看法，但是在学习中或小组讨论环节，每位师生均可自由表达自己的见解。

四、运用多样化和制度化的思想政治教育考核方式

以一定的标准考察教学效果与学员知识掌握情况，是改善思想政治教育内容与方法的重要方式。陕北公学注重采取具有实效性的思想政治教育考核方式，以此巩固、提高学员知识水平。

陕北公学在培养青年学子成长为抗日先锋战士的过程中，注重采取多样化的考核方式。“除笔试外，课堂讨论、辩论会、问答晚会、学习笔记、学科展览会、学科集体创作、实习通讯，都是考察学生成绩的途径和方式”①。此外，陕北公学还重视在实际工作中展开对学生知识掌握水平的考察。如组织学生参加民众运动、选举运动、军事演习等活动，考察学生的知识运用水平。通过多样化的综合性考核方式，让学员对所学知识有一个温习、整理的过程，以此提高认识；同时也能够检查教学计划是否合理、教学方法是否得当等，以此改进教学计划与教学方法。

陕北公学还重视采取制度化的考核方式，从而保证教学计划的贯彻执行。一是定期召集会议，检查计划执行的情况。陕北公学不仅每周召开全班学习计划会议，并在会议上相互帮助相互勉励，而且定期实施大的教育计划的检查，教员、职员、学员及事务人员在检查会议上互相指出优点和缺点，相互学习、共同提

---

① 俞圣祺，等．中国共产党的干部教育：抗日战争时期［M］．北京：中国人民大学出版社，1988：176.

高。二是建立了生活检讨制度，发扬批评和自我批评精神。陕北公学重视教育与生活的结合，注重在日常学习、生活中融入理论知识。每星期会以班组为单位开一次会，主要是开展批评和自我批评，学员之间、学员与教员、职员之间可以互相提出批评意见，以便改进工作。这种融于日常生活的制度化考核方式，“促进了思想上的进步和政治上的团结”[①]，成为有效的考核方式。

五、具备素质过硬的思想政治教育者队伍

思想政治教育者是思想政治教育活动的组织者和实施者，其素质高低直接关系着思想政治教育的成效。陕北公学不仅有着素质过硬的思想政治教育者队伍，还注重教员的培养和提高，因而保证了思想政治教育的有效性。

陕北公学有着素质过硬的思想政治教育者队伍，为培养抗战干部做出了极大贡献。一是中央领导人经常授课。毛泽东在陕北公学讲课、作报告、题词共约10次。周恩来做过《大后方的抗日形势》《平井惨案情况》报告，朱德作过《敌后战场的开辟和发展》《根据地经济》报告，董必武讲过《正统观和六法全书的批判》，张闻天讲过《新民主主义文化》等[②]。二是著名教育家与知名学者前来授课。著名教育家有成仿吾、吴玉章、邵式平、江隆基、李凡夫、陈唯实等，知名学者有艾思奇、范文澜、何干之、杨松等。三是革命英雄与一线将领前来授课，如周纯全、陈昌洁、吴亮平等。四是邀请党外人士前来授课。如抗大曾经邀请访问延安的卫立煌给学员作报告，挺进晋察冀的华北联合大学也曾经邀请在根据地考察的李公朴给学员作报告。

同时，陕北公学还非常重视自主培养教育师资。陕北公学培养师资的途径主要有两个：一是成立高级研究班，学员从普通班选拔，通过文化理论考试的学员经过一年的学习，毕业后成为本校的教员，也有一部分毕业学员补充到延安各干部学校担任教员。二是组织研究室，以老带新，边学边教，在工作中培养提高。从全校学生中选拔出理论水平较高的青年，成立专门的研究室。研究室除完成教

---

① 成仿吾．战火中的大学：从陕北公学到人民大学的回顾［M］. 北京：人民出版社，2014：71.

② 同①31.

学任务外，还组织人力到农村调查边区的社会、政治、经济情况，并以调查的材料充实教学的内容①。

抗日战争时期，抗日根据地积极开展高等教育，在高等教育中加强思想政治工作。以陕北公学为代表，延安高等教育在开展思想政治工作的历史进程中积累了丰富的经验，对于当下加强高校思想政治教育工作有着重要的启示和借鉴意义。第一，高校思想政治教育目标的确立要合乎党和国家发展要求，符合时代发展需要，满足受教者实际心理诉求。第二，思想政治教育的内容要兼具理论性与实践性。新时期高校思想政治教育既要切实抓好“马克思列宁主义、毛泽东思想学习教育，广泛开展中国特色社会主义理论体系学习教育”②，同时也要与社会实践相结合，加强实践养成教育，以实践教育辅助理论教育，增强受教育者对教育内容的理论认同与实践践行。第三，注重采用具有灵活性与民主性的思想政治教育方法，以改革创新的精神做好高校思想政治教育工作。在开展思想政治教育工作的过程中，要注重贴近受众的思想实际与生活实际，采用多样化方法展开平等交流、民主沟通，增强思想政治教育的实效性。第四，思想政治教育考核方式要多样化和制度化。为了巩固与强化教学效果，促进教学方法的改进，还需注重考核方式的实效性。第五，培养高素质的思想政治教育工作者队伍。“高校教师要坚持教育者先受教育，努力成为先进思想文化的传播者、党执政的坚定支持者，更好担起学生健康成长指导者和引路人的责任”③。通过多种方式培养高素质的思想政治教育工作者队伍，引导广大思想政治教育工作者以德立身、以德立学、以德施教。

（作者系中国人民大学党委宣传部副部长；原刊载于《思想理论教育导刊》2018年第1期）

---

① 成仿吾．战火中的大学：从陕北公学到人民大学的回顾［M］．北京：人民出版社，2014：57.

② 中共中央、国务院印发《关于加强和改进新形势下高校思想政治工作的意见》［N］．人民日报，2017-02-28（1）．

③ 习近平在全国高校思想政治工作会议上强调：把思想政治工作贯穿教育教学全过程　开创我国高等教育事业发展新局面［N］．人民日报，2016-12-09（1）．

聚焦和破解高校思政工作的重点与难题

张 伟

把思想政治工作摆在重要位置，以全面提高人才培养能力为核心、以学生成长成才为本，为培养合格人才提供政治保证。

深入学习领会习近平总书记重要讲话，要把思想政治工作摆在重要位置，以全面提高人才培养能力为核心，坚持立德树人，以学生成长成才为本，着力聚焦和破解思想政治工作的重点和难题，使思想政治工作贯穿教育教学全过程，为培养中国特色社会主义事业建设者和接班人注入信念力量、提供政治保证。具体来说，需要在以下几方面下苦功、用真功：

一、坚持加强党的领导，建立健全强有力的思想政治工作体系，防止思政工作组织领导弱化

中国特色社会主义高校必须坚持党的领导，将思想政治工作摆在重要位置更是离不开党的领导。因此，要加强高校党建，不断健全党的领导体制机制，完善党的领导方式方法。用先进理念指导工作，深入开展基层调查，实现科学领导与经验领导、专业理论与领导实践、传统领导方式与现代科技手段的密切结合，不断提高党的领导水平。形成党委统一领导、各部门各方面齐抓共管的工作格局，推进党团、组织干部、教师队伍以及校园文化建设和教学科研管理、学生事务管理等各项工作协同育人。

二、推进中国马克思主义理论体系建设和马克思主义大众化，防止思政工作理论指导空心化

马克思主义理论是我们解释世界、改造世界的理论武器。抓好马克思主义理论教育，让马克思主义理论为学生喜闻乐见、为学生普遍认同并自觉加以遵循与运用，发挥马克思主义理论彻底性的优势。为此，必须将马克思主义基本原理、基本方法、基本规律与中国特色社会主义建设实践、当代西方资本主义发展、人类社会发展进程相结合，必须对当今人类社会发展新现象、新问题和新矛盾予以理论阐释和科学回答，必须用鲜活生动的事例、通俗易懂的语言、明白晓畅的逻辑来诠释马克思主义经典，让抽象的理论更加平易近人，让复杂的逻辑更加简洁明了，让深奥的道理更加深入浅出，使大学生对马克思主义理论能够走得更近，在共产主义理论智慧大厦中自在畅游。

三、培育和弘扬社会主义核心价值观，努力构建全方位、全领域、全要素的哲学社会科学体系，防止高校思政工作成为“无本之木”“无源之水”

社会主义核心价值观是中国特色社会主义凝聚共识、汇聚合力的活水之源。坚持培育和弘扬社会主义核心价值观，需要广大教师率先明道、信道、行道，以德立身、立学、施教，以高尚情操、高贵品格和严谨治学风范来感染教育学生。需要教育实践以理服人、以情动人、以文化人、以艺悦人，使社会主义核心价值观真正走进学生头脑、走进学生心灵，激励青年学生脚踏实地、奋发有为。要改革创新学术治理和学术服务体制机制，加快建构中国特色哲学社会科学学科体系、学术话语体系、教材体系和评价体系，产出更多具有中国特色和世界水平的哲学社会科学新成果、新教材，彰显社会主义核心价值体系的生机与活力，为高校思想政治工作提供源源不断的理论滋养和有力的实践证明。

四、用好课堂教学主渠道，增强现实性、针对性和解释力、说服力，防止思政工作内容的虚化

为此要大力推进思想政治理论课全要素、全环节建设，丰富和完善课程主题、课程教材、教学内容和教学模式，着力体现现实性、时代性和针对性，更好地为学生们解惑释疑，不断提升思想政治理论课的亲和力、影响力和教育力。用好课堂教学主渠道，离不开其他各类各门课程的守“城”建“业”之功，无论是专业理论课还是专业方法课，无论是专业前沿课程还是专业基础课程，无论是专业必修课还是专业选修课，都要守好一段渠、种好责任田，积极回应与阐释中国改革与发展、时代发展和世界发展的重大问题与重点难题，坚持与思想政治理论课同向同行，凝聚协同育人效应，防止思想政治理论课与其他课程“两张皮”，防止课堂教学单纯从书本到书本、从理论到理论、脱离现实的教条主义和形而上学化。

五、注重发挥社会实践、校园文化的育人功能，以文化人、以文育人，防止思政工作环节“头”重“脚”轻

社会实践、校园文化不仅是开展思想政治教育的重要环节和活动领域，而且课堂教学内容是否进到学生头脑中去、是否管用，归根结底要体现在学生的具体实践活动中，体现在学生的校园文化生活的方方面面。更加注重发挥社会实践、校园文化的育人功能，将理论涵养与社会责任感、实践能力培育统一起来，通过广泛开展形式多样的社会实践和高雅向上的校园文化活动，使学生在生动鲜活的实践与文化活动中获得更真实、更具体的体验与认知，真切地领会中国特色社会主义的深刻内涵，真正感受到时代责任和历史使命的现实召唤，更加自觉地把个人的理想追求融入国家和民族的事业中。

六、加强思政工作队伍建设，不断提高工作本领，防止思政工作本领恐慌和功能失灵

思想政治工作队伍是高校思想政治工作的主力军，思想政治工作者的本领是否适应新形势需要，是高校思想政治工作能否见实效、有长效的关键因素。要建设一支政治立场坚定、理论认识彻底、爱岗敬业和本领过硬的专业工作队伍，整体提升高校党政干部和共青团干部、思想政治理论课教师和哲学社会科学课教师、辅导员班主任和心理咨询教师等各类教师的专业能力和教育水平。在工作着力点上，既要关注大学生的政治素质、理论涵养与价值观培育，也要关注大学生的个性发展和内心需求，使他们对思想政治工作有更多亲近、信任和需要。在工作方式上，积极回应大学生主体性意识和个性化需求，开展平等尊重、循循善诱的启发式和讨论式教育，努力与学生为友，使思想政治工作给力、走心、接地气。在工作方法上，要提高思想政治工作队伍驾驭现代信息技术的能力，整合网络新媒体资源，以网络交互平台为载体，开展更加生动、更具活力的思政工作，增强思政工作的吸引力和时代感。

（作者系中国人民大学教育学院副教授；原刊载于《中国教育报》2017年5月11日）

推动新时代全员全方位全过程思政育人

——以中国人民大学为例

孙浩爽

2016年12月7日至8日，全国高校思想政治工作会议在北京召开。这是一次具有开创性意义的重要会议，对加强和改进新形势下高校思想政治工作提出了明确要求，在高校改革发展、党的建设和思想政治工作中具有里程碑意义，充分体现了以习近平同志为核心的党中央对高校思想政治工作的高度重视，为做好高校思想政治工作指明了前进方向。

一年来，党的十九大胜利召开，中国人民大学喜迎建校80周年，站在新时代、新的历史起点，中国人民大学始终坚持深入学习贯彻党的十九大精神和全国高校思想政治工作会议精神，把立德树人作为中心环节，把思想政治工作贯穿教育教学全过程，力争实现全员全方位育人。

一、打造有传统、有内涵、有质量的思政工作教育体系

2017年10月3日，习近平同志在中国人民大学建校80周年之际，对人民大学的办学成就给予了高度肯定，他在贺信中指出："中国人民大学是我们党创办的第一所新型正规大学。建校以来，中国人民大学始终坚持党的领导，坚持马克思主义指导地位，坚持为党和人民事业服务，形成了鲜明办学特色，在我国人文社会科学领域独树一帜，为我国革命、建设、改革事业培养输送了一批又一批优

秀人才。”①

2017年6月27日，中国人民大学召开思想政治工作会议，党委书记靳诺代表学校党委作主旨报告。一年来，学校推出了一系列重大举措，出台了《中国人民大学关于加强和改进新形势下思想政治工作的实施意见》《中国人民大学思想政治工作质量提升十大计划》《中国人民大学全面贯彻落实全国高校思想政治工作会议精神任务清单》《中国人民大学关于进一步加强和改进辅导员队伍建设的意见》等规章制度，成立党委教师思想政治工作领导小组，组建党委教师工作部，共同推动了全校思想政治工作适应新形势、符合新要求、迈上新台阶，为学校事业发展提供强有力的思想基础和政治保证。

中国人民大学牢牢把握立德树人中心任务，聚力提升人才培养质量，构建“大思政”格局。有力、有效、有序地将思想价值引领贯穿教育教学全过程，融入学生成长成才的每一个环节，充分发挥课程、科研、实践、文化、网络、心理、管理、服务、资助、组织等方面工作的育人功能，扎实推进“双一流”建设，书写着无愧于历史和时代的新篇章。

“青年兴则国家兴，青年强则国家强。青年一代有理想、有本领、有担当，国家就有前途，民族就有希望。”② 习近平同志在十九大报告中对广大青年的嘱托振奋人心。时光回溯，80年前，在延安的红色热土上，“要造就一大批人，这些人是革命的先锋队。这些人具有政治远见……是脚踏实地富于实际精神的人们。中国要有一大群这样的先锋分子，中国革命的任务就能够顺利的解决”③，犹在耳畔。1937年10月23日，这段毛泽东同志为陕北公学成立与开学的亲笔题词，不仅是陕公热血青年的座右铭，也深刻烙印在80年来中国人民大学一代代学子的红色血脉里。

“培养什么样的人、如何培养人以及为谁培养人”是历史的传承，是时代的召唤，更是高校必须牢牢把握的根本问题。作为我们党创办的第一所新型正规大

---

① 习近平．致中国人民大学建校80周年的贺信［N］．人民日报，2017-10-04（1）．

② 习近平．决胜全面建成小康社会　夺取新时代中国特色社会主义伟大胜利：在中国共产党第十九次全国代表大会上的报告［M］．北京：人民出版社，2017：70．

③ 中共中央文献研究室．毛泽东年谱：1893—1949：中卷［M］．修订本．中央文献出版社，2013：34．

学，作为一所具有光荣历史和优良传统的高等学府，中国人民大学自陕北公学时期以来，为中国革命、建设和改革事业培养了大批“立德为民，治学报国”的优秀人才。一代又一代人大人秉承“实事求是”的校训，不忘初心，始终与党和国家同呼吸共命运，奋进在时代前列。

作为“马克思主义教学与研究的高地”“人民共和国建设者的摇篮”“人文社会科学高等教育的重镇”，中国人民大学历来高度重视并不断加强和改进思想政治工作，打造出有传统、有内涵、有质量的思政工作教育体系。学校不断巩固马克思主义的指导地位，不断强化全校师生员工共同团结奋斗的思想基础。

目前，中国人民大学形成了“八个一”的思政育人模式。“一个中心”：坚持立德树人，提升人才培养质量；“一个原则”：打通课内课外，实现整体育人；“一个机制”：学校、学院和基层党团学组织立体联动；“一群主体”：思政课教师、新生导师、班主任和辅导员、学生党员和积极分子、同辈学长共同参与；“一个主战场”：思想政治理论课改革；“一项硬要求”：社会调查与研究、社会实践与服务各两学分；“一系列学生活动”：校史育人、厚重人才培养等各类活动有序进行；“一个宗旨”：培养人民共和国的建设者。

二、把握好新生入学的关键时期，扣好大学的第一粒扣子

广大青年人人都是一块玉，要时常用真善美来雕琢自己，不断培养高洁的操行和纯朴的情感，努力使自己成为高尚的人。青年学生，尤其是大一新生，处在价值观形成和确立的时期，抓好这一时期的价值观养成十分重要。

立德树人，是中国人民大学人才培养的基本遵循。正如中国人民大学党委书记靳诺所言，我们今天立“德”就是立“社会主义核心价值观”，树“人”就是树“德智体美全面发展的社会主义建设者和接班人”。办好中国特色社会主义大学，落实立德树人根本任务，必须在教书育人的全过程、全方位、各环节积极弘扬、培育和践行社会主义核心价值观。

把社会主义核心价值观的理念和要求体现到学校的章程制度中，落实在治学理教的具体实践中，中国人民大学坚持贯穿结合融人、落细落小落实，引导广大师生做社会主义核心价值观的坚定信仰者、积极传播者、模范践行者。先进模范

校园巡讲，教书育人楷模、教师和大学生年度人物等评选表彰，无一不是为了更好地发挥榜样群体的示范引领作用。充分利用新生教育、开学典礼、评优表彰、重大活动等契机，引导大学生，尤其是大一新生勤学、修德、明辨、笃实。

中国人民大学自2012级新生起开设新生研讨课，为新生量身定做个性化“菜单”，并实施新生导师制度。校史校情教育、专业导航、生活指导、学习方法指导、理想信念教育等都是新生研讨课的“标配”，精致的小班研讨形式，由遴选的一批“有真学问、有影响力、有责任心”的教授学者担纲，架起了新生成长的绿色通道。

要上好“第一课”，也应过好“第一年”。“精彩第一年——新生引航计划”坚持人才培养整体性原则，将课堂内外有机结合，设计“适应、融入、引领、发展”四大教育模块，构建校、院、公寓三级学生成长与发展辅导服务平台。

“红船领航”是“新生引航计划”的重要抓手，以新生党员和入党积极分子为培养对象，秉承陕北公学军政结合培养人才的优良传统，强化理想信念，锻造意志品质，培养良好的习惯和作风，让学员在实践中感悟如何运用马克思主义方法论，体验全心全意为人民服务的精神和共产党员模范表率的当代意义。

入学适应辅导、经济困难学生资助帮扶、新生心理健康状况摸查、新生班级建设等均被精心放置在系列新生教育安排里。在获得学业辅导的同时，“一拳一泳”“朋辈互助”等项目，个性化全员辅导体系，“人生导师和知心朋友”般的辅导员队伍，一系列富有亲和力和针对性的入学思想政治教育，真正满足了新生成长发展的需求和期待。

三、用好课堂教学主渠道，开创“一体两翼”思政课教学模式

“用好课堂教学这个主渠道”，中国人民大学充分发挥全国马克思主义理论研究高地、高校思想政治教育理论课建设的示范基地的独特优势，坚持不懈传播马克思主义科学理论，创新学术话语体系，增强教学吸引力、感染力、说服力，让课堂真正“实”起来、“活”起来、“动”起来。

创新“一体两翼”思想政治理论课教学模式，将系统讲授、专题教学、实践教学“三位一体”与研究型和互动型教学模式“两翼”充分结合，形成了具有全

国示范意义的思想政治理论课教学模式。

打牢马克思主义世界观方法论的基本功底，坚守马克思主义的科学信仰和价值追求，首先应夯实课程设置，以社会主义核心价值观的课程体系育人平台为例，在原有4门思想政治理论必修课程基础上，按照“必修课程与选修课程相结合、课程教学与自选讲座相结合、思政教育与专业教育相结合、课内学习与课外实践相结合”的思路，把社会主义核心价值观融入全校各院系各专业从本科生到博士生的培养方案。

作为推进研究型教学的重要抓手，中班教学、小班研讨，集体备课、专题教学、研讨教学、实践教学，严格课堂管理，规范考核方式都是题中之义。

为更好地引导学生“触摸经典”，“名家领读经典”活动邀请名师大家为大学生共上一门思政课，定期举办马克思主义经典研习会、“社会主义核心价值观”主题阅读活动，通过课内外结合、教师指导和朋辈互助结合等方式，带领学生进行深入系统学习。

2012年6月19日，习近平同志在中国人民大学考察期间，认真观摩了正在进行的新生党员马克思主义经典研习会后指出：“高等学校作为研究、传播、宣传马克思主义理论的重要阵地，要引导广大师生认真学习中国特色社会主义理论体系，掌握马克思主义的世界观和方法论，坚定对中国特色社会主义的信念。”①

中国人民大学的思想政治理论课教育注重把马克思主义理论同中国特色社会主义实践有机结合起来，把思想品德教育同中国特色社会主义理论、中华优秀传统文化教育结合起来，启迪学生领会科学理论的实践价值、中华优秀传统文化的智慧力量、中国发展的时代意义。

立德先立师，树人先正己。一支信仰坚定、学识渊博、理论功底深厚且“无论在知识结构还是年龄结构上都十分合理”的教师队伍，一大批深受同学喜爱的“人生导师”，是教好人大思政课的中坚力量。

在培育马克思主义理论教学研究领军团队的基础上，人大积极发挥学科优

① 习近平在北京高校调研时强调高校党建要继续坚持和贯彻好正确指导原则［EB/OL］.（2012-06-21）［2017-10-03］. http：//politics. people. com. cn/GB/1024/18252999. html.

势，在全校范围内选好配强思想政治理论课教师，拓展教师队伍来源，邀请有较高理论素养和丰富实践经验的党政干部、思想政治工作人员及相关研究人员走上思想政治理论课讲台，参与思想政治理论课教学。

学校统一管理思想政治理论课教材使用和课程设置，从2006年开始统一使用马克思主义理论研究和建设工程的统编教材，并积极组织思想政治理论课教师参加新教材使用培训。在坚持思想政治理论课教材基本逻辑和核心内容的基础上，精心设计课堂互动教学活动，倾力搭建课外互动网络平台，进而实现课程教材体系向教学体系、认知体系，向信仰体系、观念体系，向实践体系的转化。

2016年首都高校思想政治理论课学生社会实践优秀论文奖评选中，人大学生获得特等奖、一等奖和二等奖各一项，两名教师获得优秀指导教师奖，学校获得了优秀组织奖。此外，思想道德修养和法律基础课教师也指导学生开展社会调研，形成了诸如《当代大学生价值观调查报告》《当代大学生热点问题调查报告》等一系列系列调查报告。

作为首批13所北京高校高精尖创新中心之一，北京高校思想政治理论课高精尖创新中心倾心打造学生真心喜爱、终身受益的思想政治理论课。利用平台优势、人才优势和资源优势，不断探索高校思想政治理论课建设的新经验和新做法，打造成为马克思主义理论文献平台、思政课教学资源平台、数字化教学平台、大学生思政教育评估中心以及大学生舆情监测平台，开发网络平台和微信公众号平台，形成思想政治理论课建设的“资源库”。

为了让理论更好地接地气儿，“人大智慧课堂”和“别笑我是思修课”微信公众号使用大学生喜闻乐见的交流载体和语言，通过经典美文、教师观点、学生感悟、热点时评、生活新知等的传递，加强思想引导、注重人文关怀；系列思想政治理论课重难点问题的通俗理论读物如《信仰书简——与当代大学生谈理想信念》等，则用生动的语言诠释了思政教育所应传递的真谛。

“习近平新时代中国特色社会主义思想研究院”“中国特色社会主义理论体系研究中心”等一批新型马克思主义理论高端智库在人大应运而生；“吴玉章学术讲座”“人大代表人大行”“理论名家讲堂”“我的中国梦，我的人大梦”等活动进行得如火如荼；“教授沙龙”、“学者学子面对面”、“青马英才”厚重人才成长支持计划项目不断推进……在这方校园，形式多样的思政研究和实践每一天都不曾止步。

四、培养扎根中国、融通中外的"国民表率、社会栋梁"

将中国立场与世界眼光相结合，让学生既能立足中国，深入认识国情，又具有跨文化沟通能力，成为复合型人才，中国人民大学一直在努力。

中国人民大学校长刘伟表示："我们应从中国国情出发、从中国需要出发，把解决中国问题与运用世界科学和文明进展优秀成果统一起来，把中国特色和世界一流统一起来，使我们的大学建设真正有效支撑起中国发展，使中国发展真正为世界文明的进步做出令世人尊重的贡献，进而向世界展现中国特色、世界一流的社会主义大学风采。"

从第一课堂到第二课堂，从读有字的书到读无字的书，踏黄土走基层，成为人大学子持之以恒的实践传统。自 2012 年推出"千人百村"暑期社会调研活动起，5 年来，人大学子的足迹遍及全国。

每年有超过 5 000 名人大师生赴全国各地农村及城镇开展学生社会实践活动，学校还专设了两个学时的社会实践课，由思政课教师指导全校每年近 3 000 名本科生分成 300 多个小组赴全国各地开展调研，通过调研活动促使大学生深入社会、了解国情，形成了以"千人百村"社会调研和"街巷中国"城市调研为品牌项目的社会实践体系。

学校还组织师生到中国人民大学延安教育基地、正定教育基地等寻根探源，深入传承和发扬学校的优良传统。依托国学院等开设中华优秀传统文化必修课和选修课，组织礼敬中华优秀传统文化、中华戏曲进校园，办好国际文化节等活动，服务"一带一路"倡议，积极开展国际文化交流，推进文化走出去。

中国人民大学每年新加入学校青年志愿者协会的人数稳定在本科生总数的 40%以上。志愿服务涉及爱心支教、文化助残、同伴教育、校友服务等多个领域，拥有大学生同伴教育、后勤岗位体验、聋人学校素质课程、打工子弟学校支教等常规运行志愿项目 28 项。

"研究生支教团""求是思源""明德思源"等一系列项目，组织青年党员赴西部欠发达地区扶贫支教。支教团队结合当地需求，组织策划特色公益活动，募集公益资金 60 余万元，惠及上千名贫困学生。

中国人民大学还将创新创业教育融入人才培养体系，成立创业学院，贯彻“价值引领、能力培养和知识传授”“创业教育、创业训练和创业实践”“创新、创意、创业”三个“三位一体”的教育理念，实现创新创业教育与人才培养的理念融合、目标融合、知识融合、机制融合和模式融合，构建“普及教育”“系统教育”“重点教育”“实践教育”四个层次递进衔接的创业教育课程体系。

中国人民大学始终鼓励学生把视线投向国家发展的航程，把汗水洒在艰苦创业的舞台，到基层去、到西部去、到祖国最需要的地方去。2017 年，有 513 名毕业生赴西部、基层就业，学校每年向基层输送的毕业生数量逐年增多，培养了越来越多富有“家国情怀”的青年。

要立足中国，也应放眼世界，在构建人类命运共同体的过程中贡献更多的中国智慧、人大力量。2008 年，中国人民大学创办国际小学期，着力培养具有跨文化沟通能力、能够参与全球竞争的杰出人才。

国际小学期开办 9 年来，坚持“在地国际化和双向国际化”的办学理念，累计组织开设 1 048 门次课程。已经聘请来自近 30 个国家和地区，近 300 所高校及科研单位的 690 名、841 人次海外一流大学师资，参加小学期的本校学生累计 25 748人次，外校学生累计 3 202 人次（来自 89 个国家和地区）。

此外，有 2 160 人次本校学生参加一对一伙伴交流计划项目。中国人民大学自 2012 年起，还与美国中西部美中协会合作开展了“美国政府机构实习项目”，为学生提供在美国政府等机构的为期 4 周的暑期实习机会。

国际研学是学校建立研究型学习制度的另一重要抓手。通过“公共外语强化＋专业外语教学＋国际小学期学习＋国际交流学习”四阶段接力式的培养，提升学生的跨文化沟通能力。

五、推出“课外成绩单”，把学生成长评价制度落实落细

不唯 GPA 是论，培养德才兼备的复合型人才，学校在课堂成绩单之外，又推出了第二张“课外成绩单”，力争德育智育并重，对学生课外的成长发展情况作出精细化评价，引导学生合理规划课外时间，在全面发展基础上实现个性化成长发展。

针对青年群体“无人不网、无日不网、无处不网”的特点，学校在推动思政工作传统优势同信息技术高度融合上从不懈怠。成立思想政治工作新媒体联盟，实施新媒体建设工程，建设贴近师生、贴近时代生命力强的新平台，以现有网络平台为依托，不断优化内容供给，建设集课堂支撑、教学互动、自主学习、学生教育为一体的网络平台。

中国人民大学探索开展“互联网＋思政课”，学校应用互联网技术和互联网思维，打造“学务中心”网络平台，设计实施学生课外活动综合管理评价体系。这张“第二课堂成绩单”聚焦在学生在学校开发智力、增加知识、培养创造力上，人格培养是灵魂性的，贯穿人才成长的全过程。与第一课堂成绩单互为补充。

这张“课外成绩单”基于学校本科人才培养路线图设计，以积分制量化评估学生课外在“理想信念”“学术科研”“学业辅导”“课外阅读”“实践调查”“公益服务”“体育锻炼”“国际交流”“文化艺术”等各方面的活动参与和成就表现，通过达标分、优秀分、各类别在总成绩中权重的设计，以及星级评定、勋章授予、积分兑奖、名人堂等趣味性激励手段，引导学生应用这个评价体系来指导和规划自己的课外学习发展，实现全面发展、个性化成长。

2013 年 4 月，中国人民大学全面发布本科人才培养路线图，通过精实课程、国际研学、名师沙龙、拓展支持、全员导师、研究实践、双选认证、公益服务等八项制度，构筑“研究型学习制度体系”，完善本科人才培养方式。同时，辅之实施读史读经典、社会研究和创新训练、社会实践和志愿服务等十六个重点人才培养项目，致力于从基础层面推动本科人才培养的根本变革。

大学最美的声音莫过于“读书声”。从 2013 级新生开始，学校将“读史读经典”列入本科生培养方案，将必修学分和课外学习有机结合，以阅读与实践相结合的模式组织学生研读历史经典著作，致力于让阅读常态化。今天，阅读历史、回归经典、接近名著，良好的阅读习惯使很多同学受益颇多。2016 年，中国人民大学“读史读经典”项目获评“第四届首都大学生思想政治教育工作实效奖”特等奖。学校还把书法研习课程正式列入学生综合素质培养体系。“书法基本技能训练课程”刚开班，就吸引了三百余名学生报名参加。

这一切成绩的背后，离不开一支优秀的学工系统辅导员队伍。“让辅导员成为大学生成长成才的人生导师和知心朋友”是中国人民大学辅导员队伍建设的初衷。目前，学校形成了专职辅导员岗位“党团学结合”，全员辅导队伍“专兼聘结合”，辅导员梯队建设“老中青结合”，辅导员选聘机制“德学能结合”的工作格局。学校还制定规章制度，增强辅导员工作荣誉感、归属感；加大培训力度，提升辅导员工作专业化、职业化水平；积极实践创新，推进辅导员工作专家化、精细化发展。

高校肩负着引导学生铸就理想信念、掌握丰富知识、锤炼高尚品格、打下成长成才的基础的重要使命。习近平同志曾强调：“其他各门课都要守好一段渠、种好责任田，使各类课程与思想政治理论课同向同行，形成协同效应。”[①] 中国人民大学以建校80周年为新的起点，围绕解决好“培养什么样的人、如何培养人以及为谁培养人”这个根本问题，坚持立德树人，遵循教育规律，弘扬优良传统，扎根中国大地办大学，将思政教育贯穿教育教学全过程，实现全过程育人、全方位育人。

（作者单位：中国人民大学党委宣传部；原刊载于人大新闻网2017年12月10日）

① 习近平：把思想政治工作贯穿教育教学全过程 开创我国高等教育事业发展新局面［EB/OL］.（2016－12－09）［2016－12－09］. http：//jhsjk. people. cn/article/28936173.

思政工作要多点“味道”

杨子强

近日，一项针对1 200名“95后”大学生的调查显示，“95后”大学生综合素质高，但抗压能力弱；身体成熟提前，但心理“断奶”推迟；整体知识水平提升，但思维偏见和极端思想增多；成长成才的物质条件不断改善，但精神空虚的问题尚未明显缓解。这一结果，令人深思。

帮助部分青年学生摆脱思想上的“空心病”“软骨病”，高校的思想政治工作大有可为。如何让思政工作既有营养又有滋味，既解决实际问题又受到学生欢迎，关键在于深刻领会习近平总书记在全国高校思想政治工作会议上提出的方法论，即“因事而化、因时而进、因势而新”。

“好的思想政治工作应该像盐”。什么咸味刻骨铭心？泪水的咸味。我们有丰厚的历史和文化积累，从不缺少能够洗礼精神、震撼心灵的教育素材。因此，让青年学生们沿着红色足迹、踏着红色土地、重温红色故事，他们就会设身处地理解红色基因的内涵和意义。比如参加中国人民大学“千人百村”社会实践活动、到延安调研的学生们，他们在宝塔山下回望陕北公学时期的历史，聆听革命战争年代学长们舍生取义的事迹，不少人潸然落泪。有“咸味”的思政工作更容易打动人、感染人，让人生长出内心的自信，滋养出可贵的家国情怀。

“95后”大学生都是改革开放的一代，绝大部分是互联网原住民，个人成长伴随着国家的日新月异。这一代人很少经历大的波澜，容易把一帆风顺当作理所当然，一点小挫折就会变成心里的大疙瘩，成为迈不过去的坎。培养青年学生的思想韧劲，除了精神上的“咸味”洗礼，还需要为他们提供更多机会，经历“苦味”的磨砺。近些年来，一些学校通过军事训练、服务实践和基层调研等活动，让学生们用双脚丈量土地，用汗水致敬青春，取得了很好的效果。只有懂得了

“没有任何一代人的青春是容易的”，才能在浮躁的社会里消解躁气，正确认识义和利、群和己、成和败、得和失，培养理性平和的健康心态。

高校思想政治工作从本质上说是释疑解惑的过程，要想达到得人心、暖人心、稳人心的效果，就必须及时回应学生在学习生活、社会实践乃至社会舆论热议中所遇到的真实困惑。比如当同学们面对诸如“理想很丰满，现实很骨感”的心理落差，我们能否回答好“怎么看”和“怎么办”的问题，在很大程度上决定了思政工作的“最后一公里”是否畅通。只有将话语体系从天边拉回身边、将道理讲成故事、将理论煮成“麻辣烫”，多一些切中要害、动真碰硬的“辣味”问答，才能让学生们找到有生命力的坐标，记取有温度的共鸣。

“咸味”“苦味”“辣味”，说到底也就是生活的味道。只有围绕学生的生活实感用足心意，高校思想政治工作才能鲜活、饱满、坚韧。

（作者单位：中国人民大学马克思主义学院；原刊载于《人民日报》2017年4月20日）

治学报国·独树一帜

★★★★★

始终奋进在时代前列

(1937-2017)

陕北公学的同学们参加群众集会

（中国人民大学档案馆供图）

华北联大全体教职工和学员

（中国人民大学档案馆供图）

北大行院欢送出学同学全体合影

（中国人民大学档案馆供图）

华北大学的校舍

（中国人民大学档案馆供图）

为国家发展资政育人

戴　逸

中国人民大学是中国共产党亲手创办的新中国第一所新型正规大学，是中国特色社会主义高等教育发展的成功实践，在我国高等教育体系中具有独特而重要的地位，被誉为"人民共和国建设者的摇篮"。

党的十八大召开以来这5年，国家取得了辉煌的历史成就。过去的5年，是在中华民族伟大复兴之路上意义深远的历史阶段。2017年我91岁，经历了近百年以来中国社会翻天覆地的变化，亲身感受了中国共产党带给国家的光明与希望；我研究历史，见证了几百年来中国的跌宕起伏。历史的深邃和波澜发人深省，吾辈倾毕生精力投入到中华民族伟大复兴之中，始终期待一个欣欣向荣、繁荣富强的国家。一个民族如果忘记了过去，就不能正确地面对现在和未来。我欣喜地看到人民大学始终不忘历史、继往开来的责任担当，也感动于为国家发展资政育人的强烈使命，更欣慰地看到被誉为"国民表率、社会栋梁"的青年学子参加"千人百村"社会调研，扎根中国大地了解国情民情，参与"寻根人大青年行"追寻革命前辈伟大而艰辛的历史足迹，让"红色江山代代传"。

过去的5年，是中国从高等教育大国向高等教育强国飞跃的重要阶段。中国人民大学继承和弘扬我们党创办新型高等教育的光荣传统，加快以"中国特色、世界一流"为核心的"双一流"建设。中国的大学应具有世界眼光与胸怀，也应具有鲜明的民族性。中国高等教育的发展受益于马克思主义的思想引领，扎根于中国特色社会主义建设与发展。党开创并引领了新中国高等教育的发展历程，中国人民大学就是时代的产物，她从1937年诞生于烽火硝烟之中的陕北公学一路走来，始终与国家同呼吸共命运，为社会主义革命、建设和改革事业做出了重要贡献。

2017年是人民大学80周年校庆，相信人民大学将会始终奋进在时代前列，为共和国培养一批又一批德才兼备的有为人才，为中华民族伟大复兴做出更大贡献。

（作者系中国人民大学一级教授、原中国史学会会长、吴玉章人文社会科学终身成就奖获得者；原刊载于《光明日报》2017年9月7日）

始终奋进在时代前列

——迎接中国人民大学建校80周年

靳　诺

中国人民大学是中国共产党亲手创办的一所以人文社会科学为主的综合性研究型全国重点大学。她的前身是1937年诞生于抗日战争烽火中的陕北公学，以及后来的华北联合大学和华北大学。这是中国共产党领导下的中国高等教育从创办、发展到壮大的80年，也同时是中国人民大学与党和国家同呼吸、共命运，始终奋进在时代前列的80年。

一、立校之本：始终坚持马克思主义的指导地位

中国人民大学是国内外公认的马克思主义理论教育、研究和传播的重要基地。80年来，学校始终坚持马克思主义的指导地位不动摇，始终坚持马克思主义的与时俱进，为马克思主义在中国的传播和发展做出了许多开创性、奠基性的历史贡献。

陕北公学着力培养系统掌握马克思主义理论并且能够运用于中国革命实践的政治干部。建校初期，主要开设“马列主义”“辩证唯物主义”“中国革命运动史”“中国问题”等课程，后来随着学习程度的提高，又增设了“世界革命史”“科学社会主义”“马列主义经典作家原著选读”等课程。许多高级班的学员，如胡乔木、田家英、廖盖隆、胡华等后来成为党的著名理论家。1950年中国人民大学命名组建后，学校在国内最早设立了各种层次的马克思主义理论专业。我国高校马克思主义理论的许多学科、专业、教材都肇始于中国人民大学，然后走向

全国。《辩证唯物主义原理》《历史唯物主义原理》《中国革命史讲义》等教材不仅用作本校学生用书，而且受到全国高等学校师生和广大读者的热烈欢迎，大都发行数百万册甚至上千万册，哺育了共和国几代马克思主义理论教学科研人才，在全国产生了深远的影响。1950年到1965年的15年间，中国人民大学为全国高校培养了绝大多数政治理论课师资，在传播马克思主义基本原理和基础知识方面，充分发挥了“工作母机”的作用。学校马克思主义理论学科名师辈出，俊彦云集，形成了老中青相结合的人才梯队。老一辈学者陈先达、卫兴华、胡乃武等教授年过八旬，但依然笔耕不辍，活跃于党的理论研究的前沿。近年来，一大批中青年学者学术精湛、锐意创新，成为国内外具有重要影响的著名学者和学术带头人。自2004年中央实施“马克思主义理论研究和建设工程”以来，中国人民大学共有54位专家入选中央“马克思主义理论研究和建设工程”课题组首席专家或主要成员，入选人数位居全国高校首位。

二、强校之基：始终坚持人文社会科学为主的学科特色

作为我国人文社会科学高等教育的重镇，80年来中国人民大学始终坚持以人文社会科学为主的办学特色。学校在人文社会科学领域躬耕不辍，在为我国人文社会科学的发展做出奠基性、开创性贡献的同时，也逐步积淀出“人文社会科学立校”的独特气质。

解放战争时期，华北大学不仅仅是中国共产党创办的最高学府，还是当时全国人文社会科学才俊云集之地。华北大学成立了八个专门研究室：中国历史研究室，历史学家范文澜兼任主任；哲学研究室，哲学家艾思奇兼任主任；中国语文研究室，语言文字学家吴玉章兼任主任；国际法研究室，法学家何思敬任主任；外语研究室，主要从事翻译工作；政治研究室，政治学家钱俊瑞兼任主任；教育研究室，教育学家张宗麟任主任；文艺研究室，文学家艾青任主任。正可谓是名家云集、大师荟萃。我国现有的经济、管理、法律、新闻、党史、外交、政治等学科或专业，不少都是发源于中国人民大学。改革开放后，中国人民大学还率先建立了信息管理系、劳动人事学院、知识产权中心等适应新时代需要的院系或者中心，大力发展管理科学、信息科学和环境科学等新兴交叉学科，在全国也都起

到了一定的先导或者示范作用。同时，学校在坚持马克思主义在学科建设的指导地位不动摇的基础上，将眼光转向国外，率先翻译和引进了一大批西方经济学、管理学教材和著作，成为学习借鉴国外优秀文化成果的排头兵。学校教师在服务国家重大决策和地方经济社会发展等方面积极发挥作用，先后有11人次受邀为中共中央政治局集体学习作辅导报告，许多教师被聘请担任各级政府顾问。学校积极参与国家社科基金项目、教育部人文社科规划项目、北京市社科规划项目等各级各类项目，其中国家社会科学基金项目、教育部人文社科重大攻关项目立项数居全国高校第一位。

三、荣校之源：始终坚持“人民共和国建设者”摇篮的育人目标

在80年的办学历程中，中国人民大学始终有一个明确的育人目标，就是培养人民共和国高水平的优秀建设者和各行各业、各个层面的领袖人才。

在抗日战争的烽火中，陕北公学以救国救亡为己任，培养了大批抗战干部。华北联大时期，师生们跨越万水千山，在敌后战场浴血奋战六年。为迎接新中国成立的曙光，华北大学奋勇担纲，培养了大批革命干部。1950年10月，刘少奇同志在中国人民大学开学典礼时勉励学生“当人民困难的时候，你们吃着人民的小米学习，如果毕业后不能很好地为人民服务，那就不是中国人民大学的学生”①。一代又一代人大学子秉持“实事求是”的校训，热爱人民、心系大众，既脚踏实地，敢于合理继承，又解放思想，敢为人先，以严谨求实的科学精神和舍我其谁的担纲意识，积极呼应、汇入乃至引领时代发展的潮流。从改革开放初期发表《实践是检验真理的唯一标准》的胡福明校友，到改革开放新时期撰写《东方风来满眼春》的陈锡添校友，再到新时期“人民满意的好法官”宋鱼水校友，他们用一个个优美的音符谱写了人大人实事求是、追求真理的精彩华章。从陕北公学至今，学校共培养了25万名高水平的优秀建设者和各行各业、各个层面的领袖人才，其中既有许多成就卓著的专家学者，又有许多闻名遐迩的企业

① 中共中央文献研究室刘少奇研究组，中央教育科学研究所．刘少奇论教育［M］．北京：教育科学出版社，1998：98.

家，政绩斐然的党政军高级领导干部，以及卓有建树的新闻、法律、文学艺术和科学技术工作者。新世纪以来，学校进一步强化了这样的办学特色和人才培养定位——始终坚持以马克思主义理论武装学生：既重视专业素质的培养，又重视思想道德素质的提高；既注重科学文化知识的传承，又注重人文精神的培育；既强调中国国情的教育，又培养学生具有广阔的国际视野。始终保持了人大学子社会适应能力强、理论素养高、发展后劲足的显著特色。

四、兴校之魂：始终坚持重视党建和思想政治工作的优良传统

党建和思想政治工作关系到培养什么样的人、如何培养人以及为谁培养人这个根本问题，是办好中国特色社会主义大学的灵魂与生命线。作为中国共产党亲手创办的第一所新型正规大学，80 年来中国人民大学始终坚持重视党建和思想政治工作，形成了优良特色，为坚持党对高等教育事业的领导进行了有益的实践和探索。

陕北公学注重开展形势与政策教育，经常邀请党中央的领导讲课。毛泽东同志规定政治局委员都要来讲课，他自己第一个带头授课。周恩来、朱德、董必武、张闻天、任弼时、李富春、王若飞等老一辈革命家、理论家、教育家都作过讲演。在华北联合大学刚刚成立的第三天，毛泽东同志就为广大师生作报告，这就是后来的《〈共产党人〉发刊词》这篇传世名作。老一辈革命家、“中共五老”之一的吴玉章作为中国人民大学首任校长，十分重视思想政治工作，他常常用唯物辩证主义的观点教导青年学生既不要以政治上的进步而放弃业务技术，同时又要防止和反对“单纯业务”观点。改革开放以来，中国人民大学的党建和思想政治工作一直走在全国的前列，涌现了全国先进班集体——马克思主义学院 1999 级博士生班等一批优秀群体。党的十八大以来，学校党委把做好党建和思想政治工作作为主责主业，取得了显著成绩。学校组织 5 000 多名师生到全国 300 多个市县，开展“千人百村”“街巷中国”等社会调研，为中央部委和地方政府提供了决策参考。实施海外留学归国教师国情教育计划，引导青年教授在条件艰苦的基层、国家建设的一线，埋头苦干、攻坚克难，用一流的业绩成就人生的精彩。这一系列党建和思想政治工作创新实践，得到了中央的高度认可。

“征程乍起，满目葱茏”。从陕北公学到中国人民大学，从延安到北京，“始终奋进在时代前列”是一代代人大人一以贯之、广为延续的光荣传统。这一主题凝结了中国人民大学从战火中走来、在时代中奋进的精神品质，是学校80年办学历史的真实写照。面向未来，中国人民大学将始终不忘初心，不忘“立学为民、治学报国”的崇高理想，不忘“始终奋进在时代前列”的责任担当，不忘培养“人民共和国建设者”的光荣使命，不忘“与党和国家同呼吸共命运”的政治追求，不忘“实事求是、艰苦奋斗”的精神品格，为建设“人民满意、世界一流”大学而努力奋斗！

（作者系中国人民大学党委书记、教授；原刊载于《中国教育报》2017年9月21日）

凸显人文特色　建设成绩突出世界一流大学

刘　伟

习近平总书记系列重要讲话系统而深刻地阐释了我国高等教育事业发展的一系列重大历史性命题，为我们建设中国特色、世界一流的社会主义大学指明了目标和方向，明确了任务和道路，深刻剖析并清晰地回答了中国共产党领导的中国特色社会主义事业建设中，能不能建成世界一流大学、为什么要建设世界一流大学、怎样建设世界一流大学等一系列问题。

时代的呼唤和国家事业的发展，对中国人民大学提出了很高的期待。中国人民大学作为党在新中国创办的第一所新型正规大学，一直高扬人文社会科学旗帜，大力呼吁全社会重视发展哲学社会科学；深入学习贯彻习近平总书记系列重要讲话精神，发挥作为中国哲学社会科学高等教育领域重镇的作用，以“立德树人”为中心，弘扬“立学为民、治学报国”的优良传统，推进“双一流”建设。

第一，习近平总书记系列重要讲话极大提升了我们的教育自信，清晰回答了我们能不能建设世界一流大学的问题。

中华民族有着悠久的历史和璀璨的文明，本来是不乏文化自信和教育自信的，之所以近代以来相当长的历史时期缺乏这种自信，是因为当近代中国传统文化与西方近现代文明碰撞时，我们失败了。中国曾经创造出远远超过欧洲中世纪的文明，但西方文明自15世纪文艺复兴起，经过宗教革命、科学革命、启蒙运动，直到产业革命，获得了快速发展。相比较而言，中华传统文明落后了，“落后就要挨打”“被打蒙了”，进而失去了对我们曾经引以骄傲的传统文化的自信，开始全盘西化，教育特别是高等教育尤其如此。不仅自然科学的教育开始全面引入西方近代分科的所谓科学主义的教育，而且人文社科也一改中国传统的系统性教育方式，开始按所谓科学主义方式加以分科设系，教程结构大都以西学为准。

中国现代化事业发展走到今天，需要也能够重构我们的文化自信和教育自信。中国共产党领导的中国革命和建设事业，特别是改革开放以来，使我们国家现代化水平获得了极大提升，人均GDP（国内生产总值）水平从100多美元跃升至8 000美元以上，从贫困上升为上中等收入国家；GDP总量从占全球1.8%上升至13%，从排名十名开外上升至世界第二大经济体；城镇化水平从17%提升至56%并进入加速期，工业化水平从初期起步进入到后期；高校毛入学率从1%上升至40%；等等。这些现代化发展的成就表明，中国共产党领导开创的中国特色社会主义事业、中国特色社会主义道路是符合中国国情的正确历史选择。这一方面为我们创造了前所未有的制度自信、道路自信、文化自信和教育自信的社会发展基础；另一方面伟大的中国梦的追求，也为巩固和丰富这种自信提出了前所未有的历史需要。我们有理由相信，中国的高等教育已经并正朝着世界一流方向奋进，一定会出现一批世界一流大学。

第二，习近平总书记系列重要讲话鲜明指出了我们的教育方向，清晰回答了我们建设什么样的、为什么要建设世界一流大学的问题。

大学是一种独特的教育机构，它们既有着共同特征，又植根于各自所处的文化传统中，打上不同民族文化的鲜明烙印。我国有独特的历史、独特的文化、独特的国情，决定了我国必须走自己的高等教育发展道路。扎根中国大地，建设具有中国特色、世界一流的社会主义大学，这是习近平总书记为建设世界一流大学事业提出的根本要求。也就是说，我们不能跟在别人后面依样葫芦，以欧美大学简单地作为标准和模式，加以模仿和追捧。正如2014年5月4日习近平总书记在北京大学师生座谈会讲话时提出的，“世界上不会有第二个哈佛、牛津、斯坦福、麻省理工、剑桥，但会有第一个北大、清华、浙大、复旦、南大等中国著名学府”①。我们应从中国国情出发、从中国需要出发，把解决中国问题与运用世界科学和文明进展优秀成果统一起来，把中国特色和世界一流统一起来，使我们的大学建设真正有效支撑起中国发展，使中国发展真正为世界文明的进步作出令世人尊重的贡献，进而向世界展现中国特色、世界一流的社会主义大学风采。

---

① 习近平在北京大学师生座谈会上的讲话(全文)［EB/OL］.(2014-05-05)［2014-05-05］.http://edu.people.com.cn/n/2014/0505/c1053-24973276.html.

要以扎根中国大地办中国特色、世界一流的社会主义大学为根本方向，重要的在于我们办学的目的和初衷，正如习近平总书记在全国高校思想政治工作会议上的重要讲话中概括的“四个服务”——为人民服务，为中国共产党治国理政服务，为巩固和发展中国特色社会主义制度服务，为改革开放和社会主义现代化建设服务①。为改革开放和社会主义现代化事业服务，只能也必须扎根中国大地，在中国特色和世界一流的有机统一中，建设社会主义大学才能实现。对于以人文社科为主的大学，就应当积极建设具有中国特色、中国风格、中国气派的哲学社会科学体系，着力解决经济社会中的重大战略问题，为实现“两个一百年”奋斗目标、为实现中华民族伟大复兴的中国梦提供有力支撑。

第三，习近平总书记系列重要讲话全面阐释了培养什么人、怎样培养人的要义，清晰回答了如何建设世界一流大学的问题。

大学的根本在于培养人。正所谓大学之道在明明德，在亲民，在止于至善，在于格物、致知、诚意、正心、修身、齐家、治国、平天下。中国教育历来不乏家国情怀，这一点尤其成为我们中国共产党创办的大学的底色。习近平总书记在全国高校思想政治工作会议上的重要讲话中，特别提到我们党创办的抗日军政大学、陕北公学、延安女子学院、鲁迅艺术学院等具有红色基因的学校。中国人民大学的前身可以追溯到1937年在延安清凉山下成立的陕北公学，到后来太行山抗日根据地的华北联合大学和解放战争后期成立于正定的华北大学，再到新中国成立于燕山脚下的中国人民大学。新中国成立后的许多新大学都有这种共同基因，很多也是从陕北公学、华北联大、华北大学走出去的。忠诚于党、坚定不移跟党走，应是我们党创办大学的魂魄；坚持党的领导、践行“四个服务”，应是我们办好社会主义大学的根本。这既是我们建设中国特色世界一流大学的根本原则，也是最大优势。

中国人民大学作为一所以人文社会科学为主的综合性研究型全国重点大学，拥有齐全的马克思主义学科和强大的人文社会科学学科。人文社会科学具有历史科学性质，又具有鲜明的意识形态价值指向性。我们一定要坚持以马克思主义为

① 习近平．把思想政治工作贯穿教育教学全过程［EB/OL］．(2016-12-08)［2016-12-08］．http://www.xinhuanet.com/politics/2016-12/08/c_1120082577.htm.

指导，学习开拓当代中国马克思主义新境界，深入学习和领会习近平总书记系列讲话精神，努力推动中国特色社会主义政治经济学、哲学、法学、政治学、社会学、新闻学、商学、管理学、文学、史学等人文社会科学的发展。

中国人民大学作为陕北公学的传承者，一定要继承好陕北公学的基因，弘扬党的优良传统，弘扬学校“立学为民、治学报国”的优良传统，始终奋进在时代前列。毛泽东同志在延安曾说过“中国不会亡，因为有陕公”①。有人说来自全国各地的陕公的学生未经文化课程考试，未必合格，毛泽东同志说，陕公的青年学生从西安走到延安600里程，冒着死亡的威胁穿过层层封锁，还有什么考试比这个更严格？在新时期，中国人民大学一定不忘初心、不辱使命，争做世界一流大学和一流学科建设的排头兵。

（作者系中国人民大学校长、教授；原刊载于《中国教育报》2017年3月2日）

① 中国延安干部学院．党在延安时期局部执政的历史经验［M］．北京：中央文献出版社，2010：36.

服务党的中心任务　探索高等教育发展新道路

——纪念中国人民大学建校80周年

李立国

现实是历史的延续和发展。中国特色社会主义高等教育是从中国近代以来的高等教育发展而来的。这个历史既包括以北洋大学、京师大学堂、南洋公学为起点的近代高等教育，也包括共产党创办的以中国人民抗日军政大学、陕北公学、鲁迅艺术学院为代表的红色高等教育。这两大源头，都对新中国高等教育产生了深刻影响，后者在大学制度、办学理念等方面的影响超过了前者，奠定了新中国高等教育的理念与制度基石。从高等教育史看，陕北公学等是中国共产党创办的新型高等教育的雏形，是新中国新型高等教育之源，是新中国新型高等教育之根，是新中国新型高等教育的红色基因，在我国高等教育发展史上具有里程碑意义。

一、中国共产党人不仅把发展教育事业看作一种奋斗目标，更是当作一种实现革命与建设事业总目标、总任务的重要手段

教育与社会发展的关系历来是各国政府和政党所高度关注的问题，如何看待这个关系，涉及教育在社会发展中的地位与作用，涉及中国共产党人对教育基本性质的认识和发展教育事业的基本方向。在20世纪20年代，对于这一问题，争议很大，有人把教育看作救国救民的唯一希望，有人主张教育要超然于旧社会的政治经济之外。前一种观点即“教育救国论”，后一种观点是“教育清高论”。这两种观点，在当时的历史条件下，尽管有其积极意义，如有利于全社会重视教

育，有利于保持教育的相对独立性，但是，从其理论基础和思想方法来看，它们是片面的、错误的。其理论基础的根本缺陷在于它们要么是以抽象的人性论为基础，将人看成是可以脱离社会而可以随意加以培养的人；要么以乌托邦式的社会理想为基础，将美好社会的实现寄托于人的高尚道德的培养和良好性格的塑造上。从其方法论来看，都是用形而上学的方法看待教育与社会发展的关系，要么将教育看成是社会发展的根本动力，要么将教育发展与社会事业的发展隔离开来。这些观点在实践上面，也产生了一些消极后果，即没有正确认识教育在社会矛盾运动和发展中发挥作用的政治经济条件，忽视了教育的社会属性。

马克思主义认为根本不存在天生的教育者和受教育者，不存在一个能够超然于社会之外的教育，也不存在一个可以单纯被教育随心所欲加以设计和改造的社会。在《共产党宣言》中，马克思恩格斯指出，资产阶级的教育是“资产阶级的生产关系和所有制关系的产物”①，是为资产阶级服务的，其实质就是“把人训练成机器”②，为资本家创造利润。共产主义者不仅要消灭这种资本主义的生产关系和所有制关系，而且还要消灭体现这种生产关系和所有制关系的教育关系，从而使教育为全体社会成员服务，为无产阶级的解放事业服务，为解放和发展生产力服务。中国共产党人根据马克思主义教育思想的基本观点，并结合自己在各个历史时期的工作重点，具体阐明了关于教育社会地位和作用的基本主张，不仅把发展教育事业看作一种奋斗目标，更是当作一种实现革命与建设事业总目标、总任务的重要手段。党在每个历史时期教育的发展目标和任务是否明确而且行之有效，除了必须遵循教育规律外，还取决于能否正确反映党在各个时期的中心任务。

二、在遵循教育规律的基础上创造性地开展工作，探寻大学发展的新道路与新模式，既开创大学发展新道路，又有力服务于党的中心任务，实现大学发展与社会需求的良性互动

坚持为党的中心任务服务，围绕党的中心任务和时代发展大局开展教育教学

① 中共中央马克思恩格斯列宁斯大林著作编译局．马克思恩格斯文集：第2卷［M］．北京：人民出版社，2009：48.

② 同①74.

工作。中国共产党人没有抽象地看待教育与其他社会领域的相互关系以及教育的作用，而是把握教育与政治、经济、文化等领域的具体联系，明确教育在各个历史时期的地位与作用。抗日战争期间，党领导革命的中心任务是打倒日本帝国主义，动员一切力量争取抗战的胜利。一切革命工作，包括教育工作，都应围绕这个中心目标。1937年7月23日，毛泽东发表的《反对日本进攻的方针、办法和前途》中主张实施有利于抗战的“国防教育”，“根本改革过去的教育方针和教育制度。不急之务和不合理的方法，一概废弃”①。1937年8月25日，毛泽东在《为动员一切力量争取抗战胜利而斗争》一文中再次提出：“改变教育的旧制度、旧课程，实行以抗日救国为目标的新制度、新课程。”②

诞生于抗日救亡之际的陕北公学和随后发展的华北联合大学、北方大学、华北大学等是中国共产党创办的为抗日战争和解放战争服务的高等学府，为民族解放和革命胜利而办学是其根本宗旨，如何在遵循教育规律和高等学校办学规律的基础上更好地服务于党的中心任务，就需要创造性地开展工作，探寻大学发展的新模式。只有这样，才能在党的领导下办好大学，才能更好地服务于党的中心任务。战火中诞生和发展的大学不同于和平时期的正规高校，必须以培养革命先锋队为根本宗旨，创造性地开展教育教学活动，贯彻理论联系实际、教学一致与实践运用、少而精与通俗易懂等原则开展工作。

1937年11月开办的陕北公学的主要任务是“培养抗日先锋队”。为了实现这一目标，陕公没有按照传统大学的办学模式培养人才，而是重新研究了教育计划，决定将陕北公学改为培养干部的短期培训班性质的学校，设立普通班和高级研究班，重点办好普通班，普通班学习时限为三四个月，高级研究班学制一年，主要培养师资。教育教学内容是“七分政治，三分军事”，以培养政治、理论干部为主。抗日军政大学和陕北公学的办学宗旨、教育方针一致，但分工不同、各有侧重，抗日军政大学以培训军事干部为主，教学计划是三分政治、七分军事。为了实现培养抗战干部的目标，陕北公学确立了四个方面的教育内容，即革命的政治教育、民众运动和政府方针教育、军事教育、劳动教育，其中特别重视对革

---

① 毛泽东．毛泽东选集：第2册［M］．北京：人民出版社，1991：348.

② 同①356.

命知识青年进行政治教育。

陕北公学培养的是抗战干部，学员必须能够适应战争环境下的工作和生活，因此学校虽然以政治教育为主，但也重视军事教育。军事教育以急用、实用、适用为教学原则：急用，就是急切需要的知识与技能先学；实用，就是密切联系战争实际，能够使学员学以致用；适用，就是适用于工作、战斗的艰苦环境，使理论与实践知识能够充分发挥作用。为使学员毕业后就能组织、发动人民群众同敌人进行斗争，陕北公学的军事教育抓住学校学制短、课时少的特点，着重教授抗日民族革命战争急用、实用、适用的游击战争方法。军事教育按照急用先学、实用多学的指导思想制定教学计划，内容包括军事授课、军事训练和军事生活管理。1938 年 3 月，陕北公学副校长李维汉在全校大会上作报告时强调："陕公今天的教育方针，就是要帮助青年获得抗战中实际工作的方法与民族自卫战争的最低限度的理论基础。""我们需要把革命的理论与革命的实际联系起来。""教育方针（即训练抗战人才）是比较固定的，但课程、教材等则不能是固定的，是要依着抗战发展的需要而变更的。"① 因此，陕北公学规定，教学计划确定以后不能随意改变，全体教职员、学员都要为完成教学计划而努力。但计划不是固定不变的，特别是战争时期形势变化莫测，在情况发生重大变化时不能墨守成规，必须随时根据战争局势的变化和形势对干部的需求调整教学内容和时间安排，制定出临时教学计划并组织学习。战争的紧迫性决定了陕北公学必须在很短的时间内使学员达到培养目标，因此安排教学内容必须采取少而精的原则。要在短时间内快出人才只能精简教学内容，但精简不等于粗糙、简单，而是要抓住关键、重点深入，对急需的知识、关键的问题有重点地深入讲解，并力求通俗易懂。例如，教员把边区货币和国民党统治区的银圆进行对比，银圆因物价上涨而不断贬值，国民党还滥发纸币，使得物价每天都不相同；而边币稳定，人民生活有保障。在对重点问题深入讲解的同时，通过组织学员详细讨论，达到学深学透，在最短的时间里取得最大的收获，使学员毕业就能从事抗战工作。少而精的原则是针对抗日战争的紧迫形势和陕北公学以办短期训练班为主的学校性质提出来的，学校在少而精地安排教学内容的基础上仍然强调刻苦学习，鼓励学员尽量多学一点、学好

---

① 李维汉．回忆与研究（上）[M]．北京：中共党史资料出版社，1986：386.

一点。

1939年7月7日，在“七七事变”爆发两周年纪念日，由陕北公学、鲁迅艺术学院、安吴堡战时青年训练班、延安工人学校四校联合的华北联合大学，和抗日军政大学一起开赴华北敌后抗日前线，开展国防教育，坚持在华北地区进行抗战。根据中共中央的指示精神，华北联合大学坚持以民族解放和社会解放为目标的新民主主义的抗战教育方针。

华北联合大学应该是为抗日战争服务的一支文化纵队。因此，开展文化抗战、粉碎敌伪的奴化政策，为保卫中华民族几千年的文化而斗争，是华北联合大学要努力完成的任务。华北联合大学应该是文化战线上的一块前进阵地。所以，反对买办性的封建主义文化教育、开展新民主主义的文化教育，便是华北联合大学的一项神圣任务。华北联合大学应该是推进华北抗战的一个有力杠杆。因而，帮助华北地区的党、政、军、民各界培养、提高各种干部，推动华北敌后的抗日战争，就是华北联合大学最主要、最实际的任务。

华北联合大学培养干部的目的是为抗日战争服务，为建设根据地的政治、经济、文化、教育事业服务，为发展晋察冀边区的生产服务，反对教育独立于政治之外、独立于社会生活之外。因此，院、系和专业的设置，招生对象，学习期限等，一切都要从抗日战争的实际需要出发来确定。若是抗日战争需要，而学校暂时缺乏条件去办的事，则尽力创造条件，以满足抗日战争的需要；抗日战争不需要或不急需的事，就不办或少办。在这个问题上，华北联合大学既反对认为在残酷的战争环境中不能办大学的无所作为的观点，也反对办大学就应该办成正规的、学科齐全的大学这种脱离战争环境实际的观点，坚持根据需要办学的方针。

为了实现培养目标，就需要把提高学员的政治素质和培养学员的业务能力有机地结合起来。抗日战争要求华北联合大学培养出的学员既有饱满的革命热情、坚决的斗争精神、艰苦奋斗的工作作风，又掌握一定的政治、经济、文化、教育、民众运动等方面的业务知识和从事具体的实际工作的能力。同时，华北联合大学的任务又不仅仅局限于支持抗日战争，在抗日战争胜利以后还要担负起建设新民主主义共和国的任务。因此，华北联合大学的教育计划不仅包括抗战的知识，而且包括建国的学问；不仅包含政治、军事的内容，还包含经济建设的本领；培养出来的干部不仅是英勇的抗日战士，而且是优秀的建国人才。

为了贯彻上述教育方针，华北联合大学制定了教学原则：注意理论同实际相结合，学用一致，少而精和通俗化。要教会学员用学到的理论正确分析当前形势，用理论指导实践、解决面临的问题；要使学员能够将所学到的业务知识用于实际工作。社会科学的实验室是整个社会，社会科学的实践就是社会工作和群众工作，因此，华北联合大学要求学员既学会理论和专业知识，又能到广大群众中做好各种社会工作。

华北联合大学的教育方针和教学原则体现了培养学员掌握马列主义的基本立场、观点、方法，懂得党的方针、政策，能够扎根于群众之中解决斗争中的实际问题，成为革命斗争中的骨干力量的培养目标和办学宗旨；体现了华北联合大学在敌人心脏中办学，培养革命干部的特点。

在革命局势向前发展、曙光就在前方的时刻，大学开始在党的领导下朝正规化方向发展，不断提高办学的要求，但仍然贯彻党的教育方针和在抗战中形成的行之有效的教育原则与教学方式。在抗战胜利后，应该把北方大学办成什么样的学校？是短训班的性质还是正规化的大学？关于办学方针的重大问题，学校领导层在较长时间内存在着分歧和争论：有人认为，由于眼前存在日益严重的解放战争危机，因此，北方大学应该以短期培训各种革命干部、人才为主；但也有人认为，北方大学的建设应该具有更长远的目光，着眼于光明的未来，尽可能地使学校建设向正规化方向发展。晋冀鲁豫边区政府和北方大学校长范文澜则都提出学校以培养为人民服务、从事和平建国的各种专门人才为宗旨，显现出他们高瞻远瞩的广阔视野。北方大学迁到邢台潞城后不久，晋冀鲁豫解放区各地的青年纷至沓来，从国统区经由各方介绍来校的青年学生、教师、技术专家也日渐增多，迁校后的北方大学进入了快速发展时期。在短短的两三年内，由于得到了各方面的鼎力支持，北方大学无论在师资力量、教育设施，还是在院系专业设置等方面，都已渐渐呈现出现代综合性大学的模样。

范文澜说，北方大学的教育方针，一句话概括，就是“理论与实际联系”，“都应当是对边区建设有实际意义的课程，从边区、全中国以及全世界之实际情况出发，去确定课程的内容，才不致脱离实际。我们不能关起门来只是上课、读书，还要有计划地到有关的地方实习。社会的实际情况常常会有某些变化，我们只有用正确的人民的立场、群众的观点、科学的方法，分析客观实际的现象，使

之提升为理论，然后依据具体情况，灵活运用到实际行动中去；行动的结果，继续丰富和发展理论的内容，才是真正的理论与实际联系”①。北方大学本着理论联系实际的原则大胆创新，从解放区、全中国，乃至全世界的实际情况出发确定教育内容，并且根据形势的发展变化不断设置新的院系，调整、补充、更新教学内容。例如，为解决解放区农业生产和解放战争中畜力严重缺乏的问题，农学院设立畜牧兽医系，开办兽医院，为解放区培养畜牧兽医人才；针对解放区和部队需要大批文教干部的问题，学校把教育学院改为文教学院。北方大学还根据实际情况的发展变化不断对教学内容进行调整、补充，如政治经济学课补充介绍了大家关心的解放区合作经济发展情况的内容；学校驻在太行山上，课程内容就增加了太行区的经济问题。解放战争开始以后，医学院及时把教学重点放在外科，特别是战伤外科上，组织考察团到各野战医院和后方医院调查，了解哪些是学员必备的和急需的知识，然后归纳整理，有的放矢地安排教学内容。

在学习上，北方大学提倡学以致用，既反对死读书本、空谈理论，也反对墨守狭隘经验，对许多重要的问题都通过理论和实际密切结合的矛盾辩证来提高思想、统一认识。经过边实践、边总结、边改进，北方大学终于成功地闯出了一条在较短时间内培养出既能适应当时战争形势需要，经过进一步培养又能符合国家长远发展要求的专业人才的办学道路。毕业生走上工作岗位以后，尚能适应所从事的工作，用人单位也比较满意。这即是北方大学高瞻远瞩与实事求是相统一，既立足于现实，又着眼于未来的办学思想和办学道路。

三、确立了党对于高等教育事业的领导，建立健全高校的领导体制，加强思想政治教育工作

中国共产党自创建以来，在领导人民教育事业的进程中，根据党的总路线和总方针，及时提出了党在教育方面的政策和方针，明确了教育事业的发展方向，成为领导教育事业发展的核心力量。早在1942年，毛泽东在谈到根据地党的领

① 刘葆观．血与火的洗礼：从陕北公学到华北大学回忆录：1937—1949：下卷［M］．北京：中国人民大学出版社，2007：215.

导时指出："党是无产阶级的先锋队和无产阶级组织的最高形式，他应该领导一切其他组织"①。其中必然涵盖加强党对于教育工作的领导。

确立党团领导下的校长负责制，建立新型高校领导体制。陕北公学从成立之日起，就确立了党团领导下的校长负责制，建立了新型的高校领导体制。1937年8月，筹备成立后的陕北公学实行党团领导下的校长负责制。根据中共中央政治局常委会议的决定，陕北公学设立了由正、副校长和各部、处长组成的校务委员会，校务委员会的职责是决定学校的章程、教学计划、招生、基本建设、预算等决策事宜，成仿吾任校务委员会主席，负责整个行政工作。中共陕北公学党团同月成立，由成仿吾、邵式平、周纯全、袁福清四人组成党团（党组），成仿吾为党团书记。陕北公学党团受中共中央宣传部和组织部领导。党团是学校最高领导机构，讨论并决定学校的重大问题。

为了培养革命人才，创立了学校的思想政治教育制度，保证了人才培养的正确方向。陕北公学认为，做好政治思想工作是贯彻学校的教育方针、实现学校的教育计划、完成培养抗战干部任务的重要保证，因此学校始终非常重视政治思想工作。陕北公学的政治思想工作是在各级党组织的领导下进行的，有健全的工作机构。学校设有政治部，区队设政治协理员，学员队设政治指导员和政治助理员；党总支是学校专门负责党务工作的机构，每一个学员队都设有党支部，由指导员、队长和政治助理员组成支部委员会。除了专职政治工作干部之外，陕北公学的全体教师和工作人员也都要把做政治思想工作作为自己的任务。另外，学生会还是学校各级组织开展政治思想工作的得力助手。陕北公学政治思想工作的任务是：第一，保证教学计划的完成；第二，对全体人员进行思想品德教育；第三，加强党的建设；第四，指导学员开展广泛的课外活动；第五，引导学员进行必要的军事生活训练和体力劳动锻炼。

华北联合大学也建立了一整套严密高效的政治思想工作体系。党团是华北联合大学的最高领导机构，党团下设党委，党委负责管理学校的党务工作，对学校完成各项任务起保证作用。学校下属各单位都有党的组织，校部机关工作部门有

---

① 中共中央文献研究室，中央档案馆．建党以来重要文献选编：1921—1949：第19册［M］．北京：中央文献出版社，2011：423.

直属党支部，各部（院）设党总支，学员队建立党支部，下属学员单位建有党小组。华北联合大学行政上设政治指导处（又称政治部），负责全校的政治思想教育工作。各部（院）设政治指导科，一般由各部（院）党总支书记兼任科长，是党总支的办事机构，负责全部（院）的政治思想教育和党的组织工作，指导学员队党支部开展活动。学员队设指导员，指导员兼任党支部书记，负责做全队学员的政治思想工作。在当时，中国共产党的组织和活动在华北联合大学尚未公开，党员身份和党组织的活动都是秘密的，但是有了党政结合、完整的政治思想工作体系，就能够保证将党的政治思想工作深入细致地做到每一个学员和工作人员的头脑中去，能够保证把华北联合大学的学员都培养成为革命斗争中的骨干力量。

（作者系中国人民大学教育学院教授；原刊载于理论网 2018 年 1 月 16 日）

不忘初心、理清思路、注重规律、践行理想

——在人民大学创办80年时的沉思

程方平

曾经有人质疑，共产党创办的高校是否能成为一流大学。在与那些承继传统书院的、清政府创办的、洋务派创办的、国外教派创办的、民国政府创办的、学商结合创办的一系列当下的“一流大学”并驾齐驱之时，人民大学是否认同有一种可以被普遍认可的“一流大学”标准，是否意识到在认同“一流大学”共性标准的同时，还应有自己独特的价值追求？如果在这一根本问题上我们没有既定的思想、立场和奋斗的目标，则未来是会在浑浑噩噩中虚度的，的确难以实现办名副其实一流大学的理想。

笔者认为，能否创办一流大学的关键，是我们如何确定或认同什么是“一流大学”的标准。是否要坚守共产党当年创办大学的初心和理想？我们要在什么方面超越原来的“工农教育”“干部教育”等的历史局限，在中国高等教育百舸争流的竞争中与时俱进，找到我们的优势、潜力和赖以成长和竞争的基础与优势所在？也就是说，作为共产党创办的大学，在共产党执政的国家，面对国家和人类共同的高等教育问题，人民大学应看重的价值、优势、条件、长处、不足、问题、危机和据此采取的发展策略到底是什么，这是当下需要认真思考的问题。

一、为什么办教育

1937年7月底，就在日本侵华的“卢沟桥事变”的同一个月内，中国共产党中央决定在积极扩大抗日军政大学的同时创办陕北公学，即中国人民大学的前

身，由深谙文化教育规律的林伯渠、吴玉章、董必武、徐特立、成仿吾、张云逸等一批党内的著名教育家筹办。在投入仅 1 800 元（法币）的开办费后，经过约一个月的努力，陕北公学便正式开学，并迎来了第一批学生，由成仿吾担任校长和党团书记。在当时的特定艰苦环境下，陕北公学的办学宗旨和培养目标被确定为“实施国防教育，培养抗战人才”，但为人民服务、为民族和人民的利益培育先进分子，一直是陕北公学直至中国人民大学办学的基本追求。

在同年 10 月 23 日，毛泽东主席为陕北公学题了词，宣告了共产党创办大学的明确初心：“要造就一大批人，这些人是革命的先锋队。这些人具有政治远见。这些人充满着斗争精神和牺牲精神。这些人是胸怀坦白的，忠诚的，积极的，与正直的。这些人不谋私利，唯一的为着民族和社会的解放。这些人不怕困难，在困难面前总是坚定的，勇敢向前的。这些人不是狂妄分子，也不是风头主义者，而是脚踏实地富于实际精神的人们。中国要有一大群这样的先锋分子，中国革命的任务就能够顺利的解决。”① 毛泽东的这一题词，至今已经有整整 80 年了，但认真品读，依然有振奋人心、感人至深、催人奋进的作用，使人能体会到共产党的第一代领导集体在决定创办大学时所持的理想，所立的初心。

为了实现毛泽东所倡导的培养一大批中国发展需要倚重的先进分子的目标，只有举办者的意志和热情是远远不够的。办教育就要尊重教育的规律，依照教育的基本规律办学，分析和确定在中国、在每一个具体的历史阶段，应该采取的举措和对策。所以，在“陕北公学（1937—1939）”，以及后来的“华北联合大学（1939—1948）”“北方大学（1945—1948）”“华北大学（1948—1949）”和“人民大学（1949—　）”时期，办学的领导者都非常重视对教育规律的探究和积极的教育实验。从创办时设立的五个系之一的师范专修科、培养师资的高级研修班、设置教务长、健全学校组织机构、创办分校、与抗日军政大学联合招生、总结教学经验、制定教学计划、阐述教学方法，到成立教育系、教育学院、教育研究室、师范部、课本编辑室、举办高中班和师范班、建立教育学院中学部和外语学校、培养教育管理人才、成立教职员协会、接管地方教育局和学校、培养研究

① 中共中央文献研究室．毛泽东年谱：1893—1949：中册［M］．修订本．北京：中央文献出版社，2013：34.

生、建立校务会议制度、建立学生会、吸收班主任和教师代表参加学校管理等，一直都“为过渡到新型正规教育做准备”①，在与现代高校相关的教育理论和实践等方面做了许多主动积极的实验、实践探索。

笔者原来供职的单位中国教育科学研究院，原称“中央教育科学研究所”，也是中国共产党创办的最重要且影响力颇为深广的教育研究机构。在参与其院（所）史研究的过程中，有机会在延安等地了解到，中国共产党在延安准备建设新中国时，就有了办好大学、培育英才的种种教育和研究准备，也间接地了解了人民大学在共产党办大学的实践中所处的重要地位和贡献。

为人民办教育，为中华民族的自立自强办教育，不仅是中国共产党在夺取政权时提出的口号，也是共产党一直的办教育理想和各阶段奋斗的共同目标。回顾共产党发展的历史，教育是其重要的工作领域，也是其改变世界的最重要的手段之一。从推进工农教育、扫除文盲、促进教育公平、发展全民义务教育、促进公立学校均衡发展、推动高等教育大众化，到发展职业教育、少数民族教育、终身学习、全纳教育（残疾人回归正常学校教育）和鼓励社会力量办学、建设学习型社会等，都既符合教育发展的规律，也适应中国社会发展的深层需求。在帮助党和国家把握教育发展的方向和规律方面，人民大学的教育研究者和教育工作者起到了非常重要的作用。

可见，人民大学的创办者和先贤们非常明确，办大学不是办学店或政府的教育行政机构，要有懂得教育、热爱教育、献身教育的一大批“先进分子”按照教育教学和人才成长的规律苦心经营。1949年，在人民大学正式定名以后，便陆续设立了专修科教育系、教育学教研室，并着手培养研究生，请苏联教育专家进行指导，在研究和传播马克思主义的教育思想方面做了许多有益的探索。1952年院系调整后，人民大学教育专业类的这些基础被调剂到全国各相关高校和教育研究机构。至今在中国研究教育的各个“重镇”，如北京师范大学、华东师范大学、中国教育科学研究院、厦门大学等高校和研究机构，都可以看到人民大学教育影响的明显印记。这说明，在办教育、办大学，尤其是办共产党倡导的大学方

---

① 中国人民大学校史研究丛书编委会．中国人民大学纪事：1937—2007 [M]. 北京：中国人民大学出版社，2006：20-45.

面，人民大学不仅有良好的传统，做出了基础性的重要贡献，其自身也具有持续发展教育探索优势的巨大潜力。

1984 年 3 月，人民大学曾成立高等教育研究室，1999 年成立教育科学研究所，2001—2003 年始有教育类硕士和博士学位授予权，2005 年又重建高等教育研究室，2011 年成立教育学院，包含硕士、博士教育和全校的教育类公共课，对提升人民大学的教育质量和教育专门研究贡献了重要的力量。

二、办什么样的教育

中国人民大学校徽图案的核心部分，是篆书“众”字的局部，由三个“人”字构成，明确地表现了以人民大众为念的理想和追求，是以占人口 85%以上工农大众的利益为出发点的，而非仅为权钱拥有者服务的侍从。共产党将自己创办的大学命名为“人民大学”，是有鲜明的价值取向的。笔者在 2011 年决定正式调入人民大学时，曾写有建议与想法，其中就提到，人民大学应该创办既能体现传统优势又能彰显中国特色的“人民教育研究所”，以办好“人民满意的教育”，办好名副其实的“人民的大学”为研究、教学与改革实验的出发点和明确目标。

所谓不忘初心，就是要在关注未来、关注融入世界、关注横向和谐的同时，关注纵向的和谐以及我国教育面对的实际情况，即不忘我们最初办学的目标与立场。人类的进步，教育的进步，一个极为重要和明显的趋势就是推进文化教育普及，提升全体国民的科学文化素养。这与所有国民的发展理想是一致的，也与共产党确立的奋斗教育发展目标相吻合。在经济基础不断厚实、技术支撑日益优化的前提下，中国人民大学和国内外各高校关注的教育问题既有共同点，如提高教学质量，推进高等教育大众化向普及高等教育的方向前进，用好先进的教育技术，培养品学兼优、德才并茂的专门人才，在教学、科研和服务等方面充分发挥自身的优势，充分优化其基本功能（教育、科研和服务），也有不同点，如还要关注执政党执政意识和能力的提升，以及提高中国教育服务的水平，适应中国高等教育发展的具体环境。也就是说，作为人民的大学，既要符合执政党办学的意愿和立场，也要能探索出高等教育发展的中国化道路，如此才更能体现执政党办大学的独到之处和优势所在。

在推进高等教育大众化方面，人民大学是有着良好和丰富的历史经验可以认真总结的。在人民大学的初创时期，其他高校最亲民的尝试主要是参与科学“下嫁”、平民教育和乡村建设等运动，而共产党创办的大学则早已经使一大批工农分子有了真真实实上大学的经历。在20世纪70年代中后期，当中国的高等教育基本陷于瘫痪之时，人民大学创办的函授教育，已使很多没有想过上大学的人，包括笔者本人，有了自学高等教育的希望和路径，使中国的高等教育发展“香火”不断。

共产党创办的大学完全有可能成为一流大学，关键是确定什么是适合自己的具体目标，如何办才能称为真正的、被广泛认可的、以自己的独特之处赢得社会广泛尊重的“一流大学”。在世界上不少国家的大学中，也有旗帜鲜明地以研究马克思主义、以关注民众教育基本权益等为专业教学和研究特色的。如日本的北海道大学和欧美的一些知名大学等，都非常关注中国的社会主义教育实践，关注马克思主义在中国的具体实践。

笔者认为，大学的真正价值并不仅限于提供高度专业化的教育条件和研究设备，而更在于其内在和外显的精神与文化对学习者和全社会所起到的重要引领作用。在这些方面，人民大学也是有良好历史和重要积淀的。不仅人民大学的直接创建者群体，如吴玉章、徐特立、成仿吾、范文澜等发挥过重要的影响作用，常来学校讲演的毛泽东、周恩来、董必武、张闻天、朱德、任弼时、王若飞、陈云、李富春等，也对学校的作风、学风、制度、文化、教学方法、研究规范等的建设提供了各种有益的指导，且至今仍有明显的借鉴和指导价值。

作为共产党创办的大学，在今天的中国有一个既得天独厚，又义不容辞的工作需要做好。这就是要通过规范和专业的研究，认真总结好共产党在管办评教育，尤其是高等教育方面的历史成就和经验教训。比如在“文化大革命”以后，特别是改革开放以来，我们曾对毛泽东的高等教育思想及有关的理想和主张草率否定，全盘忽略，并没有做认真、深入的总结，致使一些有价值的历史经验、重要实验等被简单丢弃，在许多问题上又多次重蹈覆辙。如毛泽东曾多次强调开门办学、缩短学制、不一味地灌输讲授、敢于质疑权威、重视实践或学以致用、反对教条和空谈、端正学风、不耻下问、独立自主、尊重历史和传统、了解社会和世事、不崇洋媚外、不片面强调学历、注重调查研究并把握矛盾转化的规律等，

都是高校纠正时弊、找回自我、端正学风、提高质量和实效需要特别认真借鉴的。如果在这些方面，人民大学能做一些更加积极的尝试或验证，在探索高等教育中国化的努力中，很可能有诸多创新性的发展，为世界高等教育的发展提供比较纯粹、有效的中国高等教育经验。

三、如何办有特色的教育

目前在世界上，还没有一所大学能做到所有的专业或学科都世界一流，也不可能所有的世界一流大学都一个模式。被全世界广泛认同的一流高校都必然会坚守自己早已确立的立场、原则、目标和特色，并在此基础上继续不断地拓展和创新，使一流的学科和专业持续增加，当然也会有部分的学科专业随着时代变迁出现正常的、相对的弱化或消亡。作为一流的大学，既要有部分学科专业在同行中有鹤立鸡群的明显领先优势，更要有整个学校的良好和持久的精神与风气。要能在多个专业领域开教学和研究之先，并能保持其个性和质量等优势，这是这类高校通过认真思索、确定取舍后，必然会确定要达到的既定目标。

人民大学在创建世界一流大学的过程中首先要明确，我们要办的是一般意义上的大学，还是政治色彩很强的党校，或是具有相对优势和自觉确立的重点。如果选择的是前者，我们就要明确，是否认同在办大学方面，全世界高校普遍认同的相关原则和标准。这是需要认真考虑的重要前提。但当我们又要坚守自己的精神和文化，考虑如何兼容古今中外，使自身的发展根基深厚时，就可以尝试与探索第三种选择。即便是要办成“党校”，按照办学的规律和尊重中国的实际，也可以成为同类高校中的“世界一流”。

要相信，任何一种伟大的思想及其体系，在高等教育的发展平台上，都是有充分发展创新的空间的。如人民大学的中共党史和马克思主义研究等相关的学科和专业，在国内外均有相当高的知名度和专业声誉，这应是需要保持的重要优势所在，是在该学科或专业领域达到“世界一流”的重要资本之一，如能认真、务实、符合规律地经营，可使之具有更加良好和国际化的影响力。

在其他的教学和研究领域，我们也可以通过改善现行的管理体系、进行深入细致的教学实验、鼓励师生自主自由地学习与探索，使更多的专业教育充分发展，而不是仅在专业设置、人才培养、提升教育教学质量、推进专业研究等方面做消极、盲从、模仿和贪大求全等被动的适应，迷失了对自身应有的认识、判断和选择。进入21世纪以来，为了促进高校的发展、应对激烈的教育和人才竞争，世界上的许多知名高校都开始研究和实践对高校教学的指导与评估，并给予师生更为宽松和有力的支持，其效果是比较显著的。

除了这些显而易见的道理以外，还有一个更基础的问题未被高校及各类办学者广泛、充分地认识，即如何看待在高校评价中标准的异同，及其背后的原则、思想、理论依据等。笔者认为，在办一流大学的国际视野中，起码应有三类基本的标准是需要单独和专门深入地思考的：所谓"科学类的标准"，是可以认同或直接借鉴的，其依据是建立在教育学、心理学、人类学、脑科学、医学等研究实验基础上的发现和总结，属于高校办学可遵循的一般规律。但在哲学、方法论、世界观、本土经验等方面，标准则应是多元并存的，差异的存在是正常的，是良好教育生态生成的重要理由。共产党有理由办好自己理想的也是世界一流的大学，就是以此"哲学类的标准"为依据的。而要兼顾因地制宜、因校制宜的灵活性、适应性和可行性，充分借鉴中国教育的传统资源，也要有"经验类的标准"提供支持，共产党在创办教育的初期，曾明确指出过往中国办教育的经验都应是未来教育发展可资借鉴的重要资源。这一具有包容性、开放性和务实的精神，今天看来依然非常需要继承和弘扬。过去我们常狭隘地认为，办大学或高等教育只有一个角度、一个标准、一种模式，现在看来明显是狭隘或有偏颇的，不利于我们认清人民大学发展和改革的方向，也容易在思想上造成混乱，限制高校发展创新潜力的发挥。

纵观千余年来世界诸多一流大学发展的历程可以发现，以不同文化历史，甚至不同宗教信仰为背景的"世界一流"大学很多，其哲学和经验层面的积累，对上述背景不同的大学依然有重要的借鉴价值。我们常说，"民族的就是世界的"，"存在即合理"，就应该明确地意识到，没有各国、各民族哲学和经验印证的教育规律，是很难被普遍认同为世界的和科学的规律的。在这方面，中国的大学，中国人民大学应有自己的责任和使命。

追求办世界一流大学的目标，与反思党办大学的初衷不仅不矛盾，还有很多共通之处。但要意识到，所有被广泛认可的一流大学，都是因校制宜的最佳典

范，而不是以某国的某所一流大学为追慕和迷信的对象，仅作亦步亦趋的效仿。例如，全世界现有的现代著名高校，大都曾学习过德国洪堡大学的典型办学经验，但也很明显，哈佛之所以是哈佛，麻省理工学院之所以是麻省理工学院，就是因为它们不是洪堡大学的简单复制品。综合性的研究型大学可以一流，地方上的专业性或职业性大学也可以世界一流。所以，在获得诺贝尔奖、评上某“工程”资格、在国外刊物上发文、挖一些专业人才充门面之外，还应有更本质、更关键的指标需要关注，即要有对高校教与学规律最基本的把握，要在提高质量、效率和给予师生自由发展空间等方面不懈追求；同时，更要有高校自己对办学理念和文化传承的坚守，有被广泛认同的学校制度和文化，有全校师生的积极参与和自主发展，有良好的学风和应对挑战的智慧和勇气。

在大学或高等教育领域，人民大学的发展、改革与正在进行的许多探索，都是值得认真反思的。比如2013年在公布的第一批中国高校章程之中，人民大学就与众不同地将“总则”后的第一章确定为“学生”。又比如多年来人民大学一直坚持鼓励学生深入社会实际做深入的社会调查与实事求是的研究，让人们清晰地看到了一种重要和明确的坚守与追求，也使世人看到，人民大学看重的不是经费多、高楼大、行政级别高，而是实事求是的精神，为人民服务的原则和追求真理的意志。

人民大学作为共产党创办的大学，在抗日战争和新民主主义革命等时期艰苦的条件下，作为曾经的华北联合大学，也能与西南联大、西北联大等并辔而行，成为当时大学和高等人才培养的重要聚集地，成为后来新中国建设重要的人才摇篮。随着中国经济社会的发展和国际地位的提升，人民大学既有条件和环境不断改善，但同时也要看到问题与挑战更加复杂与激烈，很容易迷失自我和奋斗的方向。通过不断地探索和实验，人民大学从中国的国情和大学前教育的实际情况出发，不断总结人才培养的规律，提供越来越务实和亲民的服务，取得了多方面的成果和业绩。

（作者系中国人民大学教育学院教授；原刊载于《北京教育（高教）》2018年第1期）

习近平总书记为什么用“独树一帜”评价人民大学的人文社会科学

陈甬军

中共中央总书记、国家主席、中央军委主席习近平 2017 年 10 月 3 日致信祝贺中国人民大学建校 80 周年，向全体师生员工和广大校友致以热烈的祝贺。

习近平总书记在贺信中指出，中国人民大学是我们党创办的第一所新型正规大学。建校以来，中国人民大学始终坚持党的领导，坚持马克思主义指导地位，坚持为党和人民事业服务，形成了鲜明办学特色，在我国人文社会科学领域独树一帜，为我国革命、建设、改革事业培养输送了一批又一批优秀人才①。

习近平总书记为何在贺信中特别肯定人民大学在我国人文社科领域“独树一帜”，而不是常用的“一面旗帜”？笔者认为，这是对人大办学特色的精准定位，更是为作为实现中华民族复兴伟大中国梦所要求的道路自信、理论自信、制度自信和文化自信理论基础的人文社会科学研究指明了发展方向。

习近平总书记在全国高校思想政治工作会议上指出，人民大学的前身陕北公学与北洋大学堂、京师大学堂、南洋大学堂等构成了中国高等教育的两大源头。有研究者说，人民大学在中国高等教育史上的地位是可以与北京大学等量齐观的，它不仅具有“内史”的意义，是所有陕北公学—华北联合大学—华北大学学校群的领头羊和共同财富，更具有“类史”的价值，在共和国的学科建构和学术谱系中处于最关键的一环，应当引起各领域研究者的重视。

具体到人文社会科学研究来说，人民大学经过八十年特别是复校近四十年的

① 习近平．习近平致中国人民大学建校 80 周年的贺信［N］. 人民日报，2017－10－04（1）.

发展，不仅体现了作为文科发展的一般规律和特征，而且有与共和国共成长，以人民为中心为主线而形成的人文社科教学和研究的鲜明特色。

在八十年的沧桑巨变中，中国人民大学及其前身陕北公学、华北联合大学、华北大学涌现出一批知名学者，他们有自己擅长的研究，如吴玉章先生的语言研究、成仿吾先生的文学研究、范文澜先生的史学研究、艾思奇先生的马克思主义哲学研究、何思敬先生的法学与哲学研究、吴景超先生的社会学研究、李景汉先生的社会学研究、刘铮先生的人口学研究、方生先生的经济学研究、陈先达先生的马克思主义哲学研究、张立文先生的中国哲学研究、罗国杰先生的伦理学研究、方立天先生的佛学研究、刘大椿先生的科技哲学研究、何其芳先生的新中国文艺理论研究、谢无量先生的文史哲与经学研究、缪朗山先生的西方文艺理论史研究、尚钺先生的魏晋封建论研究、戴逸先生的清史研究、李文海先生的灾荒史研究、王思治先生的清史研究、冯其庸先生的红学研究、方汉奇先生的新闻史研究、甘惜分先生的新闻学理论研究、邬沧萍先生的人口学和老年学研究、郑杭生先生的社会学研究、吴宝康先生的档案学研究、宋涛先生的马克思主义政治经济学研究、黄达先生的金融学研究、高鸿业先生的经济学教育研究、许崇德先生的宪法学研究、郭寿康先生的知识产权法和国际经济法研究、曾宪义先生的法律史研究、何干之先生的革命史研究、胡华先生的党史研究、彭明先生的中国现代史研究、高放先生的国际共运史研究……他们不仅是中国人民大学的宝贵资源，更是全国人文社会科学的共同财富。

在近年来国家的改革发展进程中，以人大哲学社会科学研究力量为雄厚基础形成的人大智库也频频发力，为一系列重大战略的形成和实施提供了大量高水平的研究成果。据统计，在“一带一路”、京津冀协同发展、人口政策调整、党的建设等一系列党和国家重大问题的咨询决策研究成果中，人民大学各类研究机构提供的作为智库产品的成果远远超过其他高校，得到了中央领导、有关部门的高度认可，引起了国内外的高度关注。

显然，在实现决胜小康社会第一个百年目标和实现中国梦第二个百年目标的征程中，以理论自信、文化自信支撑道路自信、制度自信，走中国特色社会主义道路，特别需要人民大学这种高水平、有特色的人文社会科学办学特色。习近平总书记在贺信中用“独树一帜”的用意，更在于对这个长远发展趋势的希冀。

习近平总书记在给人大建校80年贺信中特别用了“独树一帜”一词，含义十分丰富。它是特指中国气派、中国风格、中国境界的鲜明特色，别人不可替代或马上学到手。而在新闻报道中一般用“旗帜”一词。它是特指领先和示范的地位，别人可努力追随或超越。从特定的对人民大学人文社会科学办学特色评价这个意义上讲，前者分量要超过后者，也更准确到位。

当然，人民大学的这个办学理念和特色是通过一个个研究成果“聚沙成塔”而形成的。以人民大学对“一带一路”的研究为例，笔者从经济学的角度分析“一带一路”内在的经济逻辑，提出了“一带一路”主要是以一个全新商业合作模式为内核的经济倡议的观点，现在日益为社会各界，特别是企业界人士所接受，被高层所采纳，大家公认笔者对“一带一路”的研究“独树一帜”，意即有自己的独特观点和理论框架，别人不可能复制。人民大学就是由上百个这样“独树一帜”的案例构成了整体的“独树一帜”。所以，习近平总书记用词非常精准到位。如同15年前在给笔者的关于福建城镇化研究报告的回信中，用了发挥“外脑”作用一词一样，是他自己的思想反映。

当然，一般常用的“旗帜”一词也有它的使用范围和意义，它更多地反映人文社会科学研究领先的地位，也可以有几面旗帜同时作为引领，如说北京大学、社会科学院和人民大学一样，都是我国人文社科领域的“旗帜”。所以它可与“独树一帜”一词同时并存和分别使用。

（作者系中国人民大学商学院教授；原刊载于中国社会科学网2017年10月4日）

献身于新中国的建设

——陕北公学创立的历史背景与工作中立体化全程化精细化育人工作研究

周　石　王学军

1937 年 10 月 23 日，毛泽东为新成立的陕北公学题词，并亲自审定了由成仿吾校长所撰的《陕北公学校歌》。歌中写道："这儿是我们祖先发祥之地，今天我们又在这儿团聚……我们忠实于民族解放事业，我们献身于新中国的建设，昂首看那边，胜利就在前面！"① 成仿吾说："陕北公学是中国共产党中央直接领导创办的第一所革命的大学，是在民族危机日益严重的形势下，为满足全面的全民族抗日战争的需要，坚持国防教育培养万千谋求民族解放和社会解放的干部而创办的大学。"② 陕北公学传承的是中国高等教育的"红色基因"，探索这所高校成立的历史背景，将有益于厘清新中国高等教育的发展脉搏。

一、救亡需要大批抗日干部

中国共产党自建党时起就十分重视教育工作。中国共产党是马克思主义的革命政党，是中国工人阶级的先锋队，无论面对哪种困难，它都十分重视对党和人民群众的教育，这是党的性质对党的必然要求。1933 年 1 月起，日军又开始向华北步步进逼。1935 年 10 月，红军历经二万五千里长征，成功到达陕北，堪称

---

① 刘永辉．成仿吾：参加万里长征的唯一一位教授［J］．党史文苑，2011（12）．

② 成仿吾．战火中的大学：从陕北公学到人民大学的回顾［M］．北京：人民出版社，2014：1.

历史奇迹。但胜利的背后，中国共产党付出的代价也是惨重的，由最初参加长征的8万多人锐减到3万多人，大大损耗了革命队伍的元气，革命干部数量亦严重锐减。面对接踵而来的全民族抗日战争，中国共产党深感干部数量的不足。1935年12月，中共中央在陕北瓦窑堡召开政治局会议，根据当时的紧迫形势和即将面临的抗日民族革命战争的新任务，中共中央《中央关于目前政治形势与党的任务决议》中明确提出："必须大数量的培养干部。党要有成千成万的新干部，一批又一批的送到各方面的战线上去。"① 刘少奇在1937年5月曾指出："过去我们的干部，特别是有经验的干部大批牺牲，我们要在最短期内补救这个缺陷，要训练上万的干部。"② 同年5月8日，毛泽东在中国共产党全国代表会议上明确指出："我们党的组织要向全国发展，要自觉地造就成万数的干部，要有几百个最好的群众领袖。这些干部和领袖懂得马克思列宁主义，有政治远见，有工作能力，富于牺牲精神，能独立解决问题，在困难中不动摇，忠心耿耿地为民族、为阶级、为党而工作。"③

"但当时延安只有中央党校和红军大学，它们的任务是轮训党的高级党政干部和高级军事指挥员，无法容纳来延安的广大知识青年。"④ 于是，1937年8月中共中央政治局召开扩大会议决定："为了开展全民抗战，以最快速度培养他们成为抗战的人才，党中央决定，在积极扩大抗大的同时，创办陕北公学。"⑤

二、为新中国建设培养储备大批干部

延安成立"陕北公学"，不仅是为抗日培养干部，而且是为新中国的建设培养大批干部。过去的研究中，只强调陕北公学是为抗日培养人才，而忽视了陕北公学为新中国建设培养大批干部这一点。正如毛泽东所说："我们必须战胜日本帝国主义，必须建设新中国，也一定能够达到这些目的。"⑥ 为此，党中央确定：

---

① 中共中央书记处．六大以来：上［M］．北京：人民出版社，1981：745.
② 中共中央文献研究室．刘少奇选集：上［M］．北京：人民出版社，1981：78.
③ 中共中央文献研究室．毛泽东选集：第1卷［M］北京：人民出版社，1991：277.
④⑤ 李维汉．回忆与研究：上册［M］．北京：中共党史资料出版社，1986：304.
⑥ 中共中央文献研究室．毛泽东选集：第2卷［M］．北京：人民出版社，1991：519.

陕公是党领导的、以坚持抗日民族统一战线、实施国防教育、培养抗日干部为目的的干部学校。陕公招收来自全国各地的进步青年，施以短期的革命训练后，使其投身于实际工作。普通班学习时间 3 至 4 个月，高级研究班为 6 个月。课程有“社会科学概论”“抗日民族统一战线与民众工作”“游击战争与军事知识”“时事演讲”“抗战文艺”等。后来，又增加了一些经济类的课程。学校内还成立了几个研究室，如中国问题研究室、哲学研究室等，以利培养全面发展的优秀干部。

1937 年 11 月 1 日，陕北公学举办了开学典礼。后来成仿吾校长回忆说：“下午一点钟，陕公第一期六百多名学生，身穿灰蓝色的制服，排着整齐的队伍，精神抖擞地走进会场。这些英姿勃勃的青年，将是我们伟大抗日战争的骨干，也将是未来新中国的栋梁。”① 为有效加强办学，经党中央批准成立了有各方面负责同志和知名人士参加的陕北公学董事委员会，成员有林伯渠、吴玉章、徐特立、董必武、谢觉哉、李富春、罗迈、高岗、张仲实、成仿吾等。为此，中共中央政治局会议还多次讨论陕北公学的教育方针、教学问题。陕公的许多教师，也是中央帮助解决的。初期的主要教员有著名学者何干之、艾思奇、何思敬等。之后的李凡夫、李培之、吕骥、宋侃夫、何定华等有专长的人士也到校任教。1938 年 2 月，中央政治局召开常委会讨论陕北公学的工作。会议确定：陈昌浩、王若飞、徐冰、吴亮平等高级干部兼任陕公教员，张闻天、毛泽东、周恩来、朱德、董必武、任弼时、陈云、李富春等中央负责同志都要到陕公作报告。1938 年 3 月 3 日，毛泽东对陕北公学毕业同学的临别赠言说道：“陕公是全中国的一个缩影。同学们来自不同的地方、不同的职业和不同的阶层，但有着同一个倾向，即建立新中国的倾向。你们是进步分子，是创造新中国的分子。”“我们陕公的方向是要打倒日本帝国主义，建立新中国，这个方向我们要坚持下去。谁违反这个方向，谁就是违反陕公的宗旨，我们同学们应当互相帮助，互相监督。”②

1939 年 1 月，在陕甘宁边区第一届参议会上所作的工作报告中，林伯渠明确提出：“边区实行国防教育的目的，在于提高人民文化政治水平，加强人民的民族自信心与自尊心，使人民自愿的积极的为抗战建国事业而奋斗，培养抗战干

① 中央教育科学研究所．老解放区教育资料：第 2 册［M］．北京：教育科学出版社，1986：4.

② 中共中央文献研究室．毛泽东文集：第 2 卷［M］．北京：人民出版社，1993：104.

部，供给抗战各方面的需要，教育新后代使成为将来新中国的优良建设者。”① 在延安，中国共产党通过开展干部教育，于较短的时间里培养了大批干部，使他们成为政治、军事、经济管理、科学技术、文化、教育等各方面的高素质人才，为顺利建立抗日民族统一战线，使党的政治路线、思想路线和组织路线得到卓有成效的贯彻执行，并且为完成新民主主义革命等任务做出了重大贡献。事实证明，陕北公学毕业的学生，在抗日战争、解放战争、新民主主义革命和社会主义建设的各个阶段都发挥了重要作用。对此，李维汉曾指出，“建国以后，当年的陕公学员、干部中不少人已成为党和国家各方面的重要骨干”，“陕公桃李遍神州，陕公的光荣传统将永远哺育我们的后代”②。

三、抗战时期的中国高等教育受到严重破坏，国防教育未能很好开展

日本帝国主义在企图把中国变成其殖民地的同时，对中国的文明、教育进行了毁灭性的打击。全国一百零八所高校“受敌人破坏者，共九十一校，其中全部受敌人破坏者计十校”。“三十七校已被迫迁移于后方，十五校则虽屡遭敌机轰炸，而勉力支持。”“在战争爆发之前，教授教员共七千五百六十人，职员共四千二百九十人，学生四万一千九百二十二人。战事发生之后，受影响之教员共计二千人，学生二万余人，已达全数百分之五十。”③“七七事变”之后，日军进攻天津，于七月二十九日悍然轰炸南开大学，三十日又轰炸南开中学和南开女中并继续轰炸南开大学，轰炸不仅由飞机轮番进行，还动用大炮“向南开大学校舍、图书馆进行猛烈射击”，之后又派陆军进入校园放火，致校园全部毁坏。此间，“……原设在青岛的很著名的山东大学，在日本强盗还未打到山东的时候，就搬了家，六、七百人带着图书、仪器，向西南大后方转移，一路走一边减员，图书、仪器也一边丢散，结果到四川后，人和东西几乎丢散殆尽，办不成学校了。山东大学如此，其他

① 中共中央文献研究室，中央档案馆．建党以来重要文献选编：1921—1949：第16册［M］．北京：中央文献出版社，2011：70.

② 李维汉．回忆与研究：上册［M］．北京：中共党史资料出版社，1986：424

③ 中国现代史资料编辑委员会．抗战中的中国文化教育［M］．中国现代史资料编辑委员会，1957：28-29.

学校也有类似的情况”[①]。在这一形势下，许多高校开展抗日教育都不顺利。有文献记载：“记得武汉大学校长王星拱先生曾很坦白的说过，大学的抗战教育没有办法实施，因为教授不会教”，“直到全国抗战开展了……抗战教育还只呼声而已”[②]。

与全国其他地区不同，面对严峻的抗战教育形势，延安的陕北公学“首先实施完全符合抗战建国教育纲领，坚持抗战教育，培养和锻炼千百万抗战干部的学校”[③]。成仿吾在《半年来的陕北公学》一文中写道：“我们相信在很短的时期内，我们是给了陕公学生充分的革命理论与精神，加强了他们的工作能力，养成了刻苦耐劳的作风，提高了他们的民族自信”，“我们把一千多热烈的青年在思想上武装起来，分发到各个方面工作去了”[④]。他认为：“旧中国的教育制度是不能适应无产阶级的政治需要的，是不能适应中国新民主主义革命的需要。”[⑤] 正因如此，中国共产党建立自己的高等教育，努力培养现实和未来的高级人才。

四、培养大批青年知识分子的需要

1939 年 6 月 10 日，毛泽东作报告《反投降提纲》，报告指出：“工作没有知识分子，不能治国、治党、治军。政府中，党部中，民众运动中，也要吸收革命知识分子。”[⑥] 1939 年 12 月 1 日，毛泽东发表《大量吸收知识分子》一文，文中指出：“没有知识分子的参加，革命的胜利是不可能的。”[⑦] 同年 12 月 14 日，毛泽东的《中国革命和中国共产党》一文发表，文中写道：“数十年来，中国已出现了一个很大的知识分子群和青年学生群。在这一群人中间，除去一部分接近帝国主义和大资产阶级并为其服务而反对民众的知识分子外，一般地是受帝国主义、封建主义和大资产阶级的压迫，遭受着失业和失学的威胁。因此，他们有很大的革命性。他们或多或少地有了资本主义的科学知识，富于政治感觉，他们在

---

① 成仿吾．战火中的大学［M］．北京：人民教育出版社，1982：9

② 华茂．关于抗大与陕北公学［N］．抗敌，1938（1），(7)：15.

③ 陕北公学．陕北公学同学会为母校一年周年纪念宣言［J］．全国抗战，1938（23）：276.

④ 成仿吾．半年来的陕北公学［N］．解放，1938（38）：22－23.

⑤ 成仿吾．战火中的大学［M］．北京：人民教育出版社，1982：5.

⑥ 中共中央文献研究室．毛泽东文集：第 2 卷［M］．北京：人民出版社，1993：233.

⑦ 中共中央文献研究室．毛泽东选集：第 2 卷［M］．北京：人民出版社，1991：618.

现阶段的中国革命中常常起着先锋的和桥梁的作用。”①

中国共产党的正确路线和方针政策，在解放区乃至全国各地产生了积极影响。特别是共产党领导的八路军、新四军和敌后抗日武装力量的不断发展及其取得的辉煌战果，与国民党政府消极抗日、不断退让的所作所为及其恶劣后果形成了鲜明的对照。“延安”和“西安”分别成了代表两个政党、两种社会、两种前途、两种命运的政治性概念。并且在广大有志青年和知识分子中，掀起了奔向延安和解放区、投身革命的热潮。“据统计，仅1938年5月至8月，经西安八路军办事处等单位介绍奔赴延安的知识青年就有2288人之多。”② 并且“全国各地奔向延安的知识分子就达到4万多人”③。

在延安，为满足广大青年学生的学习要求，党和政府先在抗日军政大学附设第四大队培养人才。后由于在很短的时间里，第四大队的学员就从起初的200人迅速增至600人。于是，1937年9月，由林伯渠、吴玉章、董必武、徐特立、成仿吾和张云逸等6人联手倡议在延安县创办陕北公学，以利大量地培养人才。陕北公学成立后，“几乎每天都有几十人甚至上百人涌到陕北公学来，几天就可以编起一个队。十一月正式开学时已经有了五个队，不到一个月，又成立了六个队（第六队至第十一队）。一九三八年一月以后，更迅速发展，两三个月内陆续成立了十六个队（第十二队至第二十七队）”④。

“陕北公学办学两年内，培养了6 000多名抗战干部（吸收3 000多人入党），加上1939年冬天复办的陕北公学（史称后期陕公）在两年内培养的3 000多名干部，共有10 000多名。”⑤ 这些知识青年来延安，通过在陕北公学的认真学习，积极工作，刻苦改造世界观，自觉接受战火的考验，成长为坚强的革命战士，成为治党治军治国的骨干力量。“陕北公学，已经在事实上成了全国青年‘高山仰止，景行行止，虽不能至，心向往之’的一个学校。”⑥

① 中共中央文献研究室．毛泽东选集：第2卷［M］．北京：人民出版社，1991：641.

② 刘强．中共中央在延安十三年：11：教育工作史［M］．北京：中央文献出版社，2016：282.

③ 同②4.

④ 成仿吾．战火中的大学［M］．北京：人民教育出版社，1982：42.

⑤ 中国人民大学校史研究丛书编委会．中国人民大学纪事：上卷［M］．北京：中国人民大学出版社，2007：19.

⑥ 李国强．邵式平教育文选［M］．南昌：江西教育出版社，1989：13.

五、探索新型大学的开端

1934年1月，在第二次全国苏维埃代表大会上，毛泽东说："为着革命战争的胜利，为着苏维埃政权的巩固与发展，为着动员民众一切力量，加入于伟大的革命斗争，为着创造革命的新时代，苏维埃必须实行文化教育的改革，解除反动统治阶级所加在工农群众精神上的桎梏，而创造新的工农的苏维埃文化。"① 他指出："苏维埃文化教育的总方针在什么地方呢？在于以共产主义的精神来教育广大的劳苦民众，在于使文化教育为革命战争与阶级斗争服务，在于使教育与劳动联系起来，在于使广大中国民众都成为享受文明幸福的人。"②

党探索独立兴办新型高等教育，始于延安时期包括陕北公学在内的教育实践。这一实践过程，在中国的教育史上具有突出的地位，颇具特色，成效显著。它为中国共产党培养了几十万革命干部和各种专门人才，不仅为赢得抗日战争和解放战争的胜利，为完成新民主主义革命的任务作出了重要贡献，也为新中国的社会主义革命和建设储备了大批的领导骨干，为新中国的高等教育事业奠定了可持续发展的基础。

陕北公学用自身的研究和实践，对中国高等教育进行了积极探讨。与一切旧的高等教育不同，陕北公学的科学实践集中表现在四个方面：

（一）有一批自觉用马克思主义指导研究中国现实问题的老师

这些老师的研究成果，促进了党的理论创新。他们把这些成果科学传递给学生，帮助学生分析和解决中国现实问题。在这些老师中，有被毛泽东同志称为"全国第一流的法学"的何思敬，有始终站在理论研究最前沿的何干之，也有王若飞夫人李培之和赣东北根据地的创始人之一的邵式平等等。

（二）同步建立党政组织

1937年8月，中共中央委派李富春直接领导创办陕北公学的工作，调任并

① 毛泽东．毛泽东同志论教育工作［M］．北京：人民教育出版社，1958：12.

② 同①15.

任命中央党校教务长成仿吾为陕北公学校长兼党组书记。陕北公学实行党团领导下的校长负责制，直属中共中央领导。“陕公的每个队都设有党支部，支部由指导员、队长和政治助理员组成，支部以上是总支（在分校期间，总支设在区队），这是学校专做党务工作的机构。”①

（三）开设思想政治课

陕北公学设普通班，开设“社会科学概论”“抗日民族统一战线与民众工作”“游击战争与军事知识”“民众运动”等课程；设高级班，开设“中国革命运动史”“马列主义”“辩证唯物主义”“政治经济学”等课程。特别值得一提的是，在陕北公学还开设有“资本论”课程。成仿吾校长说：“我们的政治教育从教学内容到教学方法都和旧学校根本不同，我们在教学实践中逐步形成了一整套革命的教育制度和教学方法，这在中国教育史上是一个创举。”②

（四）培养抗日的先锋队和有共产主义理想的建设者和接班人

陕北公学对新中国高等教育的探索是成功的。1937年10月19日，毛泽东在陕北公学纪念鲁迅逝世一周年大会上讲话，指出陕北公学的主要任务就是培养抗日先锋队。1937年10月23日，毛泽东为陕北公学题词说：“要造就一大批人，这些人是革命的先锋队。这些人具有政治远见。这些人充满着斗争精神和牺牲精神。这些人是胸怀坦白的，忠诚的，积极的，与正直的。这些人不谋私利，唯一的为着民族与社会的解放。这些人不怕困难，在困难面前总是坚定的，勇敢向前的。这些人不是狂妄分子，也不是风头主义者，而是脚踏实地富于实际精神的人们。中国要有一大群这样的先锋分子，中国革命的任务就能够顺利的解决。”③为培养这样的先锋分子，陕北公学制定的教育方针是：“坚持抗战，坚持持久战，坚持统一战线，实行国防教育，培养抗战干部”④。其教育内容主要是中国共产党关于抗战的路线、方针、政策和基本理论，领导武装斗争的基本知识以及对时

---

① 刘强．中共中央在延安十三年：11：教育工作史［M］．北京：中央文献出版社，2016：4.

② 成仿吾．战火中的大学［M］．北京：人民教育出版社，1982：31.

③ 中共中央文献研究室．毛泽东年谱：1893—1949：中卷［M］．修订本．北京：中央文献出版社，2013：34.

④ 李国强．邵式平教育文选［M］．南昌：江西教育出版社，1989：14.

局的认识。经过陕公的培养，学生在“很短时间内，从小姐少爷转变成劳动能手，从自由散漫的小资产阶级知识分子转变成纪律严明的无产阶级战士，从一般的爱国者转变为有共产主义理想的革命青年。这是陕北公学教育的伟大成果”①。

六、延安处于相对稳定状态

1936年，红军长征胜利到达延安，宣告了国民党政府“围剿”红军失败，红军和中共中央长期作战的状态宣告结束；1936年西安事变和1937年“七七事变”迫使国民党政府不得不放弃“攘外必先安内”的方针，终止内战而转向抵抗日本帝国主义的侵略。广州、武汉失陷后，抗战逐步转入相持阶段，日军暂停正面战场大规模攻势作战，国民政府在进行几次惨烈会战后也无力展开反击。因而，此时的延安尚处于相对稳定的状态。

陕北公学正是党在这一时期创办的高等学校。如果没有这么一段相对稳定的阶段，陕北公学以及此后相继成立的诸多大学也不可能创立和发展下去。党中央在延安的十三年里，大力开展教育工作。陕北公学成立后的1939年6月，毛泽东指出：“两年来，在中央直接指导下建立了抗大、陕公、党校、马列学院、鲁艺、青训班、女大、工人学校、卫生学校、通讯学校、组织部训练班、行政人员训练班、边区党校、鲁迅师范、边区中学、鲁迅小学、儿童保育院等十七所学校，学生多的万余人，少的几百人几十人，几千个干部从事教育工作，教育出来的及尚未出来的学生三万以上。这是一个很大的成绩，十八年来未有过的现象。这些学生现在还不能看出他们大的工作成绩，但数年以后就可以看见了。”②

陕北公学师生自办学之日起，就始终以坚定的自信，为着彻底战胜日寇，为着献身于建设新中国的事业而努力奋斗。1938年3月3日，在陕公第六、七、八、九、十队同学的毕业典礼上，毛泽东第四次来校讲话：“陕公是全中国的一个缩影……你们是进步分子，是创造新中国的分子。因此，陕公代表着全中国的统一战线，是中国进步的一幅缩图。”③“今天的临别赠言，就是这些。你们在这

① 成仿吾．战火中的大学［M］．北京：人民教育出版社，1982：67.

② 中共中央文献研究室．毛泽东文集：第2卷［M］．北京：人民出版社，1993：223.

③ 同②104.

里主要是学了方向、原则与作风。毕业出去以后，无论在前方后方，内线外线，都要努力去创造无数大大小小的抗日根据地，从建立山西的五台山，到建立全中国的五台山，争取最后的胜利。”① 同年5月6日，陕北公学教育长邵式平在《陕北公学实施国防教育党的经验与教训》一文中指出：“我们相信，陕公在现有的基础上，有着学校本身的奋斗，有着全国前进人士与青年学生的爱护，更有着各方面的帮助，它——陕公——必然能够完成伟大的时代给予它的历史使命——成为国防教育的模范，培养成千成万抗战骨干，配合全国各方面的力量，驱逐日寇，创造新的中国”②。事实上，1939年9月，陕公等校联合在延安成立了华北联合大学，此后在河北正定成立了华北大学，直至新中国成立后的1950年11月3日，在华北大学基础上于北京建立了中国人民大学，陕公的师生方将他们的理想带进了新中国的建设事业。

（作者分别系中国人民大学劳动人事学院教授、中国人民大学教务处成员；原刊载于《武陵学刊》2018年第3期）

① 中共中央文献研究室．毛泽东文集：第2卷［M］．北京：人民出版社，1993：109.

② 邵式平．陕北公学实施国防教育的经验与教训：四月十三日在边区国防教育代表大会上的报告［M］//陕甘宁边区教育资料：上卷．陕西：教育科学出版社，1981：307.

陕北公学国防教育的经验与当代传承

邓　晖　宋大我

国防教育是建设和巩固国防的基础，是增强民族凝聚力、提高全民素质的重要途径。中国共产党自创建之初，就深刻认识到国防教育这一重要意义，坚持通过讲学、办刊等多种形式宣传进步思想，唤醒民众，救亡图存。“七七事变”爆发后，为满足抗战形势需求，中国共产党积极推行抗日的教育政策，在陕甘宁边区创办大批高等院校，吸引全国范围，乃至海外有志于抗日救亡的进步青年奔赴延安学习，为抗战一线输送干部。中国共产党的国防教育思想和理论在这一阶段得到了迅速发展，为新中国成立后高等学校国防教育乃至思想政治工作开展奠定了重要基础。其中，陕北公学作为全国范围内首先实施国防教育的一所高等学校，其总结的经验和教训，集中体现了中国共产党早期的办学理念和开展国防教育的探索与思考。溯本追源，回顾陕北公学的国防教育历程，对于深刻学习领会习近平总书记的国防教育思想，继承和弘扬我党优秀革命传统，加强和改进新形势下高校学生国防教育具有重要意义。

一、陕北公学国防教育的做法与经验

陕北公学作为中国共产党中央直接领导创办的第一所革命大学，创建于抗战烽火之中，自创建之初就确立了“实施国防教育，培养抗战人才”的办学宗旨与培养目标。陕北公学的教育强调教育不能脱离政治，不能脱离生活，要适应无产阶级的政治需要和中国新民主主义革命的需要，必须为革命的政治斗争和生产建设服务①，摒弃了资产阶级教育的旧制度和课程，充分体现了中国共产党作为无

---

① 成仿吾．战火中的大学：从陕北公学到人民大学的回顾［M］．北京：人民出版社，2014：序言6－7.

产阶级革命政党的宗旨和特征。其国防教育的经验特色，主要体现在以下4个方面：

（一）军政结合，以政治为重点的教育教学内容

中国共产党的国防教育，始终将理论武装与政治动员放在第一位，不论是从培养军事干部为主的抗日军政大学，还是以培养政治干部为主的陕北公学，教学计划中的政治学习都占据了重要的地位。陕北公学的教学计划以“七分政治，三分军事”为原则来安排，把树立革命的人生观、确立坚定的抗战立场放在极端重要的位置。4个月的普通班学员要学习“社会科学概论”、“抗日民族统一战线”、“游击战争”和“民众运动”4门课程①。1年的高级研究班学员要学习“中国革命运动史”、“马列主义”、“辩证唯物主义”、“政治经济学”、“世界革命运动史”、“科学社会主义”、“三民主义研究”、“世界政治”、“战区政治工作”，以及“中国问题”讲座课②。这些课程的内容涵盖了马列主义理论武装、国情责任、形势政策及抗战所需的政治和军事技能，引领学员学习认识马克思主义理论，理解国民党和共产党的区别，思索革命救亡的道路，凝聚抗战共识，提升工作能力，切实将广大学员紧密团结在中国共产党的周围，树立为抗日救国献身、为人民服务的革命理念。

（二）理论与实践结合的教育教学方法

理论联系实际是马克思主义最基本的原则之一，也是中国共产党一以贯之的优良作风。陕北公学的国防教育就充分体现了这一原则与作风。学校开设的各门课程，都与抗战需要和抗战实践紧密结合，都结合抗战过程中的新鲜经验来备课。例如，讲“抗日民族统一战线”和“民众运动”，不仅讲理论，还密切联系历史、国情、现实政策与经验案例。讲“游击战争”的都是身经百战的红军干部，作战经验丰富、讲解直观生动。除了安排理论学习，学校还组织学员参加抗日救亡工作，到地方政府和民众组织中去做政权工作、统一战线工作和群众工作，组织学员接受军事化、战斗化的日常管理，参加军事训练和各种战斗演习，

---

① 成仿吾．战火中的大学：从陕北公学到人民大学的回顾［M］．北京：人民出版社，2014：27，28.

② 同①28，29.

把理论学习和实际工作、实战演练结合起来，在强化理论武装的同时，全面提高学员的身体素质和实战本领。

（三）目标和实效导向的教学管理体系

陕北公学的国防教育有着非常鲜明的目标管理思维。学校制定明确的教育目标，且高度关注教育内容、教学方法和学校教育方针、教育目标的一致性。时任陕北公学教务长的邵式平同志在《陕北公学一年来教学的点滴经验》一文中曾强调“学校方针是要培养抗战建国的人才，就不能把抗战建国纲领、抗战的实际经验丢到一边，去乱教一顿子曰诗云”①。由于抗战形势变化快，陕北公学的教育计划不是一成不变的，而是灵活机动的，每当形势有新的变化发展，就有针对性地制定临时学习计划，以便学生对抗战的认识能够及时跟上形势变化。在教育计划的落实上，学校还设计了精细的管理体系。所有教育计划，都要通过动员、解释和讨论，使教员、职员和学员都深切了解自己为什么而教、而工作、而学习，能够自觉、积极、团结一致地为完成计划而奋斗。所有教育计划都要制定实施进度表，并逐级落实到每个班级、每日每人的学习计划，实现有计划地学习，并通过班会总结、定期检查和自发的学习竞赛来督促和激励每个人完成学习任务。

（四）以人为本、互动民主的教育教学机制

陕北公学的国防教育高度尊重学生在学习过程中的主体性，将革命的基本原则应用于教育教学，以人为本，充分依靠和发动广大师生，激发师生教与学的主体意识，而非用命令强迫的方法。学校强调“教与学一致”，要求确保学校的“教育计划”与学生的“学习计划”一致，让学生对自己要学什么心里有数。学校赋予教学一定的灵活性，解决学校教学中因学员水平参差不齐而存在的“教的内容”与“学员认知”及“教的分量”与“学员接受度”等一系列矛盾。在具体的教学方法上，陕北公学还提出“领导学习”“组织学习”② 的教学思路。教员的职责被定义为“向导”，负责为学生指引方向、提供帮助、解答困惑。学生组成队和班，以队为教育单位，队长为领导和组织学习的中心，以班为学习单位，

---

① 李国强．邵式平教育文选［M］．南昌：江西教育出版社，1989：14.

② 同①21，22.

班长为学习的核心，形成教师引领指导与学生自主学习相结合的互动式教育体系。每天的上课时间约3小时，最多5小时，教学内容少而精，其余时间留给学生自学和集体讨论，要求学生直接阅读马列著作，并参加小组、全队乃至全校的讨论会和时政座谈会，让学生通过自己的思考和集体讨论研究，锻炼分析解决问题的能力。

二、陕北公学国防教育的当代启示

陕北公学抓思想、接地气、重实效的国防教育模式，体现了共产党人“实事求是”的思想路线和优良作风，抓住了当时教育教学中存在的主要矛盾，有效解决了物资匮乏、办学条件艰苦、师资不足、学生知识水平差异大给教育教学工作带来的一系列困难，有效达成了办学目的。陕北公学在2年时间培养出6 000多名干部，分布到全国的各个战场、各条战线，为抗战胜利做出了重要贡献。

陕北公学国防教育的成功经验，虽然有其在当时历史背景下的特殊性，但重视思想引领，注重学以致用的教育思路，以及在教学管理中应用目标管理的思路，放在今天来看，都是符合教育与管理规律的，是具有科学性和操作性的好办法。其在思想政治教育领域一直得到广泛应用，成为中国共产党办高等教育的重要特色与成功经验。其灵活多样、互动民主的教学模式，对于满足当今互联网时代下学生对因材施教、个性化学习辅导的需求，也具有很大的借鉴意义。对于当前贯彻落实习近平总书记的国防教育思想，加强和改进高校国防教育来说，主要有以下三点启示：

（一）高校国防教育必须高度重视思想引领

陕北公学的经验表明，开展国防教育，思想引领是关键。高校国防教育的目的在于增强学生国防观念，激发学生爱国热情，帮助学生掌握基本的国防知识技能，并自觉履行国防义务。而这一系列目标的达成，关键在于学生对国防与自身关系有充分的认识和理解，对国防教育的重要意义有清晰的认识，能够视国防为己任，形成保卫国家安全、履行国防义务的高度自觉，这都需要通过思想引领来实现。当前高校完备的思想政治理论课体系为国防教育的有效开展提供了高质量

的理论武装和思想准备。但就国防教育自身而言，还需要在爱国主义精神弘扬、形势与政策解析、国家安全意识强化和国防教育意义认识方面下功夫。需要培育学生的国家意识、国防意识和国土意识，增强学生在国防与国家安全方面的忧患意识和责任意识，让学生从根本上认识到接受国防教育，学习军事理论，参加军事训练的重要意义，积极主动参与到各项国防教育活动中，提升自身的综合素质。

（二）高校国防教育需要理论联系实际

国防教育不同于一般性的知识理论教育，具有很强的应用性与时代性。一方面，国防教育的成效，直接体现在学生维护国家安全，投身国防建设的意识和行为上，需要引领学生知行合一，学以致用。另一方面，随着国内外形势变化，国防教育的重点和要求都在不断变化，需要与时俱进，及时更新。陕北公学的国防教育，正是密切联系实际抗战工作需要，紧随形势发展来设计调整的。因此，高校在国防教育的内容设计上，还要注重两个结合。一个是军事理论教育的内容要紧密结合形势发展，在回溯历史、讲授理论的同时，还要有机融入国情时政内容和军事发展前沿，帮助学生了解当前国际军事形势和军事装备技术的发展革新，引领学生研讨思考新形势下的国家安全主要面临什么挑战，应该如何应对。另一个是军事技能训练的内容要紧密结合实战应用，融入维护国家安全和现代化作战所需的各项应用技能，例如，信息安全、识图用图、定向越野、防化、救护、应急避险、野营拉练、武器装备参观使用等，帮助学生深化对现代化战争的认识，提高基本军事技能素养。

（三）高校国防教育需要激发学生主体自觉

陕北公学的做法表明，国防教育虽然实施军事化管理，具有强制力，但教育过程不应简单粗暴，需要应用教育学、管理学方法，充分调动和激发学生自身的主体自觉，细分落实各项教育任务，“教学一致”，以保证教育教学效果。一方面，可以应用管理学中“目标管理”的思路与做法，通过充分的宣讲动员，精细化的评估体系，将教育总体目标细化为每一阶段的完成指标和每一个学生自身的成长目标，让学生充分认识到学习和训练的意义和价值，变“要我学、要我训”为“我要学、我要训”。另一方面，可以应用陕北公学“领导学习”“组织学习”的思路，增进学生在学习和训练过程中的自我管理、自我服务。多措并举，在学生中营造团结一致、克服困难、共同向上的氛围，全面提升国防教育实效。

三、陕北公学国防教育经验的当代传承

近年来，中国人民大学继承学校红色基因，在“红船领航”新生党员先进性熔铸计划党员先锋营的国防教育实践中，积极研究传承陕北公学开展国防教育的宝贵经验，收到了良好成效，探索出了一套军政结合、理论联系实际、朋辈互助的国防教育有效模式。

（一）军政结合，有效促进学生军事技能和政治素养全面提升

“红船领航”新生党员先进性熔铸计划党员先锋营是我校与海淀区武装部合作设立的“双37民兵高炮营”的校内军事训练组织机构，也是我校新生党员和新生入党积极分子的党性提升训练营。自2012年起，党员先锋营就认真贯彻了陕北公学军政结合、“七分政治，三分军事”的国防教育思路，以军事化模式进行日常管理，并设计了“理想信念”“根本宗旨”“意志品质”“行为习惯”“党史党情”“团队协作”等6大教育模块，以及“熟悉”“训练”“聆听”“阅读”“讨论”“实践”等6个教育环节，引领学员全面提升军政素质。学员加入党员先锋营后，整编为连排，进行军事化管理，开展包括军事训练和政治学习在内的各项活动。在5年的实践中我们发现，把军事训练和政治学习融为一体，对于各自教育效果的提升都起到了很大的促进作用。军事训练以严格纪律强化组织观念，用战友情谊凝聚情感纽带，让学员小组的凝聚力和战斗力得到显著增强，各项学习实践活动开展质量显著提高。政治学习帮助学员淬炼思想、修炼品行，达到了良好的思想动员效果，促使学员在军事训练过程中严格要求自己，不畏困难、勇于争先，圆满完成各项训练任务。军政结合、相辅相成，形成了学生党员和入党积极分子教育培养的有效模式。

（二）理论联系实际，有效引领学生坚定爱国报国志向

“红船领航”新生党员先进性熔铸计划深入开展马克思主义经典研习活动，在组织学员研习《共产党宣言》《矛盾论》《实践论》《论持久战》《中国革命和中国共产党》等经典文献的同时，组织学员前往嘉兴、井冈山、瑞金、古田、延

安、西柏坡等革命圣地参观实践，结合时事开展集体研讨。带领学员在红色实践中感悟我党我军的优良传统和光辉历史，应用马克思主义和中国特色社会主义理论来分析当下的形势和问题。“红船领航”计划还与部队合作建立实践基地，组织学员前往实践学习，观摩部队训练成果，了解部队建设情况，参观武器装备，并与部队官兵座谈交流。通过理论与实践结合的教育活动，深化学员对国防的认识理解，帮助学员明确自己身为大学生，身为党员或入党积极分子，身为民兵营一员，对于国家安全与国防建设所肩负的使命和责任。

（三）朋辈互助，充分激发学生主体自觉，提升教育实效

“红船领航”新生党员先进性熔铸计划党员先锋营营长、教导员以下各项职务均由学生骨干担任，党员先锋营的各项军事训练与政治学习活动，也均由高年级国防生和高年级党员骨干担任的辅导员带领学员分小组，按学校的总体方案自主策划开展。教师在这个过程中退向后台当“导演”，让学生站到前台来“演戏”。学员对培养目标、培养方案都有清晰认识，并主动以此为目标去策划开展各项教育学习活动，学校只需根据时间节点督促学生完成任务。军事训练的各项纪律也都由学员共同认可并主动遵守。这一模式让学员在训练和学习的过程中不再有“被参加”的感觉，而是将各项任务和自己的成长目标融为一体，主动规划、自觉参与，实现了“教与学的一致”。

（作者分别系中国人民大学党委学生工作部副部长、中国人民大学后勤集团总经理；原刊载于《北京教育（德育）》2017年第Z1期）

陕北公学校风对长征精神的传承与发展

陈骊骊　赵　禾

陕北公学的办学实践是近代中国高等教育发展的一笔宝贵财富。继承和弘扬陕北公学优秀传统和校风，梳理共产党创办高等教育的历史经验，对于在当代推进“双一流”大学建设，为党和国家培养更多具有崇高理想和坚定信念的合格建设者和接班人，具有重大的现实意义和深远的历史意义。

一、陕北公学校风的形成

在为抗战培养人才的过程中，陕北公学形成的独特校风构成了陕公精神的重要组成部分，也成为其在培养革命干部过程中取得巨大成绩的决定性原因之一。值得提出的是，陕北公学“忠诚、团结、紧张、活泼”的校风是在以毛泽东同志为核心的第一代中央领导集体的关怀下树立起来的。这四个词语从忠于人民的爱国主义、团结民主的统一战线、雷厉风行的行为准则、革命乐观主义的价值取向四个方面高度概括了革命干部应该具备的品质，成为陕公师生共同遵守的优良传统。

历经华北联合大学、华北大学和中国人民大学，陕北公学的校风与时俱进，不断丰富发展，始终坚持与党和国家同呼吸、共命运，坚守“始终奋进在时代前列”的宝贵传统，并发展形成了“人民满意、世界一流”的办学理念，“立学为民、治学报国”的办学宗旨。

二、陕北公学校风与长征精神的内在关系

首先，长征精神与陕北公学校风在形成时间上前后相继。1935 年中国工农

红军战胜艰难险阻到达延安，这就是举世瞩目的万里长征，中国革命从此由挫折走向胜利，也给后人留下了一笔宝贵的精神财富——伟大的长征精神。红军到达延安后，在全国范围内掀起民族解放斗争的高潮，建立起全面的抗日民族统一战线。在这一过程中，大批知识分子和有志青年意识到只有中国共产党才能领导民族解放斗争的胜利，延安成为照亮中国抗日救国道路的灯塔。在这里，中国共产党继续发扬伟大的长征精神，创办了中国第一所崭新的干部学校——陕北公学，其团结友爱、斗志昂扬、乐观向上和脚踏实地的风气，吸引了一批又一批青年奔向延安。“忠诚、团结、紧张、活泼”的校风自始至终影响着每一位陕公师生，并最终形成一种富有朝气和凝聚力的价值体系。因此，长征精神与陕北公学校风之间是源与流的关系，陕北公学校风是长征精神在延安时期的发展和继续。

其次，陕北公学校风与延安精神具有内在一致性。二者的一致性体现在核心内容的一致性上。正如习近平同志在纪念红军长征胜利八十周年大会上指出的：“伟大长征精神，就是把全国人民和中华民族的根本利益看得高于一切，坚定革命的理想和信念，坚信正义事业必然胜利的精神；就是为了救国救民，不怕任何艰难险阻，不惜付出一切牺牲的精神；就是坚持独立自主、实事求是，一切从实际出发的精神；就是顾全大局、严守纪律、紧密团结的精神；就是紧紧依靠人民群众，同人民群众生死相依、患难与共、艰苦奋斗的精神。”① 长征精神的核心内容可以归结为不怕牺牲、前赴后继、勇往直前、坚韧不拔、众志成城、团结互助、百折不挠、克服困难、忠诚爱国，其也成为陕北公学校风的核心内容。因此，“忠诚、团结、紧张、活泼”作为陕北公学校风的高度概括，理论联系实际、实事求是的学风，实行的密切结合抗战实践、深入联系群众的课程体系等作为陕北公学校风的重要组成部分，都是长征精神在高等教育领域落地生根的生动体现。不仅如此，陕北公学校风与长征精神都建立在对共产主义的坚定信仰之上，同时，其根本目标也都是反抗日本帝国主义的侵略，实现民族独立和民族解放。

再次，陕北公学校风既承袭了长征精神的精神实质，又在传承主体、历史任

① 习近平．在纪念红军长征胜利 80 周年大会上的讲话［EB/OL］.（2016 - 10 - 21）［2016 - 10 - 21］. www. xinhuanet. com/politics/2016 - 10/21/c _ 1119765804. htm.

务等方面独具特征。一方面，长征精神形成并贯穿于长征的全过程，是由在共产党领导下的全体红军战士共同创造并传承的伟大精神。陕北公学校风则是陕公师生在敌后办学实践中逐渐凝练而成的。无论是在革命年代、建设年代，还是在改革和发展年代，传承自陕北公学的这股精神力量，薪火相传，与时俱进，历久弥新，不断丰富发展。另一方面，红军长征到达延安后，全国革命形势发生了根本性变化，抗日战争全面爆发，陕北公学就是在这样的历史条件下建立起来的，承担着为抗战各条战线和敌后战场培养革命干部的历史任务。这一时期，知识青年和爱国人士经历过系统的理论指导和世界观改造后，树立起崇高的共产主义理想，转变为坚定勇敢的无产阶级战士，为抗日战争取得胜利奠定了重要的干部基础。

三、陕北公学校风在共产党创办高等教育的探索中传承发展

（一）承担历史责任，坚持为国育才

毛泽东同志曾专门为陕北公学题词，“要造就一大批人，这些人是革命的先锋队……中国要有一大群这样的先锋分子，中国革命的任务就能够顺利的解决。”① 1937年11月1日，毛泽东同志亲自参加了陕北公学的开学典礼，再次强调指出陕北公学的任务是“造就大批的民族革命干部，他们是有革命理论的，他们是富于牺牲精神的，他们是革命的先锋队”②。毛泽东同志的题词和讲话，从根本上揭示了陕北公学的办学方向。自此，陕北公学承担起为民族解放培养抗战干部的历史使命，在短短两年时间为抗日战争培养了6 000多名革命骨干。

1939年7月至1948年8月，华北联合大学和华北大学先后承接陕北公学，在办学方向和人才培养目标上传承了陕北公学的优秀校风，为全国解放和新中国的缔造进行了充分的干部准备，更积累了党在战争年代培养专门人才的成功经验，为新中国高等教育的发展奠定了基础。

新中国成立后，未经社会主义改造的旧式大学在专业设置和人才培养方式上

---

① 中共中央文献研究室．毛泽东年谱：1893—1949：中卷［M］．修订本．北京：中央文献出版社，2013：34.

② 中共中央文献研究室．毛泽东文集：第2卷［M］．北京：人民出版社，1993：63.

都无法适应新中国成立初期对财经、政法、外交等方面专业人才的迫切需要，因此党中央决定创办一所全新的大学。1950 年 10 月 3 日，中国人民大学作为共产党在新中国亲手创办的第一所新型正规大学成立，刘少奇同志出席了开学典礼。在开学典礼上，刘少奇同志特别强调："中国人民大学……是我们新中国办的第一所新式大学，是中国历史上前所未有过的大学，中国将来的许多大学都要学习我们中国人民大学的经验，按照中国人民大学的样子来办。"①

吴玉章等老一辈教育家遵循高等教育的规律，致力于使学校的专业设置和招生政策都能符合国家建设实际对人才的需求。人民大学成立之初，专业设置是根据社会主义经济建设的需要而建立的。吴玉章还主张"面向工农开门办学""中国的高等教育走向老百姓、走向平民化"，赋予了学校务实的作风。因此，人民大学的招生政策也具有鲜明的群众性和广泛性。

80 年来，从陕北公学到中国人民大学，为国家需要而培养人才的办学方向一以贯之，从"革命的先锋队"到"人民共和国建设者"再到"国民表率、社会栋梁"的人才培养目标一脉相承。在革命和战争年代，陕北公学、华北联合大学和华北大学为抗战胜利和全国解放培养了大量革命干部；在社会主义建设年代，学校为国家培养了大批优秀的"人民共和国建设者"，他们在经济和社会建设各行各业和哲学社会科学各个领域为国家做出了杰出贡献；在新时代，人大学子牢记学校与党和人民同呼吸、共命运，为民族解放和人民幸福不懈奋斗的光辉历程，弘扬始终奋进在时代前列的优良传统，以习近平同志在 2012 年提出的"志存高远，打牢基础，学好本领，努力把自己塑造成为能够肩负国家建设重任的栋梁之才"② 的殷切期望为成长和前进的动力。

（二）始终坚持实事求是、理论联系实际，打造党和国家的思想库

在"实施国防教育，培养抗战人才"的办学宗旨和培养目标指引下，陕北公学将最初的教育方针制定为使党员习得从事抗战实际工作的方法和最基本的理论

① 中共中央文献研究室刘少奇研究组，中央教育科学研究所．刘少奇论教育［M］．北京：教育科学出版社，1998：91.

② 蒙彬，降瑞峰，陈骊骊，等．习近平同志在我校考察：勉励广大师生发扬光荣传统坚守理想信念　培养中国特色社会主义事业优秀建设人才［N］．中国人民大学（校报），2012-06-25（1）.

基础，注重理论和实际相结合。

陕北公学自成立开始，办学方针和课程设置始终服从并充分满足革命形势的需要。在教学中坚持“七分政治，三分军事”的原则，学风兼具稳定性和灵活性，教学计划随着抗战形势的发展而有所变动，虽然教学内容少而精，但始终提倡教学一致。当国内革命形势发生变化时，学校就立即对学习计划进行相应调整。

陕北公学教学的最大特点在于，时刻注重理论教学与革命实践相结合。学校根据抗战需要专门设置了“民众运动”和“政府工作”等课程，从理论和实践两个方面授课，使学员在了解并掌握全面抗战路线的基本内容和理论架构的同时，更能在实际工作中做到将抗日民主理论与斗争实践相结合、掌握主动权。

此外，与军事相关的“游击战争”和军事训练，则是专门为了学员毕业后深入敌后开展游击战争而设置。课堂上，参加过万里长征的老红军站上讲台，为年轻的知识分子和爱国青年讲述真实的游击斗争经验。为了不让军事课程成为“纸上谈兵”，课堂之外，军事教员还在军事训练和各种演习的过程中传授给学员们丰富的实战经验，使学员们迅速成为熟练运用游击战争理论开辟敌后战场的指挥员和战斗员。

生产劳动课也是陕北公学根据党“农村包围城市”的革命道路而设置的特色实践课程。要实现农村包围城市，党的干部就必须首先了解农村、了解农民，学习劳动技能、和劳动人民打成一片是实现这一目的的先决条件。由于学员中大部分是鲜有劳动经验的知识分子和爱国人士，缺乏对劳动人民特别是农民阶级的了解，学校通过有计划地组织学员参加建校劳动和农业生产劳动，使他们掌握劳动技能的同时增添了劳动人民的气质，更增进了对农民阶级的了解和感情，从“学生腔”成长为“接地气”的革命干部。

从陕北公学时期贴近抗战实际的课程及专门设立的中国问题研究室，到中国人民大学建校初期创立的苏联东欧研究所，再到胡福明校友以《实践是检验真理的唯一标准》一文为实事求是的马克思主义思想路线重新树立奠定理论基础，以及改革开放后人大师生追随老一代知识青年的足迹赴正定参加社会实践，实事求是、理论联系实际的作风在华北联合大学、华北大学以及中国人民大学的办学实践中得到了不断的继承和发展。

习近平同志曾指出："一切有理想、有抱负的哲学社会科学工作者都应该立时代之潮头、通古今之变化、发思想之先声，积极为党和人民述学立论、建言献策，担负起历史赋予的光荣使命。"① 与实事求是、理论联系实际优良传统一脉相承，人大人始终秉持"立时代之潮头、发思想之先声"的学术精神，坚定地立足于中国实际，始终扎根于中国大地，始终关注中国的社会实际，努力回应党和国家的重大理论关切和经济社会发展过程中的现实问题，以深厚的学术涵养服务于国家的社会主义建设事业，堪当国家的"思想库"和"智囊团"，当之无愧地承担起历史赋予哲学社会科学工作者的光荣历史使命。

（三）开拓创新，始终奋进在时代前列

习近平总书记在哲学社会科学工作座谈会上的讲话中指出："创新是哲学社会科学发展的永恒主题，也是社会发展、实践深化、历史前进对哲学社会科学的必然要求。"② 创新需要与时代性密切结合，或者可以说，时代性是决定创新成败与否的重要特征。在战争年代，陕北公学就是在严重的民族危机和复杂的斗争环境中建立起来的，当时，学校以"造就革命的先锋队"为人才培养目标，并适应国内战争形势而开办"马列主义""辩证唯物主义""中国革命运动史""中国问题"等课程，就是充分体现时代性的开拓创新。发展到华北联合大学、华北大学阶段，学校仍然沿袭了根据斗争形势培养人才的传统，使人才培养适应时代需要，为抗日战争的最终胜利和新中国高等教育事业从无到有、从有到优的发展奠定了坚实的基础。

在新中国成立初期的社会主义建设时代，新成立的中国人民大学适应时代发展的需要，成为国内最早设立各类马克思主义理论专业的高校，培养了一大批著名理论家、教育家以及几代马克思主义理论教学科研人才，为马克思主义中国化的丰富和发展增添了重要力量。

改革开放后，哲学社会科学的发展对高等学校的学科设置提出了新的更高要求，中国人民大学适应新时代的新需求，大力发展新兴交叉学科，在全国高校中率先成立相关领域院系及科研机构，扶植交叉学科学术力量，培养交叉学科

① 习近平．在哲学社会科学工作座谈会上的讲话［M］．北京：人民出版社，2016：8．

② 同①20．

人才。

面对全球化程度不断提升的国际大环境，人民大学通过搭建世界汉学大会等国内外学术交流平台，先后同55个国家和地区的239所高校和机构建立了学术交流关系，与港澳台地区25所高校（研究机构）签订了合作协议，参与了海外13所孔子学院的建设，并在每年暑期举办国际小学期等一系列活动促进国际学术交往，在国际学术领域树立起人大特色、打造了一批人大学术品牌。

在哲学社会科学的创新过程中，人民大学的专家学者沿袭了陕北公学开拓创新、始终奋进在时代前列的作风，因而能够避免陷入思维僵化和学术成果格式化。他们始终通过中国改革开放的实践发掘新问题、总结新经验、提出新设想、形成新思想，他们对于社会主义现代化建设经验的概括是鲜活的，对于党中央治国理政新理念新思想新战略的研究和阐释来源于实践的学理性总结，向党和国家提出的咨政建言也具有规律性、实践性和系统性。

从陕北公学、华北联合大学、华北大学到中国人民大学，这块在党中央直接关怀下创办起来的无产阶级教育阵地，在战斗中成长起来，继承了光荣的革命传统，为近代中国乃至新中国的高等教育的发展做出了开拓性的贡献。80年来，伴随着陕北公学、华北联合大学、华北大学和中国人民大学办学事业的不断发展，共产党兴办高等教育的经验也日益成熟并不断发展。传承陕北公学校风，对于沿着党和国家建设“双一流”大学的任务路径前进，不断为我国建成高等教育强国贡献力量具有重要意义。

（作者单位：中国人民大学党委宣传部；原刊载于《中国人民大学（校报）》第1626期）

华北联大的办学特色及历史贡献

王大广

一、华北联大的诞生与发展，是适应中国革命形势与任务的必然要求

1939 年春夏之际，随着抗日战争进入相持阶段，为了巩固其占领区，日寇向华北军民实施大规模“扫荡”，并且妄图渡过黄河进攻我党中央所在地陕北。与此同时，国民党也开始实施消极抗日、积极反共的政策，不断制造摩擦事件，加紧封锁陕甘宁边区。当时，在陕甘宁边区，我们党一共办了 17 所学校，有师生数万人。在战火逼近陕甘宁边区时，中共中央决定疏散学校，减少非战斗人员。但这些学校去哪里成为一个关键问题。“在日寇战火迫近、顽固派封锁加紧的形势下，我们有些学校是向后退到甘肃去呢？还是向前挺进到华北前线去？如果后退到甘肃去，那里有顽固派困扰，是一条死路。党中央决定陕甘宁边区几所主要的大学大部分师生向前方挺进”①。于是，中共中央决定将陕北公学、鲁迅艺术学院、安吴堡战时青年训练班、延安工人学校四校联合，成立华北联合大学，并于 1939 年 7 月 7 日全面抗日战争爆发两周年纪念日举行了成立大会，由成仿吾任校长兼党团书记。毛泽东同志亲自到场发表了重要讲话，号召全体师生“你们到前方去创造根据地，不但要争取民族的解放，而且要争取社会的解放”②。这为华北联大确立了明确的办学宗旨和方针。

在党中央的直接关心关怀下，在 9 年多时间里，华北联大全体师生按照党中

---

① 成仿吾．战火中的大学：从陕北公学到人民大学的回顾［M］. 北京：人民出版社，2014：101.

② 同①108.

央确定的教育方针，坚持在敌后办学兴校，得到了很大的发展，并逐渐成为晋察冀边区最著名的高等学府。总体而言，华北联大的发展大概分为三个主要时期。

第一，正规化发展时期。华北联大成立后，按照中央既定方针，1939 年 7 月 12 日开始从延安出发，在成仿吾校长的率领下，跨过日寇和国民党反动派设置的层层封锁线，克服了各种艰难险阻，累计行程达 3 000 多里，最后抵达了敌后抗日根据地——晋察冀边区阜平县办学。1940 年下半年，面对人才培养的紧迫任务，根据中共中央北方分局指示，华北联大逐渐扭转战时教育模式，从机构建制和教学体系上加大完善力度，开始向着正规化方向发展。在学制上，除原有的专修科外，还增设了本科和预科教育，使得学制更加完善。在院系设置上，将原来各部改为学院，其中社会科学部改为社会科学院，院长由江隆基兼任，下设法政系和财政经济系。文艺部改为文艺学院，院长由沙可夫担任，设有文学系、戏剧系、音乐系、美术系。工人部改为工学院，院长由成仿吾兼任，下设机械系、探矿系。师范部改为教育学院，院长由成仿吾兼任，下设教育系和中学班。到了 1941 年夏，华北联大学生超过了 3 000 人，全校教职员工 1 000 多人，华北联大处于鼎盛时期。1942 年，为了粉碎日军对晋察冀根据地的“扫荡”图谋，根据中共中央精兵简政的政策，中共中央北方分局和晋察冀边区行政委员会决定将华北联大缩编，只保留了教育学院，坚持小规模办学，准备在形势好转时再复校。

第二，全面恢复时期。1945 年 8 月 15 日，日本宣布无条件投降，抗日战争终于迎来了最后的胜利。8 月底，华北联大随着我军进驻张家口，按照中共中央指示，华北联大在张家口复校，由成仿吾主持华北联大的全面恢复工作，并将一度迁往东北办学的延安大学大部并入华北联大，延安大学校长周扬担任华北联大副校长。1946 年上半年，迫于各方压力，蒋介石不得不接受停战谈判，签订了停战协定，并在重庆召开了政治协商会议。经过中国共产党和民主党派的共同努力，政治协商会议取得了重大成就，中国共产党在政治上取得了主动，客观上制约了蒋介石的军事挑衅行动，推迟了内战的全面爆发，国内迎来了一个短暂的和平时期。为了抓住有利时机加快人才培养和学校发展，华北联大扩大了招生地区，除了在解放区招生外，还利用有利形势以半公开方式在平津等大城市招生。一时间，又有一大批知识分子向张家口涌来，华北联大的规模迅速扩大，迎来了一个新的发展时期。

第三，转移办学时期。1946 年 6 月，蒋介石悍然撕毁政协决议和停战协定，大举进攻解放区，内战全面爆发，华北形势骤然紧张。在这样的背景下，华北联大不得不撤离张家口，迁往晋察冀三省交界的广灵县山区。为了适应战时需要，华北联大及时缩短了学制，培养战时急需的党政干部。1947 年后，随着中国人民解放军在西部和华北战场不断取得胜利，整个解放区的形势也逐渐稳定下来，华北联大再次抓住有利时机加快发展，原有院系也逐渐恢复。随着解放战争形势的日新月异，中央决定将晋冀鲁豫和晋察冀解放区合并成立华北解放区，区内的教育机构也因此进行大规模调整。根据中央部署，1948 年 8 月，华北联大与北方大学合并，成立华北大学，华北联大就此完成了自己的历史使命。

二、华北联大体现了鲜明的办学特色，是我们党探索新式高等教育的重要里程碑

华北联大虽然办学条件简陋，而且多次迁徙，机构设置也几经调整，但在党的领导下，始终坚持向着革命化、正规化、知识化方向发展，逐渐探索出一条既适合战争需要又符合教育发展规律的有效模式，成为当时全国高等教育领域一所十分令人瞩目的高等院校。

第一，在办学方针上，强调为革命斗争需要培养干部。在抗日战争时期，随着日寇进犯的国土面积不断扩大，国内许多知名学府遭受了劫难，大批高校迁往大后方坚持办学，“至 1939 年春，国内 100 多所高校已经有 90 多所内迁”[①]，剩下的高校也基本处于停课状态。然而，面临这样严峻的战争形势，华北联大却临危不惧，不仅没有撤到后方，反而挺进到对敌斗争的最前线坚持办学，创造了中国高等教育史上的一个奇迹，充分展示了中国共产党人大无畏的英雄气概。华北联大之所以始终坚持斗争在民族独立和解放战线的最前沿，是由这所学校的办学方针所决定的，《华北联合大学章程》鲜明指出，“华北联合大学应该是为抗日战争服务的一支文化纵队……帮助华北地区的党、政、军、民各界培养、提高各种

---

① 中国人民大学校史研究丛书编委会．造就革命的先锋队［M］．北京：中国人民大学出版社，2007：3.

干部，推动华北敌后的抗日战争，就是华北联合大学最主要、最实际的任务”。这一办学方针的制定，与党中央确立的坚持以民族解放和社会解放为目标的新民主主义的抗战教育方针是完全一致的。在整个存续期间，华北联大始终坚持这一办学方针，院系和专业设置、招生对象、学习期限等，一切都服从服务于抗日战争的实际需要，只要抗战需要，即便学校暂时缺乏条件去办的事情也要创造条件去办，而抗战不需要或者不急需的事情则不办或少办，实现了对敌斗争和办学工作的有机结合。

第二，在办学方向上，强调把思想政治工作放在首位。重视思想政治教育，是华北联大的一个优良传统。由于是在紧张的战争状态下办学，学生的来源十分广泛，他们的政治素质、家庭出身、文化程度各不相同，这就客观上需要时刻重视学生的思想政治教育。在思想政治教育方面，华北联大十分注重加强思想政治工作体系建设，在加强党的建设的同时，学校行政上设立了政治指导处，负责全校的思想政治工作。各院系设立政治指导科，一般由各部（院）党总支书记兼任科长，负责全院的思想政治教育工作。同时，学校还高度重视发挥思想政治理论课的课堂主渠道作用，把思想政治理论课作为全校的公共必修课，这些课程包括“社会发展史”、“中国近代革命史”、“新民主主义论”、“解放区建设”专题报告等，政治理论课的比重约占全部课程的20%。通过多种形式的教育，帮助学生消除旧中国的教育和生活对他们的负面影响，培养良好的政治品格和坚定的革命信念。

第三，在教学方法上，注重营造民主讨论、平等交流的氛围。为了让学员在较短时间内学习掌握各门课程，并且能够将这些知识运用到实际工作中去，华北联大十分重视启发式教学方法的运用。无论是课堂讲授，还是学员自由讨论，教师都十分注重从学员的实际情况出发，调动他们学习的积极性、主动性，激发他们的学习热情，让学生通过自己的思考得出科学结论。学校根据实际探索了一套有效的教学程序，即“引言——阅读——讨论——解答问题”。自由讨论是华北联大经常采用的一种教学方式，一方面，通过自由讨论调动全体学员的积极性，使得每个人都认真思考疑难问题，积极投身到知识的学习之中；另一方面，也注重发扬学习民主，鼓励发表不同见解，让正确的观点在思想碰撞中应运而生。成仿吾在回忆华北联大时，特别对学校的自由讨论教学法给予了很高的评价，他强

调，之所以提倡自由讨论式教学，主要是因为灌输式教学不易开动学员脑筋，不能深刻地了解问题，特别是“讲授容易有教条主义的倾向，难以符合实际的要求”①。

第四，在课程设置上，注重文理并重、综合发展。虽然是在抗战的最前方，但华北联大在课程设置上却按照正规大学来设立，开设的课程不仅包含社会科学，而且包含自然科学，涉及哲学、法学、历史学、文学、经济学、艺术学、理学、工学等几乎所有学科门类。丰富的课程设置，强大的师资是保障。在华北联大的教师队伍中，云集着一批高水平的学者，如俄语教师赵洵在20世纪30年代就在上海从事俄语翻译工作，是俄国文学名著《静静的顿河》的第一位中文译者；英语教师张帆来自燕京大学；物理教师傅大陵原来任教于南开大学；化学教师董晨原为燕京大学化学系教授；地理教师孙敬之毕业于北京师范大学；政治经济学教师王文克毕业于北京大学；生物学教师林子明毕业于燕京大学研究院，获得理学硕士学位，曾任燕京大学讲师、校务委员会委员等。

三、华北联大始终把立德树人作为中心环节，为探索新式高等教育做出了重要贡献

第一，创新领导体制，进一步完善了党委领导下的校长负责制。党委领导下的校长负责制，是我国高校的根本领导制度，对于保障高校的社会主义办学方向、发展高等教育事业发挥着至关重要的作用。这一制度最早起源于陕北公学时期，陕北公学实行的是党团领导下的校长负责制。华北联大组建后，在管理体制上沿用了陕北公学的领导体制，党团是华北联大的最高领导机构，党团下设党委，党委负责管理学校的党务工作，对学校完成各项政治任务起保证作用，校长在党团领导下独立负责地开展工作。到了解放战争时期，党团领导体制渐渐被党委领导体制所取代，学校的管理制度也由党团领导下的校长负责制过渡到党委领导下的校长负责制，从而改变了党团和党委职能交叉、分工不清的弊端，使得学

① 成仿吾．战火中的大学：从陕北公学到人民大学的回顾［M］．北京：人民出版社，2014：199-200.

校的领导制度更加科学合理。华北联大形成的党委领导下的校长负责制，为新中国高等教育管理体制的建立奠定了理论基础和实践基础。

第二，注重育人为本，培养了一大批优秀人才。在短暂的办学期间，华北联大始终坚持把培养各方面人才作为首要任务，共为各地各级党政军部门培养了一万多名政治、经济、教育、文化艺术、外语、新闻等专业干部。特别是在抗战时期，作为晋察冀边区的最高学府，华北联大共培养学员8 000多人，其中培养行政干部3 000多人，教育工作干部2 000多人，文艺干部1 000多人，其他如群众工作、党务工作、生产建设干部逾千人。许多学员新中国成立后成为各个领域、各条战线的佼佼者，如著名经济学家黄达、苏星、塞风，著名历史学家刘佩弦、彭明、程秋原，著名文学家杨沫、秦兆阳，著名作曲家王莘，著名表演艺术家田华、王昆，著名歌唱家郭兰英、孟于，著名画家李琦、冯真夫妇等。华北联大培养的大批优秀学子很好地继承和发扬了华北联大的优良校风，他们把华北联大的精神印记深深地刻在了民族解放和国家振兴的丰碑上。

第三，坚持学术理想，取得了一系列重要的学术成果。华北联大拥有一批国内知名的专家学者，他们虽然都是投笔从戎，但却始终保持着学者本色，即使在严酷的战斗间歇、在动荡不安的战争生活中，他们仍然不忘在紧张繁重的工作之余，抓紧时间从事学术研究活动。例如：著名学者李凡夫于1940年发表了题为《沦陷区的土地问题》的文章，详细阐述了被日军占领地区的土地问题。著名学者江隆基于1941年发表了题为《在新民主主义教育的旗帜下前进》的文章，详细阐述了党的新民主主义教育政策以及文化事业在对敌斗争中的重大作用等问题。著名学者何干之于1940年出版了《三民主义研究》一书，从理论和历史两个角度对什么是真正的三民主义进行了科学的论述，批判了曲解、阉割三民主义的种种论调。著名学者、翻译家沙可夫编译了许多外国名著，如高尔基、莎士比亚、莫里哀等人的经典作品。著名学者于力于1942年发表了长篇报告文学《人鬼杂居的北平》，以大量事实揭露了日军在北平犯下的滔天罪行，热情讴歌了北平人民反抗日本侵略的英勇行为，引起了读者的强烈共鸣。除了个人研究外，华北联大的学者还积极倡导和组织相关学术活动，如成仿吾、江隆基等在1941年发起成立了晋察冀边区新哲学学会和新教育研究会；何干之发起成立了鲁迅研究会；于力等发起成立了燕赵诗社：这些知名学者为繁荣解放区的学术文化活动做出开创性的贡献。

第四，始终扎根民众，宣传和普及了新民主主义文化。利用文艺的力量团结组织群众，是我们党群众工作的一个重要经验。华北联大在办学期间，在繁荣新文艺，传播新民主主义文化方面做了大量工作。例如：华北联大平剧研究院坚持文艺为群众服务、为党的政策服务，创作和改编了许多新剧目，如《逼上梁山》《河伯娶妇》《中山狼》《红娘子》等，在各地巡演，受到广大群众的热烈欢迎。另外，华北联大师生还创作了大量的诗歌作品、美术作品、音乐作品，不仅培养了一批青年艺术家，而且推动了文艺与群众运动的有机融合，起到了宣传、教育、组织群众的作用。华北联大虽然已经成为历史，但她的优良传统和校风却由中国人民大学等有着红色基因的高校所继承和发展。正如 1941 年 7 月 4 日《晋察冀日报》所评价的那样：华北联大为新民主主义的大学教育开辟了道路，“他坚持抗日民族统一战线政策，主张并实行思想自由与学术研究自由，他创造了一套新的教学制度和教学方法，实行政治指导与教育作业合一。和中国旧教育相反，联大是实行抗日的、民主的、大众的、科学的新民主主义教育兵团，是自由幸福的乐园”。回顾这段历史，对于我们走好中国特色高等教育之路，扎根中国大地办学，建设中国特色、世界一流大学依然具有重要的现实意义。

（作者系中国人民大学党委宣传部常务副部长；原刊载于《北京教育（高教）》2017 年第 9 期）

华北大学的办学经验及其对建设中国特色社会主义大学的启示

降瑞峰　刘晓阳

1948 年至 1949 年，中国共产党根据集中优势力量支持解放战争、培养优秀人才推进解放区建设的新情况、新形势，在华北联合大学、北方大学的基础上创办了一所高水平综合性大学——华北大学，较好地践行了“集中力量，扩大办学规模，为全国解放培养大批干部”的重要使命。当前，深入分析华北大学的办学思想和治校实践，对于建设一批具有世界一流水平的中国特色社会主义大学具有重要的启示作用。

一、华北大学的办学思想——“培养成千万革命人才”

（一）“为革命和建设培养人才”的办学理念

华北大学创办的首要目的就是适应革命形势发展的需要，保障和巩固解放区的革命政权，并进一步为建设新国家储备优秀人才。当时，随着革命形势快速好转、解放区建设稳步推进，各新老解放区都出现了不同程度的人才紧张局面，华北大学的创办正是为了查缺补漏、培养革命干部。1948 年 8 月，安子文指出：“老解放区青黄不接”，“华北大学训练地方干部的计划是：为每个地委培训一名骨干，县和区各培训两人”[①]。

因此，华北大学将“为革命和建设培养人才”作为办学理念的核心。正如吴

① 陕西师范大学教育研究所．陕甘宁边区教育资料：在职干部教育部分［M］．北京：教育科学出版社，1981：286.

玉章所指出的，“华北大学是一个革命大学，是中国新民主主义革命过程中产生的大学，它要培养新民主主义革命与建设的干部，为完成中国新民主主义革命而奋斗”[①]。1948 年 8 月 24—27 日，华北大学在河北正定开学，《人民日报》就以“培养成千万革命人才　华北大学成立”[②] 的黑体大字标题阐述了这一办学思想。

（二）“全心全意为人民服务”的办学宗旨

“全心全意为人民服务”是中国共产党有别于以往各种资产阶级政党的根本宗旨。华北大学旗帜鲜明地将“为人民服务”作为总体指导思想，强调要按照人民群众的需要来调整和补充教育教学内容，真正培养掌握新时代的思想观点，掌握最进步的科学技术，深入学习马列主义、毛泽东思想，全心全意服务人民的先锋队和优秀革命干部。正如华北大学副校长范文澜所说，要把“先天下之忧而忧，后天下之乐而乐”“鞠躬尽瘁，死而后已”两条合并起来，才近乎“全心全意为人民服务”的办学理念。

华北大学在开展教学、研究工作和实践、斗争中一再强调“为人民服务”的宗旨，鼓励学生做一个最忠诚的服务员，随时随地把人民利益放在第一位，随时准备牺牲个人的一切来保护人民利益。华北大学教员艾思奇就曾指出，“我们是革命的教育工作者，革命工作者的天职就是要为人民挑担子，肩膀上挑得愈重，就愈光荣”[③]。

（三）“忠诚、团结、朴实、虚心”的优良校训

华北大学作为党创办的一所综合性大学，中共中央对其寄予了厚望。刘少奇就代表中央对华大提出要求，强调“应把学生当作共产党的后备军进行教育”[④]。为此，华北大学制定了“忠诚、团结、朴实、虚心”的校训。

“忠诚”就是要尽自己的力量，老老实实为广大群众服务。“团结”要求师生做到在思想统一、行动统一基础上的团结一致，形成持久的力量。“朴实”就是

---

① 中国人民大学校史研究丛书编委会．造就革命的先锋队：中国人民大学史：第 1 卷 [M]. 北京：中国人民大学出版社，2007：192.

② 培养成千万革命人才　华北大学成立 [N]. 人民日报，1948-09-15 (1).

③ 艾思奇讲话记录，1948 年 8 月 24 日，中国人民大学档案馆誊写件。

④ 刘少奇关于华北大学教学工作的讲话记录，1948 年 8 月 5 日，中国人民大学档案馆誊写件。

不虚伪、不轻浮，脚踏实地、实事求是，从基层最小的事情上一点一滴认真地做，真正为群众办好事。“虚心”则是在学习上、做事上、做人上虚心，时时严格要求自己，同时要虚怀若谷，善于倾听别人意见，能够接受旁人批评。

华北大学校训既凸显了马列主义毛泽东思想的世界观和方法论，也蕴含了“立德、立功、立言”的古训，为学生成长为革命志士营造了良好的教育氛围。正如一名学子王力田所说，“未踏入校门之前，一直过着糊涂的日子，浮尘的生活。现在，我不但外貌上有了进步，思想上也有了强烈的转变和进步”①。

二、华北大学的办学经验——扎根中国建设新大学

（一）坚持党的领导，培育革命先锋队

华北大学在创办、建设和发展过程中始终坚持党的领导，立足于培育革命的先锋队。1948年5月，中共中央决定成立华北中央局并成立华北大学，委托时任中共中央书记处书记的周恩来负责相关事宜。周恩来专程写信给吴玉章，请他担任华北大学校长。吴玉章校长接受邀请并在办学过程中始终坚持党的领导，认真贯彻党的教育方针。

华北大学严格执行中央指示，除招收解放区的优秀分子外，大量招收国民党统治区中政治思想进步且掌握一定专业知识的青年学生并加以训练，经过系统的教育，培养了一大批为新民主主义社会服务的政治、经济、文化、艺术、教育等方面的干部。

华北大学还注重加强党组织和新民主主义青年团的建设，充分发挥党员和团员的先锋模范作用。1948年9月，华北大学党委在解放区率先探索建立了党内充分酝酿、征求群众意见、召开支部大会、邀请群众代表列席讨论的学生入党制度。1948年底，学校还在每个班都设立了团支部，作为党组织的助手发挥领导联络作用，充分发挥党员、团员在工作生活中的先锋模范作用。

（二）立足中国现实，探索新式教育模式

华北大学从成立伊始就有针对性地对既有的高等教育模式进行革命和改造，

---

① 转变[N]. 华大生活（创刊号），1948-05-18（3）.

探索形成了新的教育模式。这一点从华北大学成立初期设立的“四部”“二院”就可以清楚地看出。

华北大学的一部是政治学院，主要任务是开设短期政治训练班，对学员进行政治思想教育和初步的革命理论教育。凡是新入学的学员都要先进入一部学习，完成学业后，大多数学员分配工作，参加解放区政治、经济、文化、教育等各方面的建设事业，小部分继续深造。政治学院开设四类课程：马列主义基本理论，中国新民主主义革命运动史，中国共产党介绍，政策。政治学院的设立取得了很好的教育效果，也为新中国成立后各高校开设政治理论课程做了有效探索。

华北大学的二部是教育学院，三部是文艺学院，四部是研究部。学校还设有工学院和农学院。“四部”和“二院”均根据革命和建设的需要设置机构、规划课程、开展教学，形成了适合中国现实的新教育模式，为新中国成立后党领导和创办中国人民大学、北京理工大学、中国农业大学、北京外国语大学、中央音乐学院、中央美术学院等重点院校，在社会主义条件下办好高等教育奠定了坚实的基础。

（三）践行实事求是，注重理论联系实际

华北大学始终弘扬“实事求是”的优良作风；表现在学习上就是认真钻研、敢于批评，强调学以致用、用以促学，注重理论联系实际；表现在生活上则是艰苦朴素、刻苦耐劳。

华北大学鼓励学生将课堂教学的理论与革命和建设过程中的实践对照分析，通过讨论和研究得出结论，巩固知识。例如：教育研究室的教员通过走访、询问等方式开展详细的调查研究，写出了《平津二地中等学校调查报告》，为此后不久人民解放军接管平、津两市的教育机构提供了重要材料。另外，学校还注重实践教学，经常邀请当地有丰富革命经验的军人和革命者介绍革命经验和战斗经历，组织学员参加解放军的行军、战斗和后勤工作，培养革命时期必备的生活经验和战斗技能。

华北大学办学的优良经验为党领导创办新式高等教育、改造旧的高等教育做了理论准备。1949年，成仿吾作为华北大学的代表参加了中国人民政治协商会议，并在会上作了发言。他结合华北大学的办学实践提出了改造旧教育、开创新

式教育的若干建议，这些都成为新中国成立后高等教育改革发展的重要经验。

三、华北大学对办好中国特色社会主义大学的现实启示

（一）坚守办学方向，扎根中国大地办大学

办学方向是一所大学的灵魂。华北大学之所以能在一年多的时间培养出一大批优秀的干部，为革命和建设事业做出突出贡献，源于学校始终坚定正确的办学方向。

当前，办好中国特色社会主义大学，必须坚持正确的办学方向、立足中国实际。一要坚定社会主义办学方向。始终坚持党的领导，全面贯彻党的教育方针。二要全心全意为人民服务。要自觉地将高校的改革发展与国家现代化的各项事业紧密联系起来，真正做到全心全意为人民服务。三要扎根中国大地办大学。扎根中国大地、依靠中国人民，坚定四个自信，总结中国经验、形成中国理论。

（二）坚持立德树人，培育“人民共和国建设者”

华北大学在成立时就指出，“要培养革命的人才，更要吸收蒋介石统治区的大学生和中学生，来学习毛泽东思想，培育他们成为新中国各方面的革命和建设干部”①。正是基于这样的理念，一大批涉世未深、未经历多少艰苦生活磨砺的青年学生在华北大学这所革命的大熔炉里百炼成钢，毕业后接受党组织的分配，义无反顾地奔赴前线，为国家的解放和建设事业贡献自己的一生。

办好中国特色社会主义大学，必须将“立德树人”作为中心任务来一抓到底、常抓不懈。高校的领导班子要把立德树人作为高校的立身之本。广大教师要切实肩负起立德树人的重要责任，当好学生的领路人和示范员。青年学生要正确认识其肩负的时代责任和历史使命，努力成为又红又专、德才兼备、全面发展的优秀人才，做“人民共和国建设者”。

（三）坚定教育自信，建设中国特色的一流大学

中国近现代的大学多数以模仿、参照西方大学的办学模式为主。华北大学的

---

① 中国人民大学校史研究丛书编委会．造就革命的先锋队：中国人民大学史：第1卷［M］．北京：中国人民大学出版社，2007：192.

成立事实上打破了高等教育领域的“洋八股”，在党的领导下，走出了一条以马列主义、毛泽东思想为指导，适应革命和建设需要，独具中国特色的发展之路。

当今时代是知识更新、信息刷新、人才创新的关键时期，我们要增强教育自信、实现教育自强，就要坚持不忘初心，梳理总结中国共产党领导、创办和发展高等教育的重要思想，借鉴华北大学等党创办的综合性大学的优良办学经验，在旗帜、道路和方向问题上坚定自信、保持定力，努力提高办学水平、全力办好“中国特色、世界一流”大学。

（作者分别是中国人民大学党委宣传部副部长、中国人民大学党委宣传部成员；原刊载于《北京教育（高教）》2017年第9期）

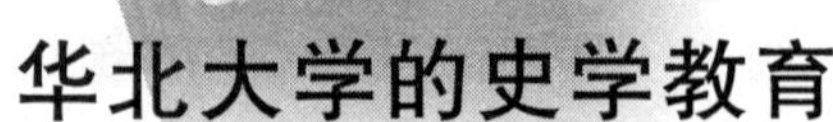

华北大学的史学教育

——从一份新发现的“史地系小组漫谈”记录说起

姜　萌

一、引言

自20世纪40年代周予同、顾颉刚、齐思和、邓嗣禹等学人将“中国近现代史学”作为研究对象以来，这一领域的研究已取得长足进步。特别是最近二十余年，在“学术史热”、“国学热”和“民国热”潮流的带动下，研究成果数量惊人。尽管笔者已罗列近二十万字的篇目汇编，仍担心有重大遗漏，粗略检视已有研究成果，笔者初步得出下面这样的认识。

从研究主题来说，史学发展历程、著名史家或史学机构、重要史学成果或史学现象等，在过去数十年是研究重点，成果之多不胜枚举；史学观念、历史书写等问题，近些年来已成为新的关注点，各种成果正在涌现。就薄弱环节而言，史学教育应该是较突出的一个。史学教育研究的薄弱，主要体现在研究成果数量少，仅数十篇而已，且尚无引起普遍关注的论著。在这一研究主题中，针对历史教科书的研究成果多一些，但很多研究是从编纂思想、体例、书写等角度展开的，而非史学教育角度。制约史学教育研究开展的因素，最有可能是资料局限问题。史家、史著、史学现象等都有可依赖的文本资料，而史学教育往往难以留下较多文字记录，教学过程因声音的消失而无痕，未出版的讲义亦多湮没，接受教育者对教学效果也鲜有记录。没有可依凭的史料，即使意识到问题所在，也难以展开研究。

从研究时段来说，中国现代文史之学的第一阶段——从甲午惨败至20世纪40年代，研究成果最多、研究水平最高，近年正从表面的现象研究向更深层次的问题研究递进；第二阶段——从20世纪40年代迄改革开放，已有一些成果，但是显然还非常不足，无论是表面的现象梳理还是深层次问题的探索，都与这几十年的风云激变不相称；至于第三阶段——改革开放以来，由于尚未拉开时间距离，现有成果只能说是观察或评论，还谈不上是深入的史学史研究。就整体感觉而言，中国现代文史之学的第二阶段，或将是中国学术史研究的新热点①。这一判断基于三个方面的考虑，一是这一时期政治社会文化情形异常复杂，史学的分化融合路径梳理得还不清楚；二是此前一些研究多受意识形态影响制约，很多问题还需要在较为纯粹的学术层面进行清理；三是这一阶段距今已有较长的时间间隔，研究者已初步具备理性分析的客观条件。

笔者在梳理中国近现代史学史发展情况时，并未想到会获得一个幸运机会，找到能将上述两个薄弱领域汇合为一的题目——1949年前后的史学教育问题。2015年夏天，中国人民大学历史系资料室搬迁，刘文远老师从尚钺先生赠书中发现了一份珍贵的史料。这是一页残存的手写体纸张，经过辨认，应当是华北大学史地系教学情况座谈记录。这份新发现的材料引起了笔者对解放战争时期党办大学史学教育问题的兴趣。一年多来，虽然因种种原因尚未能阅读到华北大学的档案，但也陆续获得了一些有价值的史料。本文尝试根据这些史料，从机构变迁、教学组织等角度来透视“华北大学的史学教育”这一问题，以增强我们对解放战争时期党办大学及马克思主义史学发展的了解。需要补充说明的是，尽管对“党办大学”、“华北大学”②、解放战争时期的马克思主义史学③以及“党办大学

① 姜萌．“把汉学中心夺回中国”：20世纪20年代中国现代文史之学的形成历程［J］．史学月刊，2017（1）：122.

② 中国人民大学校史研究丛书编委会．中国人民大学纪事：1937—2007［M］．北京：中国人民大学出版社，2007：23；王晋，汪洋．华实录：华北大学回忆文集［M］．北京：中国人民大学出版社，2003：35.

③ 朱仲玉．一九一九至一九四九年间中国的马克思主义史学［J］．史学史研究，1982（2）：12－20；刘茂林，叶桂生．四十年代后期的中国史学倾向［J］．史林，1987（3）；蒋大椿．八十年来的中国马克思主义史学（一）［J］．历史教学，2000（6）；张剑平．华北革命根据地的马克思主义史家与史学［A］//姜锡东．华北区域历史变迁国际学术研讨会论文集［C］．保定：河北大学出版社，2012：102－120.

的史学教育”① 都已有一些研究，但还比较薄弱。本文希冀在材料、视角和内容等方面深化这一领域的研究。此外，2017年是中国人民大学建校80周年，本文更具一些特殊意义。

二、一份新发现的华北大学“史地系小组漫谈”记录

2015年8月至9月，中国人民大学历史系资料室搬迁。刘文远老师在整理尚钺先生赠书时，在一册书中发现一张略有残破的泛黄竹纸，上面写满字迹。经过识读，几位同事认为是华北大学史地系同学关于课程的座谈会记录，由负责此次座谈会的老师记录、整理，然后送给时任系主任尚钺。尚钺夹在书中，遂幸运地保存下来。内容如下：

史地系小组漫谈对课目的意见（共两组）

A. 共同必修科

1. 国文：

柳捷：国文不太需要，学半年国文不能有甚大进步。

子一：国文学习若只是选文、作文，而不是学修辞学，可不必定为必修科。

温晋：为了将来自己编讲义，国文是必要的。

郭浴生、王烈东：为了练习总结，国文是必须的。

王烈东：最好一个钟头哲学，一个钟头社会科学。

史地系必修科：

第一组全组通过请求后面增加两点钟的唯物史观。

第二组同学都同意适当地添一门唯物史观或历史研究法或历史哲学这样的课程。

2. 郭浴生：史料选读、教材研究，不论中外，最好都偏重于近代史。

3. 郭浴生：美国侵华史最好搞明确些。

4. 温晋：美国侵华史学完，再学世界史恐怕学不完，是否每周可以增

① 杨东郝，平蕾．陕北公学的史学教育与社会实践［J］．中国延安干部学院学报，2016（2）：21.

加一个钟头（三钟头）。

樊宁、柳捷：世界史不必增加钟头，因为行政已有很好的计划。

5. 地理：

温晋：地理是次要的，用以辅助历史，学习地理时，中外地理应同时并进。

王烈东、丁蔚：史地应并列并重，地理时间太少。

樊宁：地理时间足够，可以不必增加。

杨振奎：过去大家对地理重视不够，希望学校尽量充实教员及教材。

以上是两个学员小组“对科目的意见”的正文。另外，在纸张右上角，有两竖排蓝色字迹：“交尚主任”；蓝色字迹左边又有黑色竖排字迹：“辰班已解答”；中间右侧有黑色竖排字迹：“前几天我去的”。除此之外，纸张再无他字。从这些话语可知，记录者和“尚主任”非常熟识，“座谈”也是比较常规的事务。

这份《史地系小组漫谈对课目的意见（共两组）》（下文简称“漫谈”），字数虽然不多，却相当珍贵。无论是对革命史研究，还是对马克思主义史学教育研究，都是一份比较稀见的史料，值得我们深入细致地层层分析：“漫谈”是何时产生的？为什么会有这个“漫谈”的产生？如何在华北大学乃至解放战争大的历史场景中解读这份“漫谈”？为了能深入解读这份材料，必须先确定它的产生时间。

要确定这份文献的产生时间，须逐一分析其中的一些核心信息。第一是“史地系”。早在抗战时期，基于革命需要，华北联合大学就创立了史地系。《孙敬之传》称孙敬之是北平师范大学地理系毕业生，与尚钺“共同创办了联大的史地系”：

> 偌大的一个史地系最初创立时只有孙敬之、尚钺两个人，一个包教地理，一个包教历史。用尚钺的话说就是：“两个人把史地系办得热火朝天，那种艰苦环境中的热情是难以想象的。”①

这一说法显然有误。根据尚钺自述可知，抗战时期，他主要在云南大学任教，并不在太行山抗日根据地。抗战胜利后从云南赴上海，后短暂任教于山东解

① 王从军．孙敬之传［M］．北京：新华出版社，1993：42.

放区的山东大学，并于1948年赴北方大学，后并入华北大学[①]。谢韬回忆，尚钺与他在1948年“同时调到正定华北大学二部”，两人关系密切，“比邻而居，朝夕相见，时有过从”[②]。尚钺到华北大学后，担任了史地系系主任。本文件中的“尚主任”，当是指尚钺。因此，此处的“史地系”，应是华北大学的史地系。这也同时说明了，这一文件产生于尚钺到达华北大学之后。

另外，可帮助证明此处“史地系”不是华北联合大学史地系的，是“漫谈”中提到的“美国侵华史”课程。华北联大史地系创办于抗战时期，当时美国正是抗战盟友，党办大学不可能公然教授这一课程。解放战争爆发以后，政治形势激变，中共对美国不满，公开揭露“美国侵华”，已是政治斗争需要。胡华编撰的《日本投降以来美帝国主义侵华史略》于1947年6月由冀中新华书店出版。此书甚薄，只有23页，内容也主要是“日本投降以来”，或许不是“漫谈”中“美国侵华史”课程的教材。“漫谈”所指，更可能是刘大年的《美国侵华史》。刘大年1947年春在北方大学开始研究美国侵华史，1948年8月华北大学成立后，《美国侵华简史》初稿被送到华北局审查[③]，1949年8月由华北大学以《美国侵华史》为题出版。

华北大学的存在时间是1948年8月至1950年2月。这个漫谈记录产生的时间能否更为具体一些？为了进一步确认时间，我们需要分析漫谈记录上第三个重要因素——学员。漫谈记录中的郭浴生，出现了三次，显示出他是一位发言比较积极的同学。有材料显示，他在1949年4月时，可能在张家口中学担任地理教员。察哈尔教育厅相关人员到张家口中学视察听课，在总结中特别指出：

> 在教员中，不管是老区的也好，新区的也好，新出学校参加工作的也好，有不少是努力的热心的，有较好的教学方法的，如化学教员赵士侠、国文教员贾宝昆、地理教员郭浴生，都是较好的教育工作者[④]。

华北大学史地系的重要职能就是培养中学历史、地理教员，且是六个月速成

---

① 尚钺．经历自述［M］//中国人民大学历史学院．尚钺先生．北京：中国人民大学出版社，2011：20－22.

② 谢韬．纪念尚钺同志诞辰九十周年［J］．群言，1997（7）：32.

③ 周秋光．刘大年传［M］．长沙：岳麓书社，2009：92－96.

④ 刘文哲，赵鸣九，张奇．张家口中学各科教学视察总结［J］．察哈尔教育，1949，1（2）：15.

培训，第一批学员毕业于1949年2月①。因此史地系的郭浴生，与张家口中学的郭浴生似有两条信息是符合的——“新出学校参加工作”与“地理教员”。另外，还能找到丁蔚的一些信息。她是青岛女中第一届学生自治会的常务理事，1948年1月离开青岛女中，“转道北平经中共北平城工部介绍，奔向久已向往的晋察冀解放区”②。她先入华北联合大学政治学院11班，后改编为华北大学一部一班③。一部大部分学员分配工作，小部分学员会“转入本校其他各部继续学习或从事研究工作”④。丁蔚可能就转入了史地系学习，后来进入北京外国语学院工作。

基于以上分析论证，我们大约可判断这一“漫谈”很可能是华北大学史地系第一期学员的产物，且是第一期中后期的产物。之所以这样说，是因为“漫谈”表现了学员们对专业课的各种意见，显示出他们已经开始较深入地学习专业课了。笔者最近还找到了另一份比较珍贵的文献——《华北大学第二部教育工作实施方案》（以下简称“方案”），1949年3月由华北大学教务处印制。其中一条内容是对第二部（史地系为第二部下设的一个系）整个学习安排的规定，内容如下：

> 前二三个月主要进行政治思想教育，以初步树立革命人生观，并对人民政府各项政策求得基本认识；后三四个月主要进行业务教育，以获得有关业务之立场、观点、方法与基本的业务知识⑤。

这条材料显示，华北大学业务学习的内容是安排在两三个月之后，而从学员们的“漫谈”中可清晰地感受到，他们对专业课已经有了比较深刻的认知。因此，断定这份“漫谈”产生于华北大学史地系第一期后期，也即1949年初这段时间。

---

① 中国人民大学校史研究丛书编委会．中国人民大学纪事：1937—2007［M］．北京：中国人民大学出版社，2007：123.

② 丁蔚．忆青岛女中第一届学生自治会［M］//中共青岛市委党史资料征委会办公室．青岛党史资料．青岛：青岛出版社，1989：604－606.

③ 王晋，汪洋．华实录：华北大学回忆文集［M］．北京：中国人民大学出版社，2003：144.

④ 成仿吾．战火中的大学：从陕北公学到人民大学的回顾［M］．北京：人民出版社，2014：241.

⑤ 华北大学教务处．华北大学第二部教育工作实施方案［A］．华北大学教务处印制，1949：1－2.

这份文献的产生时间基本确定之后，我们可以去追问第二个问题——为什么会有这个漫谈记录的产生？解答这一问题，需要我们对华北大学史学教育的源流进行必要的追溯。

三、华北大学史学教育溯源

华北大学的史学学科，主要有两个来源：一是华北联合大学的史地系，一是北方大学的史学部分。兹先论华北联大的史地系，次论北方大学的史学部分。

1939年7月7日，在延安的陕北公学、鲁迅艺术学院、延安工人学校、安吴堡战时青年训练班合并成立华北联大，并于7月12日由延安出发，奔赴晋察冀敌后根据地[①]。到达晋察冀根据地不久，就遭遇了日本"扫荡"，学校条件非常艰苦，只能随时准备转移，分散住宿，边战斗边学习，下设单位也经常变动。史地系最早可追溯到建校之初的"社会科学部"（共四个部，其余三部为文艺、工人、青年）中的历史学部分，1942年7月，史地系在法政学院成立[②]。在日寇的疯狂"扫荡"中，法政学院和文艺学院1942年11月后都暂时结束，只有教育学院保留下来[③]，华北联大的史地系一度因抗战形势紧张而中辍。抗日战争胜利后，华北联大迁到张家口，"恢复大学建制，延长学习期限，成为新型的正规大学"，分设法政学院、教育学院、文艺学院和一个文艺工作团，主要目标是"培养青年参加新中国的政治、经济及文化建设工作"[④]。1945年12月，史地系在教育学院恢复设置[⑤]。教育学院的任务是"培养为人民服务的教育行政干部和中等教育师资"，除了全校统一的思想教育课程外，教育学院还设置了共同业务课"教育概论"和"文教政策"。史地系另有专业课"中国通史""近代世界史""中

---

① 中国人民大学校史研究丛书编委会．中国人民大学纪事：1937—2007［M］．北京：中国人民大学出版社，2007：20－21.

② 中国人民大学校史研究丛书编委会．造就革命的先锋队：中国人民大学校史：第1卷［M］．北京：中国人民大学出版社，2007：261.

③ 人民的大学：华北联大介绍［M］．哈尔滨：东北书店，1948：4.

④ 教育阵地社．抗战时期边区教育建设：上册［M］．张家口：新华书店晋察冀分店，1946：26－27.

⑤ 同①51.

国地理”“历史研究法及教学法”“地理研究法及教学法”等。1946 年 7 月以后，由于形势变化，华北联大决定“精简学系，缩短学习期限”，史地系的课程“大大精简了”①。至于什么课程被精简，什么课程被保留，尚未找到可靠的资料。

时至今日，华北联大史地系任课教师的情况以及课程讲授情况已较为模糊。不过从相关回忆录等文献中，可以勾勒出“中国近代革命史”的授课情况。彭明曾回忆说：

> 这既是教育学院的共同课，也是我们史地系的专业课。这门主课的主讲教师是胡华同志，有一段时间胡华同志生病，所以由浩川同志代课②。

据《胡华自传》可知，胡华于 1940 年 4 月就开始在华北联大社会科学部和工人部担任“中国近代革命史”教员，授课依据的资料主要是成仿吾编写的《中国苏维埃运动史提纲》(曾在延安中央党校和陕北公学讲授)，以及何干之借给他的二三十本中国近代史和有关中国革命问题的书籍。但是他在 1945 年 12 月到张家口市总工会工作，暂时离开了华北联大，直到 1946 年 10 月华北联大撤出张家口，才返回设在束鹿县（现为河北省辛集市）的联大，担任教育学院党总支副书记和史地系副主任，并重新教授“中国近代革命史”③。

在胡华离开华北联大的这段时间，担任“中国近代革命史”教员的应该是智建中。智建中 1937 年 7 月毕业于北平师范大学历史系，曾在 1941 年 2 月兼任泽东青年干部学校历史教员，讲授“中国史”，后担任延安大学教务科科长，负责日常的教学行政工作。1945 年 10 月随八路军东进纵队离开延安，同年 12 月到达张家口的华北联大。在联大期间，讲授“中国近代革命运动史”，兼任教学组长。1946 年 6 月继续随纵队东进④。智建中赴东北之后，联大的“中国近代革命史”课程或曾中断过。1945 年 12 月进入华北联大史地系就读的彭明不仅提到了智建

① 人民的大学：华北联大介绍［M］. 哈尔滨：东北书店，1948：16.

② 彭明. 忆浩川师［M］//留取丹心：丁浩川纪念集. 出版信息不详（内部资料），1992：53.

③ 胡华. 胡华自传［M］//晋阳学刊编辑部. 中国当代社会科学家传略：第 1 辑. 太原：山西人民出版社，1982：285-286.

④ 智长春. 智建中［M］//中共长春市委党史研究室. 中共长春党史人物传：第 4 卷. 长春：长春出版社，1994：106-115.

中“任‘中国近代史’课”①，还提到了联大转移到束鹿县之后，史学课程比较缺乏：“作为史地系学生的我们，总在想着，能够有一位讲中国近代历史的老师来给我们讲课就更好了。忽然有一天，村里出现了一位新人……这就是学校给我们派来的胡华老师，时任史地系的副主任”。

彭明还回忆道，胡华讲授的正是“中国近代革命运动史”课程，“热情洋溢，语言生动，史料感人，头一堂课就给大家带来很好的印象”，而当时条件虽然非常简陋，学生们“席地而坐，膝盖就是书桌”，但学习热情很高，“不停地在记笔记”②。

由此可知，虽然解放战争时期华北联大主客观条件都非常有限，但仍力图安排好教学。从史地系的课程设置看，分为共同必修科和史地系必修科两大类，共同必修科课程有“中国近代革命史”“社会发展史”“国文”等，史地系必修科有“中国通史”“近代世界史”“中国地理”“历史研究法及教学法”等③。从教学重点看，重视“中国近现代史”，及史地系学生要学习国文、地理，是比较清晰的。而这些信息，在“漫谈”中都有体现。因此，我们可以理解为，华北大学史地系课程是在华北联大史地系课程的基础上发展而来。

1946年1月，晋冀鲁豫边区政府在邢台成立了北方大学，由历史学家范文澜担任校长。学校陆续设立文教、财经、工、农、医等七个学院和经济、历史两个研究室。与史学有关的机构是文教学院和历史研究室，范文澜、刘大年等人是其中的骨干。北方大学文教学院的情况已经有些模糊，最值得关注的是历史研究室，当时学生的回忆也重点突出了历史研究室：历史研究室建于1946年初，历史教员3人，根据教学需要，成立历史小组。1946年7月，历史教员增为5人，在范校长指导下成立历史研究小组，主要任务是编辑教材。1947年初，中共中央宣传部打来电报，要范校长聚集人才，把历史研究工作继续搞好。1947年暑假，以原历史研究小组为基础成立了历史研究室，范校长兼任主任。开始有研究员8人、研究生1人，后增为研究员11人、研究生2人。他们是尹达、刘大年、王可风、王南、

① 彭明．忆浩川师［M］//留取丹心：丁浩川纪念集．出版信息不详（内部资料），1992：52.

② 彭明．科学研究的艰苦岁月：忆胡华《中国新民主主义革命史》的编写［M］//彭明：彭明文存．北京：北京广播学院出版社，2004：25.

③ 中国人民大学校史研究丛书编委会．造就革命的先锋队：中国人民大学校史：第1卷［M］．北京：中国人民大学出版社，2007：129－132.

尚钺、丁易、刘桂五、荣孟源、纪志翘、牟安世、杜千秋、靳鲁雨等。该室主要任务是在范校长的领导下，修订《中国近代史》和《中国通史简编》。研究室的成员在从事研究工作的同时，还给文教学院、财经学院、工学院、医学院授课①。

北方大学历史研究室的力量之强，从以上名单中就可窥见。范文澜是马克思主义史学“五老”之一，尹达、刘大年是1949年之后中国史学界长期的实际领导者，尚钺和荣孟源是1949年后曾被大规模批判的史学家。“方案”附有一张课程安排表，其中显示史地系课程主讲人为尚钺（“中国近代史”）、尹达（“中国通史”）、刘桂五（“近代世界史”）、王南（“史学方法研究”）、孙敬之（“自然地理”“中外地理”）。前四位，都是来自北方大学。

北方大学开设的史学课程及其授课效果，只能从一些回忆材料中再现一二。文教学院的史学课程有“社会发展史”、“中国近代史”、党史等②。范文澜处理行政事务之余，会亲自给学生讲授“社会发展史”、“中国通史”及“联共（布）党史”③。除了固定的课程，还有讲演会。刘大年指出，范文澜曾经在1946年夏天暑期讲演会上讲过《研究中国三千年历史的钥匙》④。也有当时的学生回忆党史的学习情况：

> 在北大（按：北方大学）系统学习了中国共产党史和中国共产党与中国革命等一系列的有关党的斗争史。对许多问题有了进一步的认识和理解。记得历史研究室的孙超同志讲共产党的成立，五次反“围剿”和省港大罢工等课，给我的印象都很深⑤。

讲课效果，可能因人而异，也有材料反映有学生对某著名教授的讲课效果提出批评意见：

> 有一次，一位著名的历史教授拿着学生提意见的纸条当众宣读，其中一条意见写道：“老师讲课不生动，我原来对历史很有兴趣，听你这么一讲，

---

① 韩幸茹．回忆北方大学［G］．长治：北方大学校友会/长治市地方志办公室，1991：23-24.

② 同①64.

③ 一丁．范文澜与北方大学［J］．文史月刊，2004（2）：51-52.

④ 刘大年．北方大学记［J］．近代史研究，1991（3）：184-185.

⑤ 同①83.

我学历史的趣味都没有了”。念了之后，引起哄堂大笑①。

在这篇文章中，引起笔者特别注意的事情，除了讲课效果外，还有一个是指出当时北方大学的主政者和教师主动积极地听取学生的意见：

> 学习中，提倡民主作风，互相学习，互相帮助，既耐心帮助别人，也善于听取别人的正确意见。特别是教师，能够经常虚心听取学生的意见。有的意见虽然提得很尖锐，甚至很刻薄，但教师也能虚怀若谷，从善如流②。

也就是说，在北方大学，教师或相关人员虚心听取学员意见，是经常性的，而且也能认真对待学员的意见，正如前述著名教授对学生批评其讲课效果不好而诚挚道歉一样。联系到“漫谈”，隐约可以感觉到，这种相关管理人员或教师通过“漫谈”等方式，认真听取学生对学习、生活等方面的意见，是党办大学的一种惯例。明乎此，就能更好地理解为何会有这份“漫谈”的产生。

综合以上分析，大致可以作出以下判断：华北大学的史学教育是在整合了华北联大和北方大学两个机构相关资源的基础上发展而来的。大体上说来，课程设置可能主要继承了华北联合大学，而师资则以北方大学为中坚。

四、华北大学的史学课程及授课情况

作为“华北解放区之最高学府”“革命力量的一大源泉”③，华北大学共设四个部：第一部为短期（六个月）政治训练班性质，任务是对新入学学员进行思想政治改造，初步奠定革命的人生观，了解中共的纲领和政策，体会革命工作者应有的工作作风，主任为钱俊瑞；第二部的任务是培养解放区中等学校师资及其他教育干部，分设教育、外语、史地等系，主任为何干之；第三部为文艺学院，主任为沙可夫；第四部为研究部，任务是储备各科研究人才，设中国历史、哲学、中国语文等8个研究室，主任为范文澜④。从机构设置的情况来看，华北大学已

---

① 韩幸茹．回忆北方大学［G］．长治：北方大学校友会/长治市地方志办公室，1991：27－28.

② 同①27.

③ 以空．华北大学的学习和生活（待续）［J］．群众（香港），1948，2（50）：31.

④ 成仿吾．战火中的大学：从陕北公学到人民大学的回顾［M］．北京：人民出版社，2014：241－244.

经是一个任务多、机构较复杂的高等教育机构。因此要梳理华北大学的史学课程，应该从两个角度考察，一个是史地系的专业课程，一个是其他院系的史学课程。

史地系的课程如何设置，除了“漫谈”透露的信息以外，“方案”对第二部的任务、课程设置、授课计划等，皆有详细记载。“方案”指出：

> 第二部是华北大学的教育学院，为适应当前恢复、改造与发展解放区中等教育及一般教育工作的需要，暂时采取短期训练办法，培养、提高与改造中等学校师资及一般教育工作干部，使具有为人民教育事业服务的正确观点、必要的业务知识及切合实际的教学技能[①]。

由于这一独特定位，第二部根据需要，共设置了五个系和一个训练班。这六个分支机构的任务各不相同：教育系是“培养师范教育师资及一般教育行政干部”；社会科学系是“培养中等学校的政治教员”；国文系是“培养中等学校的国文教员”；史地系是“培养中等学校的史地教员”；外语系是“培养中等学校的外语师资及中级翻译人才”；教员训练班是“为中等学校其他各科教员进行政治教育”。

第二部的课程分为公共必修课和业务课两类。公共必修课有“社会科学概论”“哲学”“教育概论”三门，分别由何干之、谢韬、丁浩川担任讲授人。史地系的业务课为“中国近代史”“中国通史”“近代世界史”“史学方法研究”“中外地理”“自然地理”。各业务课讲授重点如下：“中国近代史”重点讲授“鸦片战争、太平天国、英法联军、甲午战争、戊戌政变与义和团运动、辛亥革命、抗日战争”；“中国通史”重点讲授“原始社会、奴隶社会、封建社会（以封建社会为主）”；“近代世界史”重点讲授“法国大革命、德国农民战争、俄国十月革命”；“自然地理”重点讲授“绪论（评资产阶级地理学说）、大气环流、宇宙光、星的例算、星的形成、界限、四季与一天”。“史学方法研究”“中外地理”未列为讲授重点[②]。以上作为华北大学教务处印制的文件，本应是最可信的，但是将“方案”和“漫谈”对照，不免让人疑惑不已。因为上述这些课程，无论是二部的公共课，还是史地系的专业课，其中多条信息都和“漫谈”对应不上。

---

① 华北大学教务处．华北大学第二部教育工作实施方案［A］．华北大学教务处印制，1949：1.

② 成仿吾．战火中的大学：从陕北公学到人民大学的回顾［M］. 北京：人民出版社，2014：1-4.

在公共必修课方面，漫谈中有“国文”课，“方案”中没有。在专业课方面，值得分析的差异之处更多：第一，“漫谈”中“美国侵华史”是重点讨论课程，而“方案”中没有此课；第二，“漫谈”中有“第二组同学都同意适当地添一门唯物史观或历史研究法或历史哲学这样的课程”，“方案”中列有“史学方法研究”课；第三，“漫谈”中有“史料选读”“教材研究”课，而“方案”中没有；第四，“漫谈”显示中国地理和外国地理进度不太协调，“方案”中显示有“中外地理”。

需要说明的是，《华北大学成立典礼特刊》中刊登的《华北大学介绍》与“漫谈”的课程信息比较一致：

> 共同必修课程有三门，即国文、社会科学概论及教育概论……史地系有中国通史、史料选读、世界革命运动史、美国侵华史及中外史地等①。

如何理解“漫谈”、《华北大学介绍》与“方案”关于课程设置的歧义抵牾？一种可能的推测是，“漫谈”显示的是一个过渡的史学教育体系，“方案”则是在吸收了“漫谈”等反馈意见后，形成的一个较为正式的教育方案，显示了华北大学的教育体系正在走向成熟。由于缺少授课情况的详细资料，很难做进一步判断。但是有一个旁证可证明这一推测或许比较接近历史真实。华东大学1949年中期的记录显示，华东大学教务管理人员曾到华北大学考察学习，并得出这样的认识：

> 教学实行集体讨论分别讲授办法，同时注重学生意见之反映，做到从群众中来到群众中去，值得吾人重视参考②。

此条材料不仅可以用来说明“方案”是在吸取了学生意见的基础上修订而成的，也说明了为何山东大学图书馆会收藏这份“方案”。

可以肯定的是，不管是“漫谈”还是“方案”，皆反映出华北大学史地系的教育比较符合“战时教育”的特点。“战时教育”的观念缘起于抗战爆发，是为

---

① 华北大学成立典礼筹备委员会．华北大学成立典礼特刊［A］．正定：华北大学，1948：28.

② 华北大学教务处．教师联谊会第二组四五六七月学习总结［A］．山东大学档案馆藏．华东大学档案．1949-1-7：3.

了适应战争需要对常态教育的必要调整，以适应斗争需要。抗战结束以后，内战很快开始，“战时教育”在解放区延续。陕甘宁边区政府在 1946 年 12 月 10 日就颁布了《陕甘宁边区战时教育方案》，要求：

> 各级学校及一切社教组织亦应立即动员起来，发挥教育上的有生力量，直接或间接地为自卫战争服务。一切教育工作者都应成为保卫边区的宣传员与组织者。目前教育工作的中心任务是配合军事、政治、经济、群运等工作，争取人民自卫战争的胜利[①]。

虽然华北大学成立后的形势与 1946 年已有所不同，但是教育要为战争服务，并力求帮助中共取得斗争胜利，仍然是第一任务。正如吴玉章校长在开学典礼上讲话时开宗明义指出的那样，“华北大学是一个革命的大学”，它要“为完成中国新民主主义革命而奋斗”[②]。

以上借助相关原始文献，对华北大学史地系的课程设置及授课情况进行了梳理，并对不同文献的歧义抵牾之处进行了解析。但这只是华北大学史学教育的一个面向，我们还需对其他院系的史学类课程有所梳理。

由于未能见到比较完整的华北大学全校课程表，对这一问题的梳理，主要借助于其他一些文献。《华北大学介绍》对华北大学各机构的课程设置有相对完整的记录，其中指出：一部的史学类课程有“中国新民主主义革命运动史”，二部教育系有“中国近代教育史”，社会科学系有“中国社会发展史”[③]。此外，据学员回忆，三部有“社会发展史”“中国革命史”等课程[④]；农学院学生入学后，也要进行三个月的思想政治教育，“学习《中国革命和中国共产党》《中国共产党党史》”[⑤]。1948 年底的一份介绍华北大学生活的资料指出，第一部的政治班是“华大之重心”，学习期限是六个月，“学习的课程有社会发展史、中国近代史、

---

① 红色档案延安时期文献档案汇编编委会．陕甘宁边区战时教育方案［M］//红色档案延安时期文献档案汇编：陕甘宁边区政府文件汇编：第 12 卷．西安：陕西人民出版社，2013：30.

② 华北大学成立典礼筹备委员会编．华北大学成立典礼特刊［A］. 正定：华北大学，1948：7.

③ 同②28.

④ 王晋，汪洋．华实录：华北大学回忆文集［M］. 北京：中国人民大学出版社，2003：63.

⑤ 同④86.

解放区建设、中共介绍及新民主主义等"[①]。在"方案"中，特别指出以上课程为"政治思想课"，且标注"一部转来学生免修"[②]。根据这些材料，我们似乎可以将这些课程理解为华北大学学生的必修课。此外，还有一些演讲也是史学的内容。

仅从课程设置上看，华北大学各科系史学课程已不少，如考虑到学员们大多只有六个月的学习时间，史学在教育体系中的重要性当是进一步增加了。华北大学重视史学教学，除了传统和形势的需要外，可能和吴玉章校长个人也有一些关系。1952年9月进入中国人民大学研究生班学习的韩大成回忆说："我们历史课也是共同课，因为吴老是搞过历史的，他认为中国人都得懂中国的历史。"[③]

另外，需要特别指出的是，这些课程中的"中共介绍"，基本上也可以理解为中共党史课。华北联大和北方大学合并为华北大学之际，党中央就决定在华北大学开设"中共党史"课，胡华担任了中共党史教学组组长，并负责编写教材。这部教材就是1950年3月出版的《中国新民主主义革命史》[④]。据彭明的回忆，"中共党史"，实际上就是"中国新民主主义革命史"，但是范围有所扩展：

> 为了贯彻毛泽东的"古今中外"法，也有必要把"五四"以前的"旧民主主义革命史"加叙一段，以说明党史的来龙去脉。于是，胡华当时把我调去起草自鸦片战争以来的旧民主主义革命史，主要依据是范老的《中国近代史》[⑤]。

也就是说，早在华北大学成立之初的1948年8月，"中共党史"就已经独立于"中国近现代史"课，成为华北大学学生的重要课程。关于这一点，还可以从吴玉章在华北大学开学典礼上的讲话得到印证。吴玉章指出，要学好"毛泽东思想"，必须借助革命的史学教育。因为，"毛泽东思想"的基础之一就是中国

---

① 以空．华北大学的学习和生活（待续）[J]. 群众（香港），1948，2（50）：31.

② 华北大学教务处．华北大学第二部教育工作实施方案［A]. 华北大学教务处印制，1949：3.

③ 中国人民大学校史研究丛书编委会．求是园名家自述：第1辑［A］．北京：中国人民大学出版社，2010：405.

④ 胡华．胡华自传［M]//晋阳学刊编辑部．中国当代社会科学家传略：第1辑［M]. 太原：山西人民出版社，1982：286－287.

⑤ 彭明．科学研究的艰苦岁月：忆胡华《中国新民主主义革命史》的编写［M]//彭明．彭明文存［M]. 北京：北京广播学院出版社，2004：26.

历史：

> 它是从中国民族与中国人民长期革命斗争中，在中国伟大的四次革命战争——北伐战争、土地革命战争、抗日战争和现在的人民解放战争中，生长和发展起来的……它是站在全体人民利益的立场上，用马克思列宁主义的科学方法，概括中国历史、社会及全部革命斗争经验而创造出来，用以解放中华民族与中国人民的理论与政策[①]。

梳理至此，我们对华北大学史学教育的课程设置、教学效果及其原因已有了一定的了解，在史学教育的诸多方面，还有一个方面需要有所交代——教学方式。

华北大学的教学方式和常规大学不太一样，尤其是第一部，除了教师讲大课外，主要方式是漫谈、座谈和辩论：学习以小组讨论为主，先是漫谈，发现问题；然后是座谈，“把漫谈所归结的问题，继续讨论，最后总结为一两个原则性问题”；最后是辩论，“将原则性问题经过彻底的辩论，得出一个圆满的解答”[②]。这种学习方式，在“漫谈”中也有体现，这一意见就是两个小组漫谈的产物。辩论可能还不仅仅存在于学员之间，教师之间也会对一些问题进行公开讨论。比如当时李何林准备给学生讲授“近三十年中国新文学运动大纲”，范文澜、钱俊瑞、何干之等对其“关于中国新文学的性质和五四时代新文学的领导思想”等问题提出了不同看法，往返讨论多次，学校还将讨论信件油印，供广大师生讨论使用[③]。

最后需要指出的是，华北大学的史学教育还继承了自陕北公学时期就形成的良好传统——理论联系实际[④]。除了讲授、辩论等学习形式外，华北大学还采取了课外实践教学的方式。有学员回忆说：为了配合党史、中国近代史学习和革命斗争的需要，学校还组织我们参观。给我印象最深的是参观冀中正定县三邱村地

---

① 华北大学成立典礼筹备委员会．华北大学成立典礼特刊［A］．正定：华北大学，1948：7.

② 以空．华北大学的学习和生活（续完）［J］．群众（香港），1949，3（2）：20.

③ 余飘．记华北大学一次关于五四新文化运动的性质与领导思想的讨论［J］．新文学史料，1991（2）：181.

④ 中国人民大学校史研究丛书编委会．中国人民大学纪事：1937—2007［M］．北京：中国人民大学出版社，2007：39－40.

道战遗址[①]。这种课外教学的方式，在华北联大的教学中也有体现。联大史地系的同学，就曾经参加过三次土地改革工作[②]。

五、余论

本文借助《史地系小组漫谈对课目的意见（共两组）》这份新发现的材料，粗略梳理解析了华北大学史学教育的一些情况。笔者以为，只有将这份文献放置到中国近现代史学史，特别是马克思主义史学发展史，以及革命史的大脉络中，才能将这一文献透露的信息解读清楚，并更好地认识到这一文献的价值：华北大学的史学教育，既是“战时教育”的具体体现，也是“战时史学”的具体体现。正是由于华北大学的实践，1949年之后中国大学的史学教育才能在短时间内，从民国时期培养专精的史学研究者模式向“为革命服务”的新模式转变。

这一论断主要基于两点认识。第一，华北大学的史学教育是“革命史观”在教学中的全面实践，为1949年之后的教学积累了必要的经验。这种教育的性质是“战时教育”，其内容则是“战时史学”。关于“战时史学”，王学典教授曾经指出：

> 所谓“战时史学”是在战争中产生的、以“战时历史观念”为灵魂的、从属于救亡与战争的史学规范，它由“战时历史框架”、“战时学术导向”、“战时文化心理”和“战时历史观念”等几重内容构成[③]。

“战时历史框架”和“战时学术导向”在华北大学史学教育中的最显著体现，就是“革命史观”在教学中全面实践，“中国近代史”“近代世界史”“美国侵华史”“中国新民主主义革命运动史”等课程，都是以“革命”为重点，这一点在“漫谈”、《华北大学的学习和生活》、吴玉章《在华北大学成立大会上的讲话》及“方案”等文献中皆有体现。而“战时文化心理”和“战时历史观念”等，在上述文献及《陕甘宁边区战时教育方案》等文件中亦有体现。比如“方案”特别指

---

① 王晋，汪洋．华实录：华北大学回忆文集［M］．北京：中国人民大学出版社，2003：153.

② 东北书店．人民的大学：华北联大介绍［M］．哈尔滨：东北书店，1948：16－17.

③ 王学典．五朵金花：意识形态语境中的学术论战［J］．文史知识，2002（1）：4－5.

出："教学是政治任务，是革命宣传，所以应有慎重负责的态度。"① 可以说，无论是教学"革命宣传"的精神导向，还是以"革命史观"为导向的教学重点，都对 1949 年以后的史学教育产生了深远的影响。

第二点认识是，以"革命史观"为指导的历史类教材在华北大学时期初具规模，影响深远。当时的华北大学是马克思主义史学家的主要聚集地，这些史学工作者聚集在一起，主要任务就是编写相关教材。

> 一、中国历史研究室，由范文澜同志兼主任，刘大年同志为副主任。现集中力量研究并编写中国近代史。二、哲学研究室，由艾思奇同志兼主任。现集中力量研究并编写中国近代哲学史②。

后来在实际运作中，第四部的任务有所扩大，曾任第四部研究员的赵俪生回忆道：

> 第四部的研究课题当时是有限的，几个青年人帮范老修订与续写《中国通史简编》，这是一个课题。由范老带头、由支部书记刘大年实际领导的《中国近代史》，又是一个课题。由艾思奇担任组长、由我担任副组长的《中国近代思想史》，研究龚自珍、魏源、康有为、梁启超、谭嗣同等人思想的，又是一个课题③。

毋庸置疑，《中国通史简编》（范文澜）、《中国近代史》（范文澜）、《社会发展史》（艾思奇）、《美国侵华史》（刘大年）、《中国历史教程绪论》（吴玉章）、《中国新民主主义革命史》（胡华）及《中国新文学史研究》（李何林）等教材或著作，对 1949 年之后中国大陆文史学术的发展，产生了全局性的影响。这些教材与著作和华北大学皆有着直接的关系，有的是在此时定稿、出版，有的是在此时孕育写作。

最后，需要特别强调的是，华北大学的史学教育虽然存在不足，但是坦诚积极的态度在一定程度上弥补了不足。"漫谈"显示了华大学员对教育质量有更高

① 华北大学教务处．华北大学第二部教育工作实施方案［A］．华北大学教务处印制，1949：7.
② 华北大学成立典礼筹备委员会．华北大学成立典礼特刊［A］．正定：华北大学，1948：29.
③ 赵俪生．赵俪生学术自传［M］//赵俪生文集：第 5 卷．兰州：兰州大学出版社，2002：195.

的要求，希望课程设置更合理，讲解更清晰，能够提供优质的教材等，体现出革命青年认真学习的进取意识。而教学管理组织者也能够积极倾听学员的意见，并及时解释、改进，体现出革命大学教育工作者努力工作的负责风气。字里行间，渗透出一种坦诚积极的精神，这种精神，不应该仅仅在革命年代才有，这种精神，是中国人民大学的宝贵财富，也是大学教育者应当继承发扬的优秀遗产。总之，作为解放战争时期党办大学的代表，华北大学的存在虽然短暂，但是在各方面都产生了深刻的影响，值得我们继续深入研究。

（作者系中国人民大学历史学院副教授；原刊载于《中国人民大学学报》2017年第5期）

“革命熔炉”是怎样炼成的
——华北人民革命大学马列主义教学经验研究

吴起民　汪云生

在20世纪的中国革命史上，革命政党不仅重视自身的组织与军事建设，同时也注重意识形态的建构和文化影响力的拓展。如中国共产党在局部执政的根据地或解放区兴办以宣传马列主义、毛泽东思想为核心的革命大学，逐渐探索出一套“党办大学”的经验，为领导新中国高等教育事业提供了重要基础。华北人民革命大学（以下简称“华北革大”）是中共中央华北局于解放战争后期开办的短期干部培训学校，在当时中共革命大学的序列中占有重要地位，不仅成立时间早、规模大，更因推行马列主义教学和开展思想改造的经验做法，获得毛泽东的认可和推广，而成为知识分子、青年学生等人员学习马列主义、改造旧我思想的一座“革命熔炉”①。

学界既有研究大多从宏观层面论述中共知识分子政策在华北革大的贯彻与效果，或论述其对于中共干部教育的作用，或偏重于几位知识分子在华北革大的思想改造的心路历程，不仅因史料薄弱造成史实不确的问题，而且忽视了对于华北革大马列主义教学与思想改造的运作机制的分析②。本文依据笔者搜集整理的文献，在梳理华北革大马列主义教学经验的形成发展脉络的基础上，选取第2期学员的马列主义教学过程为案例，分析校方如何通过一系列课程与程序对学员进行思想塑造与组织规训，并以《思想反省笔记（续编）》为样本说明思想总结是由

---

① 何东昌．中华人民共和国教育史：上［M］．海口：海南出版社，2007：131.

② ［美］费正清，赖肖尔．中国：传统与变革［M］．陈仲丹，等译．南京：江苏人民出版社，2012：447-448；于风政．改造［M］．郑州：河南人民出版社，2001：30-34.

校方与学员共同创作完成的“作品”，强调马列主义教学过程是一种组织认同的生产机制，从而为深入总结中国共产党马克思主义理论教育的历史经验提供参考。

一、华北革大马列主义教学的形成与发展

华北人民革命大学是在中共中央华北局党校的基础上发展而来的一所干部培训学校。1948年12月19日，中共中央基于改造平津地区知识分子、大量培养革命干部的需要，指示“由华北局办一华北革命干部学校”①。12月25日，华北局决定把华北局党校改称华北革命干部学校②。到1949年2月1日中共中央华北局正式批准成立时，这所学校最后定名为华北人民革命大学，工作人员主要来自华北局党校，华北局第三书记刘澜涛任校长，原华北局党校副校长胡锡奎担任主持校务的副校长③。

华北革大贯彻执行解放战争后期中共大量招收与严肃改造知识分子的办学方针。随着解放战争的胜利进行和党的任务日趋繁重，中共面临越来越严峻的革命干部匮乏的难题。同时，国统区的政治腐败、经济凋敝和社会动荡，造成大量失业、失学的知识分子、职员、学生等社会群体，积极寻找进入解放区、适应新社会的便利通道。在此形势下，也就不难理解当华北革大因房子困难等原因计划减少招生时，中共中央将其批评为“关门主义”，强调“在大革命高潮中正应抓紧火候尽可能地多招”④。从招生来看，报考华北革大的学员十分踊跃，但与抗战时期“走向延安”的现象相比，还是可以发现不同之处。彼时的知识青年大多从抗战救国、追求民主自由的理想出发，选择走向延安。此时报考华北革大的学员，则动机复杂不一，既有追求革命进步的理想，也不乏解决现实生活或职业出路的“镀金”思想。

---

① 中共中央组织部办公厅．组织工作文件选编：1945.8—1949.9［M］.1980（翻印）：249.

② 中共中央华北局办公厅．中共中央华北局重要文件汇编：第1卷［M］.1954（翻印）：154.

③ 中央档案馆等．晋察冀解放区历史文献选编：1945—1949［M］. 北京：中国档案出版社，1998：587.

④ 同②360.

作为深具阶级观念的革命政党，中共注意到了大量招收知识分子的政策与革命大学学员的思想复杂性的矛盾。据校方统计，第 1 期在北平学习的 9 000 人中，学生占 43%，公教人员占 34%，军警宪兵占 12%，工人占 4%，农民占 1%，商人占 4%，其他占 2%。校方认为，一般学生与公教人员入学时的政治态度多为保守的中间分子状态，极少数是进步的，一些学员具有国民党、三青团经历，甚至有少数特务系统工作者，由此得出华北革大虽然最基本的是无产阶级与非无产阶级思想斗争的场合，但同时存在很复杂剧烈的革命与反革命的斗争的结论①。开展马列主义教育和整风式思想改造，成为校方解决上述矛盾的不二法门。

从第 1 期学员的教学实践中，华北革大逐步将抗大式训练班经验与整风审干经验融为一体，形成实施群众路线的马列主义教学经验②。在教育方针上，华北革大提出“以历史唯物主义为中心，结合学生思想实际，把学校作为‘思想战场’或‘政治工场’，系统地进行马列主义最基本的理论与思想教育”③。为此，校方建立了一套以党的领导为核心，以意识形态教育为主要任务的组织建制。在华北革大，校部是全校最高领导机关，直接负责马列主义教学工作的部门是教务处④。校部下设置一部、二部、三部、四部，每部设教育、组织、总务 3 科及秘书室，受部主任领导；学员被编入各部之中，每部一般有 10 个班，每班一般有 10 个组。除了自上而下的行政组织，校方在教学过程中吸收学员积极分子自下而上地建立“学习代表会”⑤。

在课程设置与教学形式方面，华北革大主要延续和发展了抗大式训练班经验。课程设置“少而精”，“全部课程以历史唯物主义为中心配合国际主义与民族主义、中国革命基本问题、党史、党纲的教育”，主要分为“教育计划与教学方法，世界观与人生观”“社会发展史”“中国革命理论与政策”3 个连贯的课程教学阶段，并根据需要添加若干辅助性课程和社会活动。教学形式主要采取讲授、

---

① 中央档案馆．中共中央文件选集：第 18 册［M］．北京：中央党校出版社，1992：407－408.

② 中国人民解放军国防大学．中国人民抗日军事政治大学史［M］. 北京：国防大学出版社，2000：412－463.

③ 教务处．第二、三部教育计划具体实施方案［N］. 熔炉，1949－09－05.

④ 教务处．本校各级组织机构及其工作任务介绍［N］. 熔炉，1949－09－13.

⑤ 学习代表会（简称学代会）组织章程暂行条例［A］．天津市档案馆馆藏档案，档号：401206800-X0073-Y-000068.

自习、讨论等形式①。上大课，以班级为单位入场，人数最多时有数千人；自习，必须阅读与某段学习中心有关的书籍文件；小组讨论，遵守发言纪律，作批评与自我批评。

在教学流程与教学策略上，华北革大主要吸收和应用延安整风审干经验。通过思想清算运动衔接不同阶段的课程。“每学习一段理论，就举行一次测验，测验之后，即进行一次思想检查或总结”②。在民主评卷测验与紧随其后的思想总结中贯彻群众路线原则，营造出群众集体对学员个体的笼罩性存在感，使学员产生自我表达的刚性需要。同时，批评与自我批评作为自我表达的规定路径造成一种互相监督乃至自我坦白的空气。在这一过程中，依据学员思想反省的程度与革命表现的力度，筛选、培养与吸收积极分子进入党团组织。

1949年8月5日，毛泽东肯定并转发刘澜涛、胡锡奎关于华北革大第1期12 000余名学员教育情况的总结，要求中共各级学校进行传播和仿效③。在这一总结中，刘澜涛、胡锡奎从教学方针、课程设置、教学流程、教学策略等方面系统地总结了华北革大短期内大量改造旧知识分子的教学经验。这一模式为各解放区的政治学习运动提供了经验支撑，在中共各级学校、旧大学等机构均有应用④。艾思奇认为这种全国性政治学习运动可以“提高全国人民的政治觉醒，为国家建设提供了一个最普遍的政治基础”⑤。可见，这种规模化、简易化的思想改造程式适应了中共对思想革命的理论想象和现实需要。

1949年7月28日至8月13日，华北革大招收第2期6 000余名学员。是年12月，政务院批准成立中国人民大学，旨在学习和推广包括马列主义教学经验在内的苏联高等教育经验。该校吸收了胡锡奎、聂真等一些华北革大干部，在某种意义上继承了华北革大的革命血统。1950年4月，华北革大招收第3期学员

---

① 教务处．第二、三部教育计划具体实施方案［N］．熔炉，1949-09-05.

② 华北人民革命大学第二期情况与教育上的两点主要经验：1949年12月向中央和华北局的报告［J］．建设：1949（60）：12.

③ 中共中央文献研究室．毛泽东年谱：1893—1949：下卷［M］．修订本．北京：中央文献出版社，2013：545.

④ 陈泓．北京各大学的课程改革工作［N］．人民日报，1949-10-17（4）；金凤．各地年来采取各种方式　训练知识分子廿万　已派赴各部门参加建设工作［N］．人民日报，1950-02-10（3）.

⑤ 艾思奇．思想战线上的伟大胜利：为庆祝国庆一周年［J］．人民教育，1950（6）：13.

并于同年12月完成培训。1951年1月，华北革大招收第4期学员2 500余名。除了招生数量明显下降，华北革大的马列主义教学运作也在发生变化。1951年10月，华北革大参照苏联高校的教研室制度设立教学辅导组①。同年冬，随着第4期培训工作进入尾声，华北局决定以华北革大第一部为基础恢复华北局党校，以推进党校的正规化建设。1953年1月13日，中共中央正式宣告华北革大结束。1954年7月21日，华北局党校并入马列学院②。

总之，华北革大的经验是中共马克思主义理论教育与思想改造实践的产物。自1949年2月至1952年2月，华北革大"共训练了四期青年知识分子，办了三期政治研究院，一期行政学院，初步地教育改造了各种类型的旧知识分子二万二千余名"③。不仅如此，毛泽东在新中国全面推行苏联高校马列主义教学体制的过程中，仍然对华北革大的忠诚老实运动以及《思想反省笔记》保持关注④。1957年6月，康生在高教部政治理论课程教学大纲编写小组座谈会上提出恢复华北革大式马列主义教学经验，并进一步融合"大鸣、大放、大字报、大辩论"的整风经验，将其作为社会主义教育课程的运作方式⑤。

二、华北革大马列主义教学的实践经验

1949年9月5日，在完成招生考试以及学员注册等工作后，华北革大举行第2期学员的开学典礼。面对人数众多、思想复杂的学员情况，校方实施马列主义教学的关键在于能否从思想上、组织上建立学员个体与中共乃至新社会的稳固的具有约束力的联系。校方将第2期学员中的党员干部学员编为一部；其余类型的学员编入二、三、四部；在教学过程中成立"学习代表会"，自下而上地配合行政展开思想工作；并通过校报《熔炉》及时更新与展示教学动态。在此基础上，

① 关于加强理论教学辅导工作并成立教学辅导组的决定（1951年10月23日）[A]. 津档401206800-X0073-Y-000068.

② 思涛．刘澜涛生平纪事［M］．北京：中国文史出版社，2010：57.

③ 文化简讯：华北人民革命大学结束［N］. 人民日报，1953-01-27.

④ 建国以来毛泽东文稿：第2册［M］．北京：中央文献出版社，1988：255，271.

⑤ 康生同志谈政治理论教学中的若干问题（记录）［A］．中国人民大学档案馆馆藏档案，档号："教务处188C".

华北革大通过思想总结运动将课程教学与组织建设这一虚一实连接起来，使思想问题与组织问题相互转换、相互促进，不断扩大进步学员的数量，从而加速完成对第2期学员的思想塑造与组织规训。从课程变化来看，整个第2期学员的马列主义教学过程可以分为3个阶段。

校方依托行政组织率先实施第一阶段的课程——“教育计划与教学方法，世界观与人生观”。该课程首先介绍教务处按照学员类别拟定的提高干部学员文化素质与改造青年知识分子思想的教学计划，包括教学时间表、教学纪律、集体主义学习法等内容，并针对学员的“个人主义学习法”和自由散漫作风展开批判。接着由杨献珍、李培之等中共干部讲授世界观与人生观问题。透过校报的批评材料，可以看到来自国统区学校、旧政权机关等环境的学员并不完全适应上述教学方式，很多学员认为“集体学习不如自己多看书”，小组讨论发言离题，“有的撕不破情面，没有勇气，不敢发言”①。

经过为期3周的教学，校方于1949年9月26日发起学习总结运动。首先展开的是包括理论测验（笔试）和思想检讨（谈论）两个环节的学习总结，主题是：“为什么人生观和世界观有阶级性？什么是无产阶级的人生观和世界观？为什么无产阶级的人生观和世界观是正确的？”理论测验的评卷方式是民主评卷、自报公议②。思想检讨在民主评卷的基础上展开，由校方提供谈论提纲：“以全心全意为人民服务的人生观做标准，检讨入学以来存在着哪些不正确的人生观与学习态度，经过学习，认识了与解决了些什么问题，今后怎样学习”③。学习总结促成学员思想状态开始分化，并出现一些积极分子。

华北革大党委会、团委会开始筛选吸收学习总结运动中的积极分子。1949年9月20日，华北革大党委会通过团委会第2期建团计划，要求团委会配合学习运动节奏有计划地展开建团工作④。学习总结运动开始后，团委会不仅协助行政推进运动发展，而且及时纠正二、三部建团工作中的关门主义、不走群众路线

---

① 教务处．怎样听大课［N］．熔炉，1949-09-13；教务处．小组领导问题的研究［N］．熔炉，1949-09-19；仁山．用心研究学习方法［N］．熔炉，1949-09-19.

② 教务处研究室．革大的民主评卷是如何进行的？［J］．学习，1949（3）：43-44.

③ 教务处．怎样进行思想检讨［N］．熔炉，1949-09-26.

④ 校团委会第二期建团计划：校党委9月20日批准［N］．熔炉，1949-10-08.

等错误，要求积极审慎地吸收积极分子①。此外，学校行政部门的党组织相继举行党支部公开座谈会，党员在会上接受学员群众的监督和批评。"争取入团入党"成为学员增强理论学习积极性的重要动力。

在此基础上，校方发动以"选举学习代表、建立学习代表会"为内容的学习无产阶级民主的运动。校方要求学员体会和学习实事求是、批评与自我批评等无产阶级民主作风，批判虚伪、损人利己等资产阶级民主作风；并将学习代表的核心标准界定为"思想观点正确"，把竞选转变为"比学习，比自我批评的广大群众参加的比赛运动"②。这一过程同样是领导与群众相结合的过程。各部学代会通过逐级选举学习代表的方式在1949年10月12日左右自下而上地建立起来③。在全校1 408名学习代表中，积极分子约占80%，中间分子约占20%，还有极个别的落后分子；二、三部82%的学生党员当选为学习代表④。

各部在1949年10月4日前后进入第二阶段"社会发展史"学习阶段。这是理论系统性最强同时也是持续时间最长的教学环节，由艾思奇等人讲授。校方计划使学员建立劳动观点、阶级观点、群众观点、组织观点、唯物观点等马列主义基本观点。在实际教学中，教务处进一步将"社会发展史"课程内容条理化为"从猿到人——劳动创造世界"等6个"学习重点"⑤。"学习重点"是贯彻校方"理论联系实际"的教学原则，它由自成因果逻辑的理论观点和与之对应的错误观点两部分构成，为上课、小组讨论等教学环节提供主题，防止理论批判出现自

① 校团委关于此次学习总结运动中团的任务指示［N］. 熔炉，1949-09-26；校团委会关于二三部目前发展组织问题的指示［N］. 熔炉，1949-10-17，史筠. 二二部申请入团的700多人　校团委会筹备首次入团仪式［N］. 熔炉，1949-10-24.

② 社论：掀起群众性的学习总结与选举学代的民主运动［N］. 熔炉，1949-09-26；教务处. 关于学习代表的选举［N］. 熔炉，1949-09-26.

③ 学代会按照"组—班—部—校"的顺序建立。小组学习代表5人（正、副组长以及文娱代表、生活代表、女生代表各1人）；班学代会由全班学习代表组成，并选举班学习委员会7人（正、副主席以及俱乐部委员、生活委员、女生工作委员各1人，学习委员2人）；依此类推，以同样方式产生部学代会、全校学习代表大会及相应委员会。参见：学习代表会（简称学代会）组织章程暂行条例［A］. 津档401206800-X0073-Y-000068。

④ 华北人民革命大学第二期情况与教育上的两点主要经验：1949年12月向中央和华北局的报告［J］. 建设，1949（60）：10.

⑤ "从猿到人——劳动创造世界"学习重点［N］. 熔炉，1949-10-08；"生产力与生产关系——阶级斗争"学习重点［N］. 熔炉，1949-10-17.

由发散或者“纠缠枝节”的现象①。

1949年11月12日，第2期第1届全校学习代表会议召开②。全校学代会的正式成立意味着校方掌握马列主义教学的主动权。校方依托各部学代会对教学环节的管控介入更加具体，包括从课前预习、记笔记、课后复习到搜集问题、确定讨论题目等方面。尤其是各部在学习竞赛中发展出组与组乃至班与班之间的大论战、派遣组员到其他组“留学”等组织程序更为复杂的教学形式。这导致学员思想总结的数量和频率明显提高。

1949年12月5日，教务处通知全校学员进入以思想总结为中心的学习总结运动。校方认为学员在开学以来自我思想革命的基础上，应当集中精力、集中时间、集中运用马列主义基本理论武器进行确立革命人生观的决定性一战，并提出“思想大革命”的教学口号③。同时，校党委、团委指示其成员紧密配合行政与学代会，在运动中发展组织并防止各种破坏性言论与行为④。下面以第三部的学习总结运动为例进行分析。

在12月5日下午的全校动员大会后，第三部的学员对此反应不一。青年学生响应号召最为积极，甚至有的学员将思想总结理解为“算老年人的账”。历史较为复杂的军警宪特和职员较为恐慌，大部分是沉默，内心斗争，也有打探风声、装病住院等情况。6日，学代会继续深入动员。7日，测验阶级斗争学说和国家学说并公布标准答案。在8日至11日的民主评卷中，三部首先举行班和小组的典型试评，采用个别谈话等办法解除积极分子的思想顾虑，启发党团员以及学习代表带头进行自我批评，继而按照自报公议程序进行评卷，但是强调“定等不定分”，反对“争分数”⑤。

三部于12月13日、14日通过个别谈话、学员漫谈等形式动员学员坦白历史，并提出大胆暴露历史就是胜利，同时强调不啃“硬骨头”，坚持“提高中间、带动落后”的工作方针。各班选取典型进行示范指导，解决“如何写、写什么”

① 华北人民革命大学校刊编辑室：学习方法汇编［M］. 华北人民革命大学出版社，1951：27.

② 学工代表两千人隆重集会　本校学代会正式成立［N］，熔炉，1949-11-19.

③ 教务处．关于学习总结的通知［N］. 熔炉，1949-12-05.

④ 校党委关于学习总结运动中组织工作任务的指示［N］. 熔炉，1949-12-05；校团委关于此次学习总结研究运动中团的任务指示［N］. 熔炉，1949-12-05.

⑤ 三部理论测验民主评卷初步总结［N］. 熔炉，1949-12-28.

的问题，大多数学员很快“放下思想包袱”。这在客观上导致一些历史问题复杂的学员更加孤立，思想压力剧增。例如，21 班的宋某出现不能安眠、狠命抽烟等不正常表现，后来交待自己是国民党军队上校，并交出一把枪。这时，三部开始选取少数极难改造的顽固分子典型进行示范①。

12 月 17 日，胡锡奎号召全校学员忠诚老实，努力完成思想总结。教务处亦要求讨论思想总结必须坚持实事求是的原则，“无情相待，用友爱的精神互相帮助”②。19 日，三部各班进行在全班大会上展开小组讨论的示范。这种教学形式将小组内部的批评与自我批评置于全班的监督下，发现了一些学员捏造的假历史，并瓦解一些小团体。例如，24、25、30 这 3 个班工人出身的学员从注册时的 53 人降为 22 人。23 班杜某与王某、李某“搞小圈子，打击团员组长，对妇女耍流氓，搞恋爱”，在王、李 2 人入团后，杜某亦开始转变。三部于 12 月 27 日进入思想总结的通过环节，并于 31 日结束。大多数学员能够通过，但仍有少数学员“原封不动”，“能拖就拖，得骗就骗”，一些学员甚至以“左”的面目打击积极分子③。

各部学习总结运动于 12 月 31 日左右结束。在这次学习总结中，校党委指示各部支部大会吸收群众参与讨论积极分子入党问题。尽管有的班组存在忽视群众意见的做法，但党团组织在这个思想改造的关键环节也获得较大发展，尤其是以工人、青年学生成分居多。例如，三部除 23 班外的 8 个班共有青年学生成分的学员 683 名，到学习总结结束时有 410 人入团，43 人入党。而职员、商人、军警等成分发展较少，个别干部对此类历史复杂的学员亦抱有成见④。

各部于 1950 年 1 月 3 日前后进入第三阶段“中国革命理论与政策”的学习。该课程作为华北革大第 2 期马列主义教学的最后阶段，内容主要包括学习毛泽东

---

① 三部学习总结报告［A］. 津档 401206800-X0073-C-000041.

② 胡锡奎. 努力完成思想总结运动［N］. 熔炉，1949－12－17；教务处. 关于怎样讨论思想总结的几点意见［N］. 熔炉，1949－12－17.

③ 再接再厉彻底摧毁思想总结中的几种障碍［N］. 熔炉，1949－12－21；三部开小组长、学习代表会 闫主任讲分析批判问题［N］. 熔炉，1949－12－21；三部学习总结报告［A］. 津档 401206800-X0073-C-000041.

④ 教务处. 学习总结前建党工作总结（12 月 10 日）［N］. 熔炉，1950－01－14；三部学习总结报告［A］. 津档 401206800-X0073-C-000041.

著作、国际主义与民族主义、党史以及党的组织等方面，由李哲人等中共干部讲授或作专题报告①。同时，校方推进学代会的改选工作，吸收新的积极分子和淘汰落后的积极分子。学代会改选工作于1950年1月14日完成，新一届学代会的特点是学习代表的选票集中，党团员比例大幅增加②。

1950年1月28日，校方召开第2届学习委员会议，部署第三阶段学习竞赛的工作③。学代会首先着力克服一些学员在通过学习总结运动后出现的“等待毕业”的过关心态。校方结合认购公债、评选劳动模范等活动推进中共革命理论与政策的教学。认购公债、评选劳模等活动进一步强化革命价值标准对学员行为的引导力。并且，校方要求校内外一切社会活动和文娱活动环绕理论教学展开，尤其是“加强了文艺方面的形象化的思想教育”④。在1950年2月16日春节前后，各部结合学习任务进行放电影、办舞会、排演话剧等娱乐活动⑤。

1950年3月3日，第2期学员进入“民主鉴定”环节。学员根据自己的思想总结拟写“民主鉴定”，由小组采取批评与自我批评的方式对“民主鉴定”进行讨论。待小组讨论通过后，学员正式填写民主鉴定表，并于3月9日交由校方填写行政意见。教务处指出民主鉴定工作“须着重从思想上解决个人与组织的关系问题，强调无条件服从组织分配”⑥。因而各部首先结合入党入团仪式动员党团员带头表态，掀起“坚决服从组织分配”的挑战竞赛，并在小组讨论中要求学员忠诚老实、实事求是，反对小资产阶级个人主义与农民狭隘观念等落后思想⑦。1950年3月11日，华北革大举行第2期学员的毕业典礼。

综上所述，华北革大将思想塑造与组织重建融入马列主义教学，并坚持“有的

---

① 第二期第三阶段学习课程进度表［N］. 熔炉，1950-01-14.

② 洛林，张坚，宁致远，等. 迎接新的学习高潮　全校学代改进胜利结束［N］. 熔炉，1950-01-22.

③ 本校召开二届学委会［N］. 熔炉，1950-01-28；加强学代工作　保证完成总的学习任务［N］. 熔炉，1950-01-28.

④ 华北人民革命大学第二期情况与教育上的两点主要经验：1949年12月向中央和华北局的报告［J］. 建设，1949（60）：12.

⑤ 配合学习迎接春节　各班各支展开文娱活动［N］. 熔炉，1950-02-04.

⑥ 教务处关于学员鉴定工作的指示［N］. 熔炉，1950-03-05.

⑦ 三部开党员学代大会　号召大家把鉴定做好［N］. 熔炉，1950-03-05；一、二、三部分别举行新党员入党仪式大会［N］. 熔炉，1950-03-05；二、三部四千同学毕业前夕表示无条件服从组织分配工作［N］. 熔炉，1950-03-13.

放矢"的教学原则。校方结合学员的思想问题进行有针对性的理论教学，并将学员思想反省的程度作为党团建设的重要依据，通过一系列旨在实现领导与群众相结合的程序方式不断分化、吸收学员群众。在这过程中，思想总结文本是校方与学员达成的共识，校方据此宣称学员确立了革命人生观，而学员得以进入革命组织。

三、华北革大思想总结文本的意义建构

思想总结文本是学员回应马列主义教学的产物，是学员采用第一人称讲述个人思想的演变史①。这种体裁不同于旨在全面详尽叙述个人历史细节的自传。讲述必须按照校方规定的叙述架构进行，即学员必须从家庭生活、工作环境以及在校生活 3 个方面选取合适的情节呈现某个错误思想的根源及其改造进展。显然，这种叙述框架引导学员从思想上重新认识社会，具有"再社会化"的功能。正如毛泽东所指出的："社会意识形态是理论上再造出现实社会"②。笔者以该校选印的第 2 期学员的《思想反省笔记（续编）》（以下简称《续编》）为例，做一分析。

首先，"问题思想"引发并推动学员社会身份的转换过程。在《续编》中，"问题思想"作为思想总结的叙述主题与学员的出身、职业等社会身份具有特定的对应性（见表 1）。此外，《续编》并未收录和公开工人学员的思想总结。学员的出身、职业等社会身份对其思想意识具有直接影响，这是一种表述性现实。然而从发生顺序来讲，这些思想意识首先是学员日常生活中习以为常的行为逻辑，继而在革命理性的映照下投射为个体在旧社会沾染的各种问题思想。这种"思想——身份"的表述方式提供了改造思想进而改换身份的依据。

与"思想—身份"的表述方式相衔接的是由"积极分子"、"中间分子"、"落后分子"以及"反动分子"构成的过渡性身份系统③。一旦确立"错误思想"与

① 在马列主义教学过程中所形成的思想总结文本，部分公开出版。第 2 期学员的思想总结经过编选成册，由知识书店于 1950 年 10 月出版发行，即《思想反省笔记（续编）》。

② 中共中央文献研究室．毛泽东哲学批注集［M］. 北京：中央文献出版社，1988：210.

③ "积极分子"：跟着共产党走、历史清白、敢于批评与自我批评；"中间分子"：政治立场模糊、无重大历史问题、个人主义浓厚；"落后分子"：持反动观点、抵制改造、历史复杂、无严重罪行；"反动分子"：破坏思想改造、不交代党团活动历史、有反革命罪行或犯罪行为。参见：教务处．关于划分学员积极、中间、落后、反动各种类型的标准（1951 年 5 月 10 日）［A］．津档 401206800-X0073-Y-000068。

旧社会身份的联系，那么革命表现尤其是思想反省程度成为学员获取何种过渡性身份的可控变量。当然，一些学员选择制造假身份、假历史，但这种方式在群众揭发环节很容易失效。此外，学员在生产劳动、捐献财物、参加党团等活动中逐渐养成符合革命价值标准的行为方式，甚至主动强化自身的革命表现，以获得党团员等较为稀缺的身份。总之，大多数学员在反省与之对应的"问题思想"的基础上逐步完成社会身份转换，并获得"革命同志"的新身份。

表1　　华北人民革命大学学员思想总结的叙述主题分类表（1949年12月）

类别	非无产阶级思想行为的表现	革命理性	出身与职业
自由主义	个人利益第一，取消思想斗争，主张无原则的和平	革命利益第一，坚持思想斗争，忠诚老实	小资产阶级；教员、青年学生等
个人主义	个人利益第一，注重享受，避重就轻，无组织纪律性	党的利益第一，集体主义，甘于牺牲奉献	小资产阶级；教员、职员
个人英雄主义	计较名利地位，讲老资格，不向群众学习，停止革命	踏实工作，不断学习，继续革命，服从组织	农民阶级；翻身农民干部
狭隘性两面性	短视，缺乏共产主义远大视野，毫无原则，唯利是图	为共产主义奋斗，服从大局，坚守原则	农民阶级、小资产阶级；低级职员、商人等
超阶级观点	中间路线，单纯技术观点，清高，狭隘民族主义	承认并坚持阶级分析，向苏联学习	小资产阶级、地主、资产阶级；教员、职员等
剥削阶级意识	损人利己，向上爬、钻空子，享乐主义，正统观念	划清思想界限，忠诚老实，戴罪立功	地主、资产阶级；军警、中高级职员、商人等
阶级自卑感	单纯技术观点，自卑，宿命论	阶级革命先锋	工人阶级；工人

资料来源：教务处．对几种错误思想认识的批判［N］．熔炉，1949－12－10；三部学习总结报告［A］．津档401206800-X0073-C-000041.

当然，学员的思想反省与革命表现之间的限定性联系继续存在甚至得到强化。华北局曾指示华北革大的毕业学员主要做基层群众工作，也有少数教员、技术人员留在机关。一般的国民党员、三青团员、警宪分子"在工作中继续加以改

造或洗刷"。重要的特务头子和国民党高级官员则不分配工作，移送新生公学或清河训练大队继续进行审查改造①。此外，杀人凶犯和逃亡人犯移交法院。对于分配到华北各地工作的学员，华北局亦要求各级党委重视他们，要求用老干部带领他们，"在劳动群众中去锻炼、改造他们"②。

其次，新社会的价值标准内在地限定了学员社会体验的反转性。学员按照校方拟定的叙述框架，将个体的一系列生命节点与社会体验重组为符合革命价值立场的意义序列，这导致叙述逻辑具有较强的反转性③。当然也有一些不成功的尝试，比如有的学员机械地回应提纲而将思想总结变成"问答式"文本。虽然思想总结文本由"明与暗""正与邪"等具有强烈对比色彩的叙述逻辑构成，革命话语和理论表述较为粗糙生硬，但仍被宣称为真实可信。当然，其中也在不同程度上渗透着讲述者个体的行为动机与逻辑。《续编》中的文本可以分为以下 3 种意义类型。

其一，在《续编》中，涉及为个人前途打算、闹名利地位等农民阶级狭隘性主题的思想总结有 9 篇。从文本来看，这 9 位学员均是担任基层领导工作的翻身农民，如邢某是县委宣传部副部长；并且家庭经济条件得到较大改善，如无房无地的佃农李某一家在革命后拥有 6 间房、44 亩地。这些学员在叙述中首先坦陈最初为报答共产党而参与革命，并提出革命胜利后可以不再革命，应当享受胜利果实。讲述者从翻身不能忘本的角度否定这些思想，并一致认为个人最远大的前途是为共产主义而奋斗。然而学员对共产主义的认识较为浅显。一度为回家孝敬父母而拒绝远调的崔某甚至认为"只有革命彻底胜利，达到共产主义社会才能有真止尽孝"④。

其二，《续编》收录的教员、职员等小资产阶级分子的思想总结仅有 3 篇。在校方看来，这类学员存在浓厚的单纯技术观点、清高、超阶级观点以及狭隘的民族主义情绪⑤。在这 3 篇文本中，学员对旧社会的生活体验基本上与校方的分

① 中共中央华北局办公厅．中共中央华北局重要文件汇编：第 1 卷［M］．中共中央华北局办公厅，1954：332－333.

② 同①336.

③ 田宗．写好思想总结的几点经验［N］. 熔炉，1949－12－10.

④ 校刊编辑室．思想反省笔记：续编［M］. 知识书店，1950：38.

⑤ 三部学习总结报告［A］. 津档 401206800-X0073-C-000041.

析如出一辙：自己最初热爱国家和民族，由于无力反抗旧社会而选择同流合污或者消极遁世，并轻视政治。但在批判这些思想时，学员强调国际主义是共产党解放全人类的“大爱”，自己不能局限于解救一个国家民族的“小爱”。但有学员说中共领导解放战争“并没有单纯地为了共产党本身的利益”；编辑室加写“编者按”进行指正：人民利益即共产党的利益，此外中共没有特殊利益①。

其三，《续编》收录出身地主阶级、买办、资产阶级等剥削阶级学员的思想总结12篇，涉及旧官僚、家庭妇女等社会身份，还有一位来自“凉山夷区”的奴隶主。学员多是依据社会发展规律将旧社会的生活方式视为邪恶，尤其是观看《白毛女》后内心痛苦，强调自己过去被家庭、社会蒙蔽以致剥削压迫真正正义的劳动人民，决心立功赎罪。这些是《续编》中新旧社会体验反差最大也是马列主义理论性最强的文本。但这与学员担心“被新社会淘汰”的心理不无关系。编辑室指出学员应该是为人民而学习上进，而不是为自己的前途考虑②。

另外，女学员在思想反省中使用了特殊的意义组织方式。《续编》收录的4篇明确以女性角色进行叙述的思想总结在一定程度上超越阶级成分对讲述的限定。显然，女学员的讲述更容易得到革命的同情甚至谅解。这反映出中共革命在妇女解放目标设定上的特殊性。中共第一个妇女运动决议明确指出“为所有被压迫的妇女们的利益而奋斗”，并提出妇女解放与劳动解放相伴进行，只有无产阶级获得政权才能真正解放妇女③。因而女学员的讲述在调动阶级意义之外，还有“妇女解放”这一特定的叙事内容。

华北革大开学之初，就成立了由中共中央妇委委员、华北革大第二部主任李培之兼任主任的女生工作委员会，各班定期召开女生会议逐一讨论困扰女学员的思想问题④。在校方看来，宿命论、自卑感、家庭负担以及依赖男性是影响妇女解放的思想障碍。当然，女学员在出身、工作、年龄、教育等因素的影响下表现出来的问题思想各有不同：工人学员主要是宿命论、自卑以及向上爬等观

① 校刊编辑室．思想反省笔记：续编［M］．知识书店，1950：4.

② 同①57.

③ 中华全国妇女联合会妇女运动史研究室．中国妇女运动历史资料：1921—1927［M］．北京：人民出版社，1986：29-30.

④ 二部各班女生开会讨论学习态度等问题［N］．熔炉，1949-09-13；王弗．二、三部女生工作委员会成立　各班女生热烈讨论李主任报告［N］．熔炉，1949-09-19.

念；出身地主、富农以及资产阶级的女学员最初有一定的争取权利的意识，但在婚后往往认命，渴望做贤妻良母，甚至贪图享受，追求寄生生活；青年学生多数未婚，问题主要是依赖父母，沉溺于憧憬美满的家庭生活，耻于参加社会活动①。

"走出家庭"是《续编》所收录的女学员思想总结的叙事主题。李培之讲解妇女解放问题时，强调"新中国所需要的新女性是能为解放事业而奋斗与参加新中国各项建设的妇女"②，表达出中共革命对女性走出家庭参与社会活动的基本诉求，这也成为女学员的思想反省主题。然而，女学员的思想转变过程并不顺利。照顾家庭、抚育孩子始终是影响女性选择的现实因素。例如，工人舒某虽然最终表示服从组织分配，但为是否回家照顾祖母与母亲而纠结数日。行政工作人员亦坦承"她们的家庭观念究竟太重，不易马上完全解决"③。

《续编》收录的妇女解放的革命叙事传达了革命关于新社会家庭关系与性别秩序的定位。"走出家庭"实际上通过女性意识与行为的革命化重置打破传统家庭的结构平衡，这在社会生成意义上终止了旧社会的自我复制进程。李培之亦对女学员指出由于学员都是来自旧社会，尚未经过改造，因而学习过程中不可轻率恋爱，以免终身遗憾④。同时，"参加革命"则接续上述步骤完成组织对女学员个体的吸收，并经由革命的意义序列生成新的革命家庭意识。正如学员沈某所宣示的："自己不但思想要靠近劳动人民连我的身体生命都要靠近劳动人民"⑤。

总之，思想总结在形式上是由个人在写，而实际上是教学双方集体创作的产物。学员在文本中既使用马列主义革命话语又调动固有的行为逻辑资源，表现出一定的主观能动性。因而这些文本不能等价于革命话语的完全渗透，亦不能视为学员应对外在压力的虚构之作。最为重要的是，整个马列主义教学引导学员完成"再社会化"的认知，个体经由马列主义学习不断增强对中共和新生政权的认同。可以说，这也成为中共构建新社会秩序的重要方式。

---

①③ 三部学习总结报告［A］. 津档 401206800-X0073-C-000041.

②④ 李北青．二、三部首次举行女生大会　李培之主任讲妇女问题［N］. 熔炉，1949-09-13.

⑤ 校刊编辑室．思想反省笔记：续编［M］. 知识书店，1950：23.

四、余论

华北革大的马列主义教学经验由一系列简易理论课程、理论学习、民主评卷、思想总结等教学环节构成，通过群众路线进行运作，本质上是一种组织认同的生产机制。在校方主导的自上而下的教育过程中，学员基于适应新政权的政治发展需要，亦表现出一定的自主性。这表明马列主义教学过程并不是费正清所描述的单向性压力逼迫，而是由校方与学员共同完成的“合奏曲”。更为重要的是，这种教学经验实际上确立了组织认同的优先性。思想总结作为理论学习与组织建设的转换枢纽，个体的思想反省是其组织认同程度的表现。即使进入组织后，个体在新的形势和政策下往往需要通过检查思想来获得组织认可，组织通过成员的思想反省来获得凝聚力。理论学习和思想检查成为一种常态的具有标准性要求的集体生活方式，不再是传统的限于个体偏好的行为。换言之，上述构建组织认同的方式经沉淀后，成为一种集体主义政治文化的底色。

在更深层次上，华北革大式“革命熔炉”的产生，决定于马克思主义政党的实践逻辑。在马克思恩格斯看来，“思想本身根本**不能实现什么东西**。思想要得到实现，就要有使用实践力量的人”[①]。因而，通过灌输马列主义实现个体的无产阶级化，成为塑造阶级、建设政党、夺取政权乃至改造社会的逻辑起点。以毛泽东为代表的中共党人在探索中国革命的过程中，结合注重内在反省的文化传统创造出用于统一全党思想的延安整风方式，为中共干部学校提供经验支撑。这也是华北革大的马列主义教学经验能够得到毛泽东的认可并广泛应用的重要动因。

华北革大创造的整风式学习与开展个人思想斗争的教育经验，不仅为中共革命事业培养了一批干部，引导大多数学员走上建设新中国的道路，而且卓有成效地进入新中国高等教育体系，成为中国共产党马克思主义理论教育的重要历史遗产。作为革命战争环境下短期干部培训的产物，它不能也不可能适应新中国成立后的社会主义建设目标，在中共转向依托中国人民大学全面学习苏联教育经验，

---

① 中共中央马克思恩格斯列宁斯大林著作编译局．马克思恩格斯文集：第1卷［M］．北京：人民出版社，2009：320.

着力建立一套以正规化、系统化为基本特征的马列主义教育体制后，也就逐渐淡出中共高层的教育视野。当 1956 年“全面学习苏联”转向“以苏为鉴”后，毛泽东严厉批评教育部门照搬苏联经验、忽视思想改造的教条主义倾向，再度提出学习解放区教育经验的问题。新中国高校政治理论课程的创设与沿革，就集中体现了中国共产党全面学习苏联经验和坚持自身革命经验的张力[①]。而对解放区教育经验的崇尚与复归，则构成了 1958 年以后尤其是“文革”时期“教育革命”的理念与实践的重要组成部分。

（作者系中国人民大学马克思主义学院教师；原刊载于《党史研究与教学》2017 年第 4 期）

① 耿化敏．中国人民大学与高校中国革命史课程的创设与停开：1950—1957［J］．党史研究与教学，2012（6）．

办新的大学：党的第一代领导人与中国人民大学的创立发展

李　珣

中国人民大学是中国共产党亲手创办的第一所新型正规大学，中国人民大学及其前身为新中国一大批高等学校的组建成立和发展壮大做出了重要贡献，是中国现代高等教育发展的一个重要源头和摇篮。党的第一代领导同志直接倡议并领导了中国人民大学的创建，殷切希望学校成为新中国"办新的大学"之典范，并在学校成立后继续给予细致的指导和关怀，对中国人民大学乃至新型高等教育的创立发展起了特殊重要的作用。

一、倡议在北平为新中国办一所专门学校

1949 年上半年，随着革命形势朝夺取全国胜利的方向发展，党开始考虑将工作重心放在城市，接管和改造旧政权，建立各级新政权的相关问题。开展这些工作，人的培养和教育无疑是最重要的环节。中共中央由河北西柏坡迁往北平不久，1949 年 4 月，党中央开始更加深入地思考关于学校工作方针和马克思主义教育的问题。面对接管政权后改造和建设的繁重任务，通晓马克思主义的知识人才奇缺成为一项重要且紧迫的矛盾，例如，刘少奇就意识到，必须"进行一个普遍的初步的马克思主义教育"，"采用一切可能方法与机会，进行教育，动员很多懂点马克思主义的知识分子去当教员"①。

① 中共中央文献研究室刘少奇研究组，中央教育科学研究所．刘少奇论教育［M］．北京：教育科学出版社，1998：61.

显然，当时并没有适当的学校尤其是高校能承担此种工作任务，大批地培养“懂点马克思主义的知识分子”。党虽然在解放后的大城市接管了大量学校，但这些学校被认为尚属于旧社会的一部分，需要加以改造。正如周恩来 1949 年 5 月在同北京大学教授联谊会的一次座谈会上提到的，“新民主主义的教育就包括了两个方面：一方面是反对旧的，另一方面是发展新的。这就是要反对帝国主义、封建主义和官僚资本主义的文化，发展民族的、科学的、人民大众的文化”①。在这种情势下，创办一所新的大学就成为建设新中国的迫切需要。

建设新大学，党并没有太多经验。“以俄为师”，学习苏联经验成为当时国内国际环境下刘少奇和中央的唯一选项。1949 年 6 月，毛泽东委派刘少奇率领中共中央代表团秘密访问苏联，就建国大计及增进中苏两党关系与斯大林交换意见。经审慎思考，刘少奇于 1949 年 7 月 6 日在给斯大林的信中明确提出了请苏联政府帮忙办一所大学的请求：“我们想请苏联政府为新中国的建设管理人才办一专门学校，好像过去的中国劳动大学一样”②。从刘少奇的信中可以看出，这时中央的想法是把这所大学放在苏联，从国内招生，一方面便于更加直接地学习苏联的各项制度，另一方面苏联的政治环境更加稳定，适宜办学，刘少奇在信中提到的“过去的中国劳动大学”③ 即设在苏联。

斯大林和毛泽东对刘少奇办新大学的想法均持赞同态度④。毛泽东在给在苏联访问的中共代表团刘少奇、高岗、王稼祥的复电中表示：“同意在莫斯科建立一个中国大学。我们正需要学习苏联在各项工作中的和资产阶级不同的一套学说和制度，设立这样一个大学是很必要的，但经费应讲明由中国负担为适宜”⑤。至此，新大学的创办被正式提上了党的工作日程。

然而，仅仅两周之后，在苏联境内创办新大学的计划就发生了重大变化。

---

① 中央教育科学研究所．周恩来教育文选［M］．北京：教育科学出版社，1984：2.

② 中共中央文献研究室，中央档案馆．建国以来刘少奇文稿：第 1 册［M］．北京：中央文献出版社，2005：26

③ 也称“中国劳动者中山大学”或“孙中山中国劳动者大学”，一九二五年九月在莫斯科创办。该校的任务是培训中国革命青年。一九三〇年停办。

④ 同②35.

⑤ 中共中央文献研究室．毛泽东年谱：1893—1949：下卷［M］．修订本．北京：人民出版社，中央文献出版社，2013：540.

8月6日，刘少奇、王稼祥给毛泽东拍电报，建议新大学不设在苏联境内，而设在北平较为方便。次日，毛泽东回电表示赞同："中国大学不设在阿尔马达而设在北平，由苏联派教授"①。为何刘少奇在与苏联不断协商后放弃了把新大学办在苏联的设想，转而建议把新大学放在解放不久的北平？笔者认为主要是党中央感到与苏联方面就提供贷款、派遣专家等问题进行的商谈非常顺利。苏联答应派遣大批专家到中国帮助工作，这为在中国本土办一所苏联模式的新大学提供了极为便利的条件和强有力的支持；同时，解放军在军事上节节胜利，已经推进到华南腹地，国内形势日渐稳定，完全有条件在中国本土办学。于是，在中苏双方达成关于派遣苏联专家协议的第二天，刘少奇就向毛泽东汇报，提出把新大学改设在北平，这所以培养建国人才为重要职能的新大学就是后来的中国人民大学。

二、中央领导人直接参与并主持中国人民大学筹备工作

刘少奇结束访苏回国不久，中央设立了由陆定一、钱俊瑞、吴玉章、成仿吾、范文澜、薛暮桥、陈伯达、王明、谢觉哉等组成的委员会，苏联专家费辛科及菲里波夫担任顾问，负责新大学的筹备事宜②。受中央委托，刘少奇直接领导筹备委员会，并担任筹备委员会组长③。新大学的筹备一开始就没有打算另起炉灶，而是准备充分利用党之前直接创建并领导的高等教育资源，在华北大学等高校基础上进行整合组建。

在刘少奇的直接领导下，经过筹备委员会月余的调查商讨，新大学的教育方针和计划草案基本确定，拟命名为"中国人民大学"。11月12日，刘少奇写信给毛泽东和中央政治局，报告中国人民大学的筹备情况和办学计划。这也是第一次在书面材料中正式出现"中国人民大学"的校名。刘少奇以极大的魄力和务实的态度推动学校成立，他"请政治局即日审查这个计划，并予以批准，然后提交

① 中共中央文献研究室．毛泽东年谱：1893—1949：下卷［M］．修订本．北京：中央文献出版社，2013：544.

② 中共中央文献研究室，中央档案馆．建国以来刘少奇文稿：第1册［M］．北京：中央文献出版社，2005：154.

③ 黄达．吴玉章与中国人民大学［M］．太原：山西教育出版社，1996：136.

政务院通过施行"，并表示"现费辛科急欲拍电回去请教员，赶上明年二月开学"①。

不久，中央批准了中国人民大学的组建方案。12月11日，中共中央政治局作出《关于在北京成立中国人民大学的决定》，决定以华北大学为基础，合并中国政法大学，从华北革命大学抽调部分干部，创立中国人民大学。当天，刘少奇写信给正在苏联访问的毛泽东报告了这一决定。《决定》对中国人民大学的招生、院系设置、开学时间做了规定。刘少奇在给毛泽东的信中还请在苏联的王稼祥、毛泽东帮忙办理苏联教授和教员的聘请事宜②。

按照中央提出的1950年2月开学的目标，中国人民大学各项筹备工作快速推进。1950年1月23日，刘少奇亲自修改并签发《中共中央关于中国人民大学本科招生的通知》。《通知》把保证中国人民大学顺利招生作为一项重要的政治任务予以布置，指出"人民大学的创办，是一件大事，各地党必须保证该校本科此次招生的完满成功"③。

中央领导同志对中国人民大学筹备工作的指导是直接的、细致的，大到办学方针、领导任命，小到招生计划、院系设置都亲自过问。从1949年9月中国人民大学开始筹办到1950年10月学校正式举行开学典礼，刘少奇等不断对学校筹备过程中的诸多具体事宜给予指导和帮助，提出非常具体的意见，可谓不厌其烦、事无巨细，而这段时间正是共和国刚刚建立、社会百废待兴、工作千头万绪之时，足见其对中国人民大学筹办不同寻常的重视。

三、出席开学典礼，对学校寄予厚望

1950年10月3日，刘少奇、朱德等党和国家领导人亲临中国人民大学开学典礼是学校历史上浓墨重彩的一页，也成为党创办新型高等教育的里程碑。

---

① 中共中央文献研究室，中央档案馆．建国以来刘少奇文稿：第1册［M］．北京：中央文献出版社，2005：154-155.

② 同①155.

③ 中央档案馆，中共中央文献研究室．中共中央文件选集：1949年10月—1966年5月：第2册［M］．北京：人民出版社，2013：84.

刘少奇在中国人民大学开学典礼讲话开始就指出，中国人民大学是一所“新大学”。他说：“这个大学是我们新中国办的第一所新式大学，是中国历史上前所未有过的大学，中国将来的许多大学都要学习我们中国人民大学的经验，按照中国人民大学的样子来办”。这充分说明了中国人民大学在中央领导同志心目中的标杆作用和示范意义。刘少奇希望人民大学能探索出中国新型高等教育的发展道路，在他的设想中，“将来还要多办这样的学校，但现在是办不到的，经费、人力都很困难，待有了经验、有了基础以后，才可以多办。”

刘少奇解释了为什么中央急于创办一所“新大学”。他认为，党从旧政权手中接手的旧大学“有很多的缺点和错误。因为办学的基本目的和方针是错误的，学校是为资产阶级压迫人民、剥削人民服务的”。新中国的大学要教育出为人民服务的干部，依靠旧大学是行不通的。况且，新中国迫切需要大量建国干部，“我们等不及了，我们要开始办新的大学。”

刘少奇对中国人民大学的学科及专业设置进行了说明。他首先指出，中国人民大学的办学目的是要培养新中国的干部，基于此，人大设置的专业均与管理、经济、政治、外交等国家“上层建筑”密切相关，如经济计划、财政信用、工厂管理、合作社、贸易、法律、外交、俄文等。刘少奇认为，旧大学中这些专业培养出的学生在新中国无法使用，只能依靠“新大学”来培养，他明确地说，“为什么要设立这八个系呢？原因是旧大学中这些系毕业出来的学生我们很难采用”。

刘少奇对学生学习和学校办学提出了具体要求。他强调学好俄文是搞好学习的基础，他告诫学生们，“你们如果能够尽早把俄文学好，就能够了解更多的新知识。学好俄文是你们学习新知识的一个重要工具，对于你们的学习具有决定意义”①。他要求学生们把自己学习的专业当成终身从事的事业，不要像旧大学的学生一样出现所学非所用、自己用的没学过、学了的不用的情况。刘少奇对学生的思想政治素质提出了明确要求，他要求学生们要树立为人民服务的马列主义基本观点，要为人民的利益去服务，要改造中国，要走向社会主义。

朱德也在开学典礼上发表了讲话。

中央领导同志的讲话激励了在场师生的奋斗之志。1950 年 1 月入读中国人

① 中共中央文献研究室刘少奇研究组，中央教育科学研究所．刘少奇论教育［M］．北京：教育科学出版社，1998：91，97，92，92，93，95.

民大学俄文系的陈家懋参加了开学典礼，他回忆，由于抗美援朝战争爆发，不少同学想上战场，或是尽快工作，但听了中央领导同志的讲话，就觉得一定要安下心学习，以便学好本领，报效国家[①]。成仿吾则回忆："听到少奇同志这番话后，感到是对中国人民大学的莫大鞭策，同时感到自己的责任重大。"[②]

四、关心学校办学和发展

作为一所新大学，初生的中国人民大学必然会遇到种种问题和困难，其办学必然会经历探索和完善的过程，在这一过程中，中央领导同志频繁地与学校管理者保持沟通，对办学思路和方向给予明确指引，对办学中的具体问题给予及时具体的指导，多次亲自协调相关工作。

1951 年春，为照顾刚到中国人民大学上学的劳动模范和工农干部文化低、身体差、学习吃力的困难，毛泽东亲笔写信给吴玉章，就学生学习负担问题作了专门批示："必须减少学习时间，保护健康。"[③] 还有一次在国庆游行前夕，毛泽东考虑到学生们的辛劳，专门致信中国人民大学，要求校方不要让学生淋雨受凉，要为学生提前烧好姜糖水[④]。

1951 年 2 月 16 日，就学校与党和国家相关部门联系的问题，胡锡奎副校长给刘少奇写信，提出了学校工作面临的三个问题。接到胡锡奎来信的第二天 2 月 17 日，刘少奇即给陈云、薄一波等写亲笔信，要求解决中国人民大学提出的三个问题，他在信中表示，"使人民大学领导干部和教育干部参加实际工作的会议，是有益处的。胡锡奎同志提出的三项意见，是对的"[⑤]。刘少奇甚至为每件事项明确了具体的责任人，并表示学校负责人可以直接找中央有关负责同志接洽。

这之后不到一个月，中国人民大学第 34 次行政会议研究确定了下学期的招

---

① 中国人民大学校友工作办公室．人大往事：第 1 卷［M］．北京：中国人民大学出版社，2005：90.

② 中国人民大学校友工作办公室．中国人民大学回忆录：1950—2000［M］．北京：中国人民大学出版社，2007：8.

③④ 刘向兵，丁莹．毛泽东与中国人民大学（二）［J］．中国社会科学报，2012-08-22（B07）.

⑤ 中国人民大学校史研究丛书编委会．中国人民大学纪事：上卷［M］．北京：中国人民大学出版社，2007：9.

生计划，吴玉章、胡锡奎、成仿吾三位校领导于3月21日联名给刘少奇、陆定一、安子文同志写信，报告学校1951年秋季招生计划有关问题。刘少奇旋即批复表示同意。

为了扩大办学规模，满足社会主义经济建设的需求，1951年6月，经中央和教育部批准，中国人民大学决定着手创办函授教育。10月12日，吴玉章校长，胡锡奎、成仿吾副校长为此事联名致函胡乔木、安子文、钱俊瑞，报告有关函授教育的设想和规划，拟设置函授专修班，在全国几个大城市招收不脱离原工作岗位的学员参加学习，并请他们转呈刘少奇同志。11月5日，刘少奇同志对此报告作出批示："可根据此办法在京津及其他城市的若干机关先行试办，待有经验后，再发指示。函授部组织亦从缓办，先指定二三人试办。"①

1952年9月1日，刘少奇亲自批发《中央关于培养高等中等学校马列主义理论师资的指示》，在中国人民大学创设马克思列宁主义研究班②。研究班开办后，卓有成效地培养了大量高校政治理论师资，7年时间培养了2 500多名研究生，其中大多数人成为各高校马克思主义理论教学和研究的骨干或领导力量。

1952年下半年，中国人民大学阿尔马索夫等7位苏联专家教授提出请求，希望能到上海、南京两地参观、演讲，教授政治经济学、马列主义、经济政策和俄文教学法等课程，时间大约一周。时任教育部副部长、中苏友好协会总会总干事钱俊瑞写信给刘少奇和周恩来，请示此事，表示如果中央同意可以由中苏友好协会和中国人民大学派员陪同。刘少奇批示表示同意安排中国人民大学的苏联专家到外地讲学，并叮嘱钱俊瑞要提前组织好演讲，最好安排到高校去讲，"而不要召集一般的讲演会，以免费力或人太少"③。周恩来也表示同意。

1954年9月1日，外交部党组向周恩来报告外交学院筹备事宜，认为由于时间仓促和各种条件困难，立即单独成立外交学院还不可能，建议外交学院暂时附设在人民大学，学员的教育计划由人民大学外交系负责拟定，待条件成熟时再以人民大学外交系为基础组建外交学院。周恩来阅后批示，"拟予同意。请少奇同

① 黄达．吴玉章与中国人民大学［M］．太原：山西教育出版社，1996：168.

② 中共中央文献研究室，中央档案馆．建国以来刘少奇文稿：第4册［M］．北京：中央文献出版社出版，2005：459.

③ 同②486.

志批准”[①]。人民大学由此承担了孵化外交学院的任务。

五、结语

中国人民大学在以毛泽东、刘少奇、周恩来、朱德为代表的第一代中央领导同志的直接领导和亲切关怀下发展壮大的历程表明，中国新型高等教育扎根中国大地，有着不同于西方高校的基因和底色：一是在办学方向上坚持党的领导，人民大学创办的初衷就是党想办一所直接领导的新大学，学校的一切工作都是在党的领导下进行的。二是在办学思想上始终坚持马克思主义的指导地位，探索确立了高校思想政治工作制度，人民大学从建校之初就建立马克思主义理论学科和课程，以培养思政师资为任务，加强对学生的马克思主义教育，形成了重视思想政治工作的传统。三是在办学宗旨上始终坚持为党和人民的事业服务，刘少奇在人民大学开学典礼的讲话上多次提到“为人民的利益去服务”，这种传统一直延续下来，形成了中国人民大学始终与党和国家同呼吸共命运的校风。四是在办学对象上坚持开门办学，采取一系列措施，培养工农学生成为国家各项建设事业的骨干力量，在招生、教学等环节都充分照顾工农学生特点。2016 年 12 月 7 日，习近平总书记在全国高校思想政治工作会议上的重要讲话着眼于我国高等教育发展道路和我国高校鲜明特质，回答了中国共产党领导和创办的高校能否建成世界一流大学等一系列重大命题，强调了教育自信。中国人民大学的创立和发展，无疑是我们树立扎根中国大地办世界一流大学自信，走中国特色高等教育发展之路的动力源泉和生动注脚。

（作者单位：中国人民大学学校办公室；原刊载于《中国人民大学（校报）》第 1631 期）

① 中共中央文献研究室，中央档案馆．建国以来刘少奇文稿：第 6 册［M］．北京：中央文献出版社出版，2005：348－349.

不忘初心·砥砺前行

★★★★★

始终奋进在时代前列

(1937-2017)

“实事求是”校训石

（中国人民大学图片与视频中心供图）

中国人民大学

（中国人民大学网络新闻社刘立楠供图）

吴玉章像

（中国人民大学图片与视频中心袁源供图）

校友会为80周年校庆捐赠的寿山石

（中国人民大学图片与视频中心袁源供图）

建设人民满意的世界一流大学

靳 诺 刘 伟

2016年底，习近平总书记在全国高校思想政治工作会议上指出，“我国有独特的历史、独特的文化、独特的国情，决定了我国必须走自己的高等教育发展道路，扎实办好中国特色社会主义高校”[①]，为我国高校指明了发展方向。党的十八大以来，作为我们党亲手创办的新中国第一所新型正规大学，中国人民大学深入贯彻落实习近平总书记系列重要讲话精神和治国理政新理念新思想新战略，弘扬自陕北公学创办以来80年的办学经验，牢牢把握国家“双一流”建设的历史契机，扎根中国大地办学，坚持为人民服务、为中国共产党治国理政服务、为巩固和发展中国特色社会主义制度服务、为改革开放和社会主义现代化建设服务，办学治校水平不断提升、各项事业迈上新台阶，为建设“有特色、高水平、国际性”的“中国特色、世界一流”大学奠定了坚实基础。

弘扬“与党和国家同呼吸、共命运”的光荣传统，加强学校党的领导，始终坚持中国特色社会主义办学方向。中国人民大学是一所有着红色基因的著名高等学府，始终坚定地跟党走是学校的优良传统。党的十八大以来，中国人民大学高举中国特色社会主义伟大旗帜，认真贯彻落实全面从严治党各项要求，全面加强和改进学校党的领导。我们把深入学习贯彻习近平总书记系列重要讲话精神作为加强党的领导的政治保障，通过举办各种学习活动强化理论武装，不断增强党员领导干部的政治意识、大局意识、核心意识、看齐意识，坚定广大师生投身中国特色、世界一流大学建设的理想信念。我们把坚持和完善党委领导下的校长负责

---

① 习近平：把思想政治工作贯穿教育教学全过程［EB/OL］.（2016-12-08）［2016-12-08］.http://www.xinhuanet.com/politics/2016-12/08/c_1120082577.htm.

制作为加强党的领导的制度保障，发挥党委的领导核心作用，坚持集体领导和个人分工负责相结合，坚持科学决策、民主决策、依法决策，建立健全党委统一领导、党政分工合作、协调运行的工作机制，不断完善具有中国特色的现代大学治理体系。我们把推进“两学一做”[①] 学习教育常态化制度化作为加强党的领导的组织保障，严肃党内政治生活，强化责任落实，坚持把基层党建工作和中心工作一起谋划、一起部署、一起考核，不断增强各级党组织的凝聚力战斗力，坚决防止出现党的领导弱化的倾向。我们把加强意识形态工作作为加强党的领导的思想保障，以意识形态阵地管理为抓手，确保马克思主义的指导，决不给错误的思想言论提供传播平台；以师德师风建设为重点，严格落实师德一票否决制度，引导广大教师做到坚持教书和育人相统一、言传和身教相统一、潜心问道和关注社会相统一、学术自由和学术规范相统一，维护校园的和谐稳定。

围绕“立德树人”的根本任务，加强人才培养体系建设，努力造就更多优秀的“人民共和国建设者”。高校立身之本在于立德树人。只有培养出一流人才的高校，才能够成为世界一流大学。党的十八大以来，中国人民大学坚持立德树人，突出人才培养核心地位，深刻把握“培养什么样的人、如何培养人以及为谁培养人这个根本问题”[②]。夯实课程育人“主渠道”[③]，深化思想政治理论课改革，打造具有全国示范意义的思想政治理论课教学模式，增强思想政治理论课的吸引力感染力说服力，进一步完善“一体两翼”的教学模式，促进思想政治理论教育与专业教育紧密结合，培养德才兼备、又红又专的优秀人才。发挥科研育人突出优势，鼓励学生参与到重大理论课题、实践课题的研究探索中，加强对学生创新意识和实践能力的培养，坚定勇攀高峰、努力开拓的科研信念。构建实践育人完整体系，丰富和完善以“红船领航”、“党员先锋营”和“千人百村”暑期社会实践为代表的党政团学联动社会实践体系，引导学生深入基层受教育、长才干、做贡献。营造文化育人良好氛围，弘扬中华优秀传统文化、革命文化和社会主义先

---

① 关于在全体党员中开展“学党章党规、学系列讲话，做合格党员”学习教育方案［Z］. 中共中央办公厅，2016年2月28日.

② 习近平：把思想政治工作贯穿教育教学全过程［EB/OL］.（2016-12-08）［2016-12-08］. http://www.xinhuanet.com/politics/2016-12/08/c_1120082577.htm.

③ 陈福生. 扎实推进高校思想政治理论课建设［N］. 光明日报，2015-06-07.

进文化，学习宣传吴玉章、成仿吾、郭影秋、张腾霄等老一辈革命家、教育家的革命精神和高尚品格，引导青年学子树立爱党、爱国、爱校的自尊、自信和自豪。

牢记“始终奋进在时代前列”的使命担当，着力加强学科建设，不断夯实世界一流大学建设的学科基础。学科建设水平是衡量一所大学核心竞争力的重要指标，是建设世界一流大学的重要支撑。党的十八大以来，中国人民大学认真贯彻“双一流”建设各项要求，进一步完善“主干的文科、精干的理工科”的学科体系，凝练学科发展方向，做强优势学科，扶持特色学科，全面提升学校的学科整体实力和水平。一是打造学科“珠峰”，集中优势资源，加大支持力度，促进马克思主义理论、理论经济学、应用经济学、法学、政治学、社会学、新闻传播学、统计学、工商管理、公共管理等优势学科继续保持国内领先地位，力争2020年进入世界一流行列。二是建设学科“高峰”，凝练学术方向，突出学科特色，全面提升哲学、农林经济管理、图书情报与档案管理、中国史等学科建设水平和学术创新能力，使其具备冲击世界一流的基础和实力。三是构筑学科“高原”，推动具有人大特色的学科群建设，全面振兴人文学科，加强支撑学科建设，建立交叉学科、新兴学科自然生长培育机制，使优势学科和支撑学科相辅相成、相互促进，打造具有基础作用和引领作用的学科体系。

（作者分别系中国人民大学党委书记、中国人民大学校长；原刊载于《光明日报》2017年9月7日）

建设世界一流大学一流学科有“形”更要有“魂”

靳　诺

习近平总书记明确指出，“办好中国的世界一流大学，必须有中国特色”①。中国的“双一流”建设要在认真吸收世界先进办学经验的基础上，立足中国大地，走中国特色的世界一流大学创新发展之路。

世界一流大学的衡量、评价是一个极为复杂的课题，虽然国际上推出了不同的大学评价指标体系和排行榜，有些方面的指标是共同的、可以衡量的，但有些方面是不同的，难以衡量。过去我们较为关注一流大学的共性特征和可以衡量的外在指标，并向这方面努力，但是，一流大学不仅要有这些外显的“形”，更要有内在的“魂”，而这个“魂”没有也无法用统一的国际标准来衡量，也没有一致的路径可以选择，需要根据各国大学发展的历史背景、文化特色、制度特点和时代要求来探寻。中国大学在建设“双一流”的进程中，必须寻求和确立自己的“魂”，把“中国特色”注入到大学建设的“魂”中，体现中国一流大学的学术自觉和文化自信，这是“双一流”建设指导思想的重大转变和创新。

中国特色与世界一流是辩证统一的，只有立足中国实际，走中国特色发展之路，才能建成世界一流大学与一流学科；只有以世界一流为标准，瞄准世界一流，不懈努力奋斗，才能与世界一流大学平等交流对话，跻身于世界一流大学之林。没有一流大学和一流学科的本土化，就不存在也不可能实现一流大学与一流

---

① 习近平在北京大学考察时强调：青年要自觉践行社会主义核心价值观 与祖国和人民同行努力创造精彩人生［EB/OL］．（2014－05－05）［2014－05－05］．http：//politics. people. com. cn/n/2014/0505/c1024－24973035. html.

学科的独特性与国际影响力。没有瞄准世界一流的中国特色，很可能成为低水平的代名词。

中国特色主要体现在办学理念、发展路径与体制机制等方面，贯穿于高等学校的人才培养、科学研究、社会服务与文化传承等职能中。近年来，中国人民大学在贯彻“中国特色、世界一流”的道路上做了一些有益探索，始终坚持问题意识、国际意识、本土意识，聚焦中国特色社会主义建设中的一系列重大政治、经济、文化和社会问题，立足世界学术前沿进行交流、合作与研究，并引导师生进一步了解国情、社情、民情，正确认识国家前途命运和自身社会责任。

中国特色的世界一流学科既是学科建设的奋斗目标，也是评价标准。这就要求我们，既要在可比性指标上达到甚至超越世界一流水平，更要为实现中华民族伟大复兴的中国梦做出突出贡献；既要以建成一流学科为努力方向，更要积极探索一流学科建设的中国经验与发展模式。“双一流”聚焦学科发展，是发展理念的重大创新。一流学科建设并不代表只发展优势学科，从某种意义上说，大学的各个学科类似有机关联的生态系统，既有乔木，也有灌木，它们相互支持、共同生长，科学研究就是在学科交叉融合中发展的。有数据显示，最近25年，诺贝尔奖项中有近一半属于交叉性的合作研究成果。大学更需要在多科性和综合化的环境中培养优秀人才，使科学研究的一流和人才培养的一流相互融合。就拿中国人民大学来说，以9个排名全国第一的学科为龙头，带动相关学科的发展，建立了以人文社会科学为主的多学科协调发展的生态系统。

“双一流”建设呼唤评价理念与机制的创新。大学的事务、活动和功能宽泛且多元，价值、精神和使命深远而独特。学科评价要促进特色发展，不是鼓励以数量和规模的“大”取胜，而要以学科的质量与水平的“优”来胜出。评价要尊重中国国情，不能简单照搬国外的评价体系，也不能关起门作评价，而应将其放在世界坐标系中去比较。对于各种大学排行榜，尤其是国际大学排行榜，更要保持清醒的头脑对其进行分析看待。只有发现自身优势、克服不足，才能坚定地向着世界一流大学和一流学科的奋斗目标迈进。

（作者系中国人民大学党委书记、教授；原刊载于《人民日报》2016年4月14日）

办好中国特色社会主义大学任重而道远

靳　诺

2016 年全国高校思想政治工作会议是高校改革发展、党的建设和思想政治工作的里程碑，是中国特色社会主义高等教育事业发展的里程碑。习近平总书记的重要讲话深刻阐明了社会主义办学方向，精辟阐述了加强和改进高校思想政治工作的重大意义，鲜明提出了高校思想政治工作的新要求，对于在新形势下全面贯彻党的教育方针，围绕立德树人的根本任务，深入推进高校思想政治工作创新发展具有重要指导意义，是加强和改进新形势下高校思想政治工作的纲领性文件，也是指导办好中国特色社会主义高校的纲领性文件。

一、坚持“党的领导”，坚定中国特色社会主义高校办学方向

加强党对高校的领导，改进高校党的建设，是办好中国特色社会主义大学的根本保证。习近平总书记在全国高校思想政治工作会议上强调指出，“我们的高校是党领导下的高校，是中国特色社会主义高校”①。

首先，应当牢固树立“四个意识”，坚持党管高校。办好我国高等教育，必须坚持中国共产党的领导，牢牢掌握党对高校思想政治工作的领导权和话语权，使高校成为坚持党的领导的坚强阵地。应当紧密团结在以习近平同志为核心的党中央周围，牢固树立政治意识、大局意识、核心意识、看齐意识，找准高校思想政治工作的方向，全面加强和提升思想政治工作能力和水平。高校肩负着学习研

① 习近平：把思想政治工作贯穿教育教学全过程［EB/OL］.（2016－12－08）［2016－12－08］. http：//www. xinhuanet. com/politics/2016－12/08/c_1120082577. htm.

究与宣传马克思主义、培养中国特色社会主义事业合格建设者和可靠接班人双重历史任务，这一重任能否落实到位、落实情况怎么样，关键在于高校党委是否真正地承担起管党治党、办学治校主体责任，关键在于高校党委在思想政治工作方面把方向、管大局、作决策、保落实是否有效，关键在于高校领导班子和教师队伍能否形成合力。应当全面加强高校党委对学校工作特别是思想政治工作的领导，将思想政治工作摆在重要位置，加快形成党委统一领导、各部门齐抓共管的一体化工作格局。应当着力加强高校党组织建设，增强基层党组织创新活力，加强党管高校的能力，提升党对高校的领导力，从而增强新形势下高校党组织的定力和战斗力，保持高校党组织的先进性纯洁性。应当深入贯彻落实党中央提出的高校思想政治工作新理念新思路，在党中央的坚强领导下服下“定心丸”，注入“强心剂”。

其次，应当巩固马克思主义指导地位，办好中国特色社会主义大学。办好中国特色社会主义大学，必须坚持以马克思主义为指导，坚持中国特色社会主义的方向，以党的工作方针贯穿高校教育工作全局，将党和国家的工作重点和发展方向与高校的人才培养方向紧密相连，使高校的各项工作为人民服务，为中国共产党的治国理政服务，为改革开放的伟大事业和中国特色社会主义现代化建设服务。办好中国特色社会主义大学，必须不断巩固马克思主义在高校意识形态领域的指导地位，牢牢把握高校意识形态工作领导权、话语权，强化思想引领，保障高校思想政治工作行之有效地开展与深化。办好中国特色社会主义大学，必须坚定马克思主义理想信念，自觉把中国特色社会主义理论体系贯穿教书育人全过程。中国的高校，必然要有鲜明的社会主义属性，必然要坚持中国共产党的领导，这是我们中国大学的最大特色。

再次，应当积极践行“四个讲清楚”，扎根中国大地办大学。我国的历史与国情决定了高等教育的发展道路和指导思想具有鲜明特质，高校是中国共产党领导下的高校，是中国特色社会主义高校。必须坚定中国特色社会主义高校办学方向，以马克思主义为指导，高举中国特色社会主义旗帜，全面贯彻落实党的教育方针，确保高等教育的发展坚持正确的政治方向、政治立场。习近平总书记在2013年全国宣传思想工作会议中指出，在宣传阐释中国特色时要做到“四个讲

清楚"①，应当阐明中国特色社会主义植根于中华文化沃土，独特的文化传统、独特的历史命运、独特的基本国情，注定了我们必然要走适合自己特点的发展道路。中国共产党创办高等教育的成功历史经验证明，中国共产党领导下的中国高等教育始终与国家的历史进程共命运，与实现中华民族伟大复兴的中国梦相联系；始终跟随时代的发展与时俱进，立时代之潮头，发思想之先声；始终与探索马克思主义中国化的理论与实践紧密相连，在革命历程中寻求真理，实现中华民族的伟大复兴。立足于优良的革命传统，扎根于红色的土壤，中国人民大学始终与国家的命运和民族的前途紧密相连，与中国革命史和中华奋斗史一脉相承。作为中国共产党在新中国创办的第一所新型正规大学，中国人民大学始终高举中国特色社会主义伟大旗帜，坚守马克思主义信仰，立场鲜明地拥护中央各项决议，倾力打造马克思主义理论研究高地和舆论宣传重镇，在思想政治工作方面有着厚重的历史积淀、优良的传统和宝贵的经验。

二、围绕"立德树人"，加强和改进高校思想政治工作

高校"培养什么样的人""怎样培养人""为谁培养人"是建设中国特色社会主义大学要解决的根本问题。做好新形势下高校思想政治工作，全面贯彻党的教育方针，是确保中国特色社会主义事业后继有人，确保先辈的"红色江山代代传"的重要保证。

首先，以"立德树人"为中心环节，提升思想政治工作质量。习近平总书记从推进伟大事业、建设伟大工程、进行新的伟大斗争的高度，从培养中国特色社会主义合格建设者和可靠接班人的高度对高校思想政治工作提出新要求。高校的根本任务是坚持立德树人。立德，就是要立社会主义核心价值观的大德；树人，就是要为党和人民培养出德智体美全面发展的可信、可亲、可用的合格建设者和可靠接班人。高校思想政治教育的根本目的在于，基于中国历史和现实特色，塑造一代代具有世界眼光，具有强烈使命感的青年，推动中国特色社会主义事业向

① 习近平：胸怀大局把握大势着眼大事 把宣传思想工作做更好［EB/OL］.（2013-08-20）［2013-08-20］. http://jhsjk.people.cn/article/22634049.

前发展。落实习近平总书记重要讲话精神，关键在于坚持把立德树人作为中心环节，积极遵循思想政治教育教学规律，深刻把握新时期学生的思想特点，提升教学的科学性与艺术性，加强教育的针对性与有效性，提升高校思想政治工作的质量和水平。

其次，以社会主义核心价值观为引领，贯穿教育教学全过程。要毫不含糊地办好中国特色社会主义高校，要坚持不懈地用马克思主义理论武装头脑，要持之以恒地用社会主义核心价值观这一最大公约数凝魂聚气，不断增强广大青年学生对中国特色社会主义的道路自信、理论自信、制度自信、文化自信。“核心价值观是一个民族赖以维系的精神纽带，是一个国家共同的思想道德基础”①。共同的核心价值观是一个民族、一个国家的灵魂和根基，是每一个中国人的精神给养。高校责无旁贷，应当大力弘扬和践行社会主义核心价值观，凝聚社会共识，引领社会思潮，构建时代精神，为国家强基固本。应当积极引导学校师生将社会主义核心价值观视为自己的基本遵循，扣好人生的一粒又一粒扣子，并身体力行大力将其推广到全社会。

再次，以良好校风校情为基础，坚持“四个不懈”不动摇。习近平总书记提出，高校应当坚持不懈传播马克思主义科学理论，坚持不懈培育和弘扬社会主义核心价值观，坚持不懈促进高校和谐稳定，坚持不懈培育优良校风和学风。建设中国特色社会主义大学，必须建设具有中国特色、体现时代要求的大学文化，培育和弘扬以爱国主义为核心的民族精神和以改革创新为核心的时代精神，继承和发扬中华优秀传统文化，实现以文化人、以文育人、以文润心。建设中国特色社会主义大学，必须着力发掘自身独特的校史校庆，在学校发展历史中探索与创新高校思想政治工作的思路与方法，以校风、校训、校史、校情为依托打造积极的校园文化，将思想政治工作覆盖校园生活全方位，贯穿教育教学全过程。中国人民大学的校训——“实事求是”即强调务实求真，坚持追寻真理。从陕北公学一路走来，实事求是的精神始终贯穿于人民大学的发展历程，成为人民大学一以贯之的精神品格。

---

① 习近平在文艺工作座谈会上的讲话［EB/OL］.（2015－10－15）［2015－10－15］. http：//jhsjk. people. cn/article/27699249.

三、实现“全程育人”，构建立体化高校思想政治工作

深入贯彻落实高校思想政治工作会议精神，关键在于强化执行、狠抓落实。态度上应当“绷紧弓弦”，深刻认识高校思想政治工作的主旋律；行动上应当“拧紧螺丝”，积极贯彻落实习近平总书记重要讲话精神；精神上应当“上足发条”，吹响持久性地加强与改进高校思想政治工作的号角。

首先，将学科发展与思政工作有机结合，实现学科育人。要充分发挥高校学科专业优势、人才资源优势和理论研究优势，并将其转化为人才培养优势。在这方面，中国人民大学有独到的经验与优势。中国人民大学拥有国内最齐全的马克思主义学科，形成了强大的马克思主义学科群优势，在打造思想政治理论课程体系上能够实现互学互鉴、共同发展，在推进思想政治工作育人功能上能够实现资源集成、同频共振。依托强大的师资力量和学科优势，围绕当今重大理论和实践问题，深入推进马克思主义基础理论研究，深入推进中国特色社会主义理论体系特别是习近平治国理政思想研究，深入推进马克思主义中国化、时代化、大众化研究，深入推进 21 世纪马克思主义研究，努力构建中国特色的马克思主义理论话语体系，打造马克思主义理论研究领域的“人大学派”，形成马克思主义理论教学研究的新高地，以透彻的理论培育学养深厚的青年马克思主义者，实现马克思主义学科群的育人功能。

其次，将课堂学习与课外实践有机结合，实现课程育人与实践育人。高校应当将社会主义核心价值观的教育切实融入到人才培养的全过程之中，教育引导学生认识世界和中国发展的大势、正确认识中国特色和国际比较、正确认识时代所赋予的责任和历史使命、正确认识远大抱负和脚踏实地，引领青年学生打牢马克思主义世界观和方法论的基本功底，坚守马克思主义的科学信仰和价值追求。中国人民大学全方位构建了充分体现社会主义核心价值观的思想政治理论课程体系和育人平台，在既有的思想政治理论必修课基础上，按照“必修课程与选修课程相结合、课程教学与自选讲座相结合、思政教育与专业教育相结合、课内学习与课外实践相结合”的思路，把社会主义核心价值观融入到全校各院系各专业人才培养路线图之中。启动“读史读经典”项目，定期举办马克思主义经典研习会，开展“社会主义核心价值观”主题阅读活动，设立“红船领航”新生党员先进性熔铸计划，通过课内外结合、教师指导和朋辈互助结合等方式，把社会主义核心价值观嵌入学生的日常生活。

再次，加强思政工作与队伍建设有机结合，实现管理育人。习近平总书记在高校思想政治工作会议上的讲话从全局和战略的高度出发，高瞻远瞩，高屋建瓴，对思想政治理论工作者作出了新指示，提出了新要求，表达了新期待。中国正处在大变革和大转型的时代，位于中华民族伟大复兴的关键期，这需要思政理论工作者增强责任感使命感，坚守理论阵地，筑牢思想防线，把握思想政治教育的时代性，将教学内容与世情国情相结合，将理论传授与党情民情相呼应，引导学生正确认识时代潮流、自觉抵制错误思潮。要增强思想政治教育的创新性，内容上始终坚持以马克思主义理论为指导，做到亮点突出、特色鲜明，更新思想政治工作育人理念和思路，推动工作理念、方法和措施“从天上回到人间，从空中落到地上”①，实现把“办好中国特色社会主义高校”② 这面旗帜插到每一名师生心里。

最后，加强思政工作与治国理政思想的有机结合，实现全程育人。全国高校思想政治工作会议是深入学习贯彻党的十八届六中全会精神的一次十分重要的会议，习近平总书记发表的重要讲话是党中央治国理政新理念新思想新战略的重要组成部分，具有深远的指导意义。应当从总体把握高校思想政治工作会议精神与习近平总书记系列重要讲话精神和治国理政新理念新思想新战略之间的理论脉络，深刻领会一以贯之的科学内涵和精神实质。统筹协调、整体谋划高校思想政治工作，与高校宣传思想工作、意识形态工作、培育和践行社会主义核心价值观、思想政治理论课建设体系创新、大学生理想信念教育、学习和研读马克思主义经典著作等工作内容联系起来，深刻把握思想脉络，深入贯通理论内涵，贯彻落实精神实质。

走具有中国特色的高等教育发展道路，扎实办好中国特色社会主义高校，是时代为我们提出的重大任务。要解决和回应这一重大课题，必须加强党对高校的

① 陈宝生：让思政课的内容方法从天上回到人间．［EB/OL］.（2016-12-05）［2016-12-05］．http：//edu. people. com. cn/n1/2016/1205/c367001-28926618. html.

② 习近平：把思想政治工作贯穿教育教学全过程［EB/OL］.（2016-12-08）［2016-12-08］．http：//www. xinhuanet. com/politics/2016-12/08/c_1120082577. htm.

领导，坚定中国特色社会主义办学方向，巩固马克思主义指导地位。必须将立德树人作为中心环节，不断加强和改进高校思想政治工作，把社会主义核心价值观贯穿教育教学全过程。必须构建高校思想政治工作立体化，实现学科发展、课程建设、队伍建设的有机结合，实现全方位育人，努力开创我国高等教育事业发展新局面。

（作者系中国人民大学党委书记、教授；原刊载于《人民论坛》2017年第11期）

推进“双一流”建设 培养更多优秀“人民共和国建设者”

刘　伟

“五四”青年节前夕，习近平总书记到中国政法大学考察并发表重要讲话①。讲话对立足中国国情提升法学教育水平，提高包括法学在内的哲学社会科学高等教育质量提出了明确要求，对进一步完善人才培养体系、培养更多优秀青年人才提出了殷切期望。总书记的讲话高屋建瓴、内涵丰富，对于进一步推进“双一流”建设，培养更多优秀青年人才具有重要指导意义。

中国人民大学是新中国成立后第一所创立正规高等法学教育机构的大学，被誉为中国法学教育的“工作母机”和“法学家的摇篮”，已经成为中国法学教育的重镇、凝聚国内优秀法律人才的平台和沟通中外法学交流的窗口。作为党亲手创办的新中国第一所新型正规大学，中国人民大学将以习近平总书记重要讲话精神为指引，深化综合改革、提升办学水平，继续发挥好在中国哲学社会科学高等教育领域的旗帜和引领作用。

第一，以时不我待、奋勇前行的使命担当来加强和改进法学教育工作。

一要坚定社会主义的法学教育方向，坚决拥护党的领导，坚持以马克思主义法学思想和中国特色社会主义法治理论为指导，弘扬中国特色社会主义的法学价值观和教育观。二要创新法学教育内容，及时有效地将依法治国、依规治党的新理念新战略新举措以及中国特色社会主义法治建设的最新成果纳入到教育教学活动中来。三要创新法学教育的方法和手段，贴近“90后”大学生的接受特点和

① 习近平在中国政法大学考察［EB/OL］.（2017-05-03）［2017-05-03］. http：//jhsjk.people.cn/article/29252264.

学习规律，善于运用互联网等新技术，提升教育的亲和力和亲近感。

第二，以扎根中国大地、立足中国国情的教育自信推进“双一流”建设。

首先，立足中国国情，建立健全中国特色法学学科体系。进一步丰富和发展马克思主义法学理论，总结归纳中国共产党革命、建设，尤其是改革开放30多年来的法治实践经验，充实和完善法学人才培养体系。其次，坚持中国特色，繁荣发展哲学社会科学，研究和破解中国经济社会发展中的战略性全局性问题，坚持为人民服务、为中国共产党治国理政服务、为巩固和发展中国特色社会主义制度服务、为改革开放和社会主义现代化建设服务，建设“人民满意、世界一流”大学。

第三，以“立学为民、治学报国”的崇高信念培养更多优秀的“人民共和国建设者”。

从1950年成立至今，中国人民大学已经培养了20多万名优秀毕业生，其中包含很多优秀的法治人才，为中国的法治建设进程贡献了独特的智慧和力量。当前必须全面贯彻党中央关于高等教育的战略部署，以“立德树人”为根本，弘扬“立学为民、治学报国”的优良传统，培养更多优秀的“人民共和国建设者”，为中国特色社会主义现代化事业提供强有力的人才支持。

（作者系中国人民大学校长、教授；原刊载于人民网教育频道2017年5月4日）

在“双一流”建设中创办一流的本科教育

——洪大用访谈

陈骊骊

记者：您认为本科人才培养对于高等教育的重要意义何在？

洪大用：人才培养是高校办学的出发点和落脚点，本科教育是中国高等教育结构的主体部分，加强和改进本科人才培养具有特殊重要的意义。国务院 2015 年下发的《统筹推进世界一流大学和一流学科建设总体方案》中，明确提出要“坚持立德树人，突出人才培养的核心地位，着力培养具有历史使命感和社会责任心，富有创新精神和实践能力的各类创新型、应用型、复合型优秀人才”，为新时代中国高等教育发展指明了前进方向。党中央在“十三五”规划建议中进一步强调了一流本科是一流大学的重要基础和基本特征，要求高校编制“十三五”规划要进一步强化人才培养中心地位，大力发展一流本科教育，将建设一流本科教育纳入“双一流”建设方案，不断提升教学水平和创新能力。在“双一流”建设中重视人才培养，强调提升教学水平，是回归大学本位的重要标志，是一流大学建设向纵深推进和向成熟发展的重要标志。人才培养是大学最为核心的职能，教学、科研和社会服务都应该有利于人才培养。遍览世界一流大学的办学实践，其在人才培养中又都普遍重视本科人才培养，这不仅是因为本科教育是高等教育的基础，是学校赖以生存、发展和赢得长期认同的基础，而且是因为本科教育是大学展示办学质量、服务社会和履行使命的最重要平台。在一段时期内，通过专门项目改善大学办学条件，加强学科建设、科学研究和师资队伍建设，这是非常必要的。现在应该是更进一步发挥前期建设效益，促进学科科研优势转化为人才培养优势，在大学内部形成以人才培养为中心的良好生态，整体推进一流大学建

设的新时代了。

记者：您认为在人民大学“双一流”建设的过程中如何凸显本科教育的重要性？

洪大用：对于中国人民大学而言，本科教育始终是我们的重要组成部分，“立学为民、治学报国”始终是我们的办学宗旨，“国民表率、社会栋梁”始终是我们的人才培养目标。在学校事业发展过程中，持续加强和改进人才培养是我们首要的战略目标。从2011年开始，经过广泛的调查研究，我校在总结本科人才培养经验与教训的基础上，重新规划了本科人才培养路线图，并于2013年正式发布实施。我们的“路线图”明确强调了“立德树人、以德为先”的人才培养理念，着眼于促进学生德智体美劳全面发展，突出了承担使命、探究知识、增强能力、奉献社会的培养要求。结合学校传统和学科水平、师资队伍、学生素质的比较优势，我们以促进研究性学习为核心，着眼于全面建设研究型学习制度体系，通过精实课程、国际研学、名师沙龙、拓展支持、全员导师、研究实践、双选认证、公益服务等方面的制度建设，进一步完善人才培养方式，促进学生学习真知识、发现真问题、开展真研究、提出真见解，为承担使命、奉献社会并逐步成长为未来的“国民表率、社会栋梁”打下扎实基础。在学校制定的综合改革方案和“十三五”规划中，我们继续把提高本科人才培养质量作为一流大学和一流学科建设的重要内容。

记者：人民大学通过哪些具体措施打造一流的本科人才教育？

洪大用：在“双一流”建设中大力加强本科人才培养，创建一流的本科教育涉及很多方面，是一项需要持续推进的系统工程。我校创建一流本科教育，尤其体现在大力推进价值观养成、创新创业教育、国际化人才培养和提高教学水平等重点方面。

其中，养成学生适切的价值观体现在对学生培养的各个方面、各个环节。中国人民大学在本科人才培养实践中，除了持续改进和加强思想政治理论教育、加强师德师风建设之外，还积极探索开展诸如加强校史教育、引导学生阅读经典著作、促进学生对多元文化的学习和理解、引导学生深入城乡基层开展社会调查研究、将公益服务纳入毕业学分要求、促进朋辈互助与引导、推进互联网思政等多方面的特色教学活动，取得了比较显著的效果。

党中央、国务院作出了“深化高校创新创业教育改革”的重要决策，这项事关国家创新驱动发展战略、高等教育综合改革和毕业生更高质量就业创业的系统工程有力推进了我校更好地开展创新创业教育。自2002年被教育部确定为9所创新创业教育试点高校之一起，我们积极开展了系列工作，特别是近五年来，学校始终坚持将创新创业教育融入整个人才培养体系、与专业教育紧密结合；始终注重学生创新精神、创业意识和创新创业能力的训练和培养；始终贯彻“立德树人”之理念，以“国民表率、社会栋梁”之目标激励学生学习成长和创新创业，积极构建全员全过程全方位的创新创业教育体系，打造创新创业教育升级版。在这一过程中，我们特别重视三个“三位一体”：一是价值引领、能力培养和知识传授三位一体，积极促进学生全面发展，养成学生健康人格，提升学生综合素质，为学生毕业后的持续发展奠定良好基础。二是创业教育、创业训练和创业实践三位一体。创业教育体现在多层次、多样化的课程、讲座建设和持续推进的教学方式方法变革。创业训练包括了学生自主训练和导师指导的训练、创业竞赛等等形式。创业实践包括了有组织的创业观摩见习和学校自主创业实践平台建设。三是创新、创意、创业三位一体。我们认为创业的基础是创新，创新精神勃发产生创业的动能，创意是紧密结合我校人文社会科学优势的一种考量。创新、创意、创业三位一体教育是符合我校实际情况的一条特色路径。在“双一流”建设过程中，我们将结合实际情况，坚持以提升人才培养质量为中心，持续不断地完善创新创业教育体系。

与此同时，根据教育改革和发展规划纲要提出的“加强国际交流与合作”“引进优质教育资源”“提高我国教育国际化水平”“适应国家经济社会对外开放的要求，培养大批具有国际视野、通晓国际规则、能够参与国际事务和国际竞争的国际化人才”等要求，我们在“双一流”建设中特别重视加强国际化人才培养的创新思维。除了连续9年举办全英文教学的国际小学期、大力推进英语教学汉学、扩大学生国际交流、改进留学生培养等等之外，我们继续从大力推进多元国际化、双向国际化、国际性的共构、内涵国际化、主动国际化五个方面切入，致力于全面提升人才培养的国际化水平。

应当看到，改革开放以来，高等学校教育教学改革不断推进，取得了显著成果，但是对于人才培养核心环节的促动仍然有很大不足。我们认为，人才培养的

核心环节是教学过程。因此，尊重教育教学规律，推动人才培养改革，推进“双一流”建设，必须切实落实教育改革和发展规划纲要的要求，有力地直击教学过程，注重学思结合、知行统一、因材施教，切实推进教学过程优化，通过教学方式方法改革创新，强化教师和学生之间有效的良性互动，切实提高教学水平。在办学实践中，我们正在以下几个方面努力，以期通过教学过程持续优化提升教学水平：确立研究性学习的教学改革导向，坚持以转变学习方式为中心；为教师教学能力提升提供专业性支持，促进教师教学发展；完善并落实教学过程控制的各项制度安排；充分重视学情分析，切实做到以学生为中心组织教学过程；积极发挥信息技术在优化教学过程中的作用；进一步在高等学校营造整体性的重视人才培养的氛围，尊重和呵护教学学术，强化高校教学社区建设，培育健康的教学文化，切实以人才培养为中心组织开展高校教学、科研和社会服务等各项活动。

（被采访者系中国人民大学副校长、教授；原刊载于人大新闻网 2017 年 12 月 10 日）

“双一流”建设与高校人文社会科学创新发展之路

郑水泉

2016年5月17日，习近平总书记在哲学社会科学工作座谈会上发表重要讲话，深刻阐述了发展繁荣哲学社会科学的特殊重要意义，对加快构建中国特色哲学社会科学体系作出部署①。此前，国务院印发了《统筹推进世界一流大学和一流学科建设总体方案》（国发〔2015〕64号）（以下简称“双一流”总体方案），明确了未来三四十年内建设世界一流大学和一流学科的目标要求、任务和保障措施。从“双一流”总体方案到构建中国特色哲学社会科学体系的重大部署，均提出了明确的任务要求，为以人文社会科学为主的大学指出了未来发展的目标和方向。

一、关于高校建设“双一流”的标准问题

建设一流大学和一流学科，是党中央、国务院在新的历史时期，为提升我国高等教育发展水平、增强国家核心竞争力、奠定长远发展基础作出的重大战略决策，要深刻领会和把握“世界一流”的内涵和实质。

（一）要澄清两种关于“双一流”大学建设的认识

一种观点认为，建设“一流大学”就要以欧美大学为标准，向欧美大学看齐。实际上，“一流大学”的标准并非西方世界的，不能简单笼统断言欧美大学

① 习近平．在哲学社会科学工作座谈会上的讲话［M］．北京：人民出版社，2016.

模式就是中国大学努力的目标方向。一种观点认为，建设“一流学科”主要是理工学科，人文学科没有可比性。我们认为，“一流学科”并非完全等同于理工学科，人文社会科学是不可忽视的“软实力”，是建设“一流学科”的重要组成部分。

（二）进一步明确“一流”的标准并非单一的，而是多维度的

有学者将其一分为二，分为学术性标准和实践性标准，将世界一流学科分为两个体系。其中，盎格鲁-北美体系传统上强调学术自由、学术自治，重视学科的学术逻辑；欧洲大陆体系传统上强调国家需求、政府控制，重视学科的社会需求逻辑。虽然办大学具有一定的普遍规律，但对于不同国家、不同学科，标准的侧重点也应有所不同。中国推进“双一流”建设，不仅要在全球范围内寻找参照系，更要注意中国自己的文化、传统和现实。中国的学科建设，特别是人文社会科学建设，必须要在环顾世界一流标准体系的同时，探索和逐渐确定中国学科自己的标准。这既是时代赋予高校的使命，也是中国大学建设一流、提升质量、服务国家发展的迫切需求。

二、中国高校人文社会科学建设“双一流”的必要性

推进一流大学和一流学科建设，核心是要把握好“中国特色、世界一流”的要求，坚持扎根中国大地，办好中国特色社会主义大学。

（一）中国发展的经验呼唤人文社会科学进行阐释和总结

新中国经过 60 多年的发展，特别是改革开放 30 多年来的发展，经济总量排名已跃居全球第二，国际上需要中国作为一个大国发出自己的声音，人文社会科学要为中国在国际舞台上发声提供学理支持。中国特色社会主义实践不仅反映了中国社会的发展特征，也反映了人类社会发展规律；中国实践成果既体现了中国人民的智慧，也丰富了人类社会发展经验。人文社会科学通过中国自身问题的创造性解决和经验理论的系统性总结，一定可以为世界人文社会科学理论的发展做出独特贡献。

（二）中国面临的课题亟须人文社会科学作出回应和解答

高校人文社会科学建设"世界一流"是中国自身经济社会发展的需要。面对改革进入攻坚期和深水区、各种深层次矛盾和问题不断呈现、各类风险和挑战不断增多的新形势，如何提高改革决策水平、推进国家治理体系和治理能力现代化，迫切需要人文社会科学更好地发挥作用。面对世界范围内各种思想文化交流交融交锋的新形势，如何加快建设社会主义文化强国、增强文化软实力、提高我国在国际上的话语权，也迫切需要人文社会科学更好地发挥作用。面对全面从严治党进入重要阶段、党面临的风险和考验集中显现的新形势，如何不断提高党的领导水平和执政水平、增强拒腐防变和抵御风险能力，使党始终成为中国特色社会主义事业的坚强领导核心，这些问题和挑战的解决不可能完全照搬西方理论，而是需要立足中国国情和实际，用中国理论来进行回应和解答。正如习近平总书记所指出的："这是一个需要理论而且一定能够产生理论的时代，这是一个需要思想而且一定能够产生思想的时代。"① 中国的人文社会科学应当回应时代提出的要求，作出回答。

（三）世界秩序的重建需要中国人文社会科学承担责任和使命

当前世界经济发展到关键当口，面临着各种挑战，需要像中国这样的大国参与规划发展的可能性路径，并给出治理建议和具体方案。国际社会对全球治理的需求不断增加，全球治理体制变革已是大势所趋。在全球治理体制变革中，中华文化中积极的处世之道和治理理念，中国特色社会主义事业取得的成功经验，使得"中国共产党人和中国人民完全有信心为人类对更好社会制度的探索提供中国方案"②。高校智库承担着重要的责任和使命。作为一所以人文社会科学为主的大学，中国人民大学在这方面进行了一些有益尝试。2013年8月以来，中国人民大学连续举办3届研讨会，发布了全球首份G20智库共同声明，建立了全球首个"G20智库年会机制"。中国人民大学重阳金融研究院被认定为G20智库峰会（T20）牵头智库、"一带一路"常务理事。2016年的G20杭州峰会从提出承办的

① 习近平．在哲学社会科学工作座谈会上的讲话［M］．北京：人民出版社，2016：8.
② 习近平．在庆祝中国共产党成立95周年大会上的讲话［M］．北京：人民出版社，2016：14.

意向，到主题的选择、会议方案的确定，中国人民大学全程参与，作出了重要贡献。

三、中国高校人文社会科学创建“双一流”的可行性路径

中国特色和“世界一流”是统一的，“双一流”总体方案中有10处提到了“中国特色”。如何把“世界一流”与“中国特色”统一起来是创建“双一流”的重大课题，需要在实践中不断进行探索。要在坚持社会主义办学方向的前提下，把我们党创办高等教育的模式和经验与西方大学有益的管理方式和机制结合起来，把西方学术追求真理的精神和中国本土的家国情怀结合起来，把学习理论知识和解决实际问题结合起来，把办好世界一流大学与办人民满意的大学、让大学惠及民众、造福社会结合起来，在实践中逐渐摸索出一条适合中国大学建设“世界一流”人文社会科学的创新发展道路。

（一）立足中国实际，解决中国问题

要以我们正在做的事情为中心，解决实际问题。理论联系实际的精神是我们党亲手创办的新中国第一所大学——中国人民大学从陕北公学至今一直保持的优良传统。1937年，毛泽东同志为陕北公学题词“要造就一大批人，这些人是革命的先锋队。这些人具有政治远见。这些人充满着斗争精神和牺牲精神。这些人是胸怀坦白的，忠诚的，积极的，与正直的。这些人不谋私利，唯一的为着民族与社会的解放。这些人不怕困难，在困难面前总是坚定的，勇敢向前的。这些人不是狂妄分子，也不是风头主义者，而是脚踏实地富于实际精神的人们。中国要有一大群这样的先锋分子，中国革命的任务就能够顺利的解决。”① 学校几代人践行这一传统，关注现实、关注社会、关注国计民生。抗日战争时期，陕北公学学生毕业后直接奔赴前线，担负起国家兴亡的责任；解放战争时期，华北联合大学的学生直接参与土地革命，到田间地头做工作；新中国成立初期，学校学生参加各种社会实践活动，给农民读报纸、帮农民做生产计划等。学校教师与各有关

① 中共中央文献研究室．毛泽东年谱：1893—1949：中卷［M］．修订本．北京：中央文献出版社，2013：34.

业务部门建立各种联系，业务部门给予很多资料和实践机会，教师和学生则通过实践，形成了一批理论联系实际的成果。

20世纪50年代，当学习苏联的呼声压倒一切的时候，吴玉章校长强调“我们在领导思想上不但是强调系统地学习苏联先进的经验，而且还强调系统地和密切地注意中国各方面的实际问题，并从实际出发规定我们的教学计划、教学内容以及各种教学制度等”。1978年，中国人民大学复校后，在改革开放及建设社会主义市场经济的大背景下，坚持“科学研究为社会主义现代化服务”这一根本原则，多层次、多方面、多角度地研究经济、政治、文化、社会、国际等重大理论和现实问题，为党和国家的科学决策服务，为国家经济社会发展提供理论保障和智力支持。

（二）传承和弘扬中国优秀传统文化，增强文化自信

“双一流”总体方案中先后4次提及“优秀传统文化”。构建中国特色哲学社会科学要体现继承性、民族性。坚定中国特色社会主义道路自信、理论自信、制度自信，说到底是要坚定文化自信，文化自信是更基本、更深沉、更持久的力量。革命家吴玉章老校长曾表示，自己是以旧道德与新道德相结合坚强了操守。著名学者庞朴在《传统文化与文化传统》中指出：“经过了一个多世纪的代价巨大的社会实验，中国人终于懂得了一个真理：未来的陷阱原来不是过去，倒是对过去的不屑一顾。需要的不是同过去的一切彻底决裂，而应该妥善地利用过去，在过去这块既定的地基上构筑未来大厦。”大学作为培养未来人才、引领社会风气之地，要对传统文化进行创造性转化和创新性发展，要凝聚和形成中国人文社会科学的学问和学派，让有益的中华文化发挥作用，推动社会的进步，增进国家和人民的福祉。同时，要清醒地意识到，深层文化传统和文化基因的作用不可忽视。中国的问题都具有中国传统文化和近现代发展过程中所埋下的深层次根源。因此，中国的大学，尤其是培养未来接班人和为社会提供先进文化的人文社会科学在创建“世界一流”时，一定要清醒认识当前的国情，深刻把握所处时代的特征，深刻把握转型期所带来的巨大冲突和矛盾的根源所在，深刻把握文化传统和每个人身上的文化基因、价值取向和行为方式等，因为这些都是影响每一个中国人、影响中国人这个群体和整个中国社会未来发展进程的不容忽视的因子。中国

传统文化十分强调道德修养和道德教化，高校应通过弘扬优秀的传统文化，进一步强化立德树人，进一步培育社会主义核心价值观。在这方面，中国人民大学在21世纪初倡导国学，弘扬传统文化，成立了新中国第一家国学院，在实践中探索和积累了一定的经验。

（三）学人所长，创造性地借鉴和发展西方大学的先进办学经验

研究中国大学的人文社会科学，需要有一个更宽广的视角，需要放到全世界和自身历史中去考察。大学治理没有放之四海皆准的统一标准和模式，正如20世纪50年代初中国人民大学若完全照搬苏联大学的方法行不通一样，今天办大学也不能完全照搬西方英美大学的管理模式。在有利于国家安全和社会发展的前提下，在有利于效率和公平的前提下，正如“双一流”总体方案中所提到的，应探索吸收国外一些管理模式、激励机制、评价体系等具体方法和技术，引进一些业务素质强、道德操守好的师资。在具体操作过程中，一定要注意创造性地进行应用和发展。当年我校在学习苏联经验过程中纠正教条主义的萌芽，反复强调“教学与实际联系，苏联经验与中国情况相结合”的原则，创立了很多像教研室制度、习明纳尔等一样务实管用的方法。其中，“教研室”由成仿吾校长反复推敲得来，体现出集体教学、研究的意思。当时，我校教师在苏联专家的指导下，克服语言障碍，充分发挥教研室集体力量改进教学方法，教师们讨论讲稿并互相听课。在讲课前组织讲稿讨论，目的在于通过讨论大体上统一讲授内容，弄清若干不够明确的问题。互相听课则有利于提高教学质量。这种教研室制度所包含的要求，在今天仍有重要意义。在学习西方的过程中，我们要像当年我校学习和实行教研室制度一样，把每一项制度研究明白、认真消化，并结合中国实际进行创造和应用，做到中西古今融会贯通，抑扬取舍恰到好处。

套用西方理论的做法，之所以是简单粗暴的，是因为理论和现实之间并非平面上的两点一线的关系。可行性路径的建立，需要时间，需要认知、理解和接纳的过程。要在各种西方大学的办学理论中进行选择，兼收并蓄，创造性地借鉴并发展出适应中国大学的理论。

（四）扎根于祖国和人民，担负起时代赋予的使命

大学具有普遍的精神和属于每个国家民族的特质。中世纪大学的自治带有明

显的反教会倾向，这种自治的传统在一些大学中一直保持至今。钱钟书先生说，亦步亦趋是模仿，反其道而行之也是模仿①。产生于宗教传统中的大学，仍有宗教精神的一些痕迹，比如，强调彼岸世界和精神世界，这种西方大学传统，与作为后起之秀秉承实用主义的美国大学一道，反而促成欧美大学在知识体系的构建方面达到巅峰。相比之下，中国传统上更强调对现实世界的关注，更强调对家国和人际关系、个人修养的关照，至少在占封建社会主导地位的儒家思想中，政治与学问，学者与官员一般是合二为一的。“学而优则仕”“风声雨声读书声声声入耳，家事国事天下事事事关心”与“修身齐家治国平天下”是一脉相承的。所以，在这种传统之中，知识是工具而非目的。“天下兴亡，匹夫有责”，中国的学者和大学很少脱离和背离国家的需要，而是要切实担负起国家和民族的前途和命运。

“七七事变”后，毛泽东曾为陕北公学成立题词：“要造就一大批人，这些人是革命的先锋队。这些人具有政治远见。这些人充满着斗争精神和牺牲精神。这些人是胸怀坦白的，忠诚的，积极的，与正直的。这些人不谋私利，唯一的为着民族与社会的解放。这些人不怕困难，在困难面前总是坚定的，勇敢向前的。这些人不是狂妄分子，也不是风头主义者，而是脚踏实地富于实际精神的人们。中国要有一大群这样的先锋分子，中国革命的任务就能够顺利的解决。”②

当前，在我们国家现有的管理体制和机制下，大学不会再像中世纪遗世独立的象牙塔拥有自己的特权。同样，我们的大学也与美国那种围绕资本运转和完全面向社会的实用主义大学不同。在前文中，在对我校校史进行剖析的过程中发现，中国大学所承担的责任和使命，是与世界上其他国家和民族的大学有所不同的。中国大学有着忧国忧民的家国情怀和责任担当，这既有来自中国古代文人和士大夫的理想人格方面的因素，也来自当下国家对高等教育的关注和厚重期望。1978年，我校校友胡福明以一篇《实践是检验真理的唯一标准》掀起了轰轰烈烈的真理标准大讨论，而20世纪90年代初陈锡添校友以一篇《东方风来满眼春》为加快改革开放的步伐做出了贡献。1986年“中南海讲法第一人”孙国华

① 钱钟书．七缀集：中国诗与中国画［M］．北京：生活·读书·新知三联书店，2006.

② 中共中央文献研究室．毛泽东年谱：1893—1949：中卷［M］．修订本．北京：人民出版社，2013：34.

教授为胡耀邦等领导人讲授“马克思主义法的作用”，开启了我校教授为中央领导同志讲课的历史。进入21世纪后，我校先后有10余人为中央政治局集体学习讲解。学校各种研究报告和政策建议无数次得到中央领导和有关部委负责人的批示和肯定。可以说，我校在中国人文社会科学领域的旗帜地位正是我校学者和校友这种“立学为民、治学报国”精神的外在体现。

（五）加强党的领导，坚持社会主义办学方向

我校从建校开始，就确立了党对高校的领导体制。陕北公学时期，党团由中共中央宣传部和组织部领导，是学校最高领导机构。华北联合大学的体制是党团（党组）领导下的校长负责制，由成仿吾任校长兼党团（党组）书记。新中国成立初期，中国共产党在接管与改造旧大学的过程中，并未立即在接管的大学中实行党的领导，1950年，教育部颁布了《高等学校暂行规程》，规定当时的大学实行的是校（院）长负责制。我校延续前身时期的体制，在成立之初即建立了党组领导下的校长负责制，这也是中国高等教育管理体制方面的创新。1956年，我校的党组领导下的校长负责制被中央采纳作为高校的领导管理体制，我国高校开始实行党委领导下的校务委员会（校长）负责制。1989年以后，根据中共中央、国务院的《关于教育工作的指示》，全面推行高校党委领导下的校长负责制。这是我们社会主义大学的特点也是优势，是坚持社会主义办学方向的保障机制。

当前，办好中国特色社会主义大学是高校建设的根本目标。作为一所以人文社会科学为主的高校，我校在建设社会主义大学方面，积累了宝贵经验。中国人民大学是新中国推行平民教育第一校。1949年12月召开的第一次全国教育会议明确提出：“教育必须为国家建设服务，学校必须为工农开门”。20世纪50年代初期的几年中，我校学生中的革命干部与产业工人数量保持在百分之七十以上。为了增强工农干部与产业工人学习的便利性，本科在不影响教学计划的原则下，在招生条件和具体教学措施上，尽量予以照顾；此外，特别设立了预科，以后又接办工农速成中学（后成为人大附中），作为文化水平较低的工农分子进入高等学校的预备阶段。针对当时教育资源有限、社会需求大的实际情况，学校还探索创办了新中国的函授教育。今天，在社会主义市场经济条件下，如何加强党对高校的领导，同时进一步增强社会主义大学的优越性，让更多更好的高等教育惠及

百姓人家子女，这不但是社会主义大学的特质，也是社会主义大学的优势。

作为新中国第一所新型大学，一所以人文社会科学为主的大学，我校的发展历史说明，在中国如果强调象牙塔和绝对真理，那对人文社会科学来说，不但有曲高和寡之嫌，而且有可能有逃避责任和不愿直面现实去解决国家和人民所亟待解决的问题之嫌。能够把中国的人文社会科学研究好，把中国问题说明白、阐释好的大学，能够为中国的发展做出重大贡献的大学，就是中国一流的大学，就是“世界一流”的大学。中国人文社会科学必须在社会主义的大方向下，在各种外来理论的参照系中，植根自己的文化传统、回应现实提出的各种问题，有所甄别和取舍地借鉴西方人文社会科学研究的有益方法和手段，在不断破解时代所提出的课题和克服矛盾的过程中踏踏实实走中国人文社会科学自己的发展创新之路。

（作者系中国人民大学党委副书记、教授；原刊载于《北京教育（德育）》2017年第Z1期）

补齐哲学社会科学人才建设短板

刘元春

当前哲学社会科学人才建设面临四个方面的短板，制约着哲学社会科学事业的健康持续发展。

一是相关部门和社会公众没有充分认识到哲学社会科学关系到民族灵魂的问题，哲学社会科学人才短缺已成为制约中国改革发展的最大瓶颈之一。二是缺少一批“真懂真信”[①]，既具有文本功力，又具有现代方法、世界眼光和问题导向的马克思主义理论人才。三是高水平人才队伍缺乏，特别是符合总书记强调的“继承性、民族性”“原创性、时代性”“系统性、专业性”[②] 相统一的人才亟待大量培养，导致哲学社会科学在指导思想、学科体系、话语体系等方面，与很好地体现中国特色、中国风格和中国气派还有一定差距。四是许多哲学社会科学人才建设面临的问题都已经被认识到，但缺乏真正的改革和行动方案，需进一步提高实施力。要解决上述短板，必须在深入学习总书记重要讲话精神基础上，全面梳理短板出现的制度原因和历史原因，认识到这些短板的形成不是一朝一夕的，不是简单的人才供给问题，而是决定供给的各种深层次的制度问题和利益问题。因此，在治理这些短板问题时，不能简单利用行政命令和管制措施来增加所谓的人才数量，而是要深入到制度和利益的层面，全面实施人才体系的供给侧结构性改革，从改革的高度来治本。例如，对于马克思主义人才梯队建设的问题，必须从育苗、选苗、育才、选才、聚才等一体化角度来实施改革，而不是采取简单的补贴人才的方式。又例如，人才激励方案不是钱越多越好，而是要使创新者有价

① 习近平．在哲学社会科学工作座谈会上的讲话［M］．北京：人民出版社，2016：11.

② 同①16－22.

值归属，使人才的基本薪酬体系与特色奖励计划统一起来，防止出现过度功利化取向。

（作者系中国人民大学副校长、教授；原刊载于《中国教育报》2016年6月3日）

世界一流学科的中国标准是什么

周光礼

一、“两个一流”引发各地争相推出“区域高水平大学打造计划”

2015年8月，中央深改组审议通过了《统筹推进世界一流大学和一流学科建设总体方案》，进一步明确了党和国家建设世界一流大学的指导方针和具体目标，明确提出要通过一流学科的建设带动世界一流大学的建设。2015年10月，中共十八届五中全会通过的“十三五”规划再次提出，要大大提高高校教学水平和创新能力，使若干高校和一批学科达到或接近世界一流水平。“两个一流建设”将是今后一段时期中国高等教育改革与发展的中心议题。它将与教育部、国家发展改革委、财政部引导地方本科高校向应用型转变的重大举措一起，重塑中国高等教育的面貌。

为了对接“两个一流建设”，广东省率先启动了“7+7”区域高水平大学和一流学科打造计划，以及建设高水平理工大学计划。在广东省的刺激下，其他省市自治区迅速公布了各自的一流学科建设计划。北京市开启了“北京高等学校高精尖创新中心建设计划”，清华大学“未来芯片技术高精尖创新中心”等13个北京高校高精尖创新中心获得首批认定。上海市正式开始实施高峰高原重点学科建设计划，第一阶段投入36亿元，到2020年，力争使上海高等学校学科整体实力达到一个新水平，20个左右的一级学科点和一批学科方向达到国际一流水平。浙江省发布了《浙江省教育厅关于开展省一流学科遴选工作的通知》，计划在“十三五”期间启动区域一流学科建设工程。中西部省份也不甘示弱，陕西省政府推出《陕西高等学校学科建设发展规划（2016—2020年）》，计划用5年时间，建成一批具有创新条件、培养创新人才、产出创新成果的国际知名、国内的优势学科。河南省政府也发布了《关于印发河南省优势特色学科建设工程实施方案的通知》，将打造一批具备世界一流水平的优势学科和综合实力位居国内前列的特色学科。以学科为基础建设世界一流大学和高水平大学是这些改革计划共同的特点。在“两个一流建设”政策的推动下，中国高等教育进入了区域发展的新时代。

二、没有世界一流的学科就没有世界一流的大学

为什么是“两个一流建设”？世界一流学科与世界一流大学究竟是什么关系？这是因为学科是大学的细胞，世界一流学科是建设世界一流大学的基础。大量的实证数据证明，学科水平与大学发展水平之间呈高度正相关，学科水平在很大程度上影响大学的国际地位和学术声誉。正是在这个意义上，人们说“办大学”就是“办学科”。中国院校研究学会会长刘献君教授曾经指出，没有一流的学科就没有一流的大学。香港大学第14任校长徐立之也曾这样描述一流学科与一流大学之间的关系，如其所言：“每当有国际学术会议的时候，如果我们相关学科的老师会被邀请去做专题演讲，全国各地甚至世界各国的学生都希望来上这门课，那这个学科就可以说是世界一流的学科。有10个到12个这样的学科，我们就达到世界一流大学的标准了。”

学科本来是一个科学的概念，它包含两层含义：一是知识体系，二是学术制度。大学中的学科必须具有教育学含义。从教育学的角度看，学科既是科学研究的平台，也是教学育人的平台；既是学者队伍汇聚的平台，也是创新创业的平台；既是科教融合的平台，也是产教融合的平台。建设世界一流大学必须以建设世界一流学科为基础和抓手。《统筹推进世界一流大学和一流学科建设总体方案》提出四个基本原则：坚持以一流为目标，坚持以学科为基础，坚持以绩效为杠杆，坚持以改革为动力。强调要引导和支持大学优化学科机构，凝练学科发展方向，突出学科建设重点，创新学科组织模式，打造更多学科高峰，带动学校发挥优势、办出特色。

三、学术性与实践性：世界一流学科的中国标准

学科评价的标准有两个维度：一是学术性维度，即学科必须有明确的研究主题和卓有成效的研究方法。一是实践性维度，即学科必须能满足社会的某种需要。前者称为学术逻辑，后者称为社会需求逻辑。从学术逻辑来看，一流学科的评价标准是客观的，是国际可比的；从社会需求逻辑来看，一流学科的评价标准是主观的，是有地方特色的。

根据学术逻辑，一流学科有两个标志，一是拥有一流科研，产出一流学术成果；二是有一流的教学，培养出一流的人才。而一流科研和一流教学要依靠一流的学者队伍。建设一流的学者队伍取决于两个前提条件，一是充足而灵活的经费，二是有效的管理体制机制。

根据社会需求逻辑，一流的学科不但要为区域工商业创新做出突出贡献，而且要为区域人力资源形成做出突出贡献，甚至还要为区域文化建设、环境建设做出突出贡献。换句话说，从社会需求逻辑来看，学科建设应该面向国家和区域创新体系。

世界一流学科必须在全球范围内寻找参照系。世界高等教育有两大体系，因此，世界一流学科应该有两大参照系。一个是盎格鲁—北美体系，一个是欧洲大陆体系。盎格鲁—北美体系传统上强调学术自由、学术自治，重视学科的学术逻辑；欧洲大陆体系传统上强调国家需求、政府控制，重视学科的社会需求逻辑。这两大体系在很长的时间内一直处于竞争状态，当前占主导地位的是盎格鲁—北美体系。正因为如此，美国科学基础数据库（ESI）成为当前世界一流学科的主要评价标准，也为广大发展中国家所普遍接受。尽管如此，欧洲大陆体系依然有可取之处。事实上，盎格鲁—北美体系也在积极吸收欧洲大陆体系的实践标准。

中国大学具有浓厚的欧洲大陆体系色彩，强调社会需求一直是我们的传统，但是国际标准也受到越来越多的重视。“两个一流建设”实质上是主体性和国际化双重挤压下的高等教育政策：一方面我们强调扎根中国大地办大学，遵循社会需求逻辑，重视中国特色；另一方面我们强调在国际可比指标上达到世界一流，遵循学术逻辑，借鉴国际经验。当前世界有三个有影响力的世界一流大学和一流

学科排名体系，除上海交通大学的大学学术排名体系依然坚持单一的学术逻辑，其他两个排名体系（《美国新闻与世界报道》《泰晤士高等教育》）都既重视学术逻辑，又重视社会需求逻辑。其中，社会需求逻辑主要通过学科声誉、学生满意度、社会贡献等来体现。

根据“两个一流建设”的“以中国特色、世界一流为统领，以支撑创新驱动发展战略、服务经济社会为导向”的指导思想，综合世界三大学科排名体系，我们认为世界一流学科的中国标准是：一流的学者队伍、一流的学生质量、一流的科学研究、一流的学术声誉、一流的社会服务。

为什么说这五个方面是世界一流学科的中国标准呢？这是因为国外大学排名只是在学校层面把人才培养和社会服务等纳入评价标准，在学科层面只重视科学研究。国外的学科评估主要是了解院系的科研条件、科研活动和科研产出，尤其强调科研产出。对科研产出的评价主要是基于ESI数据库，对一家学术机构五年内发表的学术论文进行计量分析，具体指标包括出版物的数量和他引率。而中国强调一流大学建设和一流学科建设是一体的，我们不但在大学层面强调科教融合和产教融合，在学科层面也强调人才培养和社会服务。我们认为，学科既是科学研究的平台，也是教学的平台；既是教师队伍建设的平台，也是创新创业的平台。也正是在这个意义上，《统筹推进世界一流大学和一流学科建设总体方案》提出五大建设任务：建设一流师资队伍、培养拔尖创新人才、提升科学研究水平、传承创新优秀文化、着力推进成果转化。这五个方面就是世界一流学科的中国标准。

（作者系中国人民大学教育学院教授；原刊载于《光明日报》2016年2月16日）

始终坚持“四个服务”办扎根中国大地的世界一流大学

李　鹏

习近平总书记在全国高校思想政治工作会议上指出，我国高等教育发展方向要同我国发展的现实目标和未来方向紧密联系在一起，为人民服务，为中国共产党治国理政服务，为巩固和发展中国特色社会主义制度服务，为改革开放和社会主义现代化建设服务。这一重要论断深刻回答了办什么样的大学、怎样办大学以及为谁办大学的根本问题，是中国特色社会主义教育理论的重大创新成果，对于办好中国特色社会主义大学，推进党和国家事业发展，具有十分重要的意义。

中国人民大学是中国共产党创办的新中国第一所新型正规大学，其前身为1937年成立的陕北公学及之后的华北联合大学、华北大学。中国人民大学建校80年的发展历程为中国共产党创办高等教育探索和积累了宝贵的实践经验，为新中国新型高等教育的起步和发展奠定了重要基础，全面体现了“四个服务”所蕴含的精神内涵和本质要求，值得我们进一步总结并深化于扎根中国大地办世界一流大学的工作实践中。

一、始终坚持为人民服务的根本宗旨

马克思主义认为，人民群众是历史的创造者，是社会物质财富和精神财富的创造者，人民群众是社会生产资料的主要生产者，是社会变革的决定力量。“为人民服务”是马克思主义唯物史观的集中体现，是马克思主义政党的价值信仰，是中国共产党的根本宗旨。习近平总书记指出：“在任何时候任何情况下，与人民同呼吸共命运的立场不能变，全心全意为人民服务的宗旨不能忘，群众是真正英雄的历史唯物主义观点不能丢”①。中国共产党创办的中国特色社会主义高等教育更应该坚持为人民服务的根本宗旨，这是中国共产党党章关于党的建设的基本要求和我国教育事业的基本方针，也是高等教育发展的根本动力和基本规律，只有一切为了人民、一切依靠人民、一切发展的成果由人民共享，高等教育才能实现其真正价值。

作为以“中国人民”命名的新中国第一所新型正规大学，中国人民大学自建校以来始终与党和人民同呼吸、共命运，始终坚持为人民服务的根本宗旨。1937年为适应全面抗战需要，中共中央决定成立陕北公学，办学宗旨为“实施国防教育，培养抗战人才”。作为中国共产党直接领导下的一所革命的大学，陕北公学从革命的需要出发，在报考资格上没有对学历、文化水平等作机械的规定，首期学员来自全国25个省和平、津、京、沪4市，同时还有从南洋、越南、朝鲜等地归国的爱国华侨青年；在教育教学上，始终坚持以“民族统一战线与民众运动”“游击战争与军事知识”等课程为核心，以理论联系实际、教学内容少而精、教与学相一致为教学工作原则，特别重视与抗战群众工作相结合、与生产劳动相结合。毛泽东同志曾高度评价陕北公学：“陕北公学是属于中华民族的，因为他为着抗日救亡而设，因为他吸纳了全国乃至海外华侨的优秀儿子”②。

新中国成立后，中共中央政治局决定成立新中国第一所社会主义大学——中国人民大学。命名组建后的中国人民大学紧紧围绕党中央的指示要求，牢牢把握社会主义新中国的政权性质，强调高等教育向工农开门，努力实现大众化的人民教育。学校既设有培养师资和高层次人才的研究生班和系统培养专门人才的本科班、专修科，又设有预科、工农速成中学帮助文化水平较低的学员补习文化知识；学校最早开办函授教育，开设马克思主义夜校和夜大学，仅5年参加函授教育的学员就达近万名；学校还针对工农干部群众的特点因材施教，有计划、有步骤地设计实施教学计划和培养方案，既不降低入学标准，同时努力为不同基础的学生创造学习条件，为建国初期工农干部的知识化做出了积极的贡献，用实际行

① 习近平．习近平谈治国理政［M］．北京：外文出版社，2014：367.

② 新华日报．永远的丰碑：十五［M］．北京：人民出版社，2007：87.

动践行人民教育，成为新中国推行平民教育第一校。

二、始终坚持为中国共产党治国理政服务的政治立场

中国共产党是中国特色社会主义的坚强领导核心，党的领导是中国特色社会主义最本质的特征。新的历史时期实现“两个一百年”的奋斗目标，进行伟大斗争、建设伟大工程、推进伟大事业、实现伟大梦想，必须毫不动摇地坚持党的领导。中国特色社会主义高等教育是党领导下的中国特色社会主义事业的重要组成部分，是为中国共产党治国理政提供科学理论和知识人才的重要阵地。习近平总书记指出“办好我国高等教育，必须坚持党的领导，牢牢掌握党对高校工作的领导权，使高校成为坚持党的领导的坚强阵地”①，这是社会主义高校的基本政治原则，也要求高校更加自觉地为党治国理政的实践需要服务。

中国人民大学由中国共产党第一代领导亲手创建，在其创办和发展的过程中始终坚定不渝地听党话、跟党走，为中国革命、建设和改革开放事业均做出过重要贡献。陕北公学应全民族抗战需要而生，毛泽东同志出席开学典礼并做题为《目前的时局与任务》的报告，高度概括了陕北公学的任务和人才培养目标，并亲笔题词“要造就一大批人，这批人是革命的先锋队”②。从创办到合并为华北联大不到两年的时间内，陕北公学共培养了 6 000 多名抗日干部（如包括后期陕公，则达上万人），吸引了 3 000 多人入党，有力地支援了敌后抗日斗争，强化了抗日民族统一战线，毛泽东同志曾动情地说“中国不会亡，因为有陕公”③。

华北大学是党中央为迎接全国解放和建立新中国，将华北联大与北方大学合并成立的当时的“解放区最高学府”，其主要任务是吸收新解放区和国民党统治区的多种学生，学习马列主义和毛泽东思想，培养他们成为夺取全国政权、解放全中国的革命干部和建设人才。从 1948 年 8 月到 1949 年底，华北大学共为国家培养干部 2 万多名，很多学生刚刚毕业便随解放部队一起或西行或南下，参与刚解放城市

① 习近平．习近平谈治国理政：第 2 卷［M］．北京：外文出版社，2017：379.

② 中共中央文献研究室．毛泽东年谱：1893—1949：中卷［M］．修订本．北京：中央文献出版社，2013：34.

③ 中国延安干部学院．党在延安时期局部执政的历史经验［M］．北京：中央文献出版社，2010：36.

的军事或政治接管工作，并最终扎根在祖国边陲为当地的建设发展奋斗一生。

新中国成立后，中国人民大学作为中国共产党实施新中国建设战略、发展新型高等教育的创举，从一开始就定位于为新中国建设大业在经济、文化、教育领域进行探索，培养各种社会主义建设干部。中国人民大学最早建立社会主义的高等财经、政法教育体制，本科最初设立经济计划、财政、贸易、工厂管理、合作社、法律、外交、俄文等8大系，直接对应了百废待兴的建设初期重点领域人才急缺的现实需要。根据党和国家需求，中国人民大学将干部培养的对象主要集中在经过战争洗礼的革命干部和各行各业的在职干部，1955年之前主要是招收调干生，学生中党员的比例高达80%，直至20世纪60年代才逐渐过渡到以招收应届高中生为主，圆满完成了党交予的“培养万千建国干部”的历史任务，以始终奋进在时代前列的姿态成为“人民共和国建设者的摇篮”。

三、始终坚持为巩固和发展中国特色社会主义制度服务的办学方向

中国特色社会主义制度是中国共产党领导中国人民在马克思主义的指导下，遵循人类社会发展规律，从中国具体国情出发，经过90多年艰难曲折的持续探索形成和发展起来的。习近平总书记指出“中国特色社会主义制度是当代中国发展进步的根本制度保障，是具有鲜明中国特色、明显制度优势、强大自我完善能力的先进制度”①。中国特色社会主义高校必然要为中国特色社会主义的根本属性和制度基础服务。一方面，中国特色社会主义制度的优越性在高等教育事业的最根本体现就是指导和支持高校建成中国特色的世界一流大学；另一方面，中国特色社会主义制度并非尽善尽美、成熟定型，既需要在新时期的改革建设实践中进一步巩固和发展，也需要通过高等教育的知识优势和人才优势推进实践基础上的理论创新和制度创新。

中国特色社会主义制度立足于马克思主义基本原理的基础，办好中国特色社会主义高校需要始终坚持马克思主义的指导。中国人民大学的首任校长、“中共五老”之一的吴玉章在创办中国人民大学时，其办学指导思想就十分明确，始终坚

① 习近平．习近平谈治国理政：第2卷［M］．北京：外文出版社，2017：36.

持把马列主义的基本原理与中国革命建设的具体实践结合起来，一贯坚持以马列主义、毛泽东思想作为办学的指导思想，始终强调把中国人民大学办成学习和宣传马列主义、毛泽东思想的阵地。在这一思想的指导下，马克思主义理论课成为当时中国人民大学的基础课程，并最先在各个系科中开设“马克思列宁主义基础”“政治经济学”“中国革命史”“辩证唯物主义和历史唯物主义”四门必修课，这也成为全国高等院校思想政治必修课的范例。《教学与研究》作为人大创办的为全国高校马列主义理论教学和科研服务的专门刊物备受瞩目，毛泽东同志阅读了刊物文章并邀请王方名、黄顺基两位作者面谈理论问题。中国人民大学还在1964年成立了马克思列宁主义发展史研究所，使马克思主义在中国的研究达到一个新的高度。

中国特色社会主义制度立足于社会主义初级阶段的国情，办好中国特色社会主义高校需要扎根中国大地、适应中国国情。新中国成立初期，我国明确提出要“借助苏联经验”建设新中国教育，中国人民大学建校初期聘请的苏联专家人数最多、层次最高、涵盖面最广，在苏联专家帮助下，借鉴苏联经验，建立了包括教研室、“习明纳尔”、口试与笔试相结合等制度在内的一套全新的教育教学制度。但在学习苏联问题上，吴玉章校长始终坚持“教学与实际相联系，苏联经验与中国情况相结合”的原则，并将其具体阐述为“不但是强调系统地学习苏联先进的经验，而且还强调系统地和密切地注意中国各方面的问题，并从实际出发规定我们的教学计划、教学内容以及各种教学制度等”。正是在这一原则的指导下，中国人民大学在新中国建立初期结合国情有效自主地学习苏联经验，改造旧教育、发展新教育，成为全国高等教育体系的引领示范者，并将“教学与实际相联系、扎根中国大地办教育”的办学传统传承至今。

四、始终坚持为改革开放和社会主义现代化建设服务的时代使命

习近平总书记反复强调：改革开放是决定当代中国命运的关键一招，也是决定实现“两个一百年”奋斗目标、实现中华民族伟大复兴的关键一招。改革开放决定着社会主义现代化建设的进程与效果，社会主义现代化建设进一步巩固和深化着改革开放，二者相互依存，是新的历史时期最鲜明的时代主题和奋斗使命。习近平总书记强调“改革开放是一项长期的、艰巨的、繁重的事业，必须一代又

一代人接力干下去”①，中国特色社会主义高等教育承担起为改革开放和社会主义现代化建设服务的时代使命，最关键的就是要培养一批又一批社会主义事业的合格建设者和可靠接班人，为实现中华民族伟大复兴的中国梦薪火相传、接续奋斗。

早在改革开放初期，中国人民大学便通过培养和输送优秀理论人才积极推动改革开放，为思想领域的拨乱反正做出了开创性、奠基性贡献。1978 年胡福明校友发表的《实践是检验真理的唯一标准》，冲破了“两个凡是”的严重束缚，引发全国范围内的真理标准大讨论，成为实现党和国家历史性转折的思想先导。1992 年陈锡添校友发表的《东方风来满眼春》，率先向全国传达邓小平同志视察南方重要谈话内容，为加快改革开放做出了贡献。自 1978 年复校起，中国人民大学便始终紧紧跟随改革开放和社会主义现代化建设的步伐，多领域、多层次地研究相关经济、政治、文化、社会等重大理论和现实问题，为国家经济社会发展提供智力支持和人才支撑。在长期的办学实践中，作为一所以人文社会科学为主的综合性研究型重点大学，中国人民大学积极培养高素质、高层次的理论型、管理型优秀人才，从陕北公学至今，学校共培养了 26 万名高水平的优秀建设者和各行各业、各个层面的领袖人才，有许多优秀校友在学界、政界、商界创造了卓越的业绩贡献，发挥着重要的影响作用，成为在改革开放和社会主义现代化建设进程中担当重任的“国民表率、社会栋梁”。

习近平总书记指出，我国有独特的历史、独特的文化、独特的国情，决定了我国必须走自己的高等教育发展道路，扎实办好中国特色社会主义高校。中国特色社会主义高等教育的使命，就是为人民服务、为中国共产党治国理政服务、为巩固和发展中国特色社会主义制度服务、为改革开放和社会主义现代化建设服务。作为中国共产党创办的新中国第一所新型正规大学，中国人民大学只有将 80 年一以贯之的光荣传统继承好，将牢固树立教育自信作为检验道路自信、理论自信、制度自信、文化自信的重要标准，“四个服务”所蕴含的精神内涵和本质要求才能转化为建设“人民满意、世界一流”大学的强大动力。

（作者系中国人民大学团委书记；原刊载于理论网 2018 年 1 月 16 日）

① 中共中央文献研究室．习近平关于全面深化改革论述摘编［M］．北京：中央文献出版社，2014：4.

创建世界一流大学进程中的校园规划建设与社会形象提升

——以中国人民大学新校区为例

李 明

2015年10月，国务院印发《统筹推进世界一流大学和一流学科建设总体方案》，绘制了建设高等教育强国的蓝图，吹响了打造顶尖学府的冲锋号。建设“双一流”是党中央、国务院在新的历史时期做出的重大战略决策，旨在提升我国高等教育综合实力、增强国家核心竞争力，为实现“两个一百年”奋斗目标和中国梦提供有力支撑。“双一流”大学的建设关系到方方面面，拥有一批大师级的专家学者，能够培养出世界一流的人才是高校建设的核心。良好的社会形象，是高校能够引进高水平的专家学者、吸收优秀学子的重要条件之一。而大学校园合理的规划建设，不仅直接体现了高校的硬件设施水平，也对提升高校社会形象及软实力有着重要的影响。

一、提升高校社会形象的意义

校园社会形象是社会各界对学校建设和发展给予的综合评价和一般认定，是高校宝贵的资源和财富。在当前复杂的国际国内形势和高校发展面临重大机遇与挑战的情况下，学校社会形象建设具有非常重要的现实意义，是建设世界一流大学进程中的重要一环。

高等院校作为产、学、研的集合体，是传授、探索、创造知识的重要场所。良好的社会形象不仅有助于高校引进一流的专家学者，吸收更优秀的学子，进而培养出一流的人才，也可以增强在校师生及校友的自我认同感，有助于他们在工作、学习、回馈母校等方面更加积极，贡献更多的力量。从国家与社会层面来讲，良好的社会形象是高校综合实力的体现，意味着可以使高校获得更多的社会认可和国家支持，意味着可以吸引更多的人才，并形成高科技产业及文化产业集聚，从而推动社会生产力的发展，并引发社会、政治、经济、文化等各方面的深刻变革。在当今国际化的背景下，知名大学在全球教育环境下往往掌握更多的国际话语权，良好的社会形象也意味着更强的国际竞争力，可以为本校师生争取到更多的交流学习机会，促进与世界顶尖学府之间的合作。

二、校园规划建设与高校社会形象的关系

高等教育事业的蓬勃发展，要求大学校园规划建设要与之相适应，必须从学校实际出发，制定出反映学校全局性、长远性和根本性发展的规划建设。校园规划建设既是解决办学空间不足、提高教学科研质量、促进学科发展的基本途径，更是提升学校社会形象一种重要手段。

大学校园的风格特征受地域、历史、办学宗旨、学术精神等因素影响而有诸多不同，具有鲜明个性特征的大学校园可以给学校带来极大的辨识度及关注度，更容易被社会各阶层人士所记忆与提及，无形之中扩大了学校的影响力，提升了学校的社会形象，如清华大学的清华园、北京大学的未名湖、武汉大学的樱花大道，均作为一张张靓丽的名片，为学校增色不少。此外，一个优秀的校园规划建设方案，可以合理利用有限的土地资源、节约建设资金、提高投资效率，更容易受到国家与地方政府的青睐与赞扬。再者，校园作为城市的重要组成部分，其本身就是城市一道亮丽的风景线，校园内集中了阅读场所、运动场所等众多可与周边社区共享的资源，一个规划合理的校园不仅可以提升自身的社会形象，同时也能够提升所在区域甚至所在城市的社会形象。

三、校园规划建设着力提升学校社会形象

中国人民大学是中国共产党亲手创办的第一所新型正规大学，是“人民共和

国建设者的摇篮”“人文社会科学高等教育的重镇”“马克思主义教学与研究的高地”。中国人民大学的创立、建设和发展得到了党中央的高度关心和重视，凝聚了一代代党中央领导集体的心血。习近平同志曾先后四次莅临中国人民大学考察，听取了学校关于新校区规划建设的汇报，习近平同志勉励学校加快建成“人民满意、世界一流”大学。近年来中国人民大学的社会形象不断提升，而随着通州新校区的建设规划，人民大学又迎来了一次提升自身形象的历史机遇。

中国人民大学新校区位于北京市通州区北京城市副中心，东至春宜路，南至运河东大街，西至规划城市支路，北至玉带河大街，总占地面积为111.33公顷，地上规划建筑规模约为100万平方米。根据学校发展战略规划，中国人民大学通州新校区将与中关村校区共同构成中国人民大学在北京的双主校区，共同承担中国人民大学人才培养、科学研究、社会服务、文化传承的职能。

新校区将按照学校“新空间、新机制、新人大”的办学理念，力争规划建设成为“世界一流、北京最美、独具风格”的新校园，为学校建设“人民满意、世界一流”大学提供硬件保障，立志成为党在新时代领导高等教育的一张靓丽名片、国家深化教育综合改革的一个创新典范和高效服务地方经济社会发展的一个成功标杆。

按照可持续发展、绿色生态、低碳环保、智能化、个性化、开放性等规划原则，形成了新校区“一核、两轴、多中心”的总体规划方案，该方案着力从校园与城市界面设计、校园建筑、人文人本精神、绿色生态、智慧科技、兼容开放等方面提升中国人民大学的社会形象。

（一）校园与城市界面设计

大学校园是城市的重要组成部分，且在城市社区中扮演着日益重要的角色。如何做好大学校园与城市的界面设计，促进大学与城市的和谐共融，是社会各界关注的焦点之一。

中国人民大学新校区规划建设十分注重校园与城市界面的设计，将开放性强的公共建筑规划在由三条城市次干道和校园环形路网围成的核心区的同时，把学部楼围绕核心区分散布置在校园交通节点和景观节点处，通过创造丰富多样的建筑空间和营造优美怡人的景观环境，实现多层级校园中心。建筑规模较大、对外联系较多的学部规划在主、次校门位置，既满足交流需要，同时也提升了校园城市界面形象。其他学部规划在校园东北区域，紧邻城市绿地和运潮减河，达到自然景观和人文气息交融的效果，不仅有利于开展教学科研工作，而且有利于提升学校东北侧区域主要入口周边城市界面形象。校园西南角紧邻城市街区，规划为学术交流中心，用于拓展国家级人民大学文化科技园，为学校产学研合作提供空间。校园整体呈现外动内静、动静分区的格局，与城市之间呈现出良好的界面过渡区。

（二）校园建筑设计

学校的社会形象更是体现在校园的整体氛围当中，随着中国高校的快速发展，高校之间也逐步发展为各具特色、百花齐放的校园风格。中国人民大学恪守“立学为民、治学报国”的办学宗旨，坚持“实事求是”的校训精神。目前，中国人民大学正在实施本科人才培养路线图，强调立德树人，突出学生“厚重”素养和跨文化沟通能力培养。

中国人民大学新校区不仅在整体规划上注重校园的庄重与规整，更是通过建筑特色控制，表现人民大学在80多年的历史传承中所积累的厚重文化。在建筑设计时，参考太庙、故宫、罗马斗兽场等典型建筑代表，选择石材作为中国人民大学新校区公共建筑、学部建筑基座的主要材料，并建议以“人民红”作为基本颜色基调，不仅能够向社会表现出校园严肃、大气的历史文化氛围，更是希望把人民大学厚重的历史文化传达到每一个学生，培养“厚重”人才。同时，中国人民大学坚持“宽口径、厚基础、多选择、重创新、国际性”的人才培养方向，强调“专业和通识相结合、基础与个性相结合、指导与自主相结合、课堂和课外相结合、知识和能力相结合、国内和国外相结合、校内与校外相结合”的协同育人理念、育人方式与育人机制，全面深化本科人才培养体系改革和建设。为了支撑这一培养模式与培养理念，新校区建设规划中，尤其注重不同学部之间的融合与交流，不同学部之间通过共享教学楼、宿舍楼和活动区域的方式，促进不同学科之间的沟通交流和交叉融合。

（三）人本人文设计

大力弘扬社会主义人文精神，不仅能够体现高校的办学本质，还能够体现高

校对在校师生及社区居民的关注，始终把“人”作为第一考虑要素，无形中提升了学校在校内外各界人士心目中的形象。

中国人民大学始终坚持“人民、人本、人文”的办学理念，学校作为“人民的大学”，要秉承为人民服务的办学宗旨，教学科研都体现着人民性。中国人民大学新校区规划建设更是弘扬以人为本的办学理念，营造尊重人、关心人、爱护人的人文环境。以“人文校园”为核心，校园绿化、景观雕塑和学部楼的设计都体现出“一草一木皆教育”。具体表现在，规划方案始终坚持以人为本，体现人文精神，以师生的需求为导向，以有利于师生教学、科研、学习、工作、生活为原则，通过建筑景观布局、交通系统组织、公共空间设计，创建三级公共空间体系和300米生活圈，细化宜人空间尺度，倡导慢行交通，设置足够的无障碍设施。同时为了方便师生的日常教学生活，在校园重点内环线内侧利用建筑柱廊及环境中的步道，结合景观步行系统，形成遮风避雨的步行系统和鼓励学生集聚活动的空间节点，在创建优美的有形校园的同时，营造无形的校园人文精神。

（四）绿色生态设计

党的十八大以来，以习近平同志为核心的党中央站在战略和全局的高度，对生态文明建设和生态环境保护提出一系列新思想新论断新要求，为努力建设美丽中国，实现中华民族永续发展，走向社会主义生态文明新时代，指明了前进方向和实现路径。十八届五中全会上，增强生态文明建设首度被写入国家五年规划。大学校园不仅是师生教学、科研、生活的载体，亦是城市的重要组成部分，理应充分发挥自身的影响力及引领作用，为增强生态文明建设做表率，为人民创造良好生产生活环境，为全球生态安全做出贡献。

中国人民大学新校区努力构建坐落在城市森林公园中的校园，规划方案以“生态绿带”为核心，运用园林布局手法，构建“园中有校，校中有园”的多层次校园绿化景观体系，沿校园东西向开辟一条串联校园的由溪流、湖面、缓坡、草坪、树林等组成的“生态绿带”，从“生态绿带”中延伸出若干条南北向“功能绿楔”。“功能绿楔”连接校园各功能组团内部庭院，达到每栋建筑都能够“推窗见绿”的效果；学校采取多元的植物配置体系，营造“四季有花，四季常绿”的育人环境，不仅满足了学校的绿化需要，更是实现学校作为城市“绿肺”的需要，为城市的抗空气污染和其他污染做出贡献。规划方案强调节能、节水、节地绿色低碳、生态环保等理念，突出校园水系与“海绵校园”，主要通过雨雪水收集和中水处理来满足水系水景的供水需求，并将溪流、池塘和湖水作为“海绵校园”的主要水体功能，不仅营造出“山水相映”的宜人环境，同时也有效地提升了通州地区的水资源利用效率。

（五）智能化设计

一个学校“科技含量”高低，不仅反映出学校的信息服务和应用的质量水平，更从侧面反映出学校的技术底蕴和学术水平，是学校国际化、现代化的重要组成部分，也是高校提升社会形象的有力措施。

中国人民大学新校区在规划建设过程中，充分考虑环境、建筑和人在未来技术发展的可能性，利用计算机网络技术，为在校学生的发展和成长提供有力的保障，确保学生能够得到合适的培养模式和信息支撑。在校园信息化建设中引入“大数据”系统，将学校教学、科研、管理和校园生活充分融合，创建智能感知和综合信息服务的一体化环境，营造“安全、稳定、环保、节能的智慧校园”。为保证通信设备、人、物之间的充分互联，校园将会覆盖完整、稳定、响应快速的互联网络，为营造学习环境、智慧校园，开启未来科技生活等提供必要的物理条件。同时广泛使用各类智能计量监控设备，对电力、照明、供热、制冷、给水、排水等基础设施进行实时监控，进而努力做到节约能源，减少排放。在安保、消防、交通智能防控体系方面，将通过对个人身份、车辆信息等进行注册，以在发生突发状况时，能够为科学的决策指挥、信息分析和违法行为遏制提供数据支撑，确保校内师生的人身、财产安全和校园稳定。

（六）开放性设计

社会服务与人才培养、科学研究、文化传承同为大学的根本职能；同时，大学里各学科之间不应该是割裂的、孤立的，而应该是彼此之间可以相互交流、相互借鉴、有机结合的。大学校园作为集知识创新、知识生产、知识传播和知识应用为一体的高等教育的载体，不应该是封闭式的，而应该是与社会保持接触开放性质的。

中国人民大学新校区规划方案着重考虑校园的开放性设计，在继承和凝练人

大传统精神的基础上，借鉴世界一流大学在校园规划中的成功理念，构建“学术村落”和“学生社区”，注重公共交往空间的设计，促进跨学科交流。与此同时，新校区充分履行高校的社会服务职能，注重校园内公共交往空间与社会周边区域互联互通、有机结合。在紧邻城市干道区域规划运动场馆、音乐厅等文体设施，服务周边社区，致力建设“资源共享，社区友好”型校园。

四、结语

中国人民大学新校区致力于搭建中国领先的高等教育协同创新基地和重要的国际学术文化交流平台，成为一个探索高等教育改革、提高人才培养质量的试验田。新校区在规划建设中充分展示了学校的人文精神、深厚底蕴，体现了学校的历史使命感和社会责任感，必将进一步有效提升学校的社会形象，为京津冀协同发展战略实施和北京城市副中心建设做出应有贡献，为创建“世界一流、人民满意”大学和推进“双一流”大学建设奠定坚实基础。

（作者系中国人民大学校园管理处处长、新校区建设办公室副主任）

编后记

百年大计，教育为本；强国富民，育人为先。教育始终是一个民族最根本的事业。中国现代高等教育诞生于祖国饱受列强侵袭、民族与国家危亡的关键时刻。1937 年，中国共产党亲手建立第一所新型党办大学——陕北公学，作为人民大学前身的陕北公学以及后来的华北联合大学、华北大学为抗战培养了大批急需的干部人才，同当时其他进步力量共同承担起为民族解放事业造就革命先锋的任务，肩负着实现民族解放与国家独立的革命重任。新中国成立以来，在党的领导下，我国现代高等教育的发展迎来了崭新的一页，国家初醒，百废待兴，新中国的建设急需大量建设人才，一大批优秀的院校与学科被重新组建和成立。1949 年，在党中央的关怀下，中国人民大学正式命名成立。当时，以人民大学为代表的新中国高等院校自觉承担起为新中国建设输送具有专业理论素养和技术知识的人才的建设重任。如今，站在新的历史起点，党对我国高等教育事业发展提出了更高的期许和目标。2017 年，人民大学成为首批入选“双一流”建设的大学，在学科评估中获得 9 个“A＋”学科，位列全国高校前列。人民大学必将在新时代延续红色基因，不忘初心，继续前进，同国内其他高校一道勇于担当起为实现国家富强与民族复兴而奋斗的改革发展重任。

八十年栉风沐雨，八十年砥砺前行。在与党和国家同呼吸、共命运，践行为人民办教育的办学宗旨中，人民大学形成了“人民共和国建设者的摇篮”、“人文社会科学高等教育的重镇”与“马克思主义教学与研究的高地”三大办学特色，累计培养了 26 万名高层次优秀人才。习近平总书记在致人民大学建校八十周年的贺信中指出，人民大学“在我国人文社会科学领域独树一帜，为我国革命、建设、改革事业培养输送了一批又一批优秀人才”。一代代人大人秉持“立学为民、治学报国”的崇高使命，牢记“实事求是、艰苦奋斗”的求学精神，共同撑起了

党办高等教育的人大旗帜。八十年，作为党亲手创办的第一所新型正规大学，人民大学“始终奋进在时代的最前列”。

值此中国人民大学建校八十周年暨党创办新型高等教育八十周年之际，我们特辑《中国共产党创办新型高等教育的历史、理论与实践——中国人民大学80年办学经验总结》一书，精粹章节、甄选书稿，以代表性的著作回顾党创办新型高等教育的辉煌历程、宗旨理念以及人民大学的办学经验。旨在从历史梳理中以建校八十周年为新起点，坚持党的领导，传承红色基因，围绕解决好“为谁培养人、培养什么样的人、怎样培养人”这个根本问题，坚持立德树人，遵循教育规律，弘扬优良传统，扎根中国大地办大学，努力建设世界一流大学和一流学科，为我国高等教育事业繁荣发展，为实现“两个一百年”奋斗目标，实现中华民族伟大复兴的中国梦做出新的更大贡献。

齐鹏飞

2018年5月18日

图书在版编目（CIP）数据

中国共产党创办新型高等教育的历史、理论与实践：中国人民大学 80 年办学经验总结 / 齐鹏飞主编. —北京：中国人民大学出版社，2018.10

ISBN 978-7-300-26298-7

Ⅰ.①中… Ⅱ.①齐… Ⅲ.①中国人民大学-办学经验-研究 Ⅳ.①G649.281

中国版本图书馆 CIP 数据核字（2018）第 224022 号

中国共产党创办新型高等教育的历史、理论与实践

——中国人民大学 80 年办学经验总结

主　编　齐鹏飞

副主编　王大广　张晓萌

Zhongguo Gongchandang Chuangban Xinxing Gaodeng Jiaoyu de Lishi，Lilun yu Shijian

---

出版发行	中国人民大学出版社		
社　　址	北京中关村大街 31 号	**邮政编码**	100080
电　　话	010－62511242（总编室）		010－62511770（质管部）
	010－82501766（邮购部）		010－62514148（门市部）
	010－62515195（发行公司）		010－62515275（盗版举报）
网　　址	http://www.crup.com.cn		
	http://www.ttrnet.com（人大教研网）		
经　　销	新华书店		
印　　刷	北京昌联印刷有限公司		
规　　格	170 mm×230 mm　16 开本	**版　　次**	2018 年 10 月第 1 版
印　　张	25.75 插页 1	**印　　次**	2018 年 10 月第 1 次印刷
字　　数	410 000	**定　　价**	78.00 元
